KB065862

수정판

선거제도의 이해

| 수정판 |

선거제도의 이해

Electoral Systems
A Comparative Introduction

데이비드 파렐 지음 | **전용주** 옮김

한울
아카데미

Electoral Systems

A Comparative Introduction(2nd Edition)

by David M. Farrell

차례

표·그림 차례

일러두기

1 이 책은 다음을 완역한 것이다. Farrell, David M. 2011. *Electoral Systems: A Comparative Introduction* (2nd Edition). London: Palgrave Macmillan.
2 원서에는 각주가 없다. 따라서 표의 각주를 포함한 모든 각주는 옮긴이 주이다.
3 본문에 등장하는 도서, 신문 등의 표기에서 단행본 제목에는 『 』, 신문이나 잡지 제목에는 ≪ ≫를 사용했다.
4 원서에서 이탤릭체로 표기한 것은 고딕체로 표기해 구분했다.
5 맞춤법과 외래어 표기는 국립국어원 표준국어대사전과 외래어표기법을 따랐다.

옮긴이 서문

　민주주의 정치체제에서 주권자는 국민이다. 민주주의의 대의제 형태에서는 국민이 선거를 통해 선출된 대표들에게 주권을 위임하고, 주권을 위임받은 대표가 정부를 구성해 통치한다. 따라서 대의 민주주의를 가능케 하는 것은 선거라고 할 수 있다. 이것이 모든 민주주의 국가가 선거제도를 가지고 있는 이유이기도 하다. 그러나 흥미로운 점은 국가마다 서로 다른 선거제도를 운용하고 있다는 사실이다. 어느 선거제도를 운용하고 있는가에 따라 민주주의 정치체제에 큰 차이를 가져온다. 따라서 한 국가의 정치를 이해하기 위해서는 그 국가의 선거제도를 먼저 알아야 한다.

　이 책의 저자인 데이비드 파렐은 선거와 정당 분야의 저명한 학자다. 그는 이 책에서 세계 민주주의 국가들이 운용하고 있는 선거제도의 대표적 유형과 그 변형들을 중심으로 기원과 특징, 그리고 장점과 단점을 소개하고 있다. 특히 선거제도의 세 가지 주요 요소인 당선결정방식, 선거구 크기, 그리고 기표방식을 중심으로 각각의 제도에 어떤 차이가 있는지를 체계적으로 비교·설명하고 있다. 또한 다양한 선거제도가 정부형태, 정당 및 의회 정치, 그리고 정치인과 유권자 행태에 어떤 영향을 미치는지도 소개하고 있으며, 사회적 대표성과 정부 안정성을 기준으로 여러 유형의 선거제도에 대한 평가를 시도하고 있다.

이 책의 강점은 많다. 예를 들어 선거제도의 특징과 효과를 제도 그 자체로만 평가하지 않고, 다른 제도와의 '비교'를 통해, 그리고 다양한 역사적·정치적 사례를 통해 소개하고 있다. 또한 각 제도에 대한 학자들의 평가와 논쟁을 광범위하게 정리하고 있다는 것도 이 책의 강점이라고 할 수 있을 것이다. 특히 저자는 이 2011년 개정판에서 최근의 사례와 학계의 연구 결과를 대폭 보강함으로써 내용의 풍부함을 더했다. 따라서 독자들은 이 책을 통해 다양한 선거제도를 폭넓고 깊이 있게 이해할 수 있을 것으로 기대한다.

이 책의 내용이 한국에 시사하는 바도 크다고 할 수 있다. 현재 한국 정치에서 나타나는 여러 문제점을 해결하기 위한 방법으로 선거제도 개편 문제가 논의되고 있다. 그리고 제도를 어떻게 바꿔야 하는지를 놓고 정치인들과 학자들은 저마다 다른 의견을 제시하고 있다. 그러나 이 책에서 보여주는 바와 같이 모든 선거제도는 장점과 단점을 가지고 있다. 그리고 어떤 정당과 집단에게는 유리한 결과를, 동시에 다른 정당과 집단에게는 불리한 결과를 안겨준다. 더 중요한 사실은 제도 개편이 많은 경우 의도하지 않은 결과를 초래했다는 점이다. 따라서 선거제도 개편 문제는 매우 신중하게 다뤄야 하며, 수많은 연구와 진지한 토론이 선행되어야 한다. 저자가 인용하고 있는 리처드 카츠_{Richard Katz}의 "특정 선거제도를 열성적으로 지지하는 사람들은 만병통치약 같은 수많은 처방들을 제시하고 있다. 그러나 모든 기준에 딱 들어맞는, 그리고 극히 민주적인 선거제도는 존재하지 않는다"는 말은 새겨볼 만하다.

번역이 완성되기까지 원고 정리에 도움을 준 동의대학교 선거정치연구소 김은미 연구원과 정치외교학과 김인구 학생, 그리고 출판을 허락해준 한울엠플러스(주) 관계자들께 감사의 마음을 전한다.

2012년 4월

전용주

서문

　정치에 관한 나의 첫 기억은 1973년으로 거슬러 올라간다. 그 기억은 당시 아일랜드의 어느 정당 선거운동에 관한 것이다. 그때 나는 12살이었다. 어머니는 어느 정당의 열성 당원이었고, 우리 집은 말 그대로 담배 연기로 가득한 선거운동 본부로 변해 있었다. 그 정당 후보는 상대 정당 후보가 자신과 성은 같지만 이름의 첫 글자가 알파벳순에서 앞서고 있다는 사실을 뒤늦게 알게 되었다. 그는 자기 이름이 투표용지 위쪽에 오도록 재빨리 이름을 약자로 바꿨다. 그러나 불행하게도 선거운동 홍보물은 이미 인쇄된 상태였다. 그 때문에 나는 방과 후에 선거운동 인쇄물에 찍혀 있던 '리처드Richard'라는 이름을 '딕Dick'으로 고쳐 쓰는 데 많은 시간을 보내야만 했다.* 덕분에 12살 소년이었던 나는 처음으로 '알파벳 투표alphabetical voting'라는 현상과 '기표방식 ballot structure'의 중요성을 깨닫게 되었다. 이 두 가지 문제는 이 책에서 다루게 될 것이다. 앞으로 보겠지만, 기표방식은 선거제도를 설계하는 데 중요한 요소 중 하나다.

　이후 나는 선거제도와 관련한 두 가지 중요한 사실을 더 경험하게 된다.

---

* 　딕Dick은 리처드Richard의 애칭이다. 리처드의 첫 글자인 R보다 딕의 첫 글자인 D가 알파벳 순서상 앞서므로 투표용지에서 상단에 위치할 수 있다는 의미다(이하 각주는 모두 옮긴이 주이다).

1980년대 중반 대학생이었던 나는 어느 정당의 열성 당원으로, 더블린의 남 카운티south county 선거구에서 선거운동 자원봉사를 하고 있었다. 그 선거구는 의원 4명을 선출하는 선거구였고, 내가 소속된 정당은 그 선거 전까지는 줄곧 1명의 당선자만을 냈다. 하지만 이번에는 2석을 얻기 위해 노력하고 있었다. 그 선거에서 가장 앞서 가던 후보는 전국적 인물이었고, 당선될 것으로 예상되고 있었다. 그러나 그의 선거운동 구호는 "나에게 당신의 한 표를 주지 마세요. 대신 저와 같은 정당 후보에게 한 표를 던지세요"였다. 같은 정당 후보가 당선될 수 있도록 그에게 충분한 표를 주자는 의도였다(이 전략은 결국 성공했다). 나는 이 경험으로 '선거구 크기magnitude of district: M'의 중요성을 깨닫게 되었다.

다음으로는 '당선결정방식electoral formula'의 중요성을 들 수 있다. 이는 선거제도 설계의 가장 기술적인 측면이다. 이 문제는 내가 정치학과 대학원생 모임에서 수년 동안 관심을 갖고 연구하던 주제였다. 이 모임은 아일랜드의 한 텔레비전 회사RTÉ에 자료를 제공하기 위해 '단기이양제single transferable vote: STV'를 이용한 시뮬레이션 작업을 하고 있었다. 단기이양제의 '드룹 기준수Droop quota' 방식은 이 에피소드가 있었던 막바지 시기에는 꿈에도 나타났다. 나는 지금까지 언급한 이 같은 경험으로 인해 선거제도에 대해 어리석을 정도로 많은 관심을 갖게 되었고, 특히 아일랜드 선거제도인 단기이양제에 매력을 느끼게 되었다. 아일랜드 방언으로 말하자면, 나는 단기이양제에서 태어나고 자랐으며 살아온 것이다. 그러므로 이 제도의 기발함과 독특함에 매력을 느낀 것은 아마도 당연할 것이다. 그러나 제일 중요한 것은 단기이양제가 가장 '이상적인' 최선의 선거제도라고 생각하지는 않는다는 것이다. 이 책이 보여주고자 하는 바와 같이 그런 이상적 선거제도는 존재하지 않는다.

제2판을 펴내기 위해 많은 빚을 졌다. 특히 다음 사람들에게 그렇다: 호이벨반Hein Heuvelman과 로잔스카Joanna Rozanska는 제7장에 활용된 자료를 수집하는데 많은 도움을 주었다. 오스틴Ben Austin, 바시크Ivana Bacik, 베노이트Ken Benoit,

블레이스André Blais, 블라우Adrian Blau, 바울러Shaun Bowler, 카터Elisabeth Carter, 카티 Ken Carty, 갤러거Michael Gallagher, 그뢴룬드Kimmo Grönlund, 하잔Reuvan Hazan, 헤르네 Kaisa Herne, 힉스Simon Hix, 허치슨Derek Hutcheson, 크리시Hanspeter Kriesi, 말코풀루 Anthoula Malkopoulou, 마시코트Louis Masicotte, 매칼리스터Ian McAllister, 밀너Henry Milner, 노리스Pippa Norris, 필레트Jean-Benoit Pilet, 라일리Ben Reilly, 렌윅Alan Renwick, 레이 놀즈Andy Reynolds, 슈미트-벡Rüdiger Schmitt-Beck, 스컬리Roger Scully, 샤먼Campbell Sharman, 스키아보네Hermann Schiavone, 슈가트Matthew S. Shugart, 보울리스Jack Vowles, 와일더Paul Wilder, 그리고 윌리Hans-Urs Wili는 선거제도에 대한 의문에 해답을 찾 는 과정에 많은 도움을 주었으며, 흥미로운 방향을 제시해주기도 했다. 이 모 든 이들(그리고 본의 아니게 이름을 언급하지 않은 사람들), 그리고 구체적이고도 유 용한 언급을 해준 익명의 검토자들에게 감사의 마음을 표한다. 오류가 있다면 모두 내 책임이다.

팔그레이브 맥밀란Palgrave Macmillan 출판사의 웬함Stephen Wenham, 카우스Helen Cauce, 그리고 포베이Keith Povey에게도 감사를 전한다. 이들은 출판의 여러 단계 에서 길을 인도했다. 이 점에 관해서는 특히 케네디Steven Kennedy에게 감사의 마음을 전한다. 그는 너무도 많은 도움과 격려를 해줬다. 특히 이 제2판 집필 을 시작하도록 해줬다. 2009년 겨울에서 2010년 겨울에 걸쳐 원고를 작성했 다. 더블린 대학University College Dublin의 새 동료들에게도 감사한다. 그들은 원고 작업에 필요한 공간과 시간을 낼 수 있도록 도와주었다. 이 책의 제1판을 쓸 때 도움을 줬던 사람들에게도 감사의 마음을 표하고 싶다. 언급되지 않은 사람 은 바디Luciano Bardi, 덴버David Denver, 엘기Robert Elgie, 파렐Brian Farrell, 깁슨Rachel Gibson, 골리즈키Yoram Gorlizki, 해리스Paul Harris, 잔다Ken Zanda, 카프Jeffrey Karp, 카 츠Richard S. Katz, 케네디Ray Kennedy, 콘드라쇼프Sergei Kondrashov, 라이파트Arend Lijphart, 마케라스Malcolm Mackerras, 포메로이J. P. Pomeroy, 포군케Thomas Poguntke, 로 버츠Geoffrey K. Roberts, 소여Marian Sawyer, 슈미트-벡Rüdiger Schmitt-Beck, 시달Christopher Siddal, 그리고 윈쉽Elizabeth Winship이다. 마지막으로 그 누구보다도 이 책을 완성할 수 있도록 해준 사랑하는 멜리사Melissa에게 이 책을 바친다.

데이비드 파렐

저자와 출판사는 다음의 제3 자료를 사용할 수 있도록 허락해준 데 대해 감사를 표한다. 이 책 〈표 8-1〉를 위해 옥스퍼드 대학 출판부는 레이놀즈Andrew Reynolds의 『위험한 세계에서의 민주주의 설계Designing Democracy in a Dangerous World』(2011)의 〈표 5-2〉을 쓸 수 있도록 허락해줬다. 〈표 8-3〉은 케인Bruce E. Cain, 돌턴Russell J. Dalton과 스캐로우Susan E. Scarrow가 편집한 『변화된 민주주의 Democracy Transformed』에서 파렐David Farrell이 집필한 장의 〈표 5-1〉에서 가져왔다. 두 표는 옥스퍼드 대학 출판부의 허락을 받아 게재했다. 〈표 8-4〉는 바울러Shaun Bowler와 파렐David Farrell이 2006년 ≪영국 정치와 국제관계 저널British Journal of Politics and International Relations≫에 공동 집필해 게재했던 논문인 "We Know Which One We Prefer but We Don't Really Know Why: The Curious Case of Mixed Member Electoral Systems"의 〈표 1〉에서 가져왔다. 이는 존 와일리 선스 출판사John Wily & Sons의 허락을 받았다. 〈그림 3-3〉은 파렐David Farrell과 매칼리스터Ian McAllister의 저작인 『호주선거제도: 기원, 변형, 그리고 결과 The Australian Electoral System: Origins, Variations and Consequences』의 〈그림 4-1〉에서 가져왔다. 뉴사우스웨일스 대학 출판부 UNSW Press의 허락을 받았다.

제 **1** 장

선거제도 연구

1-1 왜 선거제도를 연구하는가?

선거제도는 이 분야를 공부하지 않는 사람들에게는 지루한 주제일 것이다. 투표계산법이나 선거제도 간의 차이점 등과 같은 주제에 흥미를 느끼기는 어렵다. '최대잔여제largest remainder'냐, 아니면 '최고평균제highest average'냐를 둘러싸고 얼마나 많은 논쟁이 있었는가? 단기이양제를 선택할 것인지, 아니면 '1인 선출 단순다수제single-member plurality'를 선택할 것인지를 놓고 또 얼마나 많은 정치인들이 다퉜는가? 금요일 오후 까다로운 '드룹 기준수Droop quota' 공식을 놓고 씨름하고 있는 학생들은 얼마나 불쌍한가? 또 '단조성monotonicity'이라는 개념을 이해하기 위해 밤새 고생하고 있는 선생님은 또 얼마나 측은한가? 당연히 이런 질문을 할 것이다. 왜 힘들게 고생하는가? 무엇 때문에 선거제도를 이해하기 위해 시간과 노력을 쏟고 있는가?

여러 가지 이유가 있다. 첫째, 선거제도를 연구하는 사람들이 점차 많아지고 있다는 사실을 들 수 있다. 분명 누군가는 선거제도가 중요하다고 생각하고 있다는 것이다. 사실 선거제도에 대한 관심은 비교적 새로운 현상이다. 학자들은 1980년대에 들어서야 이 주제에 대한 연구가 정치학에서 어떻게 발전해 왔는지에 대해 관심을 갖기 시작했다. 그 당시 이 분야를 연구했던 전문가조차 다음과 같이 말한다. "정치학에서 가장 발전하지 못한 분야는 의심할 바 없이 바로 선거제도 연구다"(Lijphart, 1985: 3; Taagepera and Shugart, 1989도 참조). 그 당시에도 이 주제는 향후 관심의 대상이 될 것이라는 점이 확실해 보였다. 리처드 카츠Richard S. Katz는 자신의 저서인『세계 선거제도 목록International Bibliography on Electoral System』에서 '대표성representation과 선거제도의 형태와 효과'를 다룬 약 1500개의 연구를 정리했고, 이 수는 1992년에 2500개까지 증가했다(Katz, 1992).[1] 이 중에는 선거제도 연구 방법론에서 매우 의미 있는 발전을 이룬 연구도 있다. 이제 선거제도 연구는 '성숙되고' 잘 발전된 분야라고 할 수 있을 것이다(Shugart, 2008).

지난 40년 동안 선거제도 문제를 다룬 학자 중 가장 탁월한 사람은 더글러스 레이Douglas Rae다. 그의 1967년 연구는 선거제도와 그 정치적 효과를 어떻게 연구할 것인가에 대한 방향을 제시해줬다고 할 수 있다. 그러나 최근에 와서야 여러 학자들은 그의 연구에 주목하기 시작했다. 개리 콕스Gary Cox, 마이클 갤러거Michael Gallagher, 버나드 그로프만Bernard Grofman, 리처드 카츠Richard Katz, 아렌드 라이파트Arend Lijphart, 매튜 슈가트Matthew S. Shugart, 레인 타게페라Rein Taagepera가 대표적이다. 이들은 레이의 저작에 기초해 자신들의 연구를 발전시켰다. 이들의 연구(다른 학자들의 연구와 함께)는 선거제도를 다룬 교과서 내용에 필수적으로 포함되고 있으며, 이 책의 목적도 이들의 연구 결과를 정리하고 소개하는 것이다.

둘째, 선거제도는 정치적으로 흥미로운 주제이기 때문에 연구할 만한 가치가 있다는 것이다. 1970년대 지중해 연안 유럽 국가들에서는 민주화 과정이 광범위하게 진행되었다. 그 이후 라틴아메리카와 일부 아프리카 국가들에서도 마찬가지였다. 그리고 가장 극적인 민주화는 1980년대 중부와 동부 유럽, 그리고 구소련에서 나타났다. 이 같은 민주화 과정에서 갓 태어난 대의 민주주의 정치체제는 어느 선거제도를 선택할 것인지를 놓고 중요한 결정을 했다. 나중에 보겠지만, 이들 중 1인 선출 단순다수제를 택한 나라는 하나도 없었다. 단 한 국가에서, 그것도 아주 짧은 시기에만 단기이양제를 운용했을 뿐이다. 왜 많은 국가들이 이런 결정을 했는지 그 숨은 이유를 살펴보는 것은 매우 흥미로운 일일 것이다. 그리고 왜 선거제도 개편에 대한 관심이 늘고 있는지(특히 1990년대 이탈리아, 일본 그리고 뉴질랜드에서 그랬듯이), 그리고 다수의 여타 국가들도 왜 선거제도 개편 문제를 주요한 정치적 의제로 삼고 있는지를 살펴보는 것은 더 흥미진진하다. 선거제도는 '매우 예외적인 역사적 상황'에서만 변경되었다는 일반적인 생각과는 다른 현상인 것이다. 일련의 선거제도 개편 과정을 보면, '혼합형 선거제도mixed-member electoral system'(제5장에서 보듯이 이 제도는 전후 독일에서 오랫동안 채택해왔다)에 대한 호감이 높아지고 있음을 알 수 있다. 선거제도 개편은 갑작스럽게 가능한 현실로 다가오고 있다. 더는 비현실적인 이론 이야기, 혹은 뜬구름 잡는 것처럼 보이는 학문의 영역에만 머물고 있지 않다.

셋째, 선거제도는 그 자체로도 중요하기 때문에 그것을 연구하는 것은 의미가 있다. 선거제도는 정치체제가 어떤 모습으로 작동하는지에 큰 영향을 미친다. 은유적으로 표현하자면, 선거제도는 민주주의라는 수레의 큰 바퀴가 잘 굴러가도록 하는 작은 톱니바퀴와도 같은 역할을 한다고 할 수 있다. 일반적으로 거의 모든 정치학 교과 과정은 선거제도 관련 주제를 비중 있게 다루고 있다. 선거와 대표, 정당과 정당체제, 정부 구성과 연립의 정치가 그것이다. 이런 주제에서 선거제도는 중요한 역할을 한다. 정치인들에게는 선거제도가 어떻게 설계되어 있느냐에 따라 당선이 용이하기도 하고 혹은 어렵기도 하다. 또 정당이 단독으로 정부를 구성하는 것이 용이한지 혹은 어려운지를 결정하기도 한다. 요컨대, 선거제도의 종류에 따라 정치체제가 어떻게 운용되는가는 매우 중요한 질문인 것이다.

선거제도의 주된 기능은 정치체제를 무리 없이 작동하게 하고 정당성을 가질 수 있도록 해주는 것이다. 이 밖에도 선거제도는 수많은 역할(때로는 서로 상충하는 역할)을 하도록 고안된다. 유권자가 원하는 것을 반영하는 것, 강력하고 안정된 정부를 탄생시키는 것, 자질을 갖춘 대표를 선출하는 것 등이 그것이다. '선거 공학자electoral engineers'는 선거제도의 어느 역할을 가장 중시해서 어떤 제도를 선택해야 하는지를 항상 고민하게 된다. 이것이 국가마다 서로 다른 선거제도를 갖고 있는 이유다.

'선거법electoral laws'과 '선거제도electoral systems'의 차이를 구분할 필요가 있다. 선거법은 선거 과정 전체에 적용되는 일련의 규칙rules이다. 즉, 선거 공고, 정당의 후보 선정 과정, 선거운동과 투표, 그리고 득표 계산과 선거 결과 발표에 이르는 과정에 적용되는 규칙이다. 선거 운영과 관련된 규칙도 많다. 예를 들어, 투표권자의 자격 규정(시민, 거주자, 17세 이상, 지불 능력 유무 등등), 호주와 벨기에에서와 같이 의무투표 규정, 정당의 후보 선정 과정에 대한 규정(예컨대 최소 지지자 수와 예치금 규정) 등이 있다. 또한 선거운동 과정을 규율하는 규칙도 있다. 여론조사나 TV 광고, 혹은 선거운동을 위한 자동차 사용 허용 여부, 선거 홍보 게시물의 크기, 선거 포스터의 위치, 후보별 방송시간 점유 비율 등을 규정하는 규칙 등이 대표적 예다.

이 같은 선거법 가운데 선거 과정 자체와 관련된 일련의 규칙이 있다. 투표 방법, 투표용지 모양, 표 계산 방식, 당선결정방식이 그것이다. 이 책이 가장 관심을 갖고 있는 것은 바로 이 규칙들이다.[2] 이 규칙들은 선거운동 종료 후에 승자와 패자를 결정하는 메커니즘이다. 다음과 같은 선거일 밤 뉴스 시나리오는 대부분의 정치체제에서 공통적이다.

투표가 끝나면 정치인들은 정치평론가들에게 무대를 내어준다. 방송국들은 정당의 성쇠를 결정하는 표의 변화를 보여주는 기계들을 꺼내어 최신 컴퓨터 그래픽으로 마법을 부릴 준비를 한다. 선거운동 구호와 비방은 이제 끝난 것이다. 모든 관심은 전국에 흩어져 있는 개표 센터에서 투표용지를 섞고 있는 수천 명의 사람들에게 집중된다(적어도 이런 광경은 영국과 아일랜드 같은 나라에서 볼 수 있다. 다른 나라에서는 개표는 물론 투표까지 컴퓨터로 진행한다). 정치인, 언론인, 그리고 유권자들은 숨죽이고 개표 결과를 기다린다. TV 진행자는 밤늦게까지 전문가 패널들과 함께 선거 결과를 분석하고 유권자들의 '평결 verdict'이 어떤 의미를 갖는지를 평가한다.

이 같은 광경에서 세부적인 내용은 국가마다 다를 수 있으나, 다음과 같은 기본적인 테마는 유사하다. 즉, 선거일에 우리 유권자는 투표하며, 그 후 승자와 패자는 누구인지, 각 정당들은 몇 석을 얻었는지, 그 결과를 기다린다. 바로 여기서 득표수를 계산해 의석수로 전환시키는 것이 바로 선거제도의 기능이다. 이제 선거제도를 정의해보자. 선거제도는 공직자를 선출하는 과정에서 표를 의석으로 전환하는 방식을 결정하는 것이다.

1-2 선거제도의 유형 분류

선거제도의 세계는 불가피하게도 매우 혼잡하고 복잡하며, 점점 더 그렇게 되고 있다. 게다가 모든 국가가 서로 다른 선거제도를 운용하고 있다(몇몇 경우에는 그 차이가 미세하기는 하지만). 선거제도는 서로 너무 다르기 때문에 모두가 인정할 수 있는 유형으로 분류하는 것은 매우 어려운 작업이다. 한 가지 간단한 방법은 선거제도가 낳을 수 있는 결과 output 를 기준으로 유형을 분류하는 것

<표 1-1> 비례적 그리고 비非비례적 선거 결과: 1983년의 두 선거 (단위: %)

구분	정당	득표율	의석률	차이
영국	보수당(Conservatives)	4	61.1	+18.7
	노동당(Labour)	27.6	32.2	+4.6
	사회민주당/자유당연합(SDP/Liberal Alliance)	25.4	3.5	-21.9
독일	기독민주당(Christian Democrats)	38.2	38.4	+0.2
	사회민주당(Social Democrats)	38.2	38.8	+0.6
	자유민주당(Free Democrats)	7.0	6.8	-0.2

이다. 즉, 득표수를 의석으로 전환하는 과정을 기준으로, '비례적proportional' 결과와 '비非비례적non-proportional' 결과를 낳는 선거체제로 분류하는 것이다. 비례적 선거제도의 핵심은 각 정당의 의석수를 자신들이 얻은 득표수에 가능한 한 근접할 수 있도록 하는 것이다. 반대로 비非비례적 선거제도에서는 한 정당이 다른 정당보다 더 많은 표를 확실히 얻을 수 있도록 함으로써, 강력하고 안정된 정부를 구성하도록 하는 것이 중요하다.•

이와 같이 선거제도의 결과에 기초한 선거제도 유형화는 얼핏 보면 꽤 그럴듯해 보인다. 이제 크게 상반된 경우를 보자. 독일과 영국의 사례가 바로 그것이다. 〈표 1-1〉은 1983년 선거를 통해 두 선거제도에서 제3정당에게 돌아간 의석수가 어떻게 다른지를 보여준다. 영국의 사회민주당/자유당연합(자유민주당의 전신)은 전체 투표수의 1/4을 득표했음에도 획득한 의석수는 총 의석수의 4% 미만에 그쳤다.[3] 반면, 독일의 자유민주당이 획득한 의석률은 정당 득표율에 거의 근접했다. 따라서 영국과 독일의 선거제도를 다른 유형으로 분류하는

• 선거 결과의 '비례성'이라는 개념은 득표율과 의석률 간 차이와 관련된 것이다. 한 정당의 득표율과 의석률이 거의 차이가 없다면 비례성 정도가 높은 것이며, 득표율과 의석률의 차이가 클수록 비례성 정도가 낮거나 비非비례적이라고 할 수 있다.

것은 이치에 맞는 것 같다.

그러나 현실은 그렇게 간단치 않다. 비례성도 정도의 차이가 있기 때문이다. 실제로 학자들 대부분은 '준₩비례적semi-proportional' 선거제도라는 중간 유형까지 언급하기도 한다. 그렇다면 문제는 여러 선거제도를 어디에 위치시키는가이다. 제6장에서 보겠지만, 이와 같이 '결과'에 초점을 맞추게 되면 단 한 국가사례만을 근거로 단기이양제를 준₩비례적 선거제도의 유형에 포함시키게 된다(Katz, 1984). 일반적으로 말하면, 대표적인 비례적 선거제도(예를 들어 그리스나 스페인의 정당명부식 선거제도)도 때에 따라서 대표적인 비₦비례적 선거제도(예를 들어 미국이나 영국의 1인 선출 단순다수제)보다 비례성이 낮은 결과를 가져오기도 한다는 데에 문제가 있다.

선거제도를 분류하는 또 다른 방법 ─ 대부분 유형화의 기초가 되는 방법 ─ 은 선거제도의 여러 요소 중 득표수를 의석수로 전환하는 방식에만 초점을 맞추는 것이다. 레이(Rae, 1967)는 처음으로 선거제도의 구성 요소를 다음과 같이 세 가지로 구분했다. ① 선거구 크기district magnitude, ② 당선결정방식electoral formula, ③ 기표방식ballot structure. 이 용어들은 거창하게 들릴 수 있다. 그러나 그 의미는 꽤 간단하며 이 책 전반에 걸쳐 사용될 것이다. 첫째, 선거구 크기(M)는 한 선거구constituency에서 선출하는 의원 수다(선거구는 미국에서는 district, 캐나다는 riding, 호주에서는 electorate라고 한다). 예를 들어 1인 선출 단순다수제를 채택하고 있는 미국과 영국에서는 각 선거구에서 의원 한 명을 선출한다(M=1). 반면 정당명부식 비례대표제를 운용하고 있는 스페인의 경우, 각 선거구에서 평균 7명의 의원을 선출한다(M=7).

둘째, 기표방식은 유권자의 투표방법을 결정한다. 기표방식의 가장 일반적인 유형은 '범주형categorical'과 '순위형ordinal'이다. 범주형은 미국과 영국에서 사용되는 것으로, 유권자들은 투표용지에 기재된 여러 후보 중 한 명을 선택한다(〈그림 2-1〉 참조). 순위형은 아일랜드나 몰타 등에서 사용되는 것으로, 유권자는 투표용지에 적혀 있는 모든 후보를 대상으로 자신이 선호하는 순서대로 순위를 표시하는 것이다(〈그림 6-1〉 참조).

　마지막으로 당선결정방식은 득표수를 의석으로 전환하는 방법이다. 이후 장들에서 보겠지만, 당선결정방식은 그 종류가 매우 다양하다(이론적으로 당선결정방식은 무제한으로 제시될 수 있다). 그러나 본질적으로 당선결정방식은 몇 개의 주요 부류로 분류할 수 있다. 단순다수제plurality, 절대다수제majority, 비례제proportional, 그리고 혼합형mixed 선거제도가 그것이다.

　지금까지 선거제도의 세 가지 주요 요소를 살펴봤다. 다음 단계는 선거제도를 적절하게 분류하기 위해 이 요소들을 어떻게 활용할 것인지를 알아보는 것이다. 다음 장들에서 보겠지만(특히 제7장), 이 세 가지 요소들이 선거제도의 성과에 어떤 영향을 미치는지에 대해 수많은 논의가 있었다. 일반적으로 합의된 점은 선거구 크기가 선거 결과의 비례성에 가장 큰 영향을 미친다는 것이다. 이 때문에 선거제도의 유형화는 가장 먼저 그리고 가장 중요하게, 선거구 크기에 기초해야 한다는 결론을 내릴 수도 있다. 그러나 현재는 대부분 당선결정방식에 근거해 유형을 분류한다. 다른 두 요소는 부차적인 고려대상인 것이다(Blais and Massicotte, 1996; Bogdanor, 1983; Lakeman, 1974). 이보다 더 정교한 방법은 세 가지 요소 모두를 동등하게 고려해 유형을 분류하는 것이다(Blais, 1988; Talor and Johnston, 1979). 하지만 이런 분류는 이론적으로는 더 적절한 유형화라고 할 수 있으나, 다루기 힘든 것이 사실이다.

　이 책은 이에 대한 타협책으로 여러 접근법을 절충한 방법을 채택하고자 한다. 이 장에서는 현재 전 세계 민주주의 국가 대부분이 채택해 운용 중인 선거제도를 유사성에 따라 분류할 것이다. 이것은 단지 책 구성상의 편리함 때문이며, 5개의 장으로 나누는 데도 유용하다. 각 유형을 다룬 장에서는 앞서 언급한 세 가지 선거제도의 구성 요소를 통해 각 제도를 상세히 알아볼 것이다. 마지막으로 제7장과 제10장에서는 선거제도의 성과와 관련해 각각의 제도를 평

〈그림 1-1〉 선거제도의 세계: 2000년대 후반

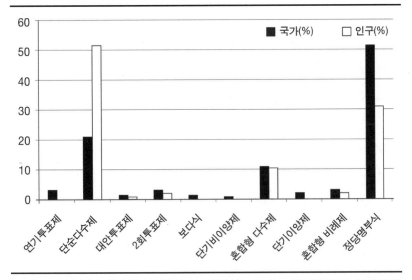

주: 인구는 2009년 수치임. 자유민주주의 국가 분류는 프리덤 하우스(Freedom House)의 평가에 기초함. 정치적 권리와
   시민 자유 항목의 7점 척도에서 3점 이하의 국가임.*
자료: 부록 〈표 A-1〉.

가하게 될 것이다. 특히 제7장에서는 선거제도의 전략적 효과와 더불어 비례
성 문제에 주목할 것이다.

　부록의 〈표 A-1〉은 선거제도에 대한 1차 정보를 제공하고 있다. 〈그림 1-1〉
은 현재의 경향을 요약해 보여준다. 이 그림에서 자유 민주주의 국가 88개국
의 선거제도를 비례성의 정도에 따라 분류했다(왼쪽부터 오른쪽까지). 이 국가들
은 레덕Lawrence LèDuc과 동료들이 2010년『민주주의 비교Comparing Democracies』
연작에서 다룬 국가들과 동일하다. 그들은 초판 이후의 개정판에서 연구 대상
국가 수를 계속해서 늘렸다(LèDuc et al., 1996 참조). 이것은 지속적으로 진행되

---

* 　프리덤 하우스의 7점 척도에서는 점수가 낮을수록 정치적 권리와 자유가 잘 보장되고 있는
　국가다.

고 있는 세계의 민주화 현상을 반영하는 것이기도 하다(물론 프리덤 하우스 평가에서 좋지 않은 점수를 얻은 다수의 국가도 여기서는 자유 민주주의 국가에 포함되어 있기도 하다). 또한 규모가 큰 국가뿐만 아니라 세계의 모든 민주주의 국가를 포함시키기 위한 것이다(이 책 초판에서는 인구 200만 명 이하의 국가는 제외했었다).

이 책에서 다루는 선거제도의 주요 유형 중, 단순다수제(제2장에서 1인 선출 단순다수제 혹은 1위 대표제라고 부른다)는 주로 앵글로-색슨계Anglo-Saxon 민주주의 국가들이 채택하고 있다. 88개 국가 중 19개 국가가 이 제도를 운용하고 있으며, 그중 몇몇은 세계에서 가장 규모가 큰 민주주의 국가다. 실제로 약 10억 이상 인구를 가진 인도 때문에 단순다수제는 세계에서 과반수 유권자가 사용하는 제도가 되었다(인구를 기준으로 하면 88개 국가 인구 중 52%에 해당한다).[4] 제3장에서는 절대다수제(대안투표제와 2회투표제)를 검토할 것이다. 이 제도는 88개 국가 인구 중 3% 정도만 사용하기 때문에 인구 면에서 적다. 하지만 두 선진 민주주의 국가인 호주와 프랑스에서 운용하고 있다. 비례대표제는 두 가지 주요 형태를 띤다. 하나는 단기이양제(아일랜드와 몰타 등에서 사용되며 제6장에서 다룰 것이다)이며, 다른 하나는 다수 국가가 채택하고 있는 정당명부식 비례대표제다. 〈그림 1-1〉이 보여주듯이, 88개국 중 50% 이상이 비례대표제를 사용하고 있다(정당명부식 비례대표제는 51%, 단기이양제는 2% 정도의 국가가 사용하고 있다). 그러나 대다수 경우가 소규모 국가이기 때문에 인구수로는 88개국 인구 중 31%만이 비례대표제를 사용하고 있다(사실상 이 31%의 대부분이 정당명부식 비례대표제를 사용하고 있다).

마지막 유형은 혼합형 선거제도로서 제5장에서 다룰 것이다. 이 제도는 최근에 와서야 비로소 다른 제도와 구별되는 유형으로 주목받기 시작했다. 가장 주요한 특징은 서로 다른 선거제도(단순다수제 혹은 절대다수제, 그리고 비례대표제)를 혼합한 형태라는 점이다. 이 제도는 오랫동안 이례적인 제도라거나, 혹은 일시적으로 등장한 당선결정방식일 것이라고 생각되었다. 혹은 순전히 사라질 운명을 가진 기이한 형태라고 하면서 제대로 된 취급을 받지 못했다. 이런 현상에는 이유가 있었다. 왜냐하면 전후 독일을 제외하고는 민주주의 체제의 수명이 길지 않았던 극소수의 국가들만이 사용했기 때문이다. 1990년대 초반 이후, 민주화의 새로운 물결이 진행되면서 이 제도는 점차 인기를 얻게 되었고, 한때는 두 번째로 널리 사용되던 비례대표제의 지위를 넘보기도 했다 (Farrell, 2001a). 그러나 제5장에서 보듯이, 1990년대에 혼합형 제도를 채택했던 다수 국가들은 이후 이 제도를 포기하고 대부분 정당명부식 비례대표제로 대체했다. 이 때문에 아직 적지 않은 국가들이 이 제도(변형된 제도를 포함)를 사용하고 있기는 하지만, 현재는 정당명부식 비례대표제와 단순다수제에 이어 3위를 차지하고 있다(국가 수로는 15%, 인구수로는 14%이다).

제2장부터 제6장까지는 각각의 선거제도가 어떻게 운용되고 있는지, 혹은 어떻게 변형되어 적용되고 있는지, 그리고 그 제도들이 어떤 정치적 맥락에서 작동하고 있는지를 살펴볼 것이다. 이와 같이 각 선거제도를 자세히 다룬 후, 제7장과 제10장에서는 각각의 선거제도가 가져오는 정치적 결과에 대해 평가할 것이다. 이때 주요 쟁점은 비례성과 안정성, 대표의 역할, 정당 선거운동, 그리고 전략적 투표의 가능성이다.

처음 지적했던 바와 같이, 선거제도와 그 개혁에 관한 논의에서 가장 중요한 것은 안정성과 소수 집단의 대표성 문제다. 이 두 가지는 많은 경우 부분적으로 상반관계 trade-off* 에 있는 것처럼 보인다. 그러나 이러한 주장은 잘못된 것이며, 특정 선거제도는 정부 안정성을 필연적으로 해치지 않으면서도 동시에 소수 집단 이익을 최대한 대표하게 할 수 있다는 것이 이 책의 주요 주장이다. 이 같은 점을 제2장부터 제6장까지에서 현실의 증거를 통해 비교해보고

---

* 두 개의 목표 가운데 하나를 달성하고자 하면 다른 목표의 달성이 불가능해지거나 지연되는 경우의 관계를 말한다.

결론 장에서 다시 다룰 것이다.

그러나 여러 선거제도들을 분석하기 전에 선거제도 연구에서 핵심적인 쟁점 하나를 먼저 다룰 필요가 있다. 그것은 '대표representation'의 문제다.

1-3 대표의 의미에 대한 상반된 두 관점

대표representation라는 용어의 의미는 매우 다양하다. 가장 기본적인 것은 대표의 '축소판microcosm' 개념과 '주인-대리인principal-agent' 개념이다(McLean, 1991; Reeve and Ware, 1992). 전자는 비례대표제 옹호론자들, 그리고 후자는 비非비례적 선거제도 옹호론자들과 관련 있다. 축소판 관점을 대표하는 고전적 인물은 미국 건국의 아버지 중 한 사람인 존 애덤스John Adams다. 그는 다음과 같이 말한다. 의회는 "전체 국민의 정확한 초상화이자 축소판이 되어야 한다. 의회는 전체 국민과 똑같이 생각하고, 느끼고, 사고하고, 행동해야 한다"(McLean, 1991: 173에서 인용). 이는 말 그대로, 여론조사 원칙, 즉 대표성을 가진 표본 sample이라는 개념과 유사하다. 어떤 사회가 다음과 같은 비율로 구성되어 있다고 가정해보자. 남성과 여성 50 : 50, 도시와 농촌 70 : 30, 중산계층과 노동계층 40 : 60, 백인과 흑인 20 : 80. 이런 사회는 이 같은 비율을 축소판 형태로 정확히 반영한 의회를 구성해야 한다. 즉, 의회는 모집단population을 대표하는 표본이어야 한다는 것이다. 그러나 완전한 대표성을 갖춘 표본을 얻는다는 것은 분명 불가능하다. 그럼에도 가능한 한 그것에 근접하는 것을 목표로 해야 한다. 플랜트Raymond Plant는 이 관점에 대해 다음과 같이 설명한다. "의회가 얼마나 대표성을 가지고 있는가는 그것이 사회 구성을 얼마나 비례적으로 반영하고 있는가라는 관점에서 설명될 수 있다"(Plant, 1991: 16). 즉, 의회는 사회를 있는 그대로 비추는 거울인 것이다.

이와 같이 대표의 축소판 개념은 의회가 어떻게 '구성'되어 있는가를 중시한다. 그러나 주인-대리인 개념이 중시하는 것은 의회가 어떤 '결정'을 하는가이다. 주인-대리인 개념에 의하면, 사람은 다른 사람을 위해 행동한다. 대표자는 자신을 뽑아준 사람의 이익을 대표하기 위해 선출된다. 즉, 의회가 주로 50세 이상, 중산층, 그리고 백인으로 이루어져 있다 하더라도, 유권자를 위한 '결정'을 한다면 그 의회는 대표성을 가진 것이다. 의회 구성이 유권자 집단을 통계학적으로 대표하고 있는지는 중요하지 않으며, 시민 이익을 위해 적절히 행동하는지 여부가 중요하다. 즉, 의회의 구성보다 결정이 더 중요한 것이다.

이 두 관점을 탁월하게 정리한 맥린Iain McLean은 다음과 같이 말한다. 두 관점 모두 "전적으로 일리가 있다. 그러나 서로 양립할 수는 없다"(McLean, 1991: 72). 즉, 서로 어울릴 수 없는 개념인 것이다. 당신은 둘 중 하나를 지지해야 한다. 사회의 축소판처럼 구성된 의회 편에 서든지, 아니면 모든 시민들의 이익을 위해 행동하는 능력을 가진 의회 편에 서야 한다. 결국 이것은 규범적 판단의 문제다. "비례대표제를 옹호하는 사람들은 의회의 구성을 강조하고, 다수제 지지자들은 의회의 결정을 강조한다"(McLean, 1991: 175). 이로 볼 때, 비례적 선거제도와 비非비례적 선거제도 중 어느 것이 좋은 것인지에 대한 명확한 결론을 내리는 것이 불가능하다는 것을 알 수 있다. 또한, 어느 선거제도가 가장 좋은지에 대한 분명한 결론을 내리는 것도 불가능하다. 카츠는 자신의 역작인 『민주주의와 선거Democracy and Elections』(1997a)에서 이 같은 사실을 보여준다. 이 책에서 그는 14개 민주주의 모형이 여러 선거제도와 얼마나 잘 조화되는지를 검토하고 있다. 그의 결론은 신중하면서도 유보적이다. "특정 선거제도를 열성적으로 지지하는 사람들은 만병통치약 같은 수많은 처방들을 제시하고 있다. 그러나 모든 기준에 딱 들어맞는, 그리고 극히 민주적인 선거제도는 존재하지 않는다"(1997a: 308; 또한 pp.191~194 참조).

그러나 특정 선거제도가 가져오는 결과에 대해 더 깊이 파고들어 보면 객관적 평가를 할 수 있는 실증적 영역이 있다는 것을 알 수 있다. 즉, 어떤 제도에서는 정당 안정성 정도가 분명히 더 높게 나타나고, 또 어떤 제도에서는 군소정당들이 더 많은 기회를 갖는다. 선거제도에 따라 의회 대표성(예를 들어 대리인과 수탁인 역할), 정당 조직과 선거운동 방식은 달라진다. 그리고 여성과 소수인종 집단의 대표성에도 영향을 준다. 이 같은 개별 주제들을 명확히 평가하는 것은 가능하다. 제7장부터 제10장까지는 이러한 주제에 대해 논의할 것이다.

1-4 결어

이 같은 쟁점들을 평가하기 위해서는 각기 다른 선거제도들이 어떻게 작동하고 또 어떤 결과를 야기하는지를 탐구해야 한다. 이것이 바로 이 책이 시도하고자 하는 바다. 이 책은 선거제도의 다섯 가지 주요 유형에 대해 자세히 알아볼 것이다. 제2장에서는 가장 오래되고 단순한 1인 선출 단순다수제, 제3장에서는 절대다수제에 속하는 두 제도, 제4장에서는 정당명부식 비례대표제를 다룬다. 제5장에서는 오랫동안 운용되어온 독일형을 중심으로 혼합형 선거제도의 주요 유형들을 살펴볼 것이다. 마지막으로 제6장에서는 단기이양제를 자세히 알아본다.

마지막 네 개 장에서는 선거제도 연구에서 제도 간 비교와 관련된 문제를 다룬다. 제7장에서는 선거제도의 제도적 효과와 전략적 효과를 검토한다. 제8장에서는 관심의 방향을 바꿔 결과보다는 원인의 관점에서 선거제도를 고찰해본다. 제9장에서는 선거 운용 방식과 관련된 또 다른 제도적 요소들을 살펴보고 논의할 것이다.

주

1   매년 발행되는 자료의 분량이 너무 많아 1년 단위 요약을 할 수 없다. 대신 캔자스 대학교 Univ. of Kansas의 에리크 헤론Erik Heron이 하고 있는 정기적인 업데이트가 미국정치학회 대표 와 선거제도 분과 뉴스레터에 실리고 있다. http://apsa-res.blogspot.com/(2010년 7월 9 일 접속).

2   예외는 제9장이다. 이 장에서는 선거제도의 운용과 관계가 있는 제도 설계의 다른 특징들 을 살펴본다.

3   2010년 선거도 유사하다. 자유민주당에 매우 비非비례적인 결과를 안겨주었다. 23%의 득 표를 했지만 의회 의석률은 9% 미만이었던 것이다.

4   다음 장에서 보겠지만, 연기투표제와 단기비非이양제는 단순다수제의 변형이다. 전자는 비 례성이 낮으며, 후자는 비례성이 높다. 두 제도는 혼하게 사용되지 않으며, 특히 선진 민주 주의 국가에서 더욱 그렇다. 〈표 1-1〉에 있는 또 다른 생소한 선거제도는 보다 계산식Borda Count으로서 매우 작은 국가인 나우루Nauru에서만 사용된다. 라일리(Reilly, 2002)에 따르 면, 이 보다 계산식의 수정형은 확실히 비非비례제 유형에 속한다.

제 **2** 장

1인 선출 단순다수제

이 선거제도는 여러 이름을 가지고 있다. '상대다수제relative majority', '단순다수제simple majority', '1인 선출 단순단수제single-member simple plurality', 그리고 '1위 대표제first past the post: FPTP' 등으로 불린다. 이 책에서는 1인 선출 단순다수제 single-member plurality: SMP로 부르기로 한다.• 이 이름이 제도의 진수를 가장 잘 반영하기 때문이다. 옹호론자들에게 이 제도의 미덕은 단순함simplicity에 있다. 후보는 당선되기 위해서는 '최다 표plurality of vote'를 얻어야 한다. 이것은 한 후보가 다른 후보들이 얻은 표를 모두 합한 것보다 더 많은 표를 얻어야 한다는 것은 아니다. 즉, 당선되기 위해서는 과반수 혹은 절대다수 표를 획득할 필요가 없으며, 다른 어느 후보의 득표수보다 적어도 한 표라도 더 많이 얻으면 된다.

단순다수제는 미국, 영국, 캐나다, 그리고 인도에서 사용하고 있다. 이 제도

• 이후부터 사용된 단순다수제라는 용어는 특별한 언급이 없는 한 1인 선출 단순다수제를 의미한다.

를 운용하는 또 다른 국가로는 바하마, 바베이도스, 자메이카, 팔라우, 그리고 과거 영국 식민지였던 소규모 국가들이 있다. 다음 장에서 보겠지만, 이 제도는 인도 때문에 인구수로는 가장 많이 사용되고 있기는 하다. 그러나 최근에는 단순다수제에서 비례대표제로 바뀌고 있는 경향이 나타나고 있다. 1990년대에 뉴질랜드는 단순다수제를 혼합형 선거제도로, 남아프리카 공화국은 정당명부식 비례제로 대체했다. 이러한 맥락에서 1970년대 지중해 유럽(그리스, 포르투갈, 스페인), 1980년대 중부와 동부유럽, 그리고 과거 소비에트 연방 등 신생 민주주의 국가들 중 어느 국가도 새 선거제도로 단순다수제를 채택하지 않았다는 점에 주목할 필요가 있다. 이 국가들은 모두 정당명부식 비례대표제나 혼합형 선거제도의 한 유형을 선택했다.

단순다수제와 제도 개편 문제를 논의하면서 세 가지 주요 주제를 다룰 것이다. 단순함, 안정성, 그리고 선거구 대표성이 그것이다. 첫째, 이 제도는 의심의 여지 없이 이해하기 쉽다. 간단하고 직접적이라는 것이다. 투표소에서 유권자가 해야 할 일은 자신이 선호하는 후보자 이름 옆 란에 'X'를 표시하는 것뿐이다(레버를 잡아당기거나 컴퓨터 단말기에 클릭을 하는 경우도 있다). 가장 많은 표를 얻은 후보가 당선되기 때문에 선거 결과 역시 이해하기 쉽다. 즉, 최다 표를 얻은 후보 혹은 결승점을 먼저 통과하는 후보가 선출되는 것이다. 다른 선거제도, 예를 들어 단기이양제에서의 순위형 투표나 드룹 기준수, 혹은 최대잔여제나 최대평균제와 같은 선거제도와 비교할 때 이 같은 단순함은 더 명확해진다.

둘째, 단순다수제는 일반적으로 안정적인 정부를 탄생시키며, 그만큼 안정적인 정치체제를 낳는다고 주장된다. 예를 들어, 영국 정부는 일반적으로 의회에서 과반수 의석을 갖는다. 그리고 일반적으로 단순다수제는 득표수를 의석수로 전환하는 방식에서 '3제곱 법칙cube law'과 같은 왜곡된 경향을 가지고 있으며, 이 3제곱 법칙은 상당 기간 과학의 법칙과 같은 지위를 누렸다(곧 이 법칙에 대해 알아볼 것이다). 비례대표제에서는 연립 정부 형태가 일상적으로 일어난다. 그러나 영국에서 연립 정부가 구성되었던 사례는 보수당과 자유민주당이 연합을 형성했던 2010년 이전에는 거의 없었다. 단순다수제에서는 정부가 의회 지지를 얻기 위해 군소 정당, 특히 이념적 극단 정당에 의존할 수밖에 없는 기이한 현상의 포로가 되지 않는다고 주장된다. 유권자들도 가장 많은 의석을 차지한 정당이 다음 정부를 구성한다는 사실을 잘 알고 있다. 유럽의 다른 국가들 경우에는 선거 후 정당 지도자들 간 밀실 협상을 통해 정부를 구성하는 현상이 일반적이라고 할 때, 영국의 경우는 이와 다르다고 할 수 있다. 즉, '선거 결과'(즉, 누가 정부를 구성하는지를 결정하는 것)가 더 민주적이고 공정하다는 것이다.

셋째, 단순다수제의 가장 중요한 특징은 선거구 대표성이다(여기서의 대표성은 '축소판' 개념보다는 '주인-대리인' 개념임을 유의하라). 의회 의원들은 각각 한 선거구를 대표한다. 즉, 유권자는 접근 가능한 한 명의 선거구 대표를 갖게 되는 것이다. 이 같은 상황은 이스라엘과 같이 전국이 하나의 선거구인 경우와 극명하게 대조된다. 전국이 하나의 선거구일 경우, 의회 의원 모두가 특정 지역 출신일 수 있다. 반면 다른 지역(특히 인구가 적은 농촌 지역)은 필연적으로 대표되지 않을 수도 있다(그 지역에 봉사하는 의원이 한 명도 없을 수 있다는 점에서 그렇다).

다음에서는 영국 사례에 대해 집중적으로 살펴볼 것이다. 2-1절에서는 영국에서 단순다수제가 어떻게 운용되고 있는지, 그리고 영국의 선거 정치는 어떤 모습을 띠고 있는지를 살펴본다. 2-2절에서는 영국에서의 선거제도 개혁을 둘러싼 논쟁의 역사를 살펴볼 것이다. 2010년 선거 결과는 선거제도 개편 가능성을 더 높여주면서 개혁 논쟁을 부각시켰다. 2-3절에서는 캐나다, 인도, 미국 그리고 뉴질랜드 사례에 대해 알아볼 것이다. 이 국가들은 줄곧 단순다수제를 사용해왔다. 특히 뉴질랜드의 경우 과거에는 민주주의의 '웨스트민스터 모형Westminster model'•을 대표하는 사례로 간주되기도 했다(Lijphart, 1984). 하지만 1993년 단순다수제를 포기하게 된다. 그렇다면 이 국가들은 단순다수제에서 어떤 경험을 했는가? 왜 캐나다, 인도 혹은 미국에서 제도 개혁에 대한 요구가 높아지고 있는가? 2-4절에서는 단순다수제의 유사 유형들에 대해 알아볼 것이다. 단순다수제에 다인多人 선출 선거구제multi-member constituency를 결합한 경우도 있으며, 제한투표제limited vote나 누적투표제cumulative vote와 같이 군소 정당의 의석 획득 가능성을 높여주는 제도도 있다.

2-1 1인 선출 단순다수제의 실제

단순다수제는 매우 단순한 제도다. 다른 선거제도처럼 자세한 설명이 필요 없다. 다른 선거제도와의 비교를 위해 제1장에서 정리했던 선거제도의 세 가지 요소, 즉 선거구 크기, 기표방식, 그리고 당선결정방식에 근거해 단순다수제의 주요한 특징을 살펴보자.

첫째, 단순다수제의 주요한 특징은 1인 선출 선거구제(선거구 크기가 1 혹은 M=1)••와 결합되어 있다는 점이다. 예를 들어 영국의 경우 650개의 선거구로 나뉘어 있으며, 각 선거구에서 의원 1인을 선출한다. 이것이 비례적 제도와 非비례적 제도를 구분하는 가장 중요한 특징이다. 1인 선출 선거구제는 비례적 선거 결과를 가져오지 않는다. 당선자를 지지하지 않은 다수 유권자가 있기 때

•　영국식 민주주의 정치체제 형태를 의미한다.

••　한국 대부분의 교과서에서는 1인의 대표를 선출하는 선거구를 소선거구, 2~4명을 선출하는 경우는 중선거구, 5명 이상을 선출하는 경우는 대선거구라고 표현하고 있다. 그러나 이러한 구분은 자의적이고 모호한 부분이 있기 때문에 여기서는 크게 1인 선출 선거구(소선거구)와 다인多人 선출 선거구(중대선거구)로 구분한다.

문이다. 비례적 결과를 가져오려면 비례적인 당선결정방식과 함께 다인 선출 선거구제가 필요하다. 기본적으로 선거구 크기가 클수록(즉, 한 선거구에서 선출하는 의원 수가 많을수록) 선거 결과의 비례성은 더 높아진다. 그러나 중요한 것은 이 법칙이 비례대표제에서만 적용될 수 있다는 사실이다. 단순다수제나 절대다수제에서는 실제로 이 관계가 역으로 나타난다. 즉, 한 선거구에서 선출하는 의원 수가 많아질수록 비례성은 낮아진다.

둘째, 각 선거구에서의 선거 경쟁은 정당명부식 비례대표제처럼 정당 간 경쟁이 아니라 후보 간 경쟁이다. 유권자는 자신이 선호하는 후보(대체로 자신이 선호하는 정당을 대표하는 후보) 이름 옆에 'X'를 표시한다(다른 국가들에서는 박스에 색칠하는 경우, 종이에 구멍을 뚫는 경우, 레버를 당기는 경우, 혹은 컴퓨터 단말기에서 클릭을 하는 경우도 있다). 유권자는 오직 하나의 'X'만을 표시할 수 있다. 오직 한 명의 후보만을 선호한다고 표명할 수 있는 것이다. 〈그림 2-1〉은 영국의 투표용지다. 투표는 시간도 오래 걸리지 않고 간단하다. 유권자는 해당 후보 옆에 'X' 표시를 하고 투표함에 집어넣기만 하면 된다. 모두 행하는 데 1분이 채 걸리지 않는다. 선거제도 연구에서의 전문적 용어로 말하면, 유권자가 오직 하나의 선택만을 할 수 있는 것을 다음과 같이 말한다. 1인 선출 단순다수제 기표방식은 '범주형'(여러 후보 중 한 명을 선택하는 것)이며, '순위형'(한 명 이상의 후보에게 선호를 표시하는 것)이 아니다. 〈그림 2-2〉는 미국 오클라호마 주 털사 카운티 Tulsa County 에서 사용하는 투표용지다.[1] 여기서 투표는 화살표를 완성하면 된다. 영국 의회 선거만큼 간단하지만, 한 가지 중요한 차이점이 있다. 오클라호마 유권자들은 한 번에 20명 이상의 공직자를 선출해야 한다(주지사부터 카운티 회계담당자까지). 이로 인해 오클라호마 유권자들은 영국 유권자들보다 더 많은 부담을 안고 있다. 여기서 중요한 것은 '총선거 general election'의 의미다. 다른 많은 국가들과 마찬가지로 영국에서의 총선거는 의회 의원을 선출하는 선거만을 의미한다. 그러나 미국에서의 총선거는 중앙 정부, 주 정부, 그리고 지방 정부 기관의 거의 모든 선출직을 선거를 통해 뽑는 것을 의미한다. 이 같은 차이점은 투표장에 가기를 꺼리는 유권자 수, 즉 투표율에 영향을 미칠 뿐만 아니라 미국 정치의 성격 자체에 커다란 영향을 미치고 있다(이에 대해서는 제10장에서 더 살펴볼 것이다).

셋째, 단순다수제의 주요한 특징은 후보가 어떻게 당선되는가와 관련이 있다. 이 제도에서는 가장 많은 표를 얻은 후보가 당선된다. 그러나 50% 이상의 표를 얻을 필요는 없다는 점에 주목하라. 즉, 다른 후보보다 더 많은 표를 얻기만 하면 되는 것이다. 따라서 당선결정방식은 '최다 득표 plurality'다. 영국의 1992년 선거는 단순다수제와 절대다수제의 차이점이 무엇인지를 잘 보여주

〈그림 2-2〉 미국의 1인 선출 단순다수제 투표용지

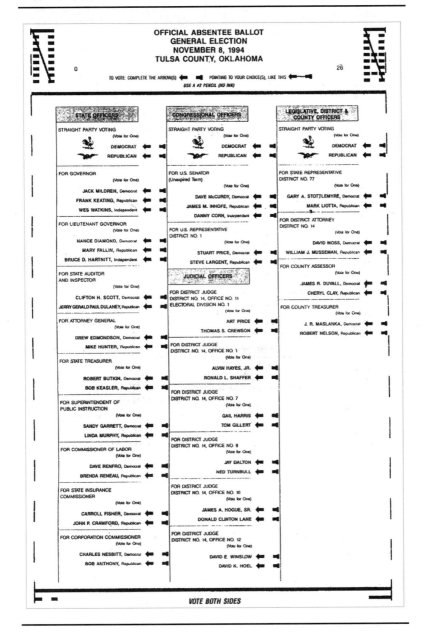

〈표 2-1〉 1/4 득표로 당선된 사례: 1992년 영국의 인버네스, 네른, 그리고 로카버 선거구

후보	소속 정당	득표수	득표율(%)
러셀 존스턴 경(Johnston, Sir Russell)	자유민주당	13,258	26.0
스튜어트(Stewart, D.)	노동당	12,800	25.1
유잉(Ewing, F.S.)	스코틀랜드 국민당(SNP)	12,562	24.7
스콧(Scott, J.)	보수당	11,517	22.6
마틴(Martin, J.)	녹색당	766	1.5
총 유효투표수		50,903	-
투표율		-	73.3

는 사례다. 〈표 2-1〉이 보여주는 바와 같이, 인버네스Inverness, 네른Nairn, 로카버Lochaber 선거구에서 러셀 존스턴 경Sir Russell Johnston은 선거구 전체 투표수의 26%만을 득표하고도 당선되었다(만약 투표하지 않은 유권자를 고려한다면, 전체 유권자의 19%만을 대표한 것이다). 그는 최다 득표를 하긴 했으나, 그 표는 과반수에는 훨씬 못 미쳤다. 사실 그는 2위 후보보다 458표(0.9%)만을 더 얻었을 뿐이다. 이런 현상을 다른 관점으로 보면, 인버네스, 네른, 그리고 로카버 선거구에서 투표한 유권자 중 74%, 그리고 투표하지 않은 유권자를 포함하면 전체 유권자 중 81%가 당선자를 지지하지 않았다고 할 수 있다.

영국의 1992년 총선거에서 의회 의원 중 40%가 자신들의 선거구에서 과반수에 미치지 못하는 득표율로 당선되었다. 다음 선거인 1997년 선거에서는 이 수치가 47%까지 증가한다. 이런 현상은 영국에서 일상적으로 일어난다. 〈그림 2-3〉은 이런 경향을 보여준다. 이 그림을 보면 놀라운 사실을 발견할 수 있다. 1974년 선거에서 의회 의원의 2/3가 50% 이하 득표율로 당선되었다는 사실이다. 최근 선거인 2010년에는 이 수치보다 훨씬 높은 66%를 기록했다. 이는 선거 결과가 승자와 패자를 확정해주지 못했다는 것을 의미하며, 또한 영국 정치의 변동성이 커지고 있음을 보여준다고 할 것이다(Clarke et al., 2009).

이 수치를 전국적으로 총합해보면, 1인 선출 단순다수제에서 선거 결과가 어

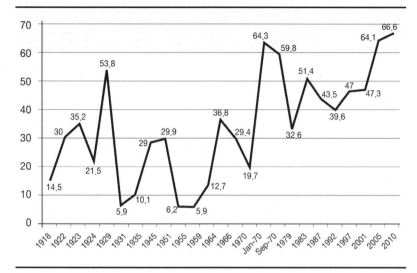

〈그림 2-3〉 50% 미만 득표율로 당선된 영국 의원 비율(1918~2010)

자료: Punnett(1991); 선거 결과.

느 정도로 왜곡되어 나타나는지를 알 수 있다. 〈표 2-2〉는 전후戰後 영국 선거에서의 주요 세 정당 득표율과 의석률을 보여준다. 득표율과 의석률의 차이가 지속적으로 나타나는 경향을 볼 수 있다. (+) 표시는 정당이 자신의 득표율보다 더 많은 의석을 차지했다는 것을 의미하며, (−) 표시는 득표율보다 적은 의석을 얻었다는 것을 의미한다.

가장 눈에 띄는 경향은 자유당/자유민주당Liberals/Liberal Democrats 사례에서 나타난다. 2010년에 언론은 이들의 득표율(23%)과 의석률(8.8%) 간에 엄청난 차이 − 14.2% − 가 있다는 사실을 보도했다. 그러나 표에 나타나듯이, 이 정당은 단순다수제가 갖는 비非비례적 특성 때문에 항상 손해를 보고 있다. 2010년 선거보다 정도가 심한 경우도 이전에 5번이나 있었다. 〈표 2-2〉에서 보는 바와 같이, 가장 두드러진 예는 기존 틀을 깨는 선거로 평가받고 있는 1983년 선거다. 이 선거에서 노동당과 비슷한 득표(노동당의 27.6%에 비교해 25.4% 득표)를

<표 2-2> 영국 선거 결과(1945~2010): 득표율과 의석률　　　　　　　　　　　　(단위: %)

구분	보수당 (Conservatives)			노동당 (Labour)			자유당/자유민주당[a] (Liberals/Liberal Democrats)		
연도	득표율	의석률	차이	득표율	의석률	차이	득표율	의석률	차이
1945	36.8	31.1	-5.7	48.0	61.4	+13.4	9.0	1.9	-7.1
1950	43.3	47.7	+4.3	46.1	50.4	+4.3	9.1	1.4	-7.7
1951	48.0	51.4	+3.4	48.8	47.2	-1.6	2.6	1.0	-1.6
1955	49.7	54.8	+5.1	46.4	44.0	-2.4	2.7	1.0	-1.7
1959	49.4	57.9	+8.5	43.8	41.0	-2.8	5.9	1.0	-4.9
1964	43.4	48.3	+4.9	44.1	50.3	+6.2	11.2	1.4	-9.8
1966	41.9	40.2	-1.7	48.0	57.8	+9.8	8.5	1.9	-6.6
1970	46.4	52.4	+6.0	43.1	45.7	+2.6	7.5	1.0	-6.5
1974.2	37.9	46.8	+8.9	37.2	47.4	+10.2	19.3	2.2	-17.1
1974.10	35.8	43.6	+7.8	39.3	50.2	+10.9	18.3	2.0	-16.3
1979	43.9	53.4	+9.5	36.9	42.4	+5.5	13.8	1.7	-12.1
1983	42.4	61.1	+18.7	27.6	32.2	+4.6	25.4	3.5	-21.9
1987	42.3	57.8	+15.5	30.8	35.2	+4.4	22.6	3.4	-19.2
1992	41.9	51.6	+9.7	34.4	41.6	+7.2	17.8	3.1	-14.7
1997	30.7	25.0	-5.7	43.2	63.4	+20.2	16.8	7.0	-9.8
2001	31.7	25.2	-6.5	40.7	62.5	+21.8	18.3	7.9	-10.4
2005	32.5	30.6	-1.7	35.2	54.9	+19.7	22.0	9.6	-12.4
2010	36.1	47.2	+11.1	29.0	39.8	+10.8	23.0	8.8	-14.2

주: 모든 정당을 포함시키지 않았기 때문에 합이 100%가 되지 않음. '차이' 칸에서 (+) 표시는 정당의 득표율보다 의석률
　　이 더 많다는 것을 의미하며, (-) 표시는 득표율보다 의석률이 적다는 것을 의미함.
　a 1983년과 1987년 사회민주당(Social Democratic Party)을 포함함.
자료: Mackie and Rose(1991); 공식 선거 결과.

했음에도, 사회민주당/자유당 연합SDP/Liberal Alliance은 그 비율보다 훨씬 낮은
의석률을 기록했다(노동당의 32.2%에 비교해 불과 3.5%). 득표율과 의석률 간 차
이가 무려 21.9%였던 것이다. 이런 차이를 다른 관점에서 보자. 즉, 1983년
에 보수당 의원 1인당 대표한 평균 유권자 수는 3만 2777명이고, 노동당의 경
우는 4만 464명이다. 반면 사회민주당/자유당 연합 소속 의원은 1인당 무려

338,302명을 대표하고 있는 것이다.

자유민주당의 득표율과 의석률 차이가 이와 같이 큰 것은, 정당 지지가 전국에 걸쳐 엷게 분산되어 있기 때문이다. 자유민주당은 특정 지역에서 양대 정당이 누리고 있는 정도의 지지를 받지 못하고 있다는 것이다. 보수당의 선거 지지 기반은 영국 남부 지방이며, 노동당은 북부와 스코틀랜드, 웨일스가 그 지지 기반이다. 이와 비슷하게 스코틀랜드, 웨일스, 북아일랜드의 군소 정당들은 특정 지역에서 강한 지지를 얻고 있기에 이 제도의 혜택을 받고 있으며, 전체적으로 이들은 자신들이 얻은 득표수에 어느 정도 비례한 의석수를 가지고 있다.

〈표 2-2〉가 보여주고 있는 득표율과 의석률 간 차이와 관련해 주목해야 할 또 다른 점이 있다. 1970년대 초반부터 최근까지 이 차이가 점차 더 커지고 있다는 사실이다. 이는 자유당의 득표수 상승 시기와 양대 정당의 득표수 하락 시기가 일치한다는 사실을 반영한 것이다. 이 같은 현상은 단순다수제가 양당 체제에서 가장 잘 작동한다는 사실을 보여준다고 할 수 있을 것이다. 1983년 선거 결과가 보여주는 것과 같이, 이 제도는 다당 체제에서는 매우 예외적일 가능성이 높다. 물론 정당들도 이런 사실을 잘 알고 있다. 특히 자신들이 얻은 표의 '효율성efficiency'을 높이기 위해, 근소한 차이를 보이는 선거구에서 집중적으로 선거운동을 하고, 유권자들에게는 전술적으로 투표하라고 독려한다. 이 같은 노력으로 인해 1997년 선거에서 이 차이는 확연히 줄어든다. 노동당은 이 선거에서 득표수와 의석수에서 압도적인 승리를 함으로써, 18년 동안 지속된 보수당 지배에 종지부를 찍는다. 보수당의 반대당들은 지지율이 낮은 현역 보수당 의원의 선거구에서 집중적으로 선거운동을 했다〔유권자들이 기억하기 쉬운 GROTT — 토리당을 제거하자Get Rid of The Tories — 라는 구호를 활용했다〕. 언론은 이 선거운동 때문에 낙선한 몇몇 의원 사례를 대서특필했다. 그리고 투표 분석을 통해 노동당과 자유민주당이 자신들의 득표를 전술적으로 잘 활용해 단순

다수제가 가지고 있는 '편향성bias'을 보수당에게 불리하게 작용하도록 하는 데 성공했다는 사실을 확인해줬다(〈표 2-2〉의 마지막 줄의 수치도 이런 사실을 함축적으로 보여준다. Johnston et al., 1999; Rossiter et al., 1999b).

셋째, 〈표 2-2〉에서 주목해야 할 점이 또 있다. 이 선거제도는 누가 '당선'되는 가라는 점에서 특이한 결과를 야기하고 있다는 사실이다. 1951년 보수당은 노동당보다 득표수에서는 적었으나 더 많은 의석을 얻었다.[2] 1974년 2월 선거에서는 노동당이 보수당보다 득표수에서는 뒤졌으나 더 많은 의석을 차지함으로써 제도의 혜택을 누렸다. 강한 정부라는 관점에서 2010년까지의 사례를 보면, 의회에서 어느 정당도 의석 과반수를 차지하지 못함으로써 곤란한 상태에 빠졌던 경우는 1974년 2월 선거로 구성되었던 의회가 유일하다. 또 다른 사례는 제2차 세계대전 이전으로 거슬러 올라간다(1929년, 1923년, 그리고 1910년 두 번의 선거). 그러나 의석의 50%를 간신히 넘긴 정당이 정부를 구성한 예는 수없이 많다. 이들 사례에서는 '강한' 정부를 실현할 수 있는 가능성이 다소 낮았다. 가장 두드러진 예가 1974년 10월 선거다. 이 선거 결과, 노동당의 의석수는 50%에서 간신히 3석만을 넘겼다. 그러나 의원 사임과 보궐 선거에서의 패배로 인해 노동당 정부는 1976년 4월에 의회 과반수 지위를 상실했다. 따라서 남은 임기 동안 군소 정당, 특히 자유당Liberals의 지지에 의존할 수밖에 없었던 것이다[이 기간이 바로 자유당-노동당 협약 Lib-Lab pact 시기다]. 근소한 차이를 보인 또 다른 예는 1950년 선거(노동당이 50% + 5석을 획득한 선거), 그리고 1964년 선거(노동당이 50%+4석을 획득한 선거)다. 1992년 선거에서는 보수당이 50% + 21석을 얻어 정부를 구성했다. 그러나 이후 점차 의석수가 줄어들어(주로 의원 사망, 보궐 선거의 패배, 그리고 탈당 등으로 인해), 보수당 정부의 과반수 지위는 훼손되었고, 소수당의 공격에 취약해졌다.

2010년 선거가 가장 극명한 사례다. 25년 만에 처음으로 어느 정당도 의회 의석의 과반수를 획득하지 못했던 것이다. 이로 인해 보수당-자유민주당 연립 정부가 수립되었다. 이는 영국이 제2차 세계대전 이후 처음 겪는 연립 정부였다.

　그렇다면 영국의 경험으로 볼 때 단순다수제는 단순함, 안정성, 그리고 선거구 대표라는 조건을 얼마나 충족시키고 있는가? 첫째, 이 제도가 사용과 이해 측면에서 단순하다는 사실은 반론의 여지가 없으며, 이 점은 다른 선거제도와 비교할 때 더 분명하게 나타난다. 그러나 단순성이 정말 중요한 이슈인가? 이 제도에서는 무엇이 어떻게 진행되는지를 명확히 잘 이해할 수 있다. 그러나 어느 정당 소속 의원이 압도적 지지를 받고 있는 선거구에 살고 있다는 이유 때문에 내가 지지하는 후보(혹은 내가 지지하는 정당)가 선거 때마다 패배한다면, 나는 이 제도로부터 무엇을 얻을 수 있는가? 바꿔 말하면, 단순함이 공정함을 훼손할 수 있다는 것이다. 즉, 이 제도의 단순성은 군소 정당과 그 지지자들에게 공정하지 않다는 것을 의미할 뿐만 아니라, 자신이 지지하지 않는 정당이 안전하게 의석을 차지하고 있는 선거구라는 덫에 걸려 있는 유권자들에게 공정성의 훼손을 의미할 수 있다. 실제로도 많은 경우 그렇다.

　왜 단순함이 다른 국민보다 유독 영국 국민에게 더 중요한 문제여야 할까? 제도의 단순함은 비례제를 채택하고 있는 국가들에게는 분명 큰 문제가 아니다. 지중해, 중부유럽과 동부유럽, 구소련, 그리고 단순다수제를 혼합형 선거 제도로 대체한 뉴질랜드의 경우가 그렇다. 실제로 이들 국가의 유권자가 큰 혼란을 겪는다는 증거는 찾아볼 수 없다. 예를 들어, 훼손된 투표용지나 무효 투표용지 수에서 큰 차이가 없다. 북아일랜드 유권자들이 1970년대 단기이양제로 변경해 지방 선거를 치렀을 때, "유권자는 이 제도를 복잡하다고 생각하지 않았다"(Bogdanor, 1981: 147). 무효표가 증가하지 않았던 것이다.

　둘째, '정부 안정성'이라는 주제에 관해서는 수많은 쟁점들이 있다. 이에 대해서는 제10장에서 더 상세히 다룰 것이다. 여기서는 잠시 영국에서의 선거개혁 논쟁에서 중요하게 다뤄졌던 한 가지 문제를 살펴보도록 하자. 단순다수제는 한 정당이 의회 과반수를 장악해서 '강한 정부'를 구성할 수 있도록 해주는 일종의 내장 장치built-in mechanism를 가지고 있다는 주장이 그것이다. 이것은 한동안 '3제곱 규칙cube rule'이라는 개념으로 공식화되었다(Butler, 1963; Kendall and Stuart, 1950). 이 규칙은 다음과 같다. 두 개의 정당 득표율이 A : B라면, 두 정당이 얻는 의석률은 A³ : B³이 된다. 즉, 단순다수제는 승리한 정당의 우세 정도를 부풀려 더 우세하도록 해줌으로써 확실한 의회 과반수 의석을 차지할 수 있도록 해주고, 이를 통해 의회 안정성을 높여준다는 것이다. 그러나 1970 년대부터 시작된 선거에서의 불확실성, 그리고 양대 정당의 득표 격차가 줄어 들면서(특히 자유당/자유민주당의 부상으로 인해), 득표수와 의석수 간의 관계를 예측하기가 매우 힘들어졌다. 이 때문에 보그대너Vernon Bogdanor는 다음과 같이 결론 내린다. "영국에서 3제곱 규칙은 이제 맞지 않는다"(Bogdanor, 1981: 180; Blau, 2004; Butler, 1983; Curtice and Steed, 1982; Norris and Crewe, 1994). 이런 경향은 최근 선거에 대한 분석에서도 확인할 수 있다. 득표율과 의석률 간의 왜곡 현상을 입증하는 특별한 증거를 거의 찾을 수 없다는 것이다(예를 들어 Curtice, 1992; Rossiter et al., 1999a). 만약 이 선거제도가 최다 득표를 한 정당이 더는 의회 과반수를 차지하도록 해주지 못한다면(1974년과 2010년 선거가 보여주 듯이), 이 제도가 안정된 정부를 만들어낸다는 주장은 그 효용성을 의심받을 수 밖에 없다.

어떤 사람은 '3제곱 규칙'이 분명 그 유용성을 잃긴 했지만 전후 영국의 선거 정치 역사는 그 자체로도 정부 안정성을 분명히 보여주고 있다고 주장할 수도 있다. 영국에서 각 정부는 오랫동안 존속했고 안정적이었으며, 이것은 다른 유 럽 국가들의 경험과는 대조적인 것이라고 주장한다. 이들은 유럽의 비례제 국 가들에서 나타나는 연립 정부의 불안정성이 정치 체제 안정성을 해친다는 점 을 강조한다(Pinto-Duschinsky, 1999). 이와 관련해 가장 빈번히 인용되는 예는 프랑스 제4공화국(1946~1958), 바이마르 독일(1919~1933), 그리고 전후 이탈리 아다. 여기서 '안정성'은 '수명longevity'을 의미하는 것으로 한 정부가 지속된 기간이다. 이탈리아와 같이 불안정한 예는 찾기 쉽다. 그러나 룩셈부르크나 스웨덴과 같이, 연립 정부가 일상적으로 수립되기는 하지만 정부 수명 또한 긴 사례도 쉽게 찾을 수 있다. 국가 간 안정성 비교와 안정성이라는 개념의 의미에 대해서는 제10장에서 다시 다루게 될 것이다.

셋째, '선거구 대표' 문제를 보자. 이는 영국에서의 논쟁에서 나타난 중요한 쟁점이다. '선거구를 대표하는 정치인'이라는 관념idea에는 어떤 향수와 같은 가상적 이미지imaginary가 있다. 영국 유권자들의 마음속에는 자신의 이익과 요구를 실현시켜주는 한 명의 선거구 대표를 가지고 있다는 생각이 자리 잡고 있는 것이다.

그렇다면 선거구 대표는 얼마나 의미 있는 것인가? 예를 들어, 선거구 유권자의 19% 지지만을 받았던 러셀 존스턴 경은 자신의 선거구를 대표하는 권한을 얼마나 위임받았다고 주장할 수 있을까? 2005년 의회 의원 64%가 자신의 선거구에서 50% 이하의 득표로 당선되었다는 사실을 보더라도 이 같은 질문을 제기할 수 있을 것이다. 게다가 선거구를 대표해야 한다는 것으로 인해 의회 내에서 의원이 자율적으로 활동할 수 없다면, 그것은 또 어느 정도 중요한 의미를 갖는다고 할 수 있을까? 즉, 의원들이 로비에 휘둘린다면 말이다. 반면 의원들에게 소속 정당 입장에 따르도록 한다면, 개별 선거구의 대표성을 행사할 여지는 줄어들게 된다. 물론 선거구에서 유권자와 의원 간 접촉이 중요해지고 또 그 빈도도 증가하고 있다. 또 의원들은 선거구 관심 사안을 증진하기 위해 의회에서의 질의 시간을 상당 부분 할애하고 있다(Cain et al., 1987; Franklin and Norton, 1993). 나아가 그 같은 행위들이 의회에서 의원들이 표결하는 데 큰 영향을 미치고 있다(Norton and Wood, 1990; Rosenblatt, 2006). 그리고 의회에서의 질의는 의회 전체 업무의 일부분일 뿐이다. 더 문제가 되는 것은 의원의 역할인 법을 만드는 과정에서다. 즉, 선거구의 관심 사안에 주의를 기울이는 정치인은 입법 과정에서의 세부적 사항에는 많은 시간을 할애할 수 없을 것이다

(Bowler and Farrell, 1993; Cain et al., 1987).

선거구 대표라는 주제에 관해 또 다른 문제를 살펴볼 필요가 있다. 예를 들어 누가 낙선한 후보를 지지했던 유권자를 대표할 것인가라는 문제다. 만약 어느 선거구의 의원이 노동당 소속이라면, 그는 자신의 선거구에 있는 보수당 지지자의 이익을 위해 어느 정도 노력하고 있는지 알 수 없다. 마지막으로, 선거구 대표성과 안정된 정부는 양립가능한가라는 문제도 있다. 선거구 이익을 훌륭히 실현하는 의원(특히 그가 여당 소속일 경우)이라고 해서 반드시 의회에서 훌륭한 팀 플레이어team player라고 할 수 없다는 사실은 분명하다. 예를 들어 선거구 이익이 정당 정책과 상충할 때, 선거구를 잘 대표하는 의원은 정당 정책을 따르기 힘들 것이다. 이 같은 현상은 결국 정부의 안정성을 위협할 수 있다 (Whiteley and Seyd, 1999).

2-2 선거제도 개혁을 향한 영국의 긴 여정

1990년대 후반 영국에서는 선거제도 개혁 문제에 대한 관심이 높아졌다. 특히 1997년 선거에서 승리한 노동당 정부는 선거제도 개혁 문제를 주요 의제로 삼았다. 그러나 19세기 후반과 20세기 초반의 영국 역사가 말해주듯이, 선거제도 개혁 문제는 새로운 것이 아니었다(Bogdanor, 1981; Butler, 1963; Hart, 1992). 실제로 1918년에 의회 선거구 1/3에서 단기이양제를 운용하는 안이 채택 직전까지 갔었다. 또한 선거제도 개혁에 관한 논쟁의 주요 주제가 오랫동안 거의 변함이 없다는 사실도 주목할 만하다.

영국에서의 선거제도 개혁 쟁점은 민주화 과정과 밀접한 관련이 있었고, 그 때문에 개혁 논의의 대부분은 투표 규칙과 관련이 없는 선거법에 집중되었다. 특히 선거권 확대 – 남성 전체와 이후 여성으로의 점진적 확대 – 와 선거구 경계

획정 및 재획정 등이 주요 관심사였다(Butler, 1963). 이 책은 영국 선거에서 사용된 투표 규칙, 즉 선거제도 자체만 다루고 있으므로 이런 쟁점들은 논외로 한다.

선거제도 논쟁의 첫 번째 시기는 19세기 중반부터 1930년대 초반까지다. 1867년, 1884년, 1910년, 1917년, 그리고 1931년에 영국 하원House of Commons 의원 선거제도를 개혁하고자 하는 시도가 여러 차례 있었다. 이것은 민주주의 발전, 대중 투표권 확대, 그리고 현재 정당들의 기원과 밀접한 연관이 있다. 이 시기 논쟁에서는 세 가지 선거제도가 주목받았다. 제한투표제limited vote, 대안투표제alternative vote, 그리고 단기이양제STV가 그것이다. 이 중 가장 많은 관심을 받은 것은 단기이양제였다. 특히 제도개혁을 가장 강하게 주장한 사람들은 이 제도를 선호했다. 단기이양제는 토머스 헤어Thomas Hare의 1850년대 이후 저작들, 특히『의회와 지방 대표 선거론Treaties on the Election of Representatives, Parliamentary and Municipal』(1859)에 그 기원을 두고 있다. 헤어의 저작들은 영국 의회 의원이자 철학자였던 존 스튜어트 밀John Stuart Mill과 같은 사람들에게 많은 영향을 줬다(Hart, 1992). 존 스튜어트 밀은 1860년대에 단기이양제를 입법화하려 했으나 결국 실패했다. 1880년대에는 단기이양제의 입법화 로비를 위해 비례대표 소사이어티Proportional Representation Society가 설립되기도 했다.

이 같은 초기 선거제도 개혁 논쟁은 여러 가지 점에서 21세기에 진행되고 있는 논쟁과 유사한 측면이 많다. 첫째, 선거제도 개혁을 요구한 사람들의 성격이 유사하다. 1880년대와 1900년대 비례대표 소사이어티는 영국의 주요 정당 내의 소수 집단들과 연합해 활동했다. 주요 정당 내의 소수 집단과 단체들, 특히 비례대표 소사이어티의 후신인 선거개혁 소사이어티Electoral Reform Society 간 연합체도 이 논쟁에서 큰 역할을 했다. 둘째, 영국 정치인들은 선거제도를 연구하고 이해하는 노력을 하지 않았다. 이는 미국의 '건국의 아버지들founding fathers'의 경우와는 크게 대조되는 것이다. 초기 논쟁에 관한 하트(Hart, 1992)의 연구에 의하면, 당시에 선거제도가 어떻게 작동하는지를 알고 있던 개혁가는 거의 없었던 것 같다. 현재 영국에서 진행되고 있는 논쟁을 보면 이와 유사한 현상이 나타나고 있다.

마지막으로, 두 시기의 논쟁에서 중요하게 다뤄졌던 주제가 유사하다. 두 경우 모두 중요한 주제는 '강한 정부'다. 물론 초기 논쟁에서도 소수 집단의 이익을 보호하는 데 관심을 보이기는 했다. 그러나 초기의 이 같은 관심은 21세기에 소수 인종의 대표성을 촉진하고자 비례대표제를 제안했던 문제의식과는 전혀 다른 것이었다. 그 당시는 소수 엘리트들의 지위가 대중 투표권의 확대로 인해 위협받을 수 있다는 우려가 있었던 것이다. 엘리트들은 대중에게 권력을 빼앗길 것 같았고, 이 점에서 '강한 정부'가 위협받을 수 있다고 느꼈다. 또한 - 상당 부분 같은 이유이지만 - 정당 내 분파나 코커스caucuses가 민주주의를 위협하지 않도록 하기 위해서, 특히 이들이 극단주의를 조장하지 않도록 하기 위해서, 정당 권력을 제한하고 싶어 했던 것이다.

1860년대 선거제도의 개편, 그리고 하원에서 모두 부결되었던 몇몇 야심적인 개혁안들의 이면에는 바로 이런 문제의식들이 있었다. 1867년 '개혁법 Reform Act'으로 도입된 선거제도 개편안은 3인 선출 선거구 13개와 4인 선출 선거구 1개에서 제한투표제를 실시하는 것을 내용으로 하고 있었다. '개혁법' 이전에는 선거구 대부분에서 의원 2명을 선출했다. 이는 1인 선출 단순다수제의 대大정당 편향적 성격을 더 악화시키는 경향이 있었다. 제한투표제에서 유권자들은 4인 선출 선거구에서는 3표를, 3인 선출 선거구에서는 2표를 행사하게 되었다(68~70쪽 참조). 보그대너(Bogdanor, 1981: 101)가 말한 바와 같이, 이 제도의 목적은 "소수 집단 투표수의 1/3 정도만 대표될 수 있도록 한 것"이었다. 이제도가 소수 집단의 이익을 보호하는 데 다소 도움이 되기는 했지만, 이 같은 현상이 일관되게 나타나지는 않았다(Lakeman, 1974: 83~84). 더군다나, 이 제도는 정교한 득표 전략을 통해 "다수 이익만이 대표될 수 있도록 하는 정당 머신

party machine*의 발전을 가져온다"(Bogdanor, 1981: 104).

1884~1885년 '제3개혁법 Third Reform Act'은 제한투표제와 대부분의 다인 선출 선거구를 폐지했다. 영국의 1인 선출 선거구제는 이 시기부터 시작된 것이다. 제한투표제의 실험이 가져온 하나의 중요한 결과는 그것이 또 다른 선거제도 개혁 시도를 뒷받침할 수 있는 논거를 약화시켰다는 사실이다. 또 다른 실험을 하고자 하는 욕구가 거의 없어진 것이다. 이후 계속된 1910년, 1916~1917년, 그리고 1931년 선거제도 개혁 추진 과정에서도 제도 개편을 주저했던 모습을 볼 수 있다. 이 사건들의 자세한 에피소드들은 역사서에 상세히 기술되고 있다(Bogdanor, 1981; Butler, 1963; Hart, 1992). 그러나 1916~1917년에 영국 하원의장 위원회 Speaker's Conference가 작성했던 제안서를 잠시 살펴볼 필요가 있다. 이 위원회는 1916년 선거권 확대와 그 결과를 분석하기 위해 설립된 것이다. 위원회가 내놓은 제안서는 선거제도 개혁론자들이 자신들이 원하는 내용을 담은 유일한 예다. 1917년의 위원회 보고서는 전체 선거구의 1/3인 자치 선거구 borough constituencies에는 단기이양제를, 나머지 선거구(대부분 농촌 지역)에는 대안투표제(호주에서 사용하는 제도)를 적용하도록 했다. 이때 많은 관심을 받은 것은 단기이양제였다. 이 보고서에도 대중 선거권 확대가 가져올 위험으로부터 소수 엘리트를 보호해야 한다는 의도가 여실히 드러나 있었다. 특히 노동당의 지지 기반이 강한 지역인 도시 지역에서 더욱 그랬다. 이 제안은 이후 계속된 의회 토론 과정에서 많은 지지 — 특히 선거제도 개편으로 영향을 받지 않은 의원들의 지시 — 를 받았다. 그러나 하원과 상원에서 몇 차례 부결과 제출을 반복하면서 결국 폐기된다. 실제로 하원의 첫 투표에서는 근소한 차이로 부결되었다. 기껏해야 8표 차이로 1/3 선거구에서의 단기이양제 도입이 좌절되었던 것이

---

* 한 명의 권위적 정당 지도자나 소수 지도자들을 중심으로 위계적 질서가 수립되어 있는 정당 조직을 말한다.

다. 이 제안이 거부되면서, 단기이양제는 7개 대학 중 4개 대학에서 대학 졸업자 대표를 선출하는 제도로만 도입되었을 뿐이다(Blackburn, 1995: 70~71 참조). 나머지 선거제도는 바뀌지 않은 채 지속된다. 1931년에 대안투표제를 도입하려던 선거제도 개혁 시도가 또 한 번 있었지만, 이를 제외하면 1970년대 초반까지 선거제도 개혁에 대해서 별다른 논쟁이 없었다.

영국에서 선거제도 개혁 문제를 둘러싼 논쟁이 일어난 두 번째 시기는 1970년대 초반 이후다. 동시적으로 발생했던 여러 요인으로 인해 선거제도 개혁 문제가 다시 의제로 추진되었던 것이다. 1974년 선거 결과가 보여주듯이, 가장 중요한 요인은 유권자 표심이 점차 불안정하게 되었다는 점이다(Farrell et al., 1994). 〈표 2-2〉에 나타난 바와 같이, 1974년에 실시된 두 선거에서 민주당 Liberal Party 은 득표율에 훨씬 못 미치는 의석을 얻었다. 매우 불공평한 결과였던 것이다. 반면 노동당은 1974년 2월 선거에서 득표율보다 더 많은 의석을 차지함으로써, 비례성이 낮았던 선거 결과로 인해 혜택을 누렸다. 노동당은 이 선거에서 보수당보다 적은 표를 얻었으나 의석수에서는 앞섰다. 이런 선거 결과로 인해 선거제도 개혁 문제가 다시 한 번 제기되었던 것이다. 1970년대 중반, 제도 개혁을 주장하는 사람들은 이제는 "나체주의자나 너트 커틀릿nut-cutlets 을 먹는 사람들과 같이, 해롭지는 않고 말솜씨 좋은 괴짜들"이라는 취급을 받지 않게 되었다(Lord Avebury Hart, 1992: 279에서 인용). 실제로 이들은 1970년대 일어났던 세 가지 진전 과정으로 힘을 얻었다. 북아일랜드에서의 분쟁 발생, 영국의 유럽공동체Europe Community 가입, 그리고 지방으로의 권력 이양 과정이 그것이다.

첫째, 1970년대 북아일랜드의 분권화된 정치체제가 붕괴되면서, 영국 정부는 주province 에서의 갈등을 완화하기 위한 노력으로, 웨스트민스터 자치구 Westminster 선거를 제외한 다른 모든 선거에 단기이양제를 도입하는 법안을 다시 제출했다(단기이양제는 통합주의 정부가 1920년대 그것을 폐지하기 전까지 웨스트민스터 선거에서 사용되고 있었다). 그 후 1979년 단기이양제는 북아일랜드에서 유럽의회European Parliament에 파견하는 대표를 선출하는 선거로까지 확대 적용되었다. 둘째, 1973년 영국이 유럽공동체 회원으로 가입했다. 그와 동시에, 1979년에 실시 예정인 첫 번째 유럽의회 대표 선출 선거를 준비하기 시작했다. 더불어 유럽의회 선거에서 회원국 전체가 동일한 선거제도를 적용해야 하는지를 둘러싼 문제가 불거지기 시작했다. 1977년 영국 하원에서는 정당명부식 비례대표제를 채택할지 여부를 놓고 표결이 있었다. 노동당은 입장을 정하지 못해 의원들의 자유 투표에 맡겼고, 보수당은 반대표를 던졌다. 이로써 유럽공동체의 구성원이 된 영국은 북아일랜드를 제외한 지역에서 유럽의회 의원을 단순다수제로 선출하게 된다(Bowler and Farrell, 1993). 셋째, 스코틀랜드와 웨일스로의 권력 이양devolution을 둘러싼 토론 과정에서, 권력이양이 성공적일 경우 새 지역의 의회 의원을 어떤 선거제도로 선출해야 하는지도 논의되기 시작했다. 그러나 군소 정당의 압력에도, 노동당 정부는 정당명부식 비례대표제 채택에 반대했다. 그리고 결국 권력 이양안은 국민투표에서 부결된다.

이와 같이 불안정한 유권자 표심, 지역 문제, 그리고 유럽공동체 문제가 동시에 발생함으로써, 선거제도 개혁 문제가 중요한 정치적 의제가 되었던 것이다. 1975년 한사드 소사이어티Hansard Society는 역사학자이자 보수 귀족인 블레이크 경Sir Blake을 위원장으로 하는 선거개혁위원회Commission on Electoral Reform를 출범시켰다. 다음 해 발표된 위원회의 보고서는 혼합형 선거제도 – 독일에서 사용하고 있는 제도 – 를 제안했다. 이 안은 하원의 3/4 의원을 1인 선출 선거구에서 뽑고, 나머지는 지역별 정당명부식 비례대표제로 선출하는 것을 내용으로 했다. 이 보고서 발표와 동시에, 상원 의원인 할렉Load Harlech을 위원장으로 하는 범汎정당 기구인 국가선거제도개혁위원회National Committee for Electoral Reform가 설립되었다. 이 위원회는 선거제도 개혁을 요구하는 다양한 조직들을 조정하기 위한 목적으로 만들어졌으며, 많은 주목을 받았다. 어떤 비례제를 입법화

할 것인지에 대해 수년간 중립적 위치에 있었으나 결국에는 단기이양제를 찬성하는 쪽으로 입장을 확고하게 정한다.

선거제도 개혁 문제는 국가선거제도개혁위원회와 이를 후원하는 영향력 있는 인물들의 활동 덕분에 1980년대까지 영국 정치에서 주요 의제로 남아 있었다. 그러나 대부분의 경우에서 군소 정당들과 대정당 내 소수 집단들만이 선거제도 개혁에 관심을 가졌다. 보수당이나 노동당 지도부들은 선거제도 개혁 문제를 품을 준비가 되어 있지 않았던 것이다. 제도를 바꾸게 되면 자신들이 단일 정당 정부(의회에서 한 정당이 과반수 의석을 차지해 구성하는 정부)를 구성할 수 있는 가능성이 낮아질 수 있다는 점을 두려워했다. 그러나 1980년대 말, 노동당은 세 번의 선거에서 연속으로 패배한 후 새로운 모습을 보여주기 시작한다. 당내 일반 당원들은 더는 노동당 혼자만의 힘으로는 보수당에게 이기기 힘들며, 따라서 어떤 형태로든 정당 연합이 불가피하다는 의견을 제시하기 시작한다. 자유당(지금의 자유민주당)이 오랜 기간 비례대표제를 선호해왔다는 점을 감안하면, 미래에 이들과 연합하려면 우선 선거제도에 관해 합의가 있어야 한다는 것을 의미하기도 했다.

선거제도를 개혁하고자 하는 노동당의 갑작스러운 변화는 여러 단계를 거친다. 1991년부터 1993년 사이 당내 관련 기구, 즉 플랜트 위원회 Plant Commission 활동으로부터 시작해, 자유민주당과의 지도부 협상을 하는 단계에 이른다. 그리고 1997년 유럽의회 European Parliament 의원 선거와 새로운 지역자치안에 의해 수립될 지역 의회 의원 선거에서 비례대표제 도입을 약속한다는 내용을 담은 선거 매니페스토 manifesto를 발표함으로써 노동당의 입장 변화는 정점에 이른다. 가장 중요한 사건은 1997년에 노동당이 매니페스토에 하원 의원 선거제도 개혁 문제를 국민투표에 부치겠다는 내용을 포함시킨 것이었다.

새 노동당 정부는 자치법안을 재빨리 통과시켰다. 이 안에는 스코틀랜드와 웨일스의 의회(1999년 선거 최초 적용), 그리고 런던 시의회(2000년 선거 최초 적용)

선거에 혼합형 선거제도를 도입하는 내용이 포함되어 있었다. 그리고 유럽의회 선거에는 정당명부식 비례대표제를 도입했다(1999년 최초 적용). 1997년 12월 상원 의원인 젱킨스Lord Roy Jenkins를 위원장으로 하는 선거제도개혁 독립위원회Independent Commission on Electoral Reform를 출범시켰고, 향후 국민투표에 부칠 수 있도록 하기 위해 단순다수제를 대체할 대안을 제안하는 임무를 맡겼다(Farrell, 2001). 젱킨스 위원회는 1998년 보고서를 제출했다. 보고서는 일종의 혼합형 선거제도인 '대안투표제 플러스Alternative Vote Plus'라는 다소 복잡한 제도를 제안했다(이에 대해서는 제5장에서 볼 것이다. Farrell, 2001; Margetts and Dunleavy, 1999).

젱킨스 위원회의 역작인 이 안은 토니 블레어Tony Blair의 노동당 정부 지원으로 통과될 수도 있었다. 그러나 이 안은 보류되었고, 선거제도 개편을 놓고 국민투표를 실시하겠다던 매니페스토는 조용히 잊혔다. 이후 선거에서 노동당은 매니페스토를 통해 지방과 유럽의회 선거에서 적용되던 새 선거제도의 성과를 검토하겠다고 밝힌다. 결국 이에 대한 검토는 이루어졌지만 아무 의미가 없게 된다. 즉, 선거제도 개혁은 더는 의제가 되지 않았던 것이다. 블레어의 후임자인 고든 브라운Gordon Brown 총리는 대안투표제로의 개편을 위해 국민투표를 실시할 것을 제안했다. 그러나 이 시기는 세 번 연속된 노동당 정부 임기 말에 가까운 시점이었고, 노동당은 선거에서 패배할 것으로 예상되던 때였다.

2010년 선거 결과 어느 정당도 의회 과반수를 차지하지 못했다. 이로 인해 선거제도 개편 문제가 다시금 극적으로 정치적 의제의 중심이 되었다. 보수당과 노동당 모두 자유민주당을 연립 협정으로 끌어들이기 위한 더 좋은 위치에 서고자 했기 때문이다. 결국 보수당-자유민주당 연립이 형성되었고 일련의 야심찬 정치 개혁 안을 추진하기로 합의했다. 이 합의에는 1인 선출 단순다수제를 대체하는 대안투표제를 놓고 국민투표를 실시하는 내용이 포함되어 있었다. 그러나 보수당이 선거제도 개혁에 대해 반감을 가지고 있다는 점을 고려하면, 향후 이 안이 통과할 가능성은 없어 보인다.

2-3 여타 1인 선출 단순다수제 국가들에서의 선거제도 개혁 논쟁

논의를 좀 더 확대시키기 위해 영국 이외에 1인 선출 단순다수제를 운용하는 국가들에서 어떤 개혁 논쟁들이 있었는지를 살펴볼 필요가 있다. 이들 국가는 캐나다, 인도, 뉴질랜드, 그리고 미국이다. 이 네 국가 중 뉴질랜드는 1인 선출 단순다수제를 포기했으며, 나머지 국가들도 제도 개편에 대한 논쟁에서 자유롭지 못하다.

가장 극적인 사례는 뉴질랜드다. 뉴질랜드 유권자는 1993년 실시된 국민투표를 통해 1인 선출 단순다수제를 혼합형 선거제도로 대체하는 선택을 했다(Denmark, 2001; Renwick, 2007; 이 책의 제5장 참조). 이 국민투표는 오랫동안 국가적인 차원에서 진행되어온 논쟁의 산물이다. 이 논쟁은 1970년대 말 시작되었다. 이 시기에 의회는 선거법 특별위원회Select Committee on Electoral Law를 설치하고, 당시 선거제도를 점검하도록 했다. 위원회는 선거제도 개편 문제를 평가하는 권한도 갖게 되었다. 1980년 보고서를 보면, 위원회는 1인 선출 단순다수제를 비례대표제로 바꾸는 것을 원치 않았다. 그러나 중요한 것은 위원회의 소수파인 노동당 소속 의원들이 이런 결론을 지지하지 않았다는 사실이다. 이들은 범汎국가적 기구인 왕실선거제도개혁위원회Royal Commission on Electoral Reform의 설립을 요구했다. 그리고 1985년에 여당이 된 노동당은 이 문제를 밀어붙여 결국 위원회를 만든다. 1986년 보고서에서 이 위원회는 1인 선출 단순다수제를 '혼합형 비례제'로 대체할 것을 권고한다.

1990년까지 이 문제를 둘러싸고 그다지 많은 일들이 일어나지는 않았다. 그러나 매우 비非비례적 결과를 가져온 1990년 선거는 하나의 분기점이 된다. 이 선거에서 노동당은 의회 의석을 대거 상실했다. 득표율은 48%였으나 의석은 69%를 획득한 새로운 국민당 정부National government가 출범한 것이다. 이 정부는 선거운동 과정에서 개혁과 변화를 강조한 매니페스토를 내세웠기 때문에 선거제도 문제를 다룰 수밖에 없었다(Vowles, 1995). 1992년 간단한 문항으로 구성된, 그러나 법적 구속력은 없는 국민투표가 실시되었다. 국민투표 문항은 두 파트로 이뤄져 있었다. A파트에서는 유권자에게 당시 선거제도였던 1인 선출 단순다수제를 유지할 것인지, 아니면 다른 선거제도로 대체할 것인지를 물어봤다. B파트에서는 유권자들이 네 가지 선거제도 중 하나를 선택할 수 있도록 했다. 네 가지 선거제도는 보충의석제supplementary member system(1970년대 중반의 한사드 소사이어티가 제안한 것과 유사한 제도), 단기이양제, 혼합형 선거제도, 그리고 호주에서 사용하는 대안투표제였다.

당시 여론조사 결과에서 나타난 바와 같이, 유권자가 정치체제에 대해 불만이 있었고, 혼합형 선거제도에 대해서는 많은 관심(특히 1986년 왕실위원회 보고서가 나타낸 관심)을 보였다는 점을 고려하면, 1992년 국민투표 결과는 예견된 것이었다. 유권자는 선거제도를 혼합형 선거제도로 개편하고자 하는 열망을 분명히 보여줬던 것이다. 놀라운 것은 제도 개편에 찬성한 유권자 수다. 85%에 가까운 유권자들이 1인 선출 단순다수제를 거부했고, 2/3(65%)가 혼합형 선거제도를 찬성했던 것이다(Harris, 1992).

그러나 이 국민투표 결과는 법적 구속력이 없었다. 이 때문에 또 다른 국민투표를 실시하게 된다. 두 번째 국민투표에서는 유권자가 1인 선출 단순다수제와 혼합형 선거제도 중 하나를 선택할 수 있게 했다. 그리고 이번에는 투표 결과가 법적 구속력을 갖도록 했다. 오랜 기간 유익하고도 다소 치열한 논쟁을 거친 후, 1993년 11월 국민투표가 실시된다. 투표 결과 한쪽이 압도적인 지지를 얻지는 못했다. 하지만 선거제도를 바꿔야 한다는 것을 확인하기에는 충분했다. 유권자 83%가 투표했으며, 53.9%가 혼합형 선거제도를, 46.1%는 1

인 선출 단순다수제를 찬성했다(Harris, 1993; Vowles, 1995). 이로써 3년 뒤인 1996년 10월, 혼합형 선거제도를 적용한 첫 번째 선거가 실시된다(Vowles et al., 1998).

혼합형 비례제로의 개편은 이후 10년간 뉴질랜드 정치에 커다란 영향을 미쳤다. 뉴질랜드의 선거제도 전문가인 보울리스Jack Vowles의 말을 빌리자면, "선거제도 개편 효과는 매우 컸으며, 선거제도 이론들이 예측하는 것과 전적으로 일치했다"(Vowles, 2008: 302; 이 이론들은 제7장에서 검토될 것이다). 보울리스는 계속해서 다음과 같이 말한다. "뉴질랜드의 혼합형 선거제도로의 개편은, 적어도 그것을 주장했던 사람들의 눈에는 성공적이었다"(Vowles, 2008: 310). 그럼에도 선거제도를 더 대폭적으로 개혁하자는 요구가 지속적으로 제기되었다. 2008년 선거로 개혁 문제의 재검토를 약속했던 (소수파) 국민당 정부가 들어서면서 개혁 분위기는 무르익는다. 2009년 국민당 정부는 선거제도 개편에 관한 국민투표를 2011년 총선거와 같은 날 치르는 것을 목표로 개혁 문제에 대한 검토를 시작하겠다고 발표한다.

1인 선출 단순다수제를 운용하는 다른 국가의 선거제도 개혁가와 학자들은 뉴질랜드에서의 전개 과정을 예의 주시하고 있었고, 캐나다가 더욱 그랬다. 영국 사례와 거의 유사하게, 캐나다에서는 선거제도 개혁을 둘러싼 논쟁이 수년에 걸쳐 간헐적으로 등장했다. 예를 들어, 1920년대에는 대안투표제를 도입하려던 시도가 실패한 적이 있었다. 1960년대 이전에는 지방 차원에서 단기이양제를 실험적으로 적용해보기도 했다. 1979년 캐나다 통합 태스크포스Task force on Canadian Unity는 전국 선거에서 1인 선출 단순다수제를 혼합형 선거제도로 대체하는 안을 권고했다. 그러나 트뤼도Trudeau 정부는 이 안을 거부했다. 이와 유사하게 신민주당New Democratic Party 지도자도 개혁안을 제시했고, 비슷한 시기에 학자들이 여러 가지 제안을 했지만 모두 무시되었다(Irvine, 1979).

문제는 정치 엘리트들이 오랫동안 이 쟁점에 대해 관심을 보이지 않았다는 사실이다. 왕실 선거제도와 정당자금 개혁위원회Royal Commission on Electoral Reform and Party Financing, 일명 로티 위원회Lortie Commission의 예는 이런 현상을 단적으로 보여준다. 이 위원회는 1989년 캐나다 선거 과정과 선거제도의 근본적 개혁 문제를 다루는 연구를 수행하도록 설립되었다. 그러나 이런 임무에도 불구하고 위원회는 선거제도를 검토하는 과정에서 철저히 배제되었다. 위원회는 1991년 23개의 연구 용역 결과를 포함한 수천 쪽에 달하는 보고서 4권을 발간한다. 이 보고서는 선거제도 개혁과 정당 자금과 관련한 거의 모든 주제를 포괄하고 있었으나, 캐나다 선거제도만은 다루지 않았다. 스터들라Donley Studlar에 의하면, "이것은 다른 선거제도의 도입 가능성을 분석할 수 있는 기회를 놓쳐버린 역사적 사건"이었던 것이다(Studlar, 1998: 55).

1990년대 초반에는 캐나다 헌법과 지방자치 개혁을 둘러싼 논의가 있었다. 정치엘리트들은 이 논의의 일부분으로 적어도 상원 의원을 선출하는 선거에 한해서는 제도 개편 문제를 고려하는 모습을 보여줬다. 그러나 1992년 상원에서 제도 개선안은 부결된다. 이후 10년 이상 일부 이익단체들과 군소 정당들, 그리고 무엇보다도 캐나다 정치학계가 제도 개혁을 요구한다(Flanagan, 1998; Milner, 1998; Studlar, 1998; Weaver, 1998 참조). 그리고 이후 실시된 선거들(1993~2000)에서 캐나다 역사상 가장 비례성이 낮은 선거 결과가 나타났음에도 선거제도 개편 문제는 유보된다(Milner, 1998: 42~43).

〈표 2-3〉은 캐나다 선거에서 나타난 비非비례성 정도를 보여준다. 영국의 1990년대 사례(〈표 2-2〉)와 같이, 득표율과 의석률 '차이'가 두 자릿수임을 알 수 있다. 지각 변동을 일으켰다고 평가되는 1993년 선거는 많은 주목을 받았다(Erickson, 1995). 이 선거 이전 진보보수당Progressive Conservative Party은 의회 의석의 50%가 넘는 169석을 차지하고 있었다. 그러나 이 선거 결과로 의석이 단 2석으로 줄었던 것이다. 1988년 선거에서는 의석률이 득표율보다 14.3% 더 많았다. 그러나 1994년 선거에서는 의석률이 득표율보다 15.4% 더 낮아짐으로써 비례성이 매우 낮은

〈표 2-3〉 캐나다 선거에서의 비非비례성(1988~2008)

(단위: %)

연도	퀘벡 블록당[a] (Bloc Québécois)			자유당 (Liberal Party)			신민주보수당 (New Democrat Conservatives)			진보보수당 (Progressive Conservatives)			개혁/캐나다연합[b] (Reform/Canadian Alliance)		
	득표율	의석률	차이	득표율	의석률	차이	득표율	의석률	차이	득표율	의석률	차이	득표율	의석률	차이
1988		-n.a-		31.9	28.1	-3.8	20.4	14.6	-5.8	43.0	57.3	+14.3	2.1	0.0	-2.1
1993	13.5	18.3	+4.8	41.3	60.0	+18.7	6.9	3.1	-3.8	16.0	0.8	-15.2	18.7	17.6	-1.1
1997	10.7	14.6	+3.9	38.5	51.5	+13.0	11.0	7.0	-4.0	18.8	6.7	-12.1	19.4	19.9	+0.5
2000	10.7	12.6	+1.9	40.8	57.1	+16.3	8.5	4.3	-4.2	12.2	4.0	-8.2	25.5	21.9	-3.6
2004	12.4	17.5	+5.1	36.7	43.8	+7.1	15.7	6.2	-9.5	29.6	32.1	+2.5		-n.a-	
2006	10.5	16.6	+6.1	30.2	33.4	+3.2	17.5	9.4	-8.1	36.3	40.3	+4.0		-n.a-	
2008	10.0	15.9	+5.9	26.3	25.0	-1.3	18.2	12.0	-6.2	37.7	46.4	+8.7		-n.a-	

주: 무소속을 제외시켰기 때문에 '차이' 합이 100이 되지 않음. (+) 표시는 해당 정당의 득표율보다 의석률이 더 많다는 것을 의미하며, (-) 표시는 해당 정당이 득표율보다 의석률이 적다는 것을
의미함.

a 1990년 창당.

b 2000년 캐나다연합(Canadian Alliance)으로 당명 변경. 2003년 진보보수당(Progressive Conservatives)과 통합.

선거 결과를 보여줬던 것이다. 이 같은 낮은 비례성은 1997년 선거에서도 크게 나아지지 않았다. 마시코트Louis Masicotte가 언급한 바와 같이, "1993년 선거는 정당체제를 재편성realigning하는 역할을 했다. 왜냐하면 그 선거 결과로 형성된 정당체제가 한동안 지속되었기 때문이다"(Massicotte, 2008: 107). 비교적 최근인 2006년과 2008년 선거 결과, 진보보수당은 1993년 이전에 누렸던 것을 회복했다. 이것은 캐나다동맹Canadian Alliance이 진보보수당과 통합함으로써, 캐나다 정당 정치에서 우파 진영이 표를 나눠 갖던 현상이 줄었기 때문이었다. 〈표 2-3〉에서 '차이'가 보여주는 바와 같이, 2006년과 2008년 선거에서는 비례성 낮았던 현상이 완화되었다.

2000년 초반에 캐나다에서는 선거제도 개혁 문제가 다시 국가적 의제로 등장했다. 이 배경에는 이전 10여 년 동안의 불안정했던 선거 시기에 대한 기억이 있었다(Massicotte, 2008a). 또 다른 주요한 요인은 영국의 상황과 유사한 것으로, 주state 단위에서 선거제도 개혁에 대한 요구가 점증하고 있었다는 사실이다(캐나다 지방에서의 이런 동향에 대한 여론조사 결과는 Cross, 2005; Milner, 2004 참조). 이런 상황에서 캐나다 법률위원회Law Commission of Canada는 전국적 차원으로 논쟁을 촉발시켰다. 위원회는 학술 용역 발주와 일련의 공청회를 개최한 후, 혼합형 선거제도로 개편할 것을 제안했다. 이어서 의회도 신민주당New Democratic Party 주도로 하원 상임위원회인 절차 및 운영위원회Committee on Procedure and House Affairs가 선거제도 개편 가능성을 검토하도록 했다. 위원회는 제도 개편 진행 절차에 대한 보고서를 제출했다. 바로 이 시점에 2006년 자유당 정부Liberal Government가 실각하고, 선거를 실시하면서 모든 것이 중지된다. 선거 승리로 여당이 된 보수당Conservatives은 선거제도 개혁 절차를 다시 시작할 것이라는 의도를 보였지만, 실제로는 엉뚱한 길로 빠져 상원 의원 선거제도 개편 문제, 그리고 그 대안으로 단기이양제에 대한 논의를 진행했다(이 부분도 21세기 초반 영국에서 일어났던 현상을 연상케 한다).

선거제도 개혁에 가장 강력히 저항했던 단순다수제 국가는 6억 7500만 유권자를 가지고 있으며, 세계에서 가장 규모가 큰 민주주의 국가인 인도다. 인도는 독립 이후 첫 30년 동안 완벽하게 단순다수제 전통을 따랐다. 의회에서 국민의회당Congress Party이 계속해서 과반수 의석을 차지하고 있었기 때문이다 (의회당은 의석에서는 과반수를 차지하고 있었지만 득표율에서는 한 번도 과반수를 얻은 적이 없었다). 이 시기 야당은 분열되어 있었다. 그러나 1977년에 모든 것이 극적으로 변했다. 야당들은 인디라 간디Indira Gandhi 정부가 헌법적 권리를 제한하는 비상사태state of emergency를 선포한 것에 대항해 공동 전선을 형성했다. 국민의회당이 의회 선거에서 얻은 득표수는 1/3이 줄어든 35%로 급락했다. 이 수치는 단순다수제의 제도적 효과에 의해 증폭되어, 의석률은 절반 이상(56%)이 감소하게 된다. 역사상 최소 의석 점유율인 28%로 추락한 것이다(Rangarajan and Patidar, 1997; 이 기록은 1997년 국민의회당이 의석률 21%를 차지함으로써 깨졌다). 국민의회당은 1980년대 짧은 기간 권력을 점유하기도 했으나 과거의 영화를 회복할 수는 없었다. 1990년대에 인도는 경쟁적인 정당 정치가 시작되는 시기로 접어들었다. 이 시기에 지역에 강한 지지 기반을 둔 정당들이 등장한 것도 한몫했다. 정당들은 이 현상에 곧 적응하게 된다. 선거 전前 형성된 정당 연합에 기초한 연립 정부를 구성했고, 이것은 정치체제를 안정시키는 데 도움이 되었다. 아마 이것이 왜 인도에서 근본적인 헌법 개정에 대한 요구가 적은가를 설명하는 주요한 요인일 것이다(Heath et al., 2008: 154).

캐나다와 인도의 사례는 몇 가지 점에서 유사하다. 특히 주요 정당(캐나다의 진보보수당과 인도의 국민의회당)이 선거에서 어떤 결과를 얻었는가에 따라 극적인 반전을 보여줬다는 점, 그리고 군소 정당은 지속적으로 비非비례적 선거 결과를 얻어왔다는 점이다. 이 두 국가의 경험을 보면, 1990년대 초반 이후 정치인들이 선거제도 개혁에 대해 기꺼이 토론하는 모습을 보여줬던 뉴질랜드나 영국과 표면상으로 별다른 차이가 없어 보인다. 몇 가지 명백한 사실들을 제외하면 차이점을 설명하기가 간단치가 않다. 그 명백한 차이점은 복잡한 선거제도를 감당하기에는 인도의 문맹률이 너무 높다는 사실(물론 남아프리카 공화국도 인종격리정책 철폐 후 문맹률이 높았으나 비례대표제를 채택하는 데 아무런 문제가 없었다), 그리고 인도나 캐나다의 경우 연방주의적 성격의 정치체제로 인해 지방 의회가 군소 정당이 영향력을 행사할 수 있도록 해주는 일종의 '안전장치' 역할을 할 수 있었다는 사실이 그것이다. 인도와 캐나다가 왜 선거제도를 개혁하는데 주저하는지를 설명하는 또 하나의 이유가 있다. 즉, 연약한 제도적 균형이 어설픈 제도 변경으로 깨지지나 않을까 하는 우려가 있었다는 사실이다. 캐나다의 경우 지역 정당과 분리주의자 논쟁을 보면, '연방체제에서는 중앙과 지방 간 권력 분산과 연관된 제도적 취약성'이 존재하기 때문에 제도 변경은 위험하다는 인식이 있었음을 알 수 있다. 선거제도를 함부로 건드렸다가는 상황을 더 악화시킬 것이라는 두려움이 있었던 것이다(Milner, 1998: 50; Weaver, 2001). 또한 랑가라잔과 파티다르(Rangarajan and Patidar 1997: 35)에 의하면, 인도에서 단순다수제가 지지를 받는 것은 일정 부분 "사회적으로 대접받지 못하는 집단을 위해 의석의 일정 비율을 남겨두는 관행 때문이다"(이 집단은 지정 카스트와 부족들*이며 향후 여성도 포함될 가능성이 있다).

뉴질랜드의 선거제도 개편 과정, 그리고 캐나다와 인도의 변함없는 입장을 비교해보면, 미국은 그 중간 지점에 있는 사례라고 할 수 있다. 왜냐하면 미국의 경우 특히 1990년대에 선거제도 개혁문제를 받아들일 의지가 있다는 것을 보여주기는 했지만, 그것은 주로 지방이나 주 단위 차원에서 나타났기 때문이다. 연방 정부 차원에서는 변화에 여전히 저항적이며, 변화 가능성에 대한 주류에서의 논쟁도 그다지 활발하지 않았다(Bowler and Donovan, 2008). 공적 토

• 지정 카스트와 부족들scheduled castes and tribes은 역사적으로 소외된 집단으로 인도 헌법에 명시되어 정부 고용정책이나 교육정책 등에서 특별 지원을 받는 집단을 말한다.

론의 장에서뿐만 아니라 학계도 여전히 선거제도 개혁 문제에 대해 일종의 면역성을 가지고 있다고 할 수 있다. 사실 선거제도에 관한 많은 학술 연구들이 미국 사례에 초점을 맞추고 있지만, 미국의 투표제도는 거의 다루지 않고 있다는 점은 아이러니하다고 할 수 있다. 대부분의 관심은 선거구 재획정redistricting 이나 투표권voting rights 문제에 집중되고 있다(제9장에서 이 문제를 다룰 것이다). 에이미Doulas J. Amy는 다음과 같이 말한다. "미국 투표제도는 별난 것이다. 우리는 단순다수제를 고수하는 몇 안 되는 선진국 중 하나이며, 그 소수 중에서도 이 제도가 바람직한지에 대한 공적 토론을 전혀 하지 않고 있는 유일한 국가다"(Amy, 1993: 4; 또한 Bowler et al., 2008). 에이미가 수행한 연구에서 지적되고 있듯이, 선거제도 개혁 문제가 연방정부 차원에서 제기된 사례를 보면, 모든 경우에서 마치 이에 반대해 격추하려는 포병이 대기하고 있는 모양새다. 다른 선거제도는 매우 복잡하고, 불안정한 정부, 과격한 정당 그리고 선거구 대표의 상실 등의 위험을 초래할 수 있으며 정당 엘리트들에게 지나친 권력을 부여한다는 인식이 지배적이다. 그러나 미국에서 선거제도 개혁 문제가 국가적 의제가 되지 못하는 가장 중요한 이유는 기본적으로 유권자들이 이 문제에 대해 관심이 없다는 데 있다(엘리트도 그렇게 보인다). 물론 미국 국민이 정치인에 대해 가지고 있는 존경심이 적고 투표율도 낮다는 점으로 볼 때, 국민들이 선거제도에 문제가 있다고 생각하고 있을 수는 있다. 그러나 선거제도 개편을 통해 이를 변화시킬 수 있으며, 따라서 제도를 바꿔야 한다는 여론은 높지 않다. 선거제도 개편에 대한 이 같은 무관심 현상을 설명해주는 또 다른 요인은 미국 정부가 '분할divided'되는 경향, 즉 대통령 소속 정당과 의회 다수 정당이 다른 경우가 흔히 발생하고 있다는 사실이다. 이것은 영국과 다른 점이다. 영국에서는 단일 정당이 장기간에 걸쳐 모든 정부기구를 통제할 수 있으며, 이런 현상의 주요 원인은 선거제도의 왜곡 효과에 있다고 할 수 있다. 마지막으로 미국에서의 개혁 문제에 대한 무관심을 설명해주는 또 다른 중요한 요인은 미국 정당체제의 성격에 있다. 이는 두 가지 점에서 드러난다. 첫째, 전국 차원의 투표 경향에 대해 무관심을 조장하는 미국 정당의 취약성이다. 둘째, 미국은 세계에서 "거의 완벽한 양당 체제의 본국homeland으로 홀로 남아 있으며 …… 두 정당만이 후보를 공천한다면 단순다수제도 꽤 비례적 결과를 가져올 수 있다"는 인식이다(Dunleavy and Margetts, 1995: 24).

그러나 미국이 다른 선거제도에 대한 관심을 전혀 보이지 않은 것도 아니다. 이것이 인도 같은 국가와 유사한 점이다. 예를 들어 20세기 초반에 지방 정부 단위에서 단기이양제를 채택하려는 노력이 있었고, 어떤 사례는 성공하기도 했다. 위버Leon Weaver에 의하면, "비례대표제는 대략 24개 도시의 시 위원회city council와 학교 위원회school board에서 사용되고 있다. 이 경우 매사추세츠에서 비례대표제를 사용하는 시市의 학교 공동체들과 뉴욕 시의 지역사회학교 위원회community school boards를 각각 별개 사례로 본다면, 그 수는 60개 정도가 된다"(Weaver, 1986: 140). 그러나 이것이 단기이양제가 이 시기에 급격하게 증가하는 추세였음을 의미하는 것은 아니다. "비례대표제는 미국에서 운용되는 선거제도의 총수와 비교할 때 불과 1%에 지나지 않는다"는 위버의 결론에 유념해야 한다. 20세기 후반으로 들어서면서, 단기이양제를 사용하는 지방정부는 급격히 줄어든다. 2010년 단기이양제는 매사추세츠 주의 케임브리지 시 위원회와 학교 위원회school committee 선거와 뉴욕 시의 지역사회학교 위원회 선거에서만 사용되고 있다. 이에 비해 미국에서 2회투표제two-round system는 더 많은 지역에서 사용되고 있다(이 제도는 프랑스에서 사용되고 있으며 제3장에서 살펴볼 것이다). 일부 남부의 주(특히 루이지애나)에서는 주 의회 선거에서 2회투표제를 사용하기도 한다.

미국 연방대법원은 '소수 집단-다수 선거구majority-minority district'•의 존속 여

•　소수 인종 집단을 특정 선거구에서는 다수 집단이 되도록 선거구 경계를 재획정하는 것을 말한다.

부long-term viability에 대한 의문을 제기한 바 있다(제9장에서 다룰 것이다. 274쪽을 보라). 이 관점에서 보면, 이 방식을 대체할 수단은 특히 남부 주에서 소수 인종의 이익을 보호하고 증진하는 데 도움이 될 수 있도록 하는 것이어야 한다. 최근 경향을 살펴본 잉스트롬(Engstrom, 1998), 그리고 바울러와 동료들(Bowler et al., 2003)에 의하면, 눈에 띄는 것은 그 대안적 수단으로서 새로운 선거제도에 대한 관심이 증가하고 있다는 점이다. 5개 주에서 적어도 40개 지방 정부가 제한투표제limited voting를, 5개 주에서 60개에 가까운 지방 정부가 누적투표제cumulative voting를 채택했다(이 두 제도는 다음 절에서 다룬다).

다음 절에서 보는 바와 같이, 누적투표제와 제한투표제는 단순다수제의 일종이다. 반면 비례대표제에 대해서도 미국 전역에 걸쳐 관심이 높아지고 있다. 특히 군소 정당들, 단일쟁점을 옹호하는 후보들, 그리고 '공정투표Fair Vote'와 같은 주요 로비 단체 사이에서 관심이 높아지고 있는 것이다.[3] 선거제도 개혁을 주도하고 있는 두 사람에 의하면, 비례대표제는 "10년 전만 해도 많은 미국인들에게는 매우 낯설고, 또 헌법에 위배되는 것으로 보였다. …… 현재 미국의 주요 신문과 잡지를 포함한 수백 개의 출판물이 주기적으로 투표제도 개편에 대해 언급하고 있다"(Ritchie and Hill, 1998: 101). 또한 여러 선거제도를 소개하는 교과서도 등장하고 있다(특히 Amy, 2000; Rush and Engstrom, 2001). 1990년대에는 신시내티와 샌프란시스코에서 비례대표제를 도입하는 문제를 놓고 주민투표를 실시한 바 있다. 이때 선택투표제choice voting로 알려진 단기이양제가 대안으로 제시되었고, 두 도시에서 유권자 10명 중 4명이 이 제도를 찬성했다. 그 이후 2002년 샌프란시스코는 모든 주요 시市 선거에서 '즉석 결선투표제instant runoff voting'로 불렸던 대안투표제alternative vote를 채택했다. 점차 많은 도시들이 이 선거제도의 도입을 신중히 고려하고 있으며, 샌프란시스코는 그 첫 사례인 것이다(Ritchie and Hill, 2004). 미국 의회는 각 주들이 주를 대표하는 의원들을 선출하는 데 비례대표제를 다시 운용할 수 있을지에 대한 토론을 진행시켜왔다. 신시아 매키니Cynthia McKinney의 유권자 선택법안Voter's Choice Act이 대표적 사례다. 이와 같이 볼 때, 리치Rob Ritchie와 힐Steven Hill의 다음과 같은 말은 일리가 있어 보인다. "전반적으로 미국에서 비례대표제를 옹호하는 움직임은 제2차 세계대전 이후 가장 활발해지고 있다"(Ritchie and Hill, 1998: 102).

2-4 단순다수제의 다른 유형

이 책에서 다루고 있는 다른 선거제도와 마찬가지로, 단순다수제에는 '최다 득표plurality'라는 공통점을 갖는 여러 변형들이 있다. 그중 하나는 '연기투표제連記投票制, block vote system'로서 다인 선출 선거구에서 단순다수제를 사용하는 것이다. 여기서 유권자는 한 선거구에서 선출하는 의원 수와 동일한 수의 표를 갖게 된다(일반적으로 정당과 상관없이 자유롭게 투표할 수 있다). 단순다수제와 결합된 이 같은 제도에서는 해당 선거구에서 최다 득표를 한 후보들이 당선된다. 레이놀즈와 동료들의 최근 경향에 대한 비교 연구(Reynolds et al., 2005)에 의하면, 현재 연기투표제를 사용하는 곳은 케이맨 제도, 포클랜드 제도, 건지Guernsey, 쿠웨이트, 라오스, 레바논, 몰디브, 모리셔스, 팔레스타인, 시리아, 통가, 그리고 투발루다. 또한 영국의 일부 지방 선거에서도 이 제도를 사용하고 있다.

요르단과 몽골은 1990년 초반에, 모나코는 2002년에 연기투표제를 폐기했다. 이 제도에서의 선거 결과가 비례성이 낮았다는 것에 대한 우려가 있었기 때문이다. 바로 이것이 이 제도에 관해 강조되어야 할 점이다. 이 제도는 유권자에게 자신들이 선호하는 정당의 후보들 중 누구를 선택할 것인지에 관해 더 많은 선택권을 부여한다. 하지만 실제로는 유권자 대부분이 한 정당의 후보들에게만 표를 몰아주는 투표 행태를 보인다. 결과적으로 이 제도는 단순다수제의 '비非비례성'을 악화시키는 결과를 초래하는 것이다. 이 책에서 강조되고 있는 규칙maxim은 바로 '선거구 크기가 클수록 비례성의 정도가 높아진다'는 것이다. 그러나 연기투표제에서는 이것이 반대로 된다. 즉, 이 제도에서는 한 선거구당 선출하는 의원 수가 많아질수록 비례성 정도는 낮아진다.

단순다수제의 또 다른 두 변형도 연기투표제와 같이 다인 선출 선거구제를 유지하면서도 비례성이 낮은 제도다. 첫째, '제한투표제limited vote'로, 한 유권자가 행사할 수 있는 투표수를 줄이는 제도다. 둘째, '누적투표제cumulative vote'로, 유권자가 한 후보에게 여러 표를 던질 수 있도록 하는 제도다. 이 둘은 일반적으로 '준準비례적semi-proportional' 제도로 분류된다. 군소 정당에 어느 정도는 유리한 특성을 가지고 있기 때문이다(이에 대한 좀 더 자세한 논의는 Bowler et al., 2003).

제한투표제는 19세기 중반 영국의 선거제도 개혁 논쟁에서 처음으로 등장했고 1867년과 1885년 사이에 사용되기도 했다. 지브롤터Gibraltar에서도 잠시 사용되었다. 이 제도는 현재 스페인 상원, 그리고 미국의 5개 주 지방 정부 선거에서 사용되고 있다. 이 제도의 목적은 단순하다. 즉, 유권자에게 한 선거구에서 선출하는 대표 수보다 적은 수의 표를 부여함으로써, 해당 선거구에서 대정당이 공천한 후보들이 모두 당선될 가능성을 낮추는 것이다(이 가능성은 연기투표제가 가진 위험성이다). 동시에 군소 정당 후보의 당선 가능성은 높여주는 것이다.

누적투표제는 연기투표제의 비非비례적 경향을 낮추는 대안으로서 제한투표제가 나타난 시기와 거의 비슷한 때에 등장했다. 이 제도에서 유권자는 한 선거구에서 선출하는 대표 수와 동일한 수의 표를 부여받는다. 그리고 유권자가 한 후보에게 두 표 이상을 줄 수 있는 유일한 제도다. 즉, 표가 누적되는 것이다. 이 제도가 가지고 있는 분명한 장점은, 한 유권자가 다른 후보에게도 표를 줄 수 있는 동시에 한 후보에게 여러 표를 몰아줌으로써 강한 선호도를 표현할 수 있다는 점이다.

누적투표제는 1850년대 케이프 콜로니Cape Colony에서 처음으로 사용되었다. 이곳에서 20세기 초반까지 입법위원회Legislative Council 구성원을 선출하는 데 운용되었다. 영국에서는 19세기 말까지 학교 위원회school board 선거에 사용되었다(Bowler et al, 2000). 이 제도를 가장 많은 곳에서 사용한 국가는 미국이다. 일리노이 주는 1870년부터 1980년까지 주州 하원 선거에서 이 제도를 오랫동안 운용했다. 앞서 본 바와 같이 누적투표제는 소수 집단의 대표성을 높이기 위한 수단으로 점차 인기를 얻고 있으며, 미국의 적지 않은 주州 자치위원회 선거에서 채택하고 있다.

이 제도들은 선거 결과의 비례성 정도를 어느 정도 높여준다고 할 수 있다. 연기투표제와는 달리 누적투표제와 제한투표제에서는 선거구 크기가 커질수록 전체적인 비례성이 높아진다(Lijphart et al., 1986b). 잉스트롬Richard L. Engstrom은 다음과 같은 사례를 들어 이런 사실을 보여준다(Engstrom, 1998: 233). 유권자가 1표를 가지고 있는 제한투표제를 예로 들어보자. 만약 한 선거구에서 대표를 2명 선출한다면, 한 후보가 당선되기 위해서는 33.3%의 득표가 필요하다. 대표를 3명 선출하는 경우 그 비율은 25%로 떨어지며, 4인 선출 선거구에서는 다시 20%로 낮아진다.•

제한투표제에서 비례성을 높이기 위한 추가적인 방법도 있다. 즉, 유권자에게 부여하는 표의 수를 '제한'하는 것이다. 한 유권자가 행사할 수 있는 표수가 적어질수록 당선에 필요한 득표율도 낮아진다(Lakeman, 1974; Lijphart et al., 1986a). 예를 들어 잉스트롬(1998: 232~233)이 보여주는 바와 같이, 4인 선출 선

• 잉스트롬(Engstrom, 1998)에 의하면 이 당선 득표율 수치는 다음 공식으로 구할 수 있다.

$$\frac{V_{no}}{V_{no} + S_{no}} \times 100$$

(V_{no} : 한 유권자에게 부여된 투표수, S_{no} : 한 선거구에서 선출하는 대표 수)

거구에서 한 유권자가 3표를 가지고 있다면, 당선을 위해서는 42.9% 득표가 필요하다. 한 유권자가 2표를 가지고 있다면 이 비율은 33.3%로 떨어지고, 1표를 가지고 있을 경우에는 20%만 얻으면 당선될 수 있다. 이 마지막 경우, 즉 다인 선출 선거구에서 유권자 1인이 1표를 행사하는 경우가 '단기비非이양제single non-transferable vote: SNTV'다. 일본에서 1948년부터 1994년까지 이 제도가 운용되었고, 1994년에 혼합형 선거제도로 전환했다. 현재 단기비이양제를 채택하고 있는 곳은 아프가니스탄, 요르단(연기투표제 폐기 이후), 핏케언 제도 Pitcairn Islands, 그리고 바누아투다(Reynolds et al., 2005).

물론 중요한 사실은 제한투표제와 누적투표제가 기껏해야 '준準비례적'인 성격을 갖는다는 점이다. 즉, 군소 정당에 약간은 유리할 수 있으나 결코 그렇게 많이 유리한 것도 아니다(Bowler et al., 2003). 이들 제도가 여러 맥락에서 사용되어온 경험을 보면, 군소 정당이 더 많은 대표성을 보장받지는 못했다는 것을 알 수 있다. 이들 제도에서 정당은 소속 후보들 간에 표가 분산될 위험성을 피하기 위해서 몇 명의 후보를 출마시켜야 당선 가능성을 극대화시킬 수 있을지에 대해 고민해야만 한다. 일본이 1990년대 중반 단기비이양제를 혼합형 선거제도로 바꾼 이유 중 하나는 이 제도가 후보 간 경쟁을 조장하고, 정당이 좀 더 폭넓은 유권자층에게 호소할 수 있는 기회를 감소시킨다는 것이었다. 전체적으로 보면 이 제도들은 군소 정당이 의석을 얻는 데 도움을 준다는 점에서 단순다수제보다는 다소 나은 제도라고 할 수 있다. 하지만 비례대표제 옹호자들은 이 제도들이 여전히 충분하지 않다고 주장한다.

2-5 결어

단순다수제(와 변형들)는 인구수에서 보면 세계에서 가장 공통적으로 사용되는 선거제도 중 하나다. 물론 인도가 그중에서 큰 비중을 차지하고 있지만 말이다. 일부 국가는 다른 선거제도로 대체하려고 한다(실제로 뉴질랜드는 대체했다). 그러나 선거제도 개혁 문제가 여전히 의제 취급을 받지 못하는 사례도 있다.

앞으로 이 책을 읽게 되면, 한 제도는 다른 제도에 비해 장점이 있다는 사실을 알게 될 것이다. 그러나 완벽한 선거제도는 존재하지 않는다는 사실도 더욱 분명해질 것이다. 이 장에서는 단순다수제가 갖고 있는 몇몇 단점에 대해 알아봤다. 첫째, 이 제도는 비非비례적인 선거 결과를 가져온다. 둘째, 군소 정당은 과소대표underrepresented된다. 셋째, 군소 정당을 지지하는 유권자들의 표는 사표死票가 된다. 그러나 장점도 있다. 첫째, 단일 정당이 안정된 정부를 구성할 수 있도록 해준다. 둘째, 선거구를 대표하는 의원을 선출할 수 있다. 셋째, 매우 단순하다. 그러나 이 제도를 그 자체로만 독립적으로 다루게 되면, 찬성론과 반대론에 대한 평가는 한계가 있을 수밖에 없다. 정확한 평가를 위해서는 다른 제도와 비교해야 한다. 다음 장에서는 단순다수제와 유사한 절대다수제를 다룰 것이다.

주

1   다른 형태의 투표용지 예는 www.unc.edu/~asreynol/ballots.html를 보라(2010년 7월 9일 접속).
2   슈가트는 1인 선출 단순다수제에 대한 최근 연구에서 이런 현상을 '의사擬似 절대다수 spurious majority'라고 불렀다(Shugart, 2008a: 25).
3   www.fairvote.org 참고(2010년 7월 9일 접속).

제 **3** 장

절대다수제

2회투표제와 대안투표제

앞 장에서 본 바와 같이, 자유민주당 당원인 러셀 존스턴 경은 1992년 영국 총선거가 실시되었을 때 인버네스, 네른, 로카버 선거구에서 불과 26% 득표만으로 당선되었다. 이 같은 결과는 단순다수제에 일종의 오명을 안겼다. 정치권에서는 만약 단순다수제의 본질적 특성을 해치지 않으면서 이 같은 기이한 현상을 제거할 수 있다면, 이 제도는 그렇게 많은 비판을 받지 않았을 것이라는 의견이 제시되곤 한다. 이에 대한 이상적인 타협안은 다음과 같은 것이 될 수 있을 것이다. 일반 유권자들이 이해하기 쉽고, 강하고 안정적인 정부를 만들어내며, 여전히 1인 의원이 하나의 선거구를 대표하고, 그 의원이 자신의 선거구 유권자 50% 이상의 지지를 받는 그런 선거제도다. 따라서 여기에 새로 추가되는 중요한 요소는 각각의 의원이 과반수 지지로 당선되도록 하는 것이다. 이것은 2010년 영국 총선거에서 의회 의원 1/3 정도만이 자신의 선거구에서 유권자 과반수 지지로 당선된 상황, 그리고 이러한 선거 결과가 흔하게 발생하는 상황과는 대조되는 것이다(〈그림 2-3〉을 보라).

제1장에서 소개한 선거제도의 세 가지 주요 요소 중, 단순다수제와 절대다

제3장 절대다수제   **73**

수제를 구분하는 가장 중요한 요소는 '당선결정방식'이다. 물론 '기표방식'도 약간의 차이가 있다. 당선결정방식에서의 차이점은 꽤 단순하다. 당선되기 위해서는 '최다 득표'(다른 후보보다 더 많은 표를 얻으면 되고 과반수 득표는 필요치 않다)가 아닌 '절대다수 표overall majority'(적어도 50%+1표)를 얻어야 된다는 것이다. 물론 모든 경우에 이것을 충족해야 하는 것은 아니다.

기표방식의 차이는 호주의 절대다수제, 즉 대안투표제alternative vote에만 해당된다. 대안투표제에서는 유권자가 투표용지에 있는 모든 후보들에 대해 순위를 표시한다. 즉, '순위형ordinal' 기표방식인 것이다. 그러나 프랑스에서 시행하는 2회투표제two-round system의 경우는 그렇게 간단치 않다. 3-1절에서 보겠지만, 기본적으로 1주일이나 2주일 정도의 간격을 둔 각기 다른 선거일에 두 개의 '범주형catergoric' 기표방식을 사용하게 된다. 이 두 종류의 절대다수제는 '선거구 크기'가 1이라는 점에서 단순다수제와 공통점을 갖는다. 나라 전체를 여러 개의 1인 선출 선거구로 분할하는 것이다(간혹 다인 선출 선거구가 사용되는 경우도 있다). 그러나 이 제도들은 비非비례적 선거제도라는 사실을 강조할 필요가 있다. 비례성은 다인 선출 선거구나 비례적 당선결정방식에 의해서만 달성될 수 있기 때문이다.

단순다수제를 개선하고 싶지만 동시에 비례대표제는 채택하고 싶지 않은 사람들은 절대다수제를 일종의 타협안으로 인식한다. 이 제도를 일종의 타협의 산물이라고 보는 이런 인식이 정확한지에 대해서는 나중에 논의할 것이다. 우선 현재 실제 운용되고 있는 절대다수제의 두 유형을 살펴볼 것이다. 3-1절에서는 프랑스 사례를 중심으로 2회투표제를 살펴볼 것이며, 3-2절에서는 호주 하원 선거 사례를 중심으로 대안투표제에 대해 알아볼 것이다. 3-3절에서는 절대다수제라는 제도에 대한 전반적 평가를 진행할 것이다.

3-1 2회투표제

이 제도의 이름은 다양하다. 결선투표제run-off, 2표제two-ballot, 제2투표제second ballot 등이 있다. 이 책에서 사용되는 '2회투표제two-round system'라는 용어는 유권자가 두 번의 서로 다른 기회를 통해 투표하도록 하는 제도를 일컫는다. 물론 이 제도에도 여러 변종이 있다. 2회투표제는 대통령을 직접 선거로 선출하는 국가 중 다수에서 운용되는 제도다(Blais and Massicotte, 1996; Jones, 1995, 1997). 대표적 사례는 오스트리아, 불가리아, 칠레, 콜롬비아, 에콰도르, 프랑스, 핀란드, 마다가스카르, 말리, 모잠비크, 폴란드, 포르투갈, 러시아, 그리고 우크라이나다(더 많은 사례는 Reynolds et al., 2005: 133을 참조). 반면 의회 선거의 경우에는 거의 사용되지 않는다. 이 제도는 프랑스와 가장 깊은 관련이 있다. 프랑스에서는 1928년부터 1945년까지 하원인 국민회의Chamber of Deputies 의원 선거에서 사용되었고, 1958년 제5공화국에서 다시 채택되었으나, 1986년부터 1988년 사이에는 잠시 폐기되기도 했다. 하지만 대통령 선거에서는 현재까지 계속 사용되고 있다(Cole and Campbell, 1989).

2회투표제는 20세기 전반 다수 유럽 국가가 의회 선거제도를 단순다수제에서 비례대표제로 전환하는 중간 단계에 사용되었다. 그 예가 오스트리아, 벨기에, 독일, 이탈리아, 네덜란드, 노르웨이, 스페인, 그리고 스위스다(이 중 일부 국가는 다인 선출 선거구제를 사용했다). 2회투표제는 구소련 국가들(소련 해체 이후의 신생독립국)에서 다소 인기가 있었다. 이들 중 일부 국가는 후에 다른 선거제도(혼합형 선거제도 혹은 정당명부식 비례대표제)로 변경하기는 했지만, 일부 국가는 여전히 2회투표제를 운용하고 있다. 그 예가 벨로루시, 키르기스스탄, 우즈베키스탄이다. 우크라이나의 경우, 1994년까지 2회투표제를 운용했으나 1998년 혼합형 선거제도로 바꿨으며(Birch, 1997), 곧이어 정당명부식 비례대표제로 대체했다. 2회투표제를 비례대표제와 결합한 혼합형 선거제도를 운용하는 국가

도 있다. 그 예는 차드, 조지아, 헝가리, 카자흐스탄, 리투아니아, 그리고 타지
키스탄이다(〈표 5-5〉 참조). 레이놀즈와 동료들의 비교 연구에 의하면, 20개국
이상의 의회 선거에서 2회투표제를 사용하고 있는 것으로 나타난다. 이미 언
급한 국가들을 제외하면, 나머지 국가 대부분은 공통점을 가지고 있다. 즉, "프
랑스 공화국의 보호령territorial dependencies이거나 어떤 형태로든 프랑스의 영향
을 받고 있는 국가"라는 사실이다(Reynolds et al., 2005: 52). 또한 이 제도는 미
국의 하위 단위 선거에서 꽤 광범위하게 사용되어왔으며, 일부 남부 주에서는
의회 선거Congressional election에서도 사용된다.

　이 절의 나머지 부분은 프랑스 사례에 초점을 맞출 것이다. 프랑스는 대통
령 선거와 의회 선거에서 2가지 형태의 2회투표제를 그대로 유지하고 있다.
앞서 언급한 바와 같이, 이 제도의 핵심적 특징은 각기 다른 선거일에 한 번
씩, 즉 두 번 투표한다는 것이다. 주요 목적은 당선자가 1인 선출 선거구에서
과반수, 즉 투표자의 50%를 넘는 지지를 받도록 하는 것이다(혹은 과반수 득표
가능성을 높이는 것이다). 프랑스는 의회 의원 선거에서는 2회투표제의 한 유형
인 절대다수-최다득표제majority-plurality, 대통령 선거에서는 또 다른 유형인 절대
다수-결선투표제majority-run-off를 채택하고 있다. 두 제도 모두 첫 번째 단계는
단순다수제와 유사하다. 즉, 프랑스 유권자는 자신이 선호하는 후보에게 투표
한다. 한 후보가 투표수의 과반수를 획득하면 그는 당선되며, 두 번째 투표는
실시할 필요가 없다. 1988년 프랑스 의회 선거에서 당선자 중 22%가, 그리고
1993년 의회 선거에서는 당선자의 12%가 이렇게 당선되었다(Cole and Campbell,
1989: 191; Goldey, 1993).[1] 어느 후보도 과반수 득표를 하지 못하면 2번째 투표
가 실시된다. 의회 선거의 경우 1주일 후에, 대통령 선거는 2주일 후에 2차 투
표가 실시된다. 두 가지 유형의 프랑스 선거제도가 차이를 보이는 것은 바로
이때다.

　절대다수-최다득표제를 사용하는 의회 선거의 경우, '최소 득표율' 이상 득

표한 후보들은 2차 투표에 진출할 수 있다. '최소 득표율'은 12.5%이다. 그리고 이 수치는 투표자 수 대비 비율이 아니라 등록 유권자 수 대비 비율이다.[2] 바꿔 말하면, 2007년 의회 선거 1차 투표에서 유권자 60.4%가 투표했으며, 이때 후보들은 2차 투표에 진출하기 위해서는 총 투표수의 20%을 이상 얻어야 했다. 이 최소 득표율은 2차 투표에 진출하는 후보 수를 줄이고, 그럼으로써 최종 당선된 의원이 50% 이상을 획득할 수 있는 가능성을 높이기 위한 것이다. 그러나 이것이 반드시 절대다수라는 결과를 보장하는 것은 아니라는 점에 주목해야 한다. 왜냐하면 1차 투표에서 12.5% 이상을 획득한 후보가 2명보다 많을 가능성이 항상 열려 있기 때문이다. 이론적으로는 7명 혹은 8명까지 12.5% 득표를 할 수 있다. 또한 일단 3명 이상이 되면, 50% 이상 지지를 얻는 후보가 없을 가능성이 높다. 2차 투표에 진출하는 후보가 2명일 경우에만 한 후보가 50% 이상을 득표할 수 있는 것이다. 물론 가까스로 최소 득표율을 얻은 후보도 다른 정당 후보가 당선될 수 있도록 2차 투표 진출을 포기하는 경우가 종종 발생한다. 예를 들어 정당 간 연합 협상이 이루어졌을 경우 이런 상황이 발생할 수 있다(실제로 한때는 후보들이 1차 투표를 거치지 않고 2차 투표에 곧바로 진출하기도 했다. 1958년부터 모든 후보가 1차 투표를 거치도록 의무화했다). 콜Alistair Cole과 캠벨Peter Campbell에 의하면, 1988년 의회 선거에서 3명이 2차 투표에 진출한 선거구는 9개였다(Cole and Campbell, 1989: 168). 1993년 2차 투표에 3명의 후보가 진출한 선거구는 전체 선거구의 3%에 해당하는 15개였다(Goldey, 1993).

프랑스 선거 과정에서 특이한 점은 정부가 아닌 정당이 투표용지를 제작한다는 사실이다. 그래서 투표용지 모양과 내용을 결정하는 일련의 규제를 두고 있다. 예를 들면 다음과 같다. 투표용지 크기는 대략 가로 10센티미터, 세로 15센티미터여야 한다. 후보 이름(보궐 선거를 치를 필요가 없도록 승계자의 이름도 있어야 한다)과 소속 정당도 기재되어야 한다. 또한 정당 슬로건이나 상징, 후보

ÉLECTIONS LÉGISLATIVES - SCRUTINS DE MARS 93

Département du NORD - 13ᵉ Circonscription

ENTENTE DES ÉCOLOGISTES

GÉNÉRATION ÉCOLOGIE - LES VERTS

Mᵐᵉ DOMINIQUE
MARTIN-FERRARI

Journaliste

Suppléant : RENAUD JOUGLET

Conseiller Municipal de Téteghem

의 개인적 배경과 같은 추가적인 정보도 포함시킬 수 있다(Holliday, 1994). 이 같은 규칙에 근거해 각 정당은 자신들이 만든 투표용지를 제공하게 된다. 유권 자는 자신이 지지하는 정당이 제공한 투표용지를 선택해, 봉투에 넣은 후 투표 함에 집어넣는다. 〈그림 3-1〉은 프랑스의 한 녹색당이 만든 투표용지 예다.

대통령 선거 규칙은 더 단순하다. 2회투표제의 한 유형인 절대다수-결선투 표제majority-run-off에서는 1차 투표에서 최다 득표를 획득한 1, 2위 후보가 2차 투표에 진출하며, 다른 모든 후보는 탈락된다. 경선에 남은 후보는 오직 2명이 며, 따라서 최종 후보는 유권자 과반수 지지를 받게 된다. 기술적으로 말하면 최종 결과는 전체 유권자의 50%가 아니라 투표자의 50% 이상의 지지를 얻는 다는 것을 의미한다. 따라서 투표자의 과반수만이 선거 결과를 결정하게 되는 것이다. 이 점은 2차 투표의 투표율이 낮을 경우 더 중요한 의미를 갖는다.

〈표 3-1〉 프랑스의 2007년 대통령 선거 (단위: %)

후보	소속 정당•	1차 투표(4월 22일)	2차 투표(5월 6일)
올리버 브장세노(Oliver Besancenot)	혁명적 공산주의 연맹	4.1	
마이 조르주 뷔페(Marie-George Buffet)	공산당	1.9	
제라르 쉬바르디(Gérard Schivardi)	노동자당	0.3	
프랑수아 바이루(François Bayrou)	프랑스 민주주의 연합	18.6	
조제 보베(José Bové)		1.3	
도미니크 부아네(Dominique Voynet)	녹색당	1.6	
필리브 드 빌리에(Philippe de Villiers)	프랑스를 위한 운동	2.2	
세골렌 루아얄(Ségolène Royal)	사회당	25.9	46.9
프레데리크 니후스(Frédéric Nihous)	사냥, 낚시, 자연, 전통	1.2	
장마리 르펜(Jean-Marie Le Pen)	국민전선	10.4	
아를레트 라기에(Arlette Laguiller)	노동자 투쟁	1.3	
니콜라 사르코지(Nicolas Sarkozy)	대중운동연합	31.2	53.1
투표율		83.8	84.0
무효 투표수		1.4	4.2

1965년과 1969년 선거가 그랬다. 예를 들어 1969년 선거에서는 투표율이 1차 투표에서 77.6%였으나, 2차 투표에서는 65.5%로 떨어졌다. 그 결과 드골 General de Gaulle은 52.2% 득표를 하면서 프랑수아 미테랑François Mitterrand을 물리치기는 했으나, 실제로는 프랑스 유권자의 34.2%만을 대표하게 된 것이다.

〈표 3-1〉은 2007년 프랑스 대통령 선거 결과를 보여준다. 이 표는 프랑스 선거제도에 전략적 요소가 개입할 수 있음을 잘 보여준다. 표면적으로만 보면

• 원문에 표기된 프랑스 정당명의 영어식 표기는 다음과 같다. 혁명적 공산주의 연맹Revolutionary Communist League, 공산당Communist Party, 노동자당Party of the Workers, 프랑스 민주주의 연합Union For French Democracy, 녹색당Greens, 프랑스를 위한 운동Movement for France, 사회당Socialist Party, 사냥, 낚시, 자연, 전통Hunting, fishing, nature, tradition, 국민전선National Front, 노동자 투쟁Workers' Struggle, 대중운동연합Union for a Popular Majority.

사회당Socialist Party 후보인 세골렌 루이얄Ségolène Royal이 강력한 경쟁력을 보여준 좌파와 우파 간 경쟁이었다(그녀는 선거운동 초반에는 선두로 나서기도 했다). 프랑스 정치에서 지금까지 그랬던 것처럼, 이 경쟁에서 나타나는 특징은 우파의 주요 두 후보 간에 벌어졌던 전략적 싸움이었다. 이 중 한 사람은 드골주의적 전통을 모범적으로 지니고 있었던 니콜라 사르코지Nicolas Sarkozy였고, 다른 한 사람은 프랑수아 바이루François Bayrou였다. 바이루는 기대했던 것보다 선전했다. 사회당 지지자들은 사르코지가 2차 투표에 진출하는 것을 막으려다 실패하자, 전략적으로 바이루를 지지했던 것이다(Ysmal, 2008). 1차 투표에서 사르코지가 2차 투표에 진출하는 것이 확실해지면서, 2주 후에 실시될 2차 투표에서도 이길 것이라는 것이 분명해졌기 때문이다(결국 그는 당선되었지만, 2차 투표에서 투표율이 낮았고 무효표도 4%가 넘었다는 사실을 보면, 프랑스 전체 유권자의 절반 이하의 지지로 당선된 것이다).

이 대통령 선거 결과는 매우 놀라운 것이었으며, 이전 2002년 선거와 크게 대조적이었다. 2회투표제의 단점 중 하나는, 같은 이념을 가진 두 후보가 2차 투표에 진출할 가능성이 있다는 점이다. 이는 다른 이념을 가진 유권자가 후보를 선택할 수 있는 권리를 박탈하는 것과 마찬가지다. 2002년 선거에서는 기존 정당들이 인기가 없었고, 이는 정당 득표율 특히 좌파 정당에 비참한 결과를 안겨줬다. 전형적 사회주의자인 리오넬 조스팽Lionel Jospin은 단 16.7%만을 득표하는 데 그쳤던 것이다. 이는 베테랑 정치인인 국민전선National Front 지도자 장마리 르펜Jean-Marie Le Pen이 얻은 득표율보다 0.7% 적은 것이었다. 결과적으로 2차 투표에 진출한 르펜과 드골주의자인 자크 시라크Jacques Chirac는 모두 우파 후보였던 것이다. 결국 시라크가 2차 투표에서 82.2%라는 엄청난 득표를 함으로써 선거는 싱겁게 끝나버린다.

3-2 대안투표제

대안투표제Alternative Vote System는 1870년대에 매사추세츠 공과대학Massachu-setts Institute of Technology 교수였던 웨어W. R. Ware가 고안한 것이다. 19세기 후반 호주의 독립과 연방체제 수립에 관한 논쟁 당시, '선호투표제preferential voting'로 불렸던 이 제도는 여러 장점으로 인해 많은 관심을 받았다(Farrell and McAllister, 2006; Wright, 1980). 새로운 연방 국가 출범 초기에도 이 제도에 대한 관심은 지속되었다. 이런 관심에는 이유가 있었다. 1902년 처음 채택되었던 단순다수제에서 특정 정당들이 소속 후보 간에 표가 분산되는 현상으로 손해를 보고 있다는 위기의식이 있었던 것이다. 이러한 사실은 서부 호주에서 실시되었던 보궐선거 사례가 잘 보여준다. 당시 노동당 후보는 35% 득표로 당선되었다. 이는 노동당을 지지하지 않은 쪽이 3명의 후보로 나뉘어 있었던 상황 때문에 나타난 결과였다. 이후 1918년 호주 하원 선거에 대안투표제가 도입된다(사실 호주에서는 1892년 퀸즐랜드 주에서 일종의 대안투표제 변형이 처음 사용된 바 있다). 또한 호주 대부분의 주에서 주 하원 선거를 대안투표제를 통해 운용한다(Farrell and McAllister, 2006).

레이놀즈와 라일리Ben Reilly에 의하면, 대안투표제는 "선거제도의 특정 지역 내 전파를 보여주는 대표적 사례다. …… 대안투표제를 과거와 현재에 채택했고 가까운 미래에 이 제도를 채택할 것으로 보이는 곳은 오세아니아 지역이다"(Reynolds and Reilly, 1997: 37). 이 지역에서 대안투표제를 사용하고 있거나 채택 여부를 고려하고 있는 국가로는 나우루, 파푸아뉴기니(1964~1975년에 사용했고, 2007년 이후 다시 운용하고 있다), 그리고 피지가 있다(Reilly, 2007). 물론 대안투표제는 오세아니아 지역에만 있는 제도는 아니다. 아일랜드도 대통령 선거와 의회 보궐 선거에서 대안투표제를 사용하고 있다. 그리고 캐나다 일부 지역에서 1920년대부터 1950년대까지 이 제도를 사용한 바 있다. 예를 들어 앨

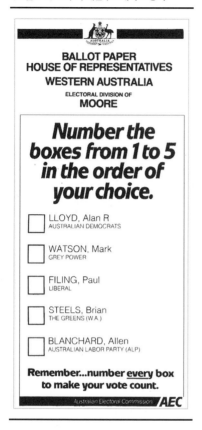

버타, 매니토바, 그리고 짧은 기간에 브리티시컬럼비아에서 운용했다(Flanagan, 1998 참조). 스리랑카는 1978년부터 대통령 선거에서 대안투표제 변형을 운용하고 있다. 미국의 앨라배마 주는 1915년부터 1931년 사이에 '제2선택제 second-choice'라는 제도를 사용했고, 이후 다시 2회투표제로 돌아갔다(Reilly, 1997b). 영국에서는 2000년 새 런던 시장을 '보완투표제supplementary vote'로 선출했다(보완투표제는 나중에 살펴볼 것이다).

이와 같이 대안투표제는 꽤 다양한 선거 영역에서 적용되어왔다고 할 수 있다. 그러나 많은 관심을 받는 것은 역시 호주에서 사용되고 있는 제도다. 이 제도는 호주 외의 국가에서는 일반적으로 대안투표제라고 불리고 있으나 '선호투표제 preferential voting'가 더 적절한 이름이다.[3] '대안Alternative'이라는 단어는 2회투표제와 같이 택일擇一적 제도either/or system를 의미하기 때문이다. 실제로는 유권자가 투표용지에 기재된 모든 후보를 대상으로 선호하는 순서대로 1, 2, 3, …을 표시한다. 예를 들어 호주 유권자들은 투표용지의 모든 후보에 대해 순위를 매긴다. 그렇지 않으면 무효표가 된다. 〈그림 3-2〉는 호주의 무어Moore 선거구의 투표용지다. 기본적으로는 단순다수제에서의 투표용지와 흡사하다. 가장 큰 차이점은 유권자가 모든 후보 — 〈그림 3-2〉의 경우 5명의 후보 — 에 대해 선호 순위를 기재하는 것이다(후보의 이름이 알파벳 순서로 되어 있지 않다는 점에 주목하라. 호주에서는 정당이 후보명의 기재 순서를 결정한다).

〈표 3-2〉는 대안투표제가 단순다수제와 어떻게 다른 결과를 가져오는지를 보여준다. 1998년 연방선거를 보자. 1명 의원을 선출하는 퀸즐랜드의 힝클러 Hinkler 선거구에서는 6명의 후보가 출마했고, 유효투표수는 7만 2356표였다. 1차 개표는 투표용지에 1순위로 기재된 후보순으로 분류한다. 만약 단순다수제였다면 노동당 후보인 셰릴 도론Cheryl Dorron이 가장 많은 표를 얻어 당선되었을 것이다. 2위를 한 국민당National Party 후보 폴 네빌Paul Neville이 유효투표수의 35%를 얻은 것과 비교할 때 도론의 45%는 꽤 높은 득표율이라고 할 수 있다. 그러나 대안투표제에서는 후보가 유효투표수의 과반수를 얻어야 당선된다(이 경우 최소한 3만 6179표). 이 사례에서는 1차 계산에서 아무도 과반수 득표를 하지 못했다. 따라서 그다음 단계에서는 1순위 표에서 최소 득표를 한 후보를 '제거exclude'한다. 1순위 표를 가장 적게 얻은 후보는 시민선거위원회Citizen Electoral Council 후보인 신디 롤스Cindy Rolls다. 그녀를 1순위라고 기재한 표는 306표이며, 이 306표는 그 투표용지에서 2순위로 기재된 후보들에게 각각 이양된다.

〈표 3-2〉를 보면 롤스가 얻은 표는 다른 후보들에게 비교적 골고루 배분되고 있다. 306표의 1/3 정도가 민주당Democrats 후보인 랜스 홀Lance Hall에게 넘겨졌고, 나머지 표는 다른 후보들이 나눠 가졌다. 이양된 표가 소수이기 때문에, 두 번째 계산에서도 당선자를 확정하지 못한다. 여전히 과반수 득표를 한 후보가 없기 때문이다. 따라서 세 번째 계산에서는 남은 후보 중 가장 적은 득표를 한 후보를 제거한다. 이 경우 제거되는 후보는 1187표를 얻은 녹색당 레이 피어스Ray Pearce다. 그가 얻은 표 중 1/3 이상이 민주당 후보에게, 1/3에 약간 못 미치는 표가 노동당 후보에게 이양되고, 나머지 두 후보가 남은 표를

〈표 3-2〉 대안투표제 선거 결과: 1988년 호주 연방선거에서의 퀸즐랜드의 힝클러 선거구

후보	소속 정당	계산 1	다음 계산	계산 2	다음 계산	계산 3	다음 계산	계산 4	다음 계산	계산 5	
폴 네빌 (Paul Neville)	국민당	26,471	+45	26,516	+223	26,739	+807	27,546	+8,877	36,423	당선
세릴 도론 (Cheryl Dorron)	노동당	29,021	+39	29,060	+353	29,413	+987	30,400	+5,533	35,933	
레이 피어스 (Ray Pearce)	녹색당	1,139	+48	1,187	제거						
마커스 링게트 (Marcus Ringuet)	일국당	13,739	+61	13,800	+169	13,969	+441	14,410	제거		
랜스 홀 (Lance Hall)	민주당	1,677	+166	1,793	+442	2,235	제거				
신디 롤스 (Cindy Rolls)	시민 선거위원회	309	제거								

자료: 호주선거위원회(Australian Electoral Commission).

나눠 가진다.* 이 단계에서도 1, 2위 후보 간 격차는 크게 변하지 않고, 어느 후보도 과반수 득표를 하지 못한다. 따라서 네 번째 계산이 필요하다. 이번에는 랜스 홀을 제거하면서 그가 얻은 2235표를 이양하게 된다. 1, 2위 후보가 이 표 대부분을 엇비슷하게 나누어 가진다. 노동당의 세릴 도론(42%)이 국민당의 폴 네빌(38%)을 꽤 앞서고는 있으나, 여전히 과반수 득표에 미치지 못하고 있다.

다섯 번째와 마지막 계산에서는 극우 정당인 일국당One Nation 후보 마커스 링게트Marcus Ringuet를 제거한다. 이 계산에서는 단 두 후보만 남기 때문에 이제는 이 둘 중에서 당선자를 확정 지을 수밖에 없다. 둘 중 하나는 과반수 득표를 하게 된다. 출발점에서는 도론이 선두였음에도 마지막 승리는 네빌에게로 돌아갔다. 네빌이 링게트의 표 중 62%를 넘겨받았기 때문이다(이는 국민당이 이념적으로 노동당보다 일국당에 더 가깝기 때문에 일어난 현상이라고 할 수 있을 것이다). 최종적으로 네빌은 3만 6423표(50.3%)를, 2위인 도론은 3만 5933표(49.7%)를 얻었다.

대안투표제가 단순다수제와는 상당히 다른 결과를 가져온다는 것을 보여주는 또 다른 사례는 1988년 퀸즐랜드의 블레어Blair 선거구 선거다. 당시 이 선거구에서는 폴린 핸슨Pauline Hanson의 당선이 예상되고 있었다(그녀의 극단적 정책에 반대했던 주류 정당들은 어느 정도 두려움을 가지게 된다). 단순다수제였더라면 핸슨이 당선되었을 것이다. 그녀는 1순위표에서 36%를 얻었고, 노동당의 카메론 톰슨Cameron Thomson은 1순위표에서 22%를 획득했기 때문이다. 그러나 최종적으로 당선된 후보는 톰슨이었다. 톰슨은 8번의 계산 끝에 53%를 획득함

---

* 여기서 주의할 점은 레이 피어스의 표 중에는 두 종류가 있다는 사실이다. 그가 1순위로 기재된 1139표와 신디 롤스에게서 이양받은 48표이다. 전자의 경우는 2순위에 표기된 후보에게 넘겨주지만, 후자의 경우 레이 피어스가 2순위로 표기되어 있기 때문에 이 단계에서는 3순위로 기재된 후보에게 이양하게 된다.

으로써 47%를 획득한 핸슨을 물리친 것이다.

그러나 힝클러와 블레어 선거구 사례 – 투표를 선호 순위에 따라 이양함으로써 단순다수제와는 다른 결과를 가져온 사례 – 가 대안투표제에서 일상적으로 나타나는 것은 아니다. 1970년대 이후의 경향을 분석한 빈(Bean, 1997)에 의하면, 이러한 현상은 평균적으로 전체 선거구의 약 5~10%에서만 나타나며, 따라서 국가 전체의 선거 결과에는 거의 영향을 미치지 못한다. 빈의 연구는 대안투표제가 아니라 단순다수제를 운용했더라면 실제로는 1961년과 1969년 두 선거 결과만 달라졌을 것이라는 점도 보여준다(Bean, 1986). 전후戰後 호주의 선거 추세를 검토한 다른 연구도 이것을 입증한다(Farrell and McAllister, 2006). 이 연구는 다음과 같은 사실을 보여준다. 시간이 갈수록 후보 수는 늘어나고 있지만 (부분적으로는 군소 정당의 경쟁이 심화되는 현상을 반영하는 것이다), 그리고 그에 따라 계산 단계의 수가 많아지고 있긴 하지만, 이런 현상은 선거 결과에 큰 영향을 미치지 못하고 있다. 즉, 전 계산 단계에서 후반부 계산으로 결과가 바뀌는 현상이 전체 선거 결과에 영향을 미치는 경우는 거의 없다.

3-3 절대다수제에 대한 평가

절대다수제를 평가하기 위해서는 두 가지 측면을 고려해야 한다. 첫째, 절대다수제의 '제도적 효과systemic consequences'다. 즉, 정당 득표율과 의석률의 관점에서 평가해야 한다는 것이다. 둘째, 절대다수제가 가져다주는 '전략적 효과 strategic consequences'다. 이는 정당과 유권자가 이 제도를 어떻게 이용하고 있는가라는 관점에서 평가하는 것을 의미한다.

먼저 '제도적 효과'를 살펴보자. 〈표 3-3〉과 〈표 3-4〉는 전후戰後 프랑스와 호주 선거에서의 득표율, 의석률, 그리고 이 양자 간의 차이를 보여준다(프랑스

연도	사회당[a](Socialist Party)			공산당(Communist Party)			드골주의당(Gaullists)		
	득표율	의석률	차이	득표율	의석률	차이	득표율	의석률	차이
1962	19.8	22.5	+2.7	21.9	8.8	-13.1	33.7	49.5	+15.8
1967	18.9	25.1	+6.2	22.5	15.3	-7.2	33.0	40.6	+7.6
1968	16.5	12.1	-4.4	20.0	7.0	-13.0	38.0	60.0	+22.0
1973	19.1	18.8	-0.3	21.4	15.4	-6.0	26.0	37.6	+11.6
1978	22.8	21.5	-1.3	20.6	18.1	-2.5	22.8	30.0	+7.2
1981	36.6	56.5	+19.9	16.1	9.2	-6.9	21.2	16.9	-4.3
1986[b]	31.3	35.6	+4.3	9.7	5.8	-3.9	26.8	26.3	-0.5
1988	36.6	46.8	+10.2	11.2	4.3	-6.9	19.1	22.2	+3.1
1993	19.0	10.0	-9.0	11.2	4.0	-7.2	19.7	45.0	+25.3
1997	23.5	41.8	+18.3	9.9	6.6	-3.3	15.7	23.2	+7.5
2002	25.3	24.4	-0.9	4.9	3.7	-1.2	33.4	63.3	+29.9
2007	26.1	35.5	+9.4	4.3	3.2	-1.1	40.3	54.1	+13.8

연도	프랑스 민주주의 연합 (Union For French Democracy)			국민전선 (National Front)		
	득표율	의석률	차이	득표율	의석률	차이
1978	22.0	26.2	+4.2	0.3	0	-0.3
1981	18.9	12.4	-6.5	0.2	0	-0.2
1986[b]	15.8	23.0	+7.2	9.8	6.3	-3.5
1988	19.0	23.4	+4.4	9.8	0.2	-9.6
1993	19.6	37.7	+18.1	12.7	0	-12.7
1997	14.7	18.7	+4.5	14.9	0.2	-14.7
2002	4.8	5.0	+0.2	11.1	0	-11.1
2007	7.6	0.7	-6.9	4.7	0	-4.7

주: 모든 정당을 포함하지 않았기 때문에 비율의 합은 100이 되지 않음.
　a 1962년부터 1968년까지의 급진 사회당(Radical Socialist Party)을 포함함.
　b 1986년에는 선거가 비례대표제로 실시되었음.
자료: Mackie and Rose(1991, 1997); 공식 선거 결과.

의 경우 1962년 이후 첫 번째 선거는 제5공화국에서 실시되었다). 이들 표는 제2장에
서 보았던 영국의 선거 결과와 쉽게 비교된다(〈표 2-3〉 참조). 전반적으로 단순

다수제와 두 유형의 절대다수제를 비교해보면 그 경향은 매우 유사하다고 할 수 있다. 〈표 3-3〉은 프랑스 정치체제에서 이념적으로 양 극단에 있는 정당들에게는 매우 불리한 결과가 나타나고 있음을 보여준다. 이는 중도정당에 유리한 제도적 편향성을 보여주는 것이다. 즉, 2회투표제에서는 극단적인 이념정당(보통 공산당과 국민전선) 후보들이 제외되면서 유권자들이 중도정당 쪽으로 기우는 경향이 나타난다고 할 수 있다(Elgie, 2008). 이 점에서 1997년 선거 결과는 매우 흥미롭다. 예를 들어, 국민전선은 14.9%라는 정당 역사상 가장 많은 득표를 했음에도 단 1석만을 얻었다. 3개의 주류 정당들의 경우 득표율-의석률 간 왜곡 현상이 크게 나타남으로 인해 선거에서 유리한 결과를 얻었다. 특히 사회당의 경우 의석률은 득표율보다 18%가 더 많다. 이와 같은 제도적 편향성은 일반적으로 일어나는 경향이다. 그러나 단 하나의 예외적 사례는 비례대표제를 사용했던 1986년 선거다. 이 선거에서는 득표율과 의석률 간 차이가 매우 작다. 또 군소 정당, 특히 극단주의 정당인 국민전선도 6.3%라는 의석률을 기록하고 있다.

호주의 경우, 군소 정당인 민주노동당Democratic Labor과 민주당Democrats은 1석도 얻은 적이 없다(〈표 3-4〉 참조). 몇몇 선거에서는 영국의 자유민주당이 단순다수제로 의석을 획득한 경우보다 이들 정당들이 더 많은 표를 얻고 있음에도 그렇다. 이 같은 사실은 절대다수제가 단순다수제보다 더 불공평한 선거 결과를 가져올 수 있으며, 또 실제로도 그렇다는 것을 말해준다(Farrell and McAllister, 2006). 여기서 주목할 만한 또 하나의 사례는 국민당National Party이다. 이 정당은 비교적 적은 득표를 하고 있음에도 그에 비례한 것보다 더 많은 의석을 얻고 있다. 농민의 지지를 받는 이 정당은 지지표가 지리적으로 집중되어 있기 때문이다(McAllister, 1992). 단순다수제와 마찬가지로(예를 들어 영국의 민족주의 정당들 사례가 보여주는 것과 같이) 지지표가 특정 지역에 집중되어 있는 정당의 경우, 이 제도에서는 매우 유리하다고 할 수 있다. 요컨대 절대다

<표 3-4> 호주 하원 선거(1949~2007): 득표율과 의석률 (단위: %)

연도	노동당(Labor Party)			자유당(Liberals)			농촌·국민당(Country/National)		
	득표율	의석률	차이	득표율	의석률	차이	득표율	의석률	차이
1949	46.0	38.8	-7.2	39.4	45.5	+6.1	10.9	15.7	+4.8
1951	47.6	43.0	-4.6	40.6	43.0	+2.4	9.7	14.0	+4.3
1954	50.0	47.1	-2.9	38.6	38.8	+0.2	8.5	14.1	+5.6
1955	44.6	38.5	-6.1	39.7	46.7	+7.0	7.9	14.8	+6.9
1958	42.8	36.9	-5.9	37.2	47.5	+10.3	9.3	15.6	+6.3
1961	47.9	49.2	+1.3	33.6	36.9	+3.3	8.5	13.9	+5.4
1963	45.5	41.0	-4.5	37.1	42.6	+5.5	8.9	16.4	+7.5
1966	40.0	33.3	-6.7	40.2	49.6	+9.4	9.7	16.3	+6.6
1969	47.0	47.2	+0.2	34.8	36.8	+2.0	8.6	16.0	+7.4
1972	49.6	53.6	+4.0	32.1	30.4	-1.7	9.4	16.0	+6.6
1974	49.3	52.0	+2.7	34.9	31.5	-3.4	10.8	16.5	+5.7
1975	42.8	28.4	-14.4	41.8	53.5	+11.7	11.3	18.1	+6.8
1977	39.6	30.7	-8.9	38.1	54.0	+15.9	10.0	15.3	+5.3
1980	45.1	40.8	-4.3	37.4	43.2	+5.8	8.9	16.0	+7.1
1983	49.5	60.0	+10.5	31.4	26.4	-8.0	9.2	13.6	+4.4
1984	47.5	55.4	+7.9	31.4	30.4	-4.0	10.6	14.2	+3.6
1987	45.8	58.1	+12.3	34.6	29.1	-5.5	11.5	12.8	+1.3
1990	39.4	52.7	+13.3	35.0	37.2	+2.2	8.4	9.5	+1.1
1993	44.9	54.4	+9.5	37.1	33.3	-3.8	7.2	10.9	+3.7
1996	39.2	32.4	-6.8	39.0	52.0	+13.0	8.2	12.2	+4.0
1998	40.0	44.6	+4.6	34.1	43.2	+9.1	5.3	10.8	+5.5
2001	37.8	43.3	+5.5	37.1	46.0	+8.9	5.6	8.7	+3.1
2004	37.6	40.0	+2.4	40.8	50.0	+9.2	5.9	8.0	+2.1
2007	43.4	55.3	+11.9	36.6	36.7	+0.1	5.5	6.7	+1.2

연도	민주노동당(Democratic Labor Party)			호주 민주당(Australian Democrats)		
	득표율	의석률	차이	득표율	의석률	차이
1955	5.2	0	-5.2			
1958	9.4	0	-9.4			
1961	8.7	0	-8.7			
1963	7.4	0	-7.4			
1966	7.3	0	-7.3			
1969	6.0	0	-6.0			
1972	5.2	0	-5.2			
1974	1.4	0	-1.4			
1975	1.3	0	-1.3			
1977	1.4	0	-1.4	9.4	0	-9.4
1980	0.3	0	-0.3	6.6	0	-6.6
1983				5.0	0	-5.0
1984				5.4	0	-5.4
1987				6.0	0	-6.0
1990				11.3	0	-11.3
1993				3.8	0	-3.8
1996				6.7	0	-6.7
1998				5.1	0	-5.1
2001				5.4	0	-5.4
2004				1.2	0	-1.2
2007				0.7	0	-0.7

주: 모든 정당을 포함하지 않았기 때문에 비율의 합이 100이 되지 않음.
자료: Mackerras(1996); 공식 선거 결과.

수제는 단순다수제와 같이 군소 정당에 불리한 제도인 것이다.

또한 단순다수제와 유사한 점은 절대다수제에서도 특정 정당이 비정상적인 형태로 의회 과반수를 차지할 수 있다는 사실이다. 예를 들어 〈표 3-4〉의 25회에 걸친 호주 선거 중 아홉 번의 선거(1949, 1955, 1958, 1963, 1975, 1977, 1980, 1996, 2001년)에서, 자유당Liberal Party은 노동당Labor Party보다 적은 표를 얻었음에도 더 많은 의석을 차지했다. 이런 경향은 영국 보수당이 단순다수제에서 누린 것과 매우 유사하다(〈표 2-3〉 참조). 이것은 1980년대와 1990년 초반 노동당이 호주 정치에서 지배적 지위를 누렸던 현상의 이유이기도 하다(이런 현상은 10년간 지속되다가 처음으로 득표율보다 적은 의석률을 기록한 1996년 선거로 깨졌다). 1996년부터 2004년까지의 시기에 선거제도는 다시 자유당에 유리한 방향으로 작동했다. 그리고 2007년 선거에서 극적인 반전이 일어나는데, 노동당이 43% 득표를 하고도 의석수에서는 절반이 넘는 55%를 차지하게 된 것이다.

결론적으로 말하면 절대다수제의 두 유형은 단순다수제와 매우 유사한 경향을 보여준다고 할 수 있다. 첫째, 군소 정당은 제도가 가져오는 매우 비非비례적인 결과로 인해 불리하게 된다. 둘째, 이 같은 제도적 특성은 대정당에게 유리하게 작용한다. 셋째, 지지표가 지리적으로 집중되어 있는 정당에게도 유리하게 작용한다. 호주에서는 의회 과반수를 차지한 정당이 정부를 구성하는 현상이 일반적이다. 반면 프랑스 의회National Assembly에서 한 정당이 압도적 과반수를 차지하는 예(1968년 드골주의 정부와 1981년 사회당)는 거의 없다. 그러나 프랑스에서는 일반적으로 정당 간에 안정적인 연합(중도-우파 혹은 중도-좌파)이 비교적 쉽게 만들어지기 때문에 이런 현상이 해소되는 것이다.

다음으로 절대다수제의 '전략적 효과'를 살펴보자. 이를 위해서는 두 유형의 제도를 차례로 살펴보는 것이 좋다. 앞서 본 것처럼 절대다수제의 두 유형 사이에는 중요한 차이점이 있다. 특히 기표방식에서 큰 차이가 있다. 프랑스의 2회투표제부터 보자. 두 번에 걸쳐 투표를 한다는 것은 정치체제에 큰 영향을 미친다. 이 영향에는 긍정적 요소와 부정적 요소가 있다. 학자들도 이에 대해 의견이 갈린다. 이 제도가 갖는 분명한 장점 중 하나는 단순다수제와 마찬가지로 단순하다는 것이다. 유권자들은 단순히 박스에 표시를 하거나 투표용지 중 하나를 고르면 된다. 이것은 문맹률이 높은 사회에서는 분명한 이점이 된다. 더 중요한 것은, 2회투표제가 프랑스에서 온건한 '중도 정치centrism'를 촉진하는 데 중요한 역할을 한다는 점이다. 정당들은 절대다수제가 갖는 비非비례적인 경향으로부터 최대한의 이득을 얻기 위해서 서로 협력하면서 정당연합을 형성한다(Elgie, 1997; Taagepara and Shugart, 1989). 또한 정당 조직은 응집력을 갖게 된다(Schlesinger and Schlesinger, 1990, 1995). 사르토리Giovanni Sartori는 절대다수제의 두 유형 중 절대다수-최다득표제majority-plurality에 대한 호감을 강하게 표현한 바 있다(Sartori, 1997: 65~67). 이 제도에서는 어느 후보를 2차 투표에 진출시킬지를 놓고 타협을 원하는 정당 간에 진지한 협상이 이루어진다는 것이다. 이와는 반대로 절대다수-결선투표제majority-run-off에서는 정당이 진지하게 협상에 임할 동기를 갖지 못한다. 군소 정당은 후보를 선거에 출마시켜 기존 대정당을 이기고자 한다. 이렇게 함으로써 잃을 것도 없기 때문이다. 사르토리에 따르면, 절대다수-최다득표제가 절대다수-결선투표제보다 중도 정치를 촉진하는 데 효과적이다.

절대다수제에서는 1차 투표에서 어느 후보가 과반수 득표를 한 경우를 제외하면 유권자들이 2차 투표에 참여해 투표해야 한다. 이런 사실은 다소 부정적 결과를 낳는다. 극단적인 예를 들어, 1차 투표에서 근소한 차이의 선거 결과가 나왔을 때 이는 '선거 불확실성electoral uncertainty'만을 조장할 수 있다. 이런 분위기는 자칫 잘못된 상황에서는 정치체제 안정성에 치명적 영향을 미칠 수 있다. 또한 일반적으로는 유권자들이 두 번 투표해야 하기 때문에 선거 관리 관료들, 정당, 정치인들, 그리고 유권자들이 추가적인 부담과 비용을 감수해야 한다(특히 일부 사례에서 선거 관리 관료들이 갖는 부담과 비용 때문에 2회투표제를 대안투표제로 전환하기도 했다). 유권자가 부담을 느낀다는 문제는 2차 투표에서 투표율이 낮아진다는 사실에서 분명히 나타난다. 투표율이 낮아지는 것은 유권자가 느끼는 피로감과 선택할 후보가 줄어들어 나타나는 동요 때문이라고 할 수 있다. 예를 들어 2007년 선거 2차 투표에서 무효표 수가 매우 많았다는 것은 부분적으로는 유권자들이 선택의 대상이 줄어들었다는 것에 불만을 느꼈기 때문이라고도 할 수 있다(〈표 3-1〉 참조). 피시켈라(Fisichella, 1984: 185)는 '고아가 된 유권자orphaned electorate'라는 개념을 제시한다. 이는 자신이 1차 투표에서 지지한 후보가 2차 투표에 진출하지 못한 유권자를 지칭하는 것이다. 앞서 본 바와 같이 2002년 대통령 선거는 좋은 예다. 사회당 후보였던 리오넬 조스팽이 1차 투표에서 탈락함으로써 중도좌파 유권자들은 2차 투표에서 중도우파 후보나 우파 후보 중 한 명을 선택할 수밖에 없었다. 그러나 사르토리는 피시켈라의 분석에 동의하지 않는다. 그는 2회투표제 ─ 사르토리는 '2중투표제double ballot'라고 명명했다 ─ 가 다른 선거제도보다 명백한 장점을 가지고 있다는 것을 추호도 의심하지 않았다. 그는 다음과 같이 말한다. "다른 모든 선거제도는 원 샷 제도one-shot system다. 2중투표제만이 투 샷 제도two-shot system다. 유권자는 한 발을 어둠 속에서 쏜다. 그러나 두 발을 가지고 있다면 두 번째는 밝은 햇빛 아래서 쏠 수 있다"(Sartori, 1997: 63).

얼핏 보기에 대안투표제는 여러 가지 이유로 지금까지 살펴본 어느 제도보다 공평한 제도로 보인다. 첫째, 단순다수제(그리고 때로는 절대다수-최다득표제)와는 달리, 당선자는 다른 후보들이 받은 표를 합친 것보다 더 많은 표를 얻는다. 따라서 당선자는 선거구 유권자 과반수의 지지를 누리게 되며, 이로써 선거 결과에 더 많은 정당성을 부여하게 된다. 둘째, 대안투표제에서 유권자는 누가 자신을 대표하기를 원하는지에 대해 더 많은 결정권을 가질 수 있다. 1순위로 선택한 후보가 당선되지 못하더라도 2순위 후보가 당선될 수 있다. 셋째, 투표는 하루에 실시되기 때문에 정당들이 자신의 이득을 최대화하기 위한 조작적 전술을 구사할 가능성이 없다. 즉, 1주일이나 2주일 후에 치르는 2차 선거가 없기 때문이다. 넷째, 더 근본적인 것으로 어떤 사람들은 대안투표제가 신생 민주주의 국가들에서 특히 유용한 역할을 할 수 있다고 주장한다. 이 제도가 정당들 간 '선호 교환preference swapping'과 '중도 정치'를 가능하게 함으로써 긴밀한 협력을 촉진할 수 있기 때문이라는 것이다(Horowitz, 1997; Reilly, 1997c). 만약 이것이 사실이라면, 이런 주장은 비례대표제가 조화의 정치를 촉진하는 데 가장 적절한 제도라는 학계의 일반적 주장에 대해 하나의 강력한 대안을 제시한다고 할 수 있을 것이다(예를 들어 Lijphart, 1999a; 제10장 참조).

반면 대안투표제가 지금까지 살펴본 다른 선거제도에 비해 항상 공정한 결과를 가져오는 것은 아니라는 것을 보여주는 몇 가지 이유가 있다. 예를 들어, 호주의 선거 규칙에서는 유권자가 투표용지의 모든 후보에게 기표해야 한다. 이는 호주 특유의 조건이며 다른 곳보다 호주에서 무효표가 많이 발생하는 현상의 주요 원인이다(McAllister and Makkai, 1993). 모든 후보에게 선호 순서를 표기하도록 하는 것이 '더 민주적' 결과를 낳는지는 논쟁의 여지가 있다. 왜냐하면 이것은 투표 과정에서 엄청난 부담으로 작용하기 때문이다. 그리고 정당 머신이 '투표방법 카드how-to-vote card'●를 이용해 유권자가 어떻게 선호를 표시할지에 대한 지침을 미리 제시할 수 있는 가능성을 열어 준다. 만약 선호 순서가 정당 전략가들에 의해 미리 결정된다면 선호투표의 의미는 퇴색될 것이 분명하다(Wright, 1986).

대안투표제를 사용하는 모든 나라가 선호 순위를 모두 기재할 것을 의무화하고 있는 것은 아니다. 물론 이 경우 이양이 불가능한 표가 다수 발생할 가능

● 호주 정당은 투표 당일, 소속 후보들에 대한 소개를 기재한 카드를 유권자에게 배부한다. 이 카드에는 해당 정당이 정한 순서대로 후보 소개가 되어 있기 때문에 후보에 대해 잘 알지 못하는 유권자의 경우, 투표 선택에 큰 영향을 미칠 수 있다.

성이 있고, 어떤 경우에는 당선자가 과반수 지지를 받지 못하는 경우도 발생할 수 있다. 어떤 경우든, 호주식 선거제도에서는 여전히 다수의 사표가 발생한다. 앞서 1998년 힝클러 선거구 선거에서 투표자 중 49.7%가 당선자를 지지하지 않았음을 본 바 있다. 2회투표제와 단순다수제처럼 이 제도에서도 적지 않은 수의 유권자는 대표되지 않는다고 할 수 있다.

일부 사례에서는 유권자 부담을 덜어주기 위해 대안투표제를 단순화시키는 조치들이 취해지고 있다(또한 너무 많은 비주류 후보들이 선호 순서를 아무렇게나 기재한 표라도 얻고자 출마할 수 있는 위험성을 줄이기 위해 이 같은 조치가 도입되고 있다). 이것이 바로 새 런던 시장을 '**보완투표제**supplementary vote'로 선출하게 된 이유이기도 하다. 보완투표제에서는 유권자가 제1선호와 제2선호 후보만을 표시하면 된다. 첫 번째 계산에서 1선호로 표시된 표의 과반수를 획득한 후보가 없다면 1, 2위 후보만 남겨두고 나머지 후보들은 제거한다. 그리고 제거된 후보가 얻은 투표용지를, 그 용지에 2순위로 표시된 후보에게 각각 이양한다. 이것은 같은 날에 절대다수-결선투표제를 실시하는 것과 동일한 효과를 갖는다. '영국의 발명품British invention'이라는 이름이 붙은 이 제도의 변형들도 꽤 오랫동안 여러 곳에 사용되고 있다(Reilly, 1997b). 20세기 초 미국 앨라배마 주에서 사용되었던 제도, 그리고 1892년 당시 호주 퀸즐랜드 주에서 사용된 것이 이 제도의 변형이다(Farrell and McAllister, 2006).

3-4 결어

절대다수제와 그 변형들은 비례대표제와 대립하는 선거제도 중에서는 분명히 매력 있는 제도다. 단순다수제와 마찬가지로 이 제도는 선거구 대표, 즉 한 명의 의원이 한 선거구를 대표한다는 전통을 유지하고 있다. 이 제도를 사용하는 국가 중 가장 잘 알려진 예는 호주와 프랑스(제5공화국)다. 이 두 국가는 강한 단일 정당이나 응집력 있는 정당 연합이 의회 과반수를 차지해 안정된 정부를 구성해왔다는 점에서 그 나름의 좋은 성적을 보여주고 있다. 2회투표제와 대안투표제 모두 이용하기도 쉽고 이해하기도 쉽기 때문에 유권자가 혼란스러워할 여지가 없다. 호주의 경우, 즉 유권자가 반드시 투표해야 하고 또 모든 후보자에 대해 선호를 표시해야 할 경우에는 투표에 대한 부담이 가중되기는 한다. 그러나 다른 곳에서 호주의 제도를 따를 필요는 없다.

절대다수제가 단순다수제와 긍정적 특징을 공유한다면, 동시에 부정적 특징도 공유한다고 할 수 있다. 예를 들어 이 제도에서 군소 정당은 불리하다. 특히 지지 기반이 지리적으로 집중되어 있지 않은 군소 정당의 경우에 더 불리하다. 단순다수제와 마찬가지로 절대다수제는 군소 정당과 군소 정당 지지자에게 불리한 제도다. 이러한 공정성 문제는 비례대표제로 전환할 때만이 해소될 수 있다. 그러나 다음 장에서 보는 바와 같이, 비례대표제를 도입한다고 해서 이 문제가 완벽하게 해결될 수 있는 것은 아니다.

주

1   엘지(Elgie, 2008: 122)에 의하면, 1차 투표에서 당선이 확정된 후보가 가장 많았던 선거는 1968년 선거였다. 후보 166명이 1차 투표에서 과반수 득표를 했다.
2   최소 득표율 12.5%은 1978년에 만들어진 것이다. 1962년부터 1978년 사이에는 10%였고, 1958년과 1962년 사이에는 5%였다.
3   미국의 선거개혁 운동가들은 대안투표제를 2회에 걸쳐 실시되는 결선투표제와 구분하기 위해 '즉석 결선투표제instant run-off voting'라고 부른다.

제**4**장

정당명부식 비례대표제

이 장에서는 선거제도 중 가장 일반적으로 운용되고 있는 제도 중 하나인 정당명부식 비례대표제를 살펴볼 것이다. 〈그림 1-1〉은 이 책에서 다루는 민주주의 국가들 중 1/3이 전국 선거에서 어떻게 이 제도를 운용하고 있는지를 보여줬다. 서유럽의 국가들 대부분은 오랫동안 이 제도를 사용해왔다. 예외적 사례는 영국(1인 선출 단순다수제)과 아일랜드(단기이양제), 독일(정당명부식을 혼합형 선거제도의 일부로 운용), 그리고 프랑스(절대다수제)다. 정당명부식은 다수의 라틴아메리카와 신생 아프리카 민주주의 국가에서도 사용되고 있다.

논의를 시작하기 전에 강조되어야 할 한 가지 사실이 있다. 정당명부식의 단일한 형태는 없으며, 매우 다양한 유형이 있다는 점이다. 물론 가장 큰 차이점은 정당명부식 비례대표제가 1인 선출 단순다수제와 같은 다른 제도와 혼합되어 있는 유형과 관련이 있다. 이런 이유 때문에 혼합형 선거제도는 다음 장에서 별도로 다룰 것이다.

정당명부식 비례대표제의 기본적인 원리는 간단하다. 정당은 각 선거구에서 후보 명부를 작성하게 된다. 이 명부의 규모는 선출될 의석수에 따라 다르다. 가장 기본적인 유형은 유권자가 후보가 아닌 정당에 투표하는 것이다(다양한 유형에 대해서는 4-4절을 참조). 각 정당의 득표율은 그 정당이 차지할 의석수를 결정한다. 2010년 영국 총선거 결과를 예로 들어보자. 세 주요 정당의 득표율은 다음과 같았다.

보수당	36.1%
노동당	29.0%
자유민주당	23.0%

이번에는 영국 전체를 하나의 거대한 선거구로 가정하고 비례성이 최소한으로 왜곡되는 순수한 형태의 정당명부식 비례대표제를 적용해보자. 그러면 다음과 같이 의석이 배분될 것이다.

보수당	235석(36.1%)
노동당	189석(29.0%)
자유민주당	150석(23.0%)

다음은 단순다수제로 운용된 2010년 선거의 실제 결과다. 이는 가상적으로 적용해본 정당명부식 비례대표제의 결과와는 큰 차이를 보인다.

보수당	306석(47.2%)
노동당	258석(39.8%)
자유민주당	57석(8.8%)

이것은 분명 가상적 상황이다. 그리고 실제로 이와 같이 비례성 정도가 완전히 달성된 경우는 없다. 정당명부식 비례대표제도 비례성을 왜곡시키는 특

유의 성질을 가지고 있기 때문이다. 앞으로 보겠지만, 이것은 정당명부식 비례대표제가 지방 선거구subnational constituencies나 지역regions 단위로 운용되고 있다는 사실에 그 원인이 있다. 그리고 모든 당선결정방식은 불가피하게 왜곡 효과를 가지고 있기 때문이기도 하다.

4-1절에서 여러 정당명부식 비례대표제 유형의 기원을 간단히 정리할 것이다. 다음 세 절에서는, 당선결정방식에 따른 제도들의 기술적 측면(4-2), 선거구 크기(4-3), 기표방식(4-4)을 차례로 검토할 것이다. 마지막 절(4-5)에서는 네덜란드에서 운용되고 있는 정당명부식 비례대표제 — 세계에서 가장 비례성이 높은 유형 중 하나다 — 와 제도 개선에 대한 논쟁, 그리고 정치체제에 미치는 영향에 대해 살펴볼 것이다.

4-1 정당명부식 비례대표제의 기원

여러 형태의 정당명부식 비례대표제의 기원은 네 사람과 관련 있다. 영국인 토머스 헤어, 벨기에인 빅터 동트Vitor d'Hondt, 스위스인 에드워드 하겐바흐-비숍Eduard Hagenbach-Bischoff, 그리고 앙드레 생-라게André Sainte-Laguë가 그들이다. 현대의 정당명부식 비례대표제가 가지고 있는 많은 특성들이 이 네 사람의 이름을 따서 붙여진 것이다. 그러나 이들에게 모든 공을 돌리는 것은 잘못된 것이다. 정당명부식 비례대표제의 기원은 대의민주주의의 발전, 특히 선거권 확대와 대중정당 발전과 그 시기를 같이하기 때문이다.

앞 장에서 살펴봤지만, 영국은 선거제도를 발전시킬 때부터 유럽 대륙 국가와 달랐다. 유럽 대륙 국가 대부분이 초창기에 결선투표제와 같은 절대다수제를 채택했었다. 그리고 절대다수제는 많은 경우에서 1인 선출 선거구제와 함께 운용되었다. 반면 벨기에, 룩셈부르크, 스위스는 다인 선출 선거구제였다.

덴마크, 핀란드, 스웨덴만이 이러한 중간 과정을 거치지 않고 정당명부식 비례대표제를 사용해온 국가다. 절대다수제를 채택했던 것은 의회 의원이 자신의 선거구에서 과반수 유권자의 지지 없이 당선되는 상황을 피하기 위한 것이었다. 그러나 전국적 차원에서 이 제도가 비非비례적인 결과를 초래하는 것을 막기에는 충분치 않다는 것이 곧 명백해졌다. 이에 따라 비례대표제로의 개편을 위한 선거제도 개혁이 추진되었던 것이다. 제도 개혁의 가장 초기의 움직임은 19세기 말 벨기에와 스위스에서 시작되었다. 두 사례 모두 인종적·종교적으로 분열된 사회였으며, 따라서 여러 집단이 평등하게 대표될 수 있도록 해주는 선거제도를 가지고 싶어 했던 것이다.

선거제도 개혁을 위한 압력을 행사하기 위해 여러 모임이 결성되었다. 1865년 스위스의 제네바 개혁주의자협회Association Réformiste de Genèva, 1881년 벨기에의 비례대표제 채택을 위한 개혁주의자협회Association Réformiste pour l'Adoption de la Représentation Proportionnelle가 대표적인 예다. 그리고 후자의 설립자 중 한 사람이 바로 빅터 동트였다. 이 집단들의 노력은 1885년 안트베르펜Antwerp에서 열린 회의에서 최고조에 이르렀다. 이 회의에서는 그 당시에 고안된 두 가지 선거제도의 상대적인 장점에 대한 토론이 진행되었다. 이 중 하나는 토머스 헤어가 고안한 단기이양제였고, 다른 하나는 빅터 동트가 고안한 정당명부식 비례대표제였다. 결국 동트가 제안한 정당명부식 비례대표제가 가장 적절한 방식으로 채택되었다. 단기이양제를 선호했던 영국 비례대표 소사이어티British Proportional Representation Society의 대표는 이 회의에 불참했다는 사실을 고려하면, 이는 당연한 결론이었다고 할 수 있을 것이다. 이후 1899년에 벨기에는 첫 번째로 정당명부식 비례대표제를 채택한다. 이 제도는 '동트식'으로서 벨기에인이었던 동트가 설계한 것이었다. 핀란드는 1906년 두 번째로 이 제도를 선택했고, 그다음으로 스웨덴이 1907년 이 제도를 도입했다. 1920년까지 유럽 대륙 국가들의 대부분은 선거제도를 정당명부식 비례대표제로 변경했다. 그러나 다음에서 보는 바와 같이, 이 시기부터 이야기는 좀 더 복잡해진다.

4-2 당선결정방식: 최대잔여제와 최고평균제

현재 운용되고 있는 여러 유형의 정당명부식 비례대표제는 서로 큰 차이가 있다. 이 책에서 모든 제도를 소개할 수는 없다(Carstairs, 1980; Hand et al., 1979; Lijphart, 1994a를 참조). 이 제도의 유형을 구분할 때 기본적인 기준은 다음과 같다. 하나는 뺄셈subtraction, 다른 하나는 나눗셈division으로 의석을 배분하는 것이다. 전자는 '최대잔여제largest remainder system'이며(미국에서는 해밀턴 방식이라고 불린다), 여기서는 의석 배분을 위해 기준수quota*를 사용한다. 기준수 방식은 다양하며, 가장 일반적으로 사용되는 것은 헤어 기준수Hare quota와 드룹 기준수다. 후자는 '최고평균제highest average system'로서 나눗수divisor를 사용하는 정당명부식 비례대표제를 일컫는다. 이것에는 두 가지 유형이 있다. 첫째, 현재까지 가장 많이 사용되는 '동트 방식(미국에서는 제퍼슨 방식이라고 불린다)', 그리고 둘째, 대부분의 스칸디나비아 국가들에서 쓰이는 '생-라게 방식(순수형과 수정형이 있다)'이다. 이 두 가지 유형의 정당명부식 비례대표제 간에 어떤 차이가 있는지를 알아보는 좋은 방법은 가상적 예를 활용하는 것이다.

최대잔여제를 사용하는 유럽 국가는 오스트리아, 키프로스, 덴마크(상위계층 선거구 의석 배분을 위해 사용), 그리스, 슬로바키아다. 그리고 이탈리아에서도 잠시 운용했다. 이 제도를 사용하는 또 다른 국가로는 남아프리카 공화국, 콜롬비아, 코스타리카, 그리고 체코를 들 수 있다. 이 제도의 가장 중요한 특징은 의석 배분을 위해 기준수를 사용한다는 것이다. 가장 기본적인 유형(좀 더 복잡

---

* 1석을 획득하기 위해 필요한 득표수를 의미한다.

해질 수 있지만)은 다음과 같다. 계산 과정은 두 단계다. 1단계에서는 기준수를 넘는 득표를 한 정당에 의석을 배분한다. 그리고 그 정당들이 얻은 총 득표수에서 기준수만큼을 뺀다. 2단계에서는 기준수를 뺀 결과치인 잔여 득표수가 가장 많은 정당순으로 남은 의석을 배분한다. 〈표 4-1〉은 이 같은 계산 과정을 가상적으로 보여준다. 여기서는 5명을 선출하는 선거구 선거에 5개 정당이 참가하고 있으며 총 유효표는 1000표다. 가장 일반적으로 사용되는 헤어 기준수를 이 예에서 활용해보자. 이것은 '단순 기준수simple quota'라고도 한다. 콜롬비아, 코스타리카, 마다가스카르에서 사용되며, 오스트리아, 키프로스, 에스토니아에서는 지역 단위 선거, 그리고 덴마크(그리고 예전 이탈리아)에서는 상위계층 upper tier 선거 의석 배분에 이용되고 있다(112~113쪽 참조). 헤어 기준수는 다음과 같이 구한다.

$$\text{헤어 기준수} = \frac{\text{총 유효투표수}}{\text{총 의석수}} = \frac{1000}{5} = 200$$

1단계에서는 각 정당이 얻은 표를 각 정당별로 분류한다. A당이 얻은 표 (360표)와 B당이 얻은 표(310표)는 기준수(200표)를 초과한다. 따라서 이 두 정당은 1단계에서 1석씩 배분받는다. 다음에서는 A당과 B당의 총 득표수에서 기준수만큼을 뺀다. 이제 잔여표가 많은 정당 순서는 A당 160, C당 150, D당 120, B당 110, E당 60이다. 아직 3석이 남아 있기 때문에 잔여표가 가장 많은 정당부터 차례대로 배분한다. 즉, A당 1석, C당 1석, 그리고 D당에게 1석을 배분한다. 최종적으로 A당 2석, B당, C당, 그리고 D당은 1석을 획득하게 된다.

이 사례가 보여주는 바와 같이, 최대잔여제는 비례적인 결과를 가져온다. 군소 정당의 경우 앞서 보았던 다른 제도에서보다 의석을 얻기가 용이하다. 여기서 D당은 B당 득표수의 1/3 정도밖에 얻지 못했음에도 같은 1석을 배분받았다. 따라서 최대잔여제는 군소 정당에 유리하며, 특히 '헤어 기준수'를 사용

<표 4-1> 최대잔여제 운용의 가상적 사례

정당•	1차 득표수	헤어 기준수	의석 배분	2차 잔여표 수	의석 배분	총 의석
A	360	200	1	160	1	2
B	310	200	1	110	0	1
C	150	-		150	1	1
D	120	-		120	1	1
E	60	-		60	0	0

· 총 유효투표수 = 1,000
· 의석수 = 5
· 헤어 기준수(1,000/5) = 200

했을 때는 더 유리하다고 할 수 있다. 의석 배분에서 기준수의 크기가 적을수
록 잔여표의 중요성은 감소하며, 이에 따라 군소 정당이 의석을 얻는 것이 더
어려워진다. 일반적으로 사용되는 또 다른 방식은 '드룹 기준수'다(때로는 '하겐
바흐-비숍 기준수'라고도 불린다). 이 방식은 슬로바키아, 슬로베니아, 남아프리
카 공화국에서 사용되고 있으며, 단기이양제에서도 중요한 역할을 한다(제6장
178쪽 참조). 계산 방식은 총 의석수에 1을 더한 값으로 총 유효투표수를 나눈
후, 그 결과 값에 1을 더하는 것이다. 이때 소수점 이하는 무시한다. 또 다른
방식은 1993년 이탈리아에서 사용하던 방식인 '임페리알리 기준수Imperiali Quota'
다. 이 방법은 총 의석수에 2를 더한 값으로 총 유효투표수를 나누는 것이다.
<표 4-1>의 사례를 이용해 세 가지 기준수를 구하면 각각 다음과 같다. 이 계
산을 보면 기준수 값이 헤어, 드룹, 임페리알리 기준수순으로 적어짐을 알 수
있다.

기준수 값이 적으면 그 값을 기준으로 배분되는 의석수가 늘어나는 반면,
잔여표를 기준으로 배분되는 의석수는 줄어들게 된다. 따라서 이 경우에는 비

• 　원문에는 Blue, Red, Orange, Green, Psychedelic이라고 되어 있으나, 편의상 A~E로 표
　시했다.

- 헤어 기준수 $= \dfrac{\text{투표수}}{\text{의석수}}$ ➡ $\dfrac{1000}{5} = 200$

- 드룹 기준수 $= \dfrac{\text{투표수}}{(\text{의석수}+1)} + 1$ ➡ $\dfrac{1000}{(5+1)} + 1 = 167$

- 임페리알리 기준수 $= \dfrac{\text{투표수}}{(\text{의석수}+2)}$ ➡ $\dfrac{1000}{5+2} = 143$

레성이 다소 낮은 결과가 나타난다. 〈표 4-1〉의 예에서 헤어 기준수 대신 임페리알리 기준수 방식으로 다시 계산하면 다른 결과가 나타난다. A당과 B당은 기준수로 배분받는 의석이 각각 2석이며 C당은 1석이다. 이것은 곧 의석 배분이 1차 계산에서 끝나는 것을 의미한다. 즉, 잔여표를 계산할 필요가 없는 것이다. 결국 A당과 B당은 각각 2석씩을, C당은 1석을 획득하지만, D당은 1석도 얻지 못한다.

최고평균제는 최대잔여제보다 훨씬 더 많이 운용되고 있다. 여기서는 기준수 방식 대신, '나눗수' 방식을 사용한다. 이 명칭은 정당에 의석을 배분하는 방식으로부터 가져왔다. 평균 득표수를 구하기 위해 연속되는 나눗수로 각 정당의 득표수를 나눈다. 각 단계에서 가장 높은 평균, 즉 '최고 평균'을 가진 정당에게 1석을 배분한다. 다음 단계에서는 2번째 나눗수로 나눈다. 의석을 모두 배분할 때까지 이 과정을 반복해 진행한다. 두 가지 유형의 나눗수 방식이 사용된다. 첫째는 '동트식'으로, 나눗수가 1, 2, 3, 4 …이다. 아르헨티나, 벨기에, 브라질, 불가리아, 체코, 핀란드, 그리스, 아이슬란드, 이스라엘, 룩셈부르크, 모잠비크, 네덜란드, 포르투갈, 스페인, 스위스, 터기, 우루과이에서 사용된다. 둘째는 수정 생-라게식modified Saint-Laguë system으로, 나눗수는 1.4, 3, 5, 7 …이며, 노르웨이, 스웨덴, 덴마크에서 사용된다.[1]

〈표 4-2〉는 가상적 예를 통해 동트식 최고평균제를 사용한 선거 결과를 보여준다(〈글상자 4-1〉에 정당명부식 비례대표제가 '실제 세계'에서 어떻게 작동하는지를

<표 4-2> 동트식 최고평균제 운용의 가상적 사례

정당	득표수	득표수/1	득표수/2	득표수/3	총 의석수
A	360	360[첫 번째 의석]	180[세 번째 의석]	120	2
B	310	310[두 번째 의석]	155[네 번째 의석]	103	2
C	150	150[다섯 번째 의석]	75		1
D	120	120			0
E	60	60			0

· 총 유효투표수 = 1,000
· 의석수 = 5

알아보기 위해 동트식 최고평균제를 사용하고 있는 핀란드 사례를 요약했다). 계산 과정은 간단하다. 첫째, 정당별로 총 득표수를 계산한다. 정당별 총 득표수를 동트식 나눗수인 1, 2, 3 등으로 차례로 나눈다. 평균값이 가장 높은 정당에 차례대로 의석을 배분하며, 이 과정은 의석을 모두 배분할 때까지 계속된다. 이 예에서는 5인 선출 선거구를 가정했으므로, 〈표 4-2〉에서 가장 높은 평균 수치 5개를 찾아내면 된다. 굵은 글자로 표시된 것이 의석 배분 순서다. 의석은 다음과 같은 순서로 배분된다.

- 첫 번째 의석   360표 → A당
- 두 번째 의석   310표 → B당
- 세 번째 의석   180표 → A당
- 네 번째 의석   155표 → B당
- 다섯 번째 의석 150표 → C당

이를 보면 단순다수제나 절대다수제보다 비례성이 더 높은 결과를 가져왔음을 알 수 있다. 군소 정당인 C당이 의석을 차지할 수 있었기 때문이다. 그러나 〈표 4-1〉의 예에서 본 최대잔여제의 결과보다는 비례성이 낮다. D

핀란드의 동트식 선거제도

단원제인 핀란드 의회는 4년 임기의 의원 200명으로 구성된다. 의원 1명을 선출하는 올란드Åland 자치 지역을 제외하면, 핀란드의 선거구 크기는 7명에서 30명까지 다양하다. 투표는 정당이 아닌 후보에게 한다. 정당명부는 개방되어 있으며, 명부에서의 후보 순위는 후보 개인이 얻은 득표수에 의해 결정된다.

〈표 4-3〉은 1991년 북카렐리아North Karelia 지역에서 의석이 어떻게 배분되었는지를 보여준다(Kuusela, 1995). 비례성이 낮은 동트식이라는 점, 그리고 선거구 크기가 작다는 점에서 예상할 수 있듯이, 대정당들이 7석 전부를 차지했다. 특히 총득표수의 40.1%를 획득한 중도선거연합Electoral Alliance of Centre, 자유당Liberal party, 그리고 기독당Christian party이 의석의 57.1%를 배분받았다(자신들의 득표율보다 17% 더 많은 의석을 차지한 것이다). 그러나 전체적으로 보면 선거 결과는 비교적 비례성이 높다고 할 수 있다. 득표율과 의석률 간 차이가 7% 이상 되는 정당이 하나도 없다.

당이 1석도 얻지 못했기 때문이다. 동트식이 정당명부식 비례대표제의 당선 결정방식에서 비례성이 가장 낮은 공식 중 하나라는 주장과 일치하는 결과다 (Lijphart, 1994a). 이 점은 제7장에서 선거제도의 비례성 문제를 다룰 때 더 논의할 것이다.

동트식을 '순수 생-라게식pure Sainte-Laguë'으로 대체하면 비례성이 더 높은 결과를 얻을 수 있다. 동트식 나눗수인 1, 2, 3, 4 …를 연속되는 홀수 나눗수인 1, 3, 5, 7 …로 대체하는 것이다. 이 순수 생-라게식은 미국에서는 웹스터 방식으로 불린다. 라이파트에 따르면, "이 방식은 비례성에 거의 근접하고 있으며, 대정당과 군소 정당을 완벽하게 동등한 형태로 취급한다"(Lijphart, 1994a: 23). 이 방식은 '지나치게 비례적인' 것으로 간주되며 거의 사용되고 있지 않다. 1990년대 뉴질랜드에서 혼합형 선거제도의 일부로서 이 방식을 채택한 적이 있었

〈표 4-3〉 동트식 최고평균제의 실제: 핀란드 1991년 선거에서의 카렐리아 선거구 사례

정당명	득표수	득표수/1	의석 배분 순서	득표수/2	의석 배분 순서	득표수/3	의석 배분 순서	득표수/4	의석 배분 순서	총 의석수	득표율 (%)	의석률 (%)	차이
선거연합 (중도당, 자유당, 기독당)	37,028	37,028	(1)	18,514	(3)	12,343	(6)	9,257	(7)	4	40.1	57.1	+17.0
사회민주당	27,721	27,721	(2)	13,861	(4)	9,240				2	30.0	58.6	-1.4
국민연립당	12,438	12,438	(5)	6,219						1	13.5	13.5	-
선거연합 (농촌당과 3개의 소정당)	6,443	6,443									7.0	0.0	-7.0
좌파연합	4,783	4,783									5.2	0.0	-5.2
녹색당	3,702	3,702									4.0	0.0	-4.0
공산주의 노동자당	104	104									0.1	0.0	-0.1
인플당	38	38									0.0	0.0	-

• 총 유효투표수 = 92,257
• 의석수 = 7

자료: Kuusela(1995).

〈표 4-4〉 수정 생 - 라게식 최고평균제 운용의 가상적 사례

정당	득표수	득표수/1.4	득표수/3	득표수/5	총 의석수
A	360	257[첫 번째 의석]	120[세 번째 의석]	72	2
B	310	221[두 번째 의석]	103[다섯 번째 의석]	62	2
C	150	107[네 번째 의석]	50		1
D	120	85			0
E	60	42			0

· 총 유효투표수 = 1,000
· 의석수 = 5

다(제5장을 참조; 라트비아에서 사용되고 있다). 실제에서는 첫 번째 나눗수인 1을 1.4로 수정했고(수정 생-라게식), 이것은 전체적인 비례성을 감소시켰다. 왜냐하면 군소 정당이 의석을 배분받기가 다소 힘들어지기 때문이다. 즉, 라이파트가 말한 바와 같이, 이 같은 수정 생-라게식은 비례성 정도에서 동트식과 순수 생-라게식의 중간 지점에 놓인다고 할 수 있다.

〈표 4-4〉는 앞서의 가상적 사례를 수정 생-라게식을 사용해 다시 계산한 결과다. 제시된 수치는 〈표 4-2〉와 동일하다. 단지 이번에는 나눗수가 1.4, 3, 5 ⋯ 이다. 다음에서 보는 바와 같이, 결과는 같지만 의석 배분 순서가 달라진다.

- 첫 번째 의석　　257표 → A당
- 두 번째 의석　　221표 → B당
- 세 번째 의석　　120표 → A당
- 네 번째 의석　　107표 → C당
- 다섯 번째 의석　103표 → B당

만약 순수 생-라게식 나눗수(1, 3, 5, ⋯)로 다시 계산한다면, 선거 결과의 비례성은 더 높아진다. 다음을 보라.

- 첫 번째 의석   360표 → A당
- 두 번째 의석   310표 → B당
- 세 번째 의석   150표 → C당
- 네 번째 의석   120표 → D당
- 다섯 번째 의석   120표 → A당

이 절에서는 정당명부식 비례대표제에서 사용하는 3가지 주요 당선결정방식을 알아봤다. 선거구 크기 효과를 고려하지 않는다면, 당선결정방식 중 가장 비례성이 높은 결과를 가져오는 공식은 헤어 기준수식 최대잔여제이며, 그다음은 생-라게식 최고평균제다. 그리고 가장 비례성이 낮은 당선결정방식은 동트식 최고평균제와 임페리알리 기준수식 최대잔여제다(Lijphart, 1986a, 1994a; 선거제도의 비례성 순위는 제7장에서 더 자세히 다룰 것이다). 그러나 실제로는 이 모든 방식이 어느 정도는 비非비례적 결과를 초래하는 특성을 내포하고 있다. 다음 절에서 보는 것처럼 이 비례성 왜곡 효과는 선거구 크기를 늘리거나, 혹은 '다계층multi-tier' 의석 배분으로 최소화할 수 있다.

또한 비非비례성은 '명부결합apparentement'을 통해 완화할 수 있다. 앞서 본 바와 같이, 정당명부식 비례대표제에서 군소 정당이 얻은 표는 사표가 될 수 있다. 즉, 의석을 배분받을 만큼의 충분한 득표를 하지 못하는 것이다. 일부 군소 정당의 경우 비교적 근소한 차이로 의석을 배분받을 기회를 놓치는 상황도 발생할 수 있다. 명부결합은 정당들이 공식적으로 각기 작성한 명부를 결합시키는 것을 말한다. 즉, 2개 이상의 정당이 하나의 연합으로 선거에 임한다는 것을 공식적으로 천명하는 상황을 일컫는다(Valen, 1994; Taagepara, 2007: 41). 투표용지는 바뀌지 않으며, 연합을 형성한 정당은 여전히 각각의 명부로 선거에 참여한다. 그러나 계산 과정에서 이 정당들의 표 중 의석 배분에 활용된 표를 제외한 남는 표spare votes를 모두 합산하게 된다. 이것은 연합을 선언한 군소 정당 중에서 한 정당이라도 의석을 추가로 획득할 가능성을 높여주게 된다. 명부결합은 주로 동트식을 사용하는 국가에서 비非비례성을 완화하기 위한 수단으로 활용되고 있다(특히 네덜란드, 이스라엘, 스위스). 과거에는 스칸디나비아 국가들(덴마크, 노르웨이, 스웨덴)에서도 활용되었던 적이 있다. 그러나 이들 국가도 수정 생-라게식으로 전환하면서 이제 사용하지 않게 되었다(Carstairs, 1980: 216~218; Grofman and Lijphart, 2002; Lijphart, 1994a: 134~137).

4-3 선거구 크기와 다계층 선거구 획정

비례성을 극대화하는 가장 좋은 방법은 국가 전체를 하나의 거대한 선거구로 만드는 것이다. 한 국가를 작은 선거구로 쪼개기 시작하면 비非비례적 요소들이 나타나기 시작한다. 모든 비례적 선거제도에서 기본적인 규칙은 다음과 같다. 즉, 선거구 크기가 클수록(즉, 한 선거구에서 선출하는 대표의 수가 많을수록) 비례성이 높아진다. 이 규칙은 제7장에서 검토될 것이기 때문에 여기서는 기본적인 내용에 대해서만 알아보자. 한 국가를 작은 선거구로 나누게 되면 계산 과정에서 낭비되는 표, 즉 사표死票가 더 많이 발생하게 된다. 앞의 가상적 예에서, 상이한 당선결정방식에 따라 E당 지지자, 그리고 때로는 D당 지지자들의 표가 의석으로 전환되지 못했음을 봤다. 만약 이런 현상이 전국에 걸쳐 재현된다면 많은 유권자가 자신이 선호하는 정당의 당선자를 낼 수 없는 상황에 처할 수도 있다. 따라서 전체적으로 보면, 선거 결과는 비非비례적인 것이 된다.

선거구 크기가 커지면 선거 결과의 비례성이 높아질 수 있다. 비례성의 관점에서만 볼 때, 이상적인 상황은 전체 국가를 하나의 선거구로 만드는 것이다. 이스라엘, 네덜란드, 슬로바키아가 이런 경우다. 이스라엘 의회Knesset는 전체 120명 의원을 전국을 하나의 단위로 하는 선거구에서 선출한다. 이론적으로는 당선을 위해서 총 유효표의 1/120 혹은 득표율 0.83%를 획득하기만 하면 된다. 그러나 다음과 같은 두 가지 요소가 이 같은 '완전한' 비례성을 일정 정도 감소시킨다. 하나는 당선결정방식이 동트식(정당명부식 비례대표제에서 비례성이 가장 낮은 방식)이라는 점, 그리고 다른 하나는 의석을 배분받기 위해서 정당은 최소한 총 투표수의 2% 이상 득표해야 한다는 조건이다. 네덜란드의 경우는 거의 결점이 없는 비례성에 가깝다. 전국을 하나의 단위로 한 정당 득표율을 계산해 하원Tweede Kamer의 150명 의원 전원을 선출하기 때문이다(슬로바키아 하원 의원 총수도 150명이다). 한 후보가 당선되기 위해서는 총 유효투표수의 1/150 혹은 0.67% 득표만 하면 된다. 특정 정당의 경우 투표율에 따라서는 6만 표 이하를 얻고도 의석을 배분받을 수 있다는 것이다. 실제로는 더 적은 득표율로도 의석을 차지할 수 있다. 이러한 가능성을 방지하기 위해, 의석 배분 자격의 최소 조건인 0.67% 이상을 득표하도록 하고 있다(1998년 이 비율에 따른 표수는 5만 7361표였다.)

전국을 하나의 단위로 선출한 대표가 갖는 문제점은 유권자와 대표의 접촉을 어렵게 한다는 것이다. 특정 선거구를 대표하는 정치인이라는 것이 존재하지 않기 때문이다. 이 경우 의원(출생지, 혹은 거주지 관점에서)의 지리적 위치는 도시 지역, 인구가 많은 지역에 집중되어 있을 위험성이 있다. 이로 인해 인구의 많은 부분은 대표되지 못하게 된다. 한 가지 해결책은 정당이 지역 단위로 정당명부를 만드는 것이다(이것이 네덜란드식이다). 어느 정당이 몇 석을 배분받을지는 전국 득표율로 결정하지만, 적어도 당선되는 후보들은 전국에 걸쳐 분산되도록 하는 것이다.

실제에서 더 일반적으로 사용되는 방식은 전국을 여러 개의 지역, 혹은 여러 선거구로 나누는 것이다. 그러나 이것은 1인 선출 단순다수제에서의 선거구와는 다른 형태다. 어떤 경우든 비례대표제에서의 지역이나 선거구는 단순다수제의 선거구보다 크기가 크다(한 선거구에서 더 많은 의원을 선출한다). 때로는 비교도 안 될 정도로 큰 경우도 있다. 라이파트의 연구에 따르면, 가장 작은 선거구의 평균은 그리스의 5인 선출 선거구이며, 가장 큰 선거구는 24명을 선출하는 포르투갈 선거구다. 따라서 이 같은 선거제도에 의해 선출된 의원들은 영국에서 생각하는 '선거구를 대표하는 정치인'이라고 부르기는 어렵다고 할 수 있다. 비례대표제에서 유권자는 후보가 아닌 정당에 투표하며, 따라서 투표 과정에서 선거구를 대표하는 의원을 선출한다는 인식이 크게 작용하지 않기 때문이다(Katz, 1980; Farrell and Scully, 2007; 또한 이후 기표방식에 대한 토론을 참조).

선거구 크기를 늘리지 않고서도 선거제도의 비례성을 보강시키는 방법이 있다. '다多계층 선거구획정multi-tier districting' 방식이 그것이다. 총 의석 중 일정 수를 상위계층, 혹은 더 넓은 지역, 혹은 전국을 하나의 단위로 하는 득표율로 결정해 배분하는 방식이다(호주와 헝가리는 3개의 계층을 가지고 있다).* 이 같은 다계층 방식은 선거구 단위에서 발생하는 득표율과 의석률 간의 불일치 현상을 해소하고 비례성을 높이는 효과를 가져온다. 기본적 취지는 다음과 같다. 즉, 첫 번째 계층에서 의석 배분에 반영되지 않은 사표 혹은 잔여표를 모두 합해 두 번째 계층(혹은 세 번째 계층)에서의 의석 배분에 활용하자는 것이다. 최대잔여제 혹은 수정 생-라게식 최고평균제를 운용하고 있는 모든 국가가 이 방식을 사용한다. 동트식이 가장 비非비례적 방식이라는 점에서, 동트식을 사용하는 국가들도 두 번째 계층을 통해 일부 의석을 배분하고 있다(덴마크는 예외다).

---

* 한국의 상황을 가정하면, 시市 단위 선거구를 두고, 이보다 상위 행정 구역인 도道 단위 선거구도 동시에 둘 수 있다. 전자는 하위계층 선거구이고 후자는 상위계층 선거구로 2계층 선거구제라고 할 수 있다. 여기에 전국을 하나의 단위로 하는 선거구를 추가시킨다면 3계층 선거구가 되는 것이다.

의석 배분에는 두 가지 상이한 방식이 있다. 첫째, 최대잔여제의 경우 '잔여표 이양remainder transfer' 방식이 있고, 둘째, 수정 생-라게식 최고평균제의 경우는 '보정 의석adjustment-seats' 방식이 그것이다(Lijphart, 1994a: 32). '보정 의석' 방식은 전체 의석 중 일정 비율을 남겨두고, 특정 정당이 선거구에서 얻은 의석에서 부족분이 있다면 그것을 보충해주는 데 사용하는 것이다(Gallagher et al., 2006: 355; Bowler et al., 2003 참조). 덴마크와 아이슬란드의 경우 전체 의석 중 보정 의석은 20%이며, 노르웨이와 스웨덴은 11%다. '잔여표 이양'식은 상위계층 의석 비율을 미리 정해놓지는 않지만 결과는 동일하다. 이 방식은 오스트리아와 그리스(그리고 예전 벨기에와 이탈리아)에서 사용하고 있다.

이와 같이 정당명부식 비례대표제에서도 당선결정방식과 선거구 크기가 선거 결과의 비례성에 영향을 미치기도 한다. 또한 이 제도는 제도 자체에 종종 대정당에 유리하게 작용하는 요소를 내포하고 있다고 할 수 있다. 예를 들어 대부분의 선거제도에서는 정당이 의석을 배분받을 수 있는 데 필요한 '법정 최소조건legal threshold'•이라는 것을 두고 있다. 이는 정치체제에서 아주 작고 분파적인 정당 수를 줄이기 위해 설계된 일종의 봉쇄 장치다. 가장 잘 알려진 예는 독일의 법정 최소조건이다. 독일에서는 정당이 의석을 배분받기 위해서 정당명부 투표에서 5% 이상을 득표하거나, 혹은 선거구 선거에서 3명 이상의 소속 후보가 당선되어야 한다.

법정 최소조건의 크기와 작동 방식은 매우 다양하다. 가장 낮은 최소조건은 네덜란드에서 운용되고 있는 것이다. 네덜란드에서 정당이 의석을 배분받기 위해서는 적어도 0.67% 이상 득표해야 한다. 덴마크는 2%이며 스웨덴은 4%, 폴란드는 5%다. 어떤 국가에서는 상위계층 의석 배분에서만 최소조건을 두고 있다. 이 경우 대정당의 의석을 '보충'해주거나 늘려주기 위해 활용

• 봉쇄조항이라고도 한다.

된다. 오스트리아에서는 상위계층 의석을 배분받기 위해서는 선거구에서 1석 이상을 얻거나, 혹은 전국 총 유효표의 4%를 획득하면 된다. '의석 보충' 방식에 대해 가장 논쟁이 많은 사례는 그리스가 1985년 이전에 사용한 '강화 비례대표제reinforced proportional representation'라는 제도다. 이 제도에서 정당이 상위계층 의석을 배분받기 위해서는 전국 득표율이 17% 이상 되어야 했다. 이 제한조항은 선거 결과를 대정당에 유리하도록 크게 왜곡시켰으며, 1989년 폐지되었다. 가장 정교한 최소조건 규칙 중 하나는 체코에서 사용되는 것으로 정당은 전국 득표율 5% 이상을 획득해야 한다. 그러나 정당 간 연합에 적용되는 경우 이 수치는 높아진다. 2개 정당 연합이라면 10%, 3개 정당 연합은 15%, 그리고 4개 이상 정당 연합인 경우는 20% 이상 득표해야 의석을 배분받을 수 있다.

4-4 기표방식: 폐쇄형, 가변형, 그리고 개방형 명부

기표방식은 정당명부식 비례대표제에서 특히 중요하다. 이 선거제도에서는 기본적으로 후보가 아닌 정당에 투표하기 때문에 같은 정당 후보들에게 의석을 나눠 주는 방법이 있어야 한다. 바꾸어 말하면, 일단 당선결정방식에 의해 각 정당별로 몇 개의 의석을 배분할지를 결정하고 나면, 그다음에는 어떤 의석이 어느 후보에게 돌아가는지를 결정하는 기제가 있어야 한다는 것이다. '폐쇄형 명부closed list'는 매우 단순한 방식이다. 각 정당은 지역 혹은 선거구별로 정당후보 명부를 작성하고 배분받은 의석을 명부의 순서대로 나눠 주면 된다. 예를 들어 다음과 같은 가상적 예를 들어보자. A당이 의원 7명을 선출하는 특정 지역에서 후보 7명을 선정해 다음과 같은 순위로 명부를 작성했다. 후보명 옆에 그 후보에 대한 부연설명을 추가했는데, 이를 통해 후보 순위를 정하는 기준을 추측할 수 있다.

ELECCIONES A CORTES GENERALES 1989
ELECCIONS A CORTS GENERALS 1989

DIPUTADOS
DIPUTATS

CONVERGÈNCIA
I UNIÓ

BARCELONA

Doy mi voto a la candidatura presentada por:
Dono el meu vot a la candidatura presentada per:

CONVERGENCIA I UNIO
(C. i U.)

MIQUEL ROCA i JUNYENT *(C.D.C.)*
JOSEP M.ª CULLELL i NADAL *(C.D.C.)*
JOSEP M.ª TRIAS DE BES i SERRA *(C.D.C.)*
LLIBERT CUATRECASAS i MEMBRADO *(U.D.C.)*
RAFAEL HINOJOSA i LUCENA *(C.D.C.)*
MARIA EUGÈNIA CUENCA i VALERO *(C.D.C.)*
FRANCESC HOMS i FERRET *(C.D.C.)*
JORDI CASAS i BEDOS *(U.D.C.)*
LLUIS MIQUEL RECODER i MIRALLES *(C.D.C.)*
PERE BALTÀ i LLÓPART *(C.D.C.)*
ANTONI CASANOVAS i BRUGAL *(C.D.C.)*
SANTIAGO MARTINEZ i SAURI *(U.D.C.)*
JOSEP NICOLÀS DE SALAS i MORENO *(C.D.C.)*
SARA BLASI i GUTIERREZ *(C.D.C.)*
MARCEL RIERA i BOU *(C.D.C.)*
IGNASI JOANIQUET i SIRVENT *(U.D.C.)*
LLUIS ARBOIX i PASTOR *(C.D.C.)*
JOAN GRAU i TARRUELL *(C.D.C.)*
JOSEP M.ª OLLER i BERENGUER *(C.D.C.)*
RAMON TOMÀS i RIBA *(U.D.C.)*
YOLANDA PIEDRA i MANES *(C.D.C.)*.
JOAN USART i BARREDA *(C.D.C.)*
LLUIS BERTRAN i BERTRAN *(C.D.C.)*
OLGA CAMPMANY i CASAS *(U.D.C.)*
MIQUEL SÀNCHEZ i LOPEZ *(C.D.C.)*
ANA M.ª PAREDES i RODRIGUEZ *(C.D.C.)*
JOAN MASAFRET i CADEVALL *(C.D.C.)*
MARTA VIGAS i GINESTA *(U.D.C.)*
ALFONS CASAS i GASSÓ *(C.D.C.)*
JOSEP MASSÓ i PADRÓ *(C.D.C.)*
FRANCESC XAVIER MIRET i VOISIN *(C.D.C.)*
VICTOR PEIRÓ i RIUS *(U.D.C.)*

Suplentes – *Suplents*

ANA M.ª DEL VALLE i RODRIGUEZ *(C.D.C.)*
ALBERT TUBAU i GARCIA *(C.D.C.)*
MIQUEL COLL i ALENTORN *(U.D.C.)*

- 후보 1   오랜 경력을 가진 당 활동가, 당 자금 모금 담당

- 후보 2   여성

- 후보 3   선두 기업가

- 후보 4   여성

- 후보 5   중앙당 본부 사무국 직원

- 후보 6   교사

- 후보 7   지역 자영업자의 아들

선거에서 정당이 3석을 획득한다면, 처음 1, 2, 3번 후보가 의석을 차지한다. 정당이 2석을 획득한다면, 1, 2번 후보만이 의석을 차지한다. 폐쇄형 정당명부식 비례대표제는 비교적 신생 민주주의 국가들, 특히 문맹률이 상대적으로 높은 국가들에서 일반적으로 사용되고 있다. 독일 정당명부식 비례대표제도 폐쇄형 명부를 통해 당선자를 결정하며, 1986년 프랑스 의회 선거에서도 잠깐 사용된 바 있다. 〈그림 4-1〉은 스페인의 투표용지다. 이것은 수렴·통합당Convergència i Unió Party의 투표용지이며, 후보 이름은 정당이 정한 순서대로 기재되어 있다. 이 정당에 투표하기 위해서는 이 용지를 집어서 투표함에 넣기만 하면 된다.

이 제도에서는 정당 엘리트의 권한이 크다는 사실을 쉽게 알 수 있다. 정당 엘리트는 자신들이 선호하는 후보들의 당선 가능성을 극대화하는 방식으로 명부를 작성한다. 그리고 이 제도는 어떤 정당이 여성 의원 수를 늘리고 싶을 때도 매우 유리한 방식이다. 예를 들어, '지핑zipping', 즉 한 번호씩 건너뛰면서 여성 후보를 배치시키는 방법을 활용할 수도 있다. 혹은 소수 인종 집단을 대표하는 의석 비율을 최대한 늘리고자 할 때도 그렇다. 아주 좋은 예가 남아프리카 공화국에서 인종격리정책 이후post-apartheid 처음 민주적으로 실시되었던 1994년 4월 선거다. 구체제에서는 단순다수제였으나 이를 정당명부식 비례대

〈그림 4-2〉 남아프리카 공화국의 정당명부식 비례대표제 투표용지

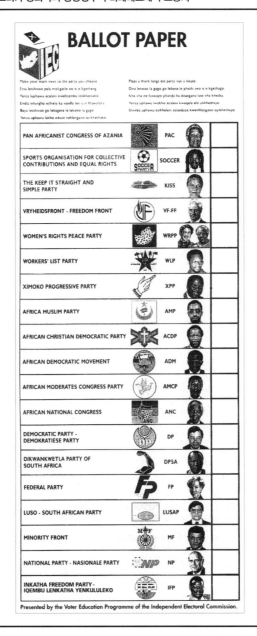

Presented by the Voter Education Programme of the Independent Electoral Commission.

표제로 대체해 선거를 치렀던 것이다. 〈그림 4-2〉가 보여주는 바와 같이, 투표 용지에는 정당 이름과 로고, 그리고 정당 지도자의 컬러 사진이 실려 있다. 유 권자에게 다음과 같이 하도록 알려준다. '당신이 선택할 정당 옆에 표시하시 오.' 즉, 이는 폐쇄형 정당명부 형태인 것이다. 레이놀즈는 "이 정당명부는 전 국적인 성격을 갖고 있으며 변경할 수 없다. 정당명부의 이런 성격으로 인해 정당은 전국적인 지지를 얻을 수 있도록 다양한 인종 집단을 대표하는 후보군 을 명부에 올릴 수 있었다"고 말한다(Reynolds, 1994: 58).

이 방식에도 단점이 있다. 개별 유권자들은 누가 자신을 대표할 것인지에 대해 전혀 영향력을 행사할 수 없다. 정당이 명부를 작성하며, 유권자가 할 수 있는 것은 자신들이 선호하는 정당이 제시한 명부를 고르는 일뿐이다. 유권자 는 정당에 가입하거나 정당 내 후보 선정 과정에 개입하는 방법 외에는, 명부 에서의 후보 순위에 대해서는 영향력을 행사할 수 없는 것이다(물론 이 같은 비 판은 단순다수제나 절대다수제에 대해서도 똑같이 적용될 수 있다).

불가피하게도 정당명부식 비례대표제에서 사용되고 있는 투표용지의 세부 적인 내용에 대한 정확하고도 최신의 정보를 얻기는 매우 어렵다(이에 대한 가 장 좋은 연구는 Katz, 1986; Marsh, 1985; Shugart, 2008 참조). 그러나 폐쇄형 명부식 비례대표제가 다른 두 유형, 즉 가변형과 개방형보다는 사용되는 곳이 적다는 것은 잘 알려진 사실이다. 〈표 4-5〉는 어느 국가가 어떠한 투표용지를 사용하 고 있는지를 보여준다. 벨기에 등에서 사용되는 가변형 명부는 유권자에게 명 부에 있는 후보 중 자신이 선호하는 후보에 대해 '후보선호 투표preference vote' 혹은 개별 '후보투표personal vote'를 할 수 있는 선택권을 부여한다. 후보의 순위 는 특정 계산 방식, 그리고 '정당명부 투표list vote'가 아닌 후보선호 투표를 한 유권자 비율에 의해 영향을 받을 수 있다. 즉, 유권자가 어떤 후보가 당선될지 에 대해 어느 정도 영향력을 행사할 수 있는 것이다.

〈그림 4-3〉은 벨기에 투표용지의 예다.[2] 벨기에의 계산 절차는 〈글상자 4-2〉

〈표 4-5〉정당명부식 비례대표제의 기표방식

구분	폐쇄형 명부식(Closed List)*	가변형 명부식(Ordered list)**	개방형 명부식(Open list)
주요 특징	정당이 후보 순위 결정	정당이 후보 순위를 정하나 유권 자도 순위에 영향을 미칠 수 있음 (정도의 차이는 있다)	유권자가 후보 순위 결정
사례	아르헨티나 콜롬비아 이스라엘 포르투갈 스페인 남아프리카 공화국 터키 우루과이	오스트리아 벨기에 체코 공화국 에스토니아 덴마크[a] 네덜란드 노르웨이 스웨덴	브라질 칠레 덴마크[a] 핀란드 페루 폴란드 스리랑카

주: a 덴마크 정당의 경우 가변형 혹은 개방형의 변형을 채택하고 있음(더 자세한 내용은 본문 참조).
자료: Gallagher et al.(2006); Särlvik(2002); Shugart(2008).

에 자세히 설명되어 있다. 요약하면 다음과 같다. 벨기에 유권자는 두 가지 중
하나를 선택할 수 있다. 한 정당에 투표하거나 혹은 1명이나 그 이상의 후보에
선호투표를 한다. 전자의 경우 정당 이름 아래 칸에 표시하며, 후자의 경우는
후보 옆 칸에 표시한다. 이론적으로는 후보 중 한 명에게 선호투표를 하면 그
후보의 순위는 올라간다. 그러나 실제로 하위 순위에 위치한 후보가 당선 가능
한 위치까지 오르려면 매우 많은 후보선호 투표를 획득해야 한다. 왜냐하면 정
당명부 투표는 명부 상위에 위치한 후보들이 얻은 선호투표에 더해지기 때문
이다. 이 때문에 상위 후보들은 하위 후보들에 비해 크게 유리하다고 할 수 있
다(Berghe, 1979). 통상적으로 정당명부 투표는 하위 순위에 있는 후보에게 분
배되기 전에 소진된다. 따라서 이례적으로 많은 후보선호 투표를 얻은 후보가
있을 경우에만 의석 배분 순서가 영향을 받게 된다. 그러나 이와 같은 경우가

---

* 구속형 명부식, 고정형 명부식, 강제구속형 명부식 등으로도 번역되고 있다.
** 단순구속형 명부식, 온건구속형 명부식 등으로도 번역된다. 여기서는 가변형 명부식이라
는 용어가 이 제도의 성격을 잘 반영하고 있다고 판단해 이 용어로 번역했다.

발생하더라도 그 영향을 받는 의석은 극소수에 지나지 않는다. 드 빈터 Lieven
De Winter에 의하면, 제1차 세계대전 이후부터 21세기 초반까지 당선된 모든
의원 중 단 1%만이 후보선호 투표에 의해 당선되었다. 후보선호 투표가 1919
년 16%에서 1999년 60%까지 증가했음에도 이런 현상이 지속되고 있는 것이
다(De Winter, 2008: 421).

벨기에의 의석 배분

벨기에는 동트식 최고평균제를 사용한다. 일단 정당별 의석 배분이 끝나면 계산의 다음 단계는 어느 후보가 당선되는가를 결정하는 것이다. 〈표 4-6〉은 어느 정당이 7명 후보로 된 명부를 작성한 가상적 상황이다. 앞서 본 것처럼, 이 정당은 '지퍼 규칙zipper rule'을 사용해 여성과 남성을 순서대로 번갈아 명부에 올리고 있다. 이 정당은 1만 표를 획득했고 그것에 기초해, 4석을 배분받았다. 만약 폐쇄형 정당명부식 비례대표제였다면 상위의 네 후보(윌슨, 애벗, 코스텔로, 톰슨)가 당선되었을 것이다. 그러나 〈그림 4-3〉에서 본 바와 같이, 벨기에 유권자들은 두 가지 중 하나를 선택할 수 있다. 즉, 정당 이름 밑의 칸에 표시함으로써 정당명부 투표를 하거나, 혹은 명부에 있는 개인 후보에게 선호를 표시하는 후보선호 투표(때로는 복수의 표)를 할 수 있다. 정당명부 투표보다 후보선호 투표를 하는 유권자의 비율이 많아질수록 명부의 하위에 있는 후보가 당선 가능한 상위 순위로 도약할 수 있는 가능성은 높아진다.

〈표 4-6〉 벨기에 정당명부식 비례대표제 선거에서의 의석 배분: 가상적 사례

후보	후보선호 투표 득표수	정당명부 투표 배분	총 득표수	당선 순위
1. 셜리 윌슨(Shirley Wilson)	1,000	1,000	2,000	2
2. 리처드 애벗(Richard Abbott)	750	500	1,250	4
3. 밀드레드 코스텔로(Mildred Costello)	600	0	600	
4. 존 톰슨(John Thompson)	1,450	0	1,450	3
5. 수잔 비버(Susan Beaver)	400	0	400	
6. 피터 캐슬(Peter Castle)	2,100	0	2,100	1
7. 수잔 리처드(Susan Richards)	700	0	700	

· 의석수 = 7(이 정당이 획득한 의석수는 4석임).
· 총 유효투표수 = 1만
· 정당명부 투표수 = 3,000 / 2 = 1,500
· 후보선호 투표수 = 7,000
· 당선 최소조건(드룹 기준수): 10,000 / (4 + 1) = 2,000
자료: Pilet(2007)에 기초해 작성.

이 가상적 상황에서는 비교적 높은 비율의 후보선호 투표(7000표 혹은 전체 유효투표의 70%)가 나타났고, 이는 흥미로운 결과를 가져온다. 계산은 여러 단계에 걸쳐 진행된다. 첫째, 한 후보가 당선되기 위한 최소조건을 정하기 위해 드룹 기준수(득표수/의석수+1) 방식을 사용한다. 여기서의 기준수는 2000표다. 각 후보가 얻은 후보선호 투표를 보자. 피터 캐슬은 후보선호 투표에서 2100표를 얻어 당선된다. 그가 정당명부에서 하위에 위치하고 있음에도 당선된 것이다.

다른 후보들의 경우, 후보선호 투표수가 기준수에 미치지 못하기 때문에 다음 단계로 진행한다. 이 단계에서는 획득한 정당명부 투표를 배분한다. 즉, 정당명부 투표는 후보들이 얻은 표를 보충하기 위해 사용된다. 정당이 정했던 1순위에 위치한 후보부터 시작해 다음 순위 후보에게로 차례대로 정당명부 투표가 모두 소진될 때까지 나눠 준다. 2002년 선거법 개정의 결과, 정당명부 투표 중 절반만 이 과정에 쓰이도록 했다(De Winter, 2008: 422). 이 예에서 1순위 후보인 셜리 윌슨은 정당명부 투표 1500표 중 1000표를 받음으로써 최소조건을 충족하게 되고, 따라서 그는 두 번째 의석을 차지하게 된다. 다음 후보인 리처드 애벗은 나머지 정당명부 투표 500표를 받으면서 최종적으로는 1250표를 획득한 것으로 된다. 이는 기준수보다는 적으나 4번째 의석을 차지하기에는 충분한 표다. 존 톰슨은 후보선호 투표에서 1450표를 얻어 세 번째 의석을 차지한다(톰슨은 명부에서 3순위인 코스텔로를 건너뛰어 의석을 차지하게 된 것이다). 따라서 이 예에서 유권자들이 행사한 후보선호 투표로 인해 당선 가능 순위 밖의 두 후보가 최종적으로는 당선되는 결과가 나온 것이다. 만약 벨기에가 폐쇄형 명부를 사용했더라면 이 중 한 명은 당선되지 못했을 것이다.

21세기 초반 이후 벨기에 선거에서 후보선호 투표에 큰 관심을 갖게 했던 두 가지 진전이 있었다. 첫째, 2002년 선거제도 개편이다. 이 개편에서 정당명부 상위후보에게 더 많은 정당명부 투표를 나눠 주는 것을 제한했다(자세한 것은 〈글상자 4-2〉 참조). 둘째, 정당은 유력한 후보들을 명부 하위에 배치하는 선거 전략을 구사해왔다. 이 방법을 통해 정당명부 투표를 더 얻을 수 있다고 생각한 것이다. 실제에서는 이들이 당선에 충분한 후보선호 투표를 얻게 된 경우, 의석을 포기하고 그것을 같은 정당의 예비후보 중 한 명에게 넘기는 현상이 일어나고 있다. 드 빈터에 의하면 2003년 선거에서 후보선호 투표는 67%에 이르렀다. 그리고 18명이 당선순위 밖에 있었으나 후보선호 투표에서 높은 득표를 함으로써 순위를 뛰어넘어 당선되었다(De Winter, 2008: 422).

가변형 정당명부식 비례대표제에서 어느 후보의 순위를 올리는지를 결정하는 규칙은 사례마다 다양하다(따라서 이 유형은 폐쇄형과 개방형보다 종류가 다양하다). 그러나 일반적으로는 어느 후보가 당선되는지에 대해 미치는 유권자의 영향력은 매우 적다고 할 수 있다(Müller, 2008; Särlvik, 2002). 네덜란드 정당들은 심지어 소속 후보들로부터 후보선호 투표에 의해 당선될 경우 이를 인정하지 않겠다는 서약을 받기도 한다(Andeweg, 2008: 494).

마지막으로, 개방형 정당명부식 비례대표제를 보자. 여기서는 어느 후보가 당선되는지를 유권자가 결정한다. 이 유형을 사용하는 사례로는 핀란드, 칠레, 그리고 1990년대 제도개혁 이전의 이탈리아를 들 수 있다. 핀란드의 정당명부는 주로 알파벳순으로 후보 이름을 기재한다. 각 정당명부를 투표소에 붙이고 유권자는 선호하는 후보 이름 옆에 있는 코드 번호를 골라 그것을 투표용지에 적는다. 라우니오Tapio Raunio가 말한 바와 같이, "이 제도는 후보선호 투표만으로 정당 내 후보의 당선 여부를 결정하기 때문에 후보 중심적 성격이 매우 강하다고 할 수 있다"(Raunio, 2008: 481).

칠레도 이와 거의 비슷한 제도를 사용하고 있다. 이탈리아에서도 1990년대 선거제도 개편 이전에 유권자의 후보선호 투표가 후보의 운명을 결정했다. 그 당시 유권자는 정당명 밑에 있는 후보 중 3~4명(선거구 크기에 따라 달라짐)의 이름이나 번호를 쓸 수 있었다. 벨기에의 사례에서는 정당명부 투표가 최초 후보 순위를 그대로 유지하는 데 큰 역할을 한다. 반면, 이탈리아에서는 후보선호 투표를 가장 많이 받은 후보가 선출되었으며, 따라서 후보선호 투표가 중요했다고 할 수 있다. 1983년 선거가 가장 생생한 사례다. 포르노 스타였던 치치올리나La Ciciollina가 매우 많은 후보선호 투표를 얻어 의회에 진출했던 것이다. 이는 그녀의 소속 정당 지도부가 볼 때도 매우 뜻밖의 사건이었다. 이 같은 이탈리아의 기표방식은 정치체제의 후견주의적clientelistic이고 분파적인 성향을 조장하는 역할을 했다. 이탈리아는 1990년대 초반 후보선호 투표를 단 1표만 행사하도록 선거법을 변경하게 된다. 1993년 정치적 스캔들을 둘러싼 소용돌이 속에서 선거제도 전체를 바꾼 것이다(제5장을 보라).

덴마크의 사례는 기표방식에 관한 뜻밖의 흥미로운 점을 보여준다. 벨기에에서 가변형 명부제와 핀란드의 개방형 명부제 중 어느 것을 사용할 것인지를 결정한 것은 좌파 정당이었다. 대부분의 정당들은 핀란드식을 선호했으나 중도좌파 정당들 - 특히 사회인민당Socialist People's Party - 은 가변형 명부제를 선호했다. 그들은 "유권자보다는 당의 구성원인 당원들이 어느 후보가 의회에서 대표 역할을 훌륭히 수행할 것인지를 더 잘 알 것"이라고 주장했던 것이다(Elklit, 2008: 466; Danish Ministry of the Interior, 1996).

룩셈부르크와 스위스는 가장 흔치 않은 기표방식을 운용하고 있으며, 이는 아마도 가장 '개방적'인 방식일 것이다(단기이양제 다음으로 개방적이라고 할 수 있다; Farrell and Scully, 2007). 〈그림 4-4〉는 스위스 투표용지다. 여기서 유권자는 의석수만큼 표를 갖게 된다(이 사례에서는 26표). 유권자에게 부여된 선택의 범위는 세 가지로 분류할 수 있다. ① 정당에 대해 1표의 '정당명부 투표'를 던진다. 이 표는 명부에 기재된 그 정당 후보 모두에게 1표씩 나눠 주도록 계산한다. ② 한 후보에게 '후보선호 투표'를 2표까지 던질 수 있다. ③ 1개 이상의 서로 다른 정당명부에 기재된 여러 후보에게 선호투표를 할 수 있다. 이 세 번째 선택 방법은 '자유배합투표panachage'라고도 한다(문자 그대로 칵테일이다). 이것은 유권자가 자신들이 원하는 만큼 여러 정당명부에 자유롭게 투표할 수 있는 방식이다(〈그림 4-4〉의 투표용지를 사용했던 스위스 어느 한 주canton에서는 약 20개의 정당명부와 그에 기재된 600명의 후보가 있었다). 마시Michael Marsh에 따르면 평균적

〈그림 4-4〉 스위스의 정당명부식 비례대표제 투표용지

Kanton Bern Wahlzettel für die Nationalratswahlen 2003		Canton de Berne Bulletin pour les élections au Conseil national 2003	Z/L:

Liste Nr. 6	Freisinnig-Demokratische Partei – Männer (FDP-Männer)	Parti radical-démocratique – Hommes (PRD-Hommes)

Kandidaten-Nr. Nº des cand.	Kandidatenname Nom des candidats et candidates	Kandidaten-Nr. Nº des cand.	Kandidatenname Nom des candidats et candidates
06.01.7	Astier Sylvain, 1975, juriste, député, Moutier	06.14.9	Käser Hans-Jürg, 1949, Stadtprasident, Grossrat, Langenthal
06.02.5	Wasserfallen Christian, 1981, Student FH, Stadtrat, Bern	06.15.7	Klopfenstein Hubert, 1955, Fürsprecher, Gemeinderat, Biel
06.03.3	Schneider-Ammann Johann N., 1952, dipl. Ing. ETH, Unternehmer, Langenthal (bisher)	06.16.5	Knecht Urs, 1952, lic. oec. HSG, Grossrat, Nidau
06.04.1	Suter Marc F., 1953, Fürsprecher und Notar, Biel (bisher)	06.17.3	Markwalder Nicolas, 1951, Fürsprecher, Muri
06.05.0	Triponez Pierre, 1943, Dr. iur; Direktor, Muri (bisher)	06.18.1	Michel Jürg, 1951, Garagist, Unternehmer, Grossrat, Lyss
06.06.8	Wasserfallen Kurt, 1947, Dr. phil. nat., Gemeinderat, Finanzdirektor der Stadt Bern, Bern (bisher)	06.19.0	Müller Philippe, 1963, Ing. ETH, Fürsprecher, Stadtrat, Bern
06.07.6	Erb Christoph, 1956, Fürsprecher, Grossrat, Bern	06.20.3	Pfister Hans-Jörg, 1946, Unternehmer Garten/Landschaftsbau, Grossrat, Zweisimmen
06.08.4	Flück Peter, 1957, dipl. Sanitärplaner, Gemeinderatspräsident, Brienz	06.21.1	Portmann Rolf, 1952, Dr. iur., Fürsprecher, Grossrat, Muri
06.09.2	Gehrig Urs, 1955, Spitaldirektor, Aeschi	06.22.0	Renggli Marc, 1955, avocat et notaire, député, Bienne
06.10.6	Glauque Beat, 1950, Gemeindepräsident, Grossrat, Ittigen	06.23.8	Rychiger Peter, 1938, Masch. ing. HTL, Grossratspräsident, Steffisburg
06.11.4	Haas Adrian, 1960, Dr. iur., Leiter PR, Bern	06.24.6	Stämpfli-Glatthard Franz, 1960, Notar und Fürsprecher, Bern
06.12.2	Hanke Thomas, 1956, Fürsprecher und Notar, Gümligen	06.25.4	Sutter Robert, 1944, dipl. Arch. HTL, Grossrat, Niederbipp
06.13.1	Hügli-Schaad Stephan, 1958, Unternehmensgründungsberater, Fürsprecher, Stadtrat, Bern	06.26.2	Sutter Ruedi, 1968, eidg. dipl. Bankfachmann, Grosshochstetten

Listenverbindung 1, 2, 3, 6, 7, 8 und 9
Unterlistenverbindung 6, 7, 8 und 9

Apparentement de listes 1, 2, 3, 6, 7, 8 et 9
Listes sous-apparentées 6, 7, 8 et 9

으로 스위스 유권자의 약 8%, 룩셈부르크 유권자의 18%가 자유배합투표를 하고 있다(Marsh, 1985: 369).

4-5 네덜란드의 정당명부식 비례대표제

지금까지 살펴본 바와 같이, 많은 국가들이 정당명부식 비례대표제와 그 변형들을 사용하고 있다. 이 절에서는 네덜란드 사례에 초점을 맞춰보자. 네덜란드는 다수의 정당이 의회 의석을 차지고 있는, 즉 비례성이 매우 높은 제도를 가지고 있다. 제7장에서 보겠지만, 네덜란드는 세계에서 가장 비례적인 제도를 채택하고 있는 국가다. 선거구 크기는 매우 크며 동트식 최고평균제를 사용한다. 실제로는 전체 국가가 하나의 선거구다. 앤디웨그Rudy B. Andeweg와 어윈Galen A. Irwin의 말처럼 "정당의 의석률은 그 정당이 획득한 득표율에 거의 비례적으로 근접하고 있다"(Andeweg and Irwin, 1993: 89). 이 선거제도의 또 다른 특징은 가변형 명부를 사용한다는 점이다. 그러나 이 형태에서는 네덜란드 유권자가 후보 순위를 결정하는 데 미칠 수 있는 영향력은 매우 적으며, 이로 인해 "어떤 후보가 정당에 의해 결정된 순위를 뛰어넘어 당선되는 사례는 거의 없다"(Andeweg, 2008: 494).

네덜란드 정치가 정치적 '조화accommodation'라는 오랜 전통을 성공적으로 만들어온 것은 바로 비례대표제를 운용해왔다는 점에 기인한다고 인식되고 있다. 그러나 이러한 사실에도 1980년대와 21세기 초반에 선거제도 개편에 관한 논쟁이 등장했다. 두 가지 중요한 쟁점이 이 논쟁에서 주목받았다. 첫째, 의회 선거구가 없기 때문에 의원과 유권자 간 연계가 부재하다는 점, 그리고 유권자가 개별 후보의 당락에 영향을 미칠 수 없다는 점이다. 1970년대에 수행된 연구들에 의하면, 네덜란드 시민들은 의원들이 지역민의 관심 사항과 연관성이 없다고 생각하고 있었다. 이 연구 중 하나는 다음과 같은 사실을 말해준다. "전국 단위에서 개별 의원과의 접촉보다는 왕실 구성원Royal Family과의 접촉이 좀더 빈번한 것으로 나타나고 있다"(Gladdish, 1991: 101). 즉, 네덜란드 유권자와 의원들은 서로 무관심한 것이다. 1980년대 수행된 의회에 관한 비교 국가 설문조사에 의하면, '집단과 개인 간의 중계 임무'에서 영국과 독일의 의원이 '높은 점수'를 받았으며, 반대로 "네덜란드에서 이런 임무는 실제로 무시되고 있다"(Gladdish, 1991: 102). 앤디웨그의 연구는 이런 사실을 뒷받침해준다. 이 연구는 네덜란드 정치인들이 다른 북유럽 국가의 정치인들보다 선거구 활동에는 거의 관심을 갖고 있지 않다는 증거를 제시하고 있다(Andeweg, 2008: 503).

네덜란드에서의 선거제도 개혁을 둘러싼 두 번째 쟁점은 정부의 안정성이다. 이 쟁점은 1960년대 새로 결성된 민주66당(Democrats66: D66)에 의해 논의의 핵심 주제로 부상했다. 이 정당은 네덜란드 선거에서는 어느 정당이 정부를 구성할지를 확정 짓는 결과를 가져오지 못해 선거 후 정부를 구성하는 데 너무 많은 시간이 소요되며, 그렇게 구성된 정부도 너무 복잡하다는 점을 강조했다. 이것은 이따금 제기되는 다음과 같은 문제와 관련이 있다고 할 수 있다. 만약 선거 결과를 통해 명확히 위임하는 것이 아니라, 선거 후 협상에 의해 정부가 구성된다면 비례대표제가 실제로 적절한 민주적 책임성을 보장하는지 여부다 (제10장 참조). 네덜란드에서는 특정 정파를 대변하는 세 개의 정당이 항상 정부를 구성하고 있었고, 이로 인해 민주66당과 같은 신생 정당들은 정부에 참여할 수 없었다. 이 때문에 선거제도 개혁에 대한 문제가 뜨거운 쟁점으로 발전된 것이다.

1967년 의회는 헌법 개정 문제를 검토하기 위해 칼스-도너 위원회Cals-Donner committee를 설립했다. 이 위원회는 네덜란드의 대통령제 채택 여부 등을 연구했다. 1969년 위원회는 보고서에서 당시 전국을 하나의 선거구로 하는 비례대표제를 12개 지역 명부에 근거한 비례대표제로 대체할 것을 제안했다(이것은 선거제도의 비례성을 크게 낮추는 것이었다). 처음에 이 제안은 노동당Labour Party의 지지를 받으면서 영향력을 갖게 되었다. 그러나 긴 논쟁 끝에 위원회 제안은 결국 1975년에 거부되었고, 그 이후로 얼마 동안은 네덜란드에서 선거제도 개혁에 관한 관심이 거의 사라진다.

네덜란드 선거제도 개편에 관한 가장 최근의 논의는 1990년대에 시작된 것이다. 이때에도 유권자에 대한 정치인의 책임성이 다시 쟁점이 되었다. 개혁의 선두에는 민주66당이 있었다. 당시 민주66당은 1994년 선거에서 승리한 '보라색 연합Purple Coalition'의 일부로서 정부에 여당으로서 참여하고 있었다. 그들은 혼합형 선거제도의 도입을 강력하게 추진했다. 그러나 의회에서의 만만치 않은 저항으로 이 쟁점은 사라지게 되었다. 그러나 민주66당은 개혁 의제를 계속해서 추진했다. 2004년 이 정당은 정당연합의 소수 파트너로서 중요한 위치에 다시 서게 되었고 개혁 문제를 재차 의제화할 수 있었다. 제안서를 작성할 임무는 민주66당으로부터 관련 장관에게 이양되었다. 그는 다소 복잡한 혼합형 선거제도를 대안으로 제시했고, 이로 인해 제도 개혁을 둘러싼 더 큰 갈등이 발생했다. 그러나 이 제안은 거의 지지(심지어 같은 당 동료들의 지지)를 받지 못했고, 결국 그는 사임하게 된다(Van der Kolk, 2007).

그러나 선거제도 개혁 쟁점은 여기서 완전히 사그라지지 않았다. 왜냐하면 민주66당이 연립 정부에서 여전히 주요한 위치를 차지하고 있었기 때문이다. 그리하여 실현가능한 선거제도 개혁 안을 검토하기 위해 시민들이 참여하는 회의체를 만들기로 합의하게 된다(이 책 제8장 249쪽 참조). 이 회의체는 수개월에 걸친 숙고 끝에 선거제도를 소폭으로 변경하는 안을 제시한다(Fournier et al., 2010). 그러나 그 이후 얼마 되지 않아 연립 정부는 붕괴되었고, 2006년 선거 결과로 민주66당은 연립 정부로부터 제외된다.

정당명부식 비례대표제는 네덜란드 정치에 큰 영향을 미치고 있다. 다수의 정당이 의회 의석을 차지하고(14개 정당까지도 의회에 진출한 적이 있다), 결과적

〈표 4-7〉 네덜란드에서의 정당 득표율과 의석률 간의 차이(1967~2006)

구분		1967	1971	1972	1977	1981	1982	1986	1989	1994	1998	2002	2003	2006
대형 정당 (평균 득표율 > 9%)	가톨릭국민당 (Catholic People's Party)	+1.5	+1.5	+0.3										
	기독민주호소당 (Christian Democratic Appeal)				+0.8	+1.2	+0.6	+1.4	+0.7	+0.5	+0.9	+0.8	+0.7	+0.8
	노동당 (Labor Party: PvdA)	+1.1	+1.4	+1.4	+1.5	+1.0	+0.9	+1.4	+0.8	+0.7	+1.0	+0.2	+0.8	+0.8
	자유당 (Liberal Party: VVD)	-0.4	+0.4	+0.3	+0.8		+0.9	+0.6	+0.1	+0.8	+0.6	+0.6	+0.8	
중형 정당 (평균 득표율 2~9%)	반혁명당 (Anti-Revolutionary Party)	+0.1	+0.1	+0.5										
	기독역사연합 (Christian Historical Union)	-0.1	+0.4	0.1										
	공산당(Communist Party)	-0.3	+0.1	+0.2	-0.4	-0.1	+0.2	-0.6						
	민주66당(D66)	+0.2	+0.5	-0.2	-0.1	+0.2	-0.3	-0.1	+0.1	+0.5	+0.3	-0.4		
	민주사회당 70 (Democratic Socialists: 70)		-	-0.1	-	-0.6								
	녹색좌파당(Green Left)								-0.1	-0.2	-	-0.3	+0.2	+0.1
	핌 포르타윈당 (List Pim Fortuyn)											+0.3	-0.3	-0.2

구분	1967	1971	1972	1977	1981	1982	1986	1989	1994	1998	2002	2003	2006
정치개혁당 (Political Reformed Party)	-	-0.3	-	-0.1	-	+0.1	+0.3	+0.1	-0.4	+0.2	-0.4	-0.2	-0.3
진보정치당 (Radical Political Party)		-0.5	-0.1	+0.3	-	-0.4	-						
사회당(Socialist Party)							-0.4	-0.4	-	-0.2	+0.1	-0.3	+0.1
중도당(Centre Party)					-0.1	-0.1	-0.4						
기독연합(Christian Union)											+0.2	-0.1	-
복음국민당 (Evangelical People's Party)				-0.5	-0.2	-0.3	-0.2						
농민당(Farmers' Party)	-0.1	-0.4	+0.1	-0.1	-0.2								
중산층당(Middle Class Party)		-0.2	-0.4										
평화사회당 (Pacifist Socialist Party)	-0.2	-0.1	-0.2	-0.2	-0.1	-0.3	-0.5						
개혁정치연맹 (Reformed Political Federation)				-0.6	+0.1	-0.2	-0.2	-0.3	+0.2	-			
개혁정치연합 (Reformed Political Union)	-0.2	-0.3	-0.5	-0.3	-0.1	-0.1	-0.3	+0.1	-	-			

소형 정당 (평균 득표율 < 2%): 복음국민당, 농민당, 중산층당, 평화사회당, 개혁정치연맹, 개혁정치연합

주: 차이 비율은 해당 정당에서 그 정당이 얻은 의석률을 뺀 값임. (+) 표시는 해당 정당의 득표율보다 의석률이 높다는 것을 의미하며, (-) 표시는 득표율보다 의석률이 높다는 것을 의미함. 대시(-) 기호는 온전한 비례성(득표율과 의석률이 같음)을 나타냄. 모든 정당을 포함하지 않았음. 비어 있는 칸은 해당 정당이 현재 존재하지 않음을 의미함.
자료: Mackie and Rose(1991, 1997); 공식 선거 결과.

으로 연립 정부와 정당 집합군의 변화가 주기적으로 그리고 일상적으로 일어난다. 〈표 4-7〉은 네덜란드 선거제도를 득표율과 의석률의 차이라는 관점에서 보여주기 위해 작성한 것이다. 정당 수가 너무 많아 이 표에서는 공간을 절약하기 위해 득표율과 의석률은 제시하지 않고 그 '차이'만을 보여주기로 했다. 정당은 세 유형 중 하나로 분류했다. 대형 정당(평균 득표율이 9% 이상), 중형 정당(2~9%), 소형 정당(2% 미만)이 그것이다. 또한 모든 정당을 포함시키지는 않았다. 대부분의 군소 정당이 일시적으로 나타났다 사라졌기 때문이다.

이 표는 네덜란드 선거 결과의 비非비례성이 매우 낮다는 것을 보여준다. 즉, 득표율과 의석률 간 차이를 나타내는 수치가 지금까지 살펴본 선거제도 중에 가장 낮다. 그럼에도 다른 선거제도와 유사한 경향도 볼 수 있다. 특히 대형 정당들의 의석률은 득표율보다 더 많다. 이와는 대조적으로 군소 정당들은 이 제도에서 크게 유리하지도 않다. 군소 정당일수록 선거제도의 비례성 왜곡 효과에 의해 영향을 받는 것이다(단순다수제와는 달리, 이 제도에서 군소 정당은 좀 더 나은 처지에 있음에도 이런 상황에 직면하고 있다).

4-6 결어

여러 형태의 정당명부식 비례대표제가 선거 공학자들에게 가장 인기가 있는 선거제도라는 사실에는 정당한 이유가 있음이 입증되고 있다. 이 제도는 분명히 정당 지도부에게 상당한 정도의 통제력을 부여한다. 특히 폐쇄형에서와 같이, 유권자가 어떤 정치인이 당선되는지에 영향을 끼치지 못하는 경우, 그리고 선거구 크기가 커서 유권자가 후보 개개인에 대해 알 수 있는 기회가 없는 경우에 그렇다. 정당명부식 비례대표제는 제도 개혁가들에게도 인기가 많다. 비례성이 매우 높고, 적어도 이론적으로는 여성이나 소수 인종 집단의 대표성을 높일 수 있는 정책을 실현할 수 있기 때문이다(제7장을 보라).

정당명부식 비례대표제의 우수성을 감안한다면, 언젠가 모든 국가가 결국 정당명부식 비례대표제를 채택하게 될 것이라는 주장은 타당해 보인다. 왜냐 하면 민주화 과정을 겪고 있는 수많은 국가들이 이 제도의 변형을 선택하고 있 으며, 아일랜드와 몰타를 제외한 유럽 국가들의 의회에서 가장 공통적으로 사 용되는 선거제도의 기초가 되고 있기 때문이다(Farrell and Scully, 2007). 또한 극 소수의 예외적 사례(1994년 이탈리아, 1988년 프랑스)를 제외하면, 이 제도를 한 번 채택한 국가는 이를 폐기하는 사례가 없기 때문이다. 꽤 많은 국가(단기이양 제 국가는 주요 예외다)가 단순다수제에서 절대다수제로, 그다음에는 정당명부 식 비례대표제로 변경했다는 사실도 이런 주장에 힘을 실어준다.

그러나 1990년대 이후 선거제도 개혁의 경향은 전적으로 새로운 모습을 보 여준다. 특히 좀 더 정교한 선거제도를 실험하는 경향을 보이는 것이다. 비례 성이라는 장점을 갖는 정당명부식 비례대표제와 대표-선거구 유권자 간의 접 촉을 가능하게 해준다는 장점을 갖는 단순다수제를 혼합하는 실험이 대표적이 다. 다음 장에서 보겠지만 이 같은 혼합형 선거제도는 갑자기 인기를 얻고 있 는 듯 보인다.

주

1   하겐바흐-비숍Hagenbach-Bischoff 방식으로 불리는 다른 변형은 1 라운드에서 최고평균제와 기준수제를 결합한 방식을 사용한다. 이것은 벨기에, 룩셈부르크, 스위스에서 사용된다. 이 절에서는 논의의 단순화를 위해, 기준수 방식을 결합하지 않은 최고평균제만을 다룰 것 이다.

2   벨기에의 사례에 대해 조언을 해준 장-베노이트 필레트Jean-Benoit Pilet 에게 감사하다. 벨기 에의 계산 방식이 사용된 실제 예는 다음에서 볼 수 있다. http://polling 2007.belgium. be/en/sen/preferred/preferred_e4211_p2921.html(2010년 7월 9일에 접속).

제5장

혼합형 선거제도

앞 장에서 여러 형태의 정당명부식 비례대표제가 가지고 있는 긍정적 측면을 살펴봤다. 정당명부식 비례대표제가 공통적으로 가지고 있는 한 가지 부정적 측면은 선거구에 기초한 직접적 대표성이 부재하다는 것이다. 이것은 단순다수제와 절대다수제를 지지하는 많은 사람들이 이 제도에 대해 우려하고 있는 점이기도 하다. 일부 사람들은 지역 정당명부로 당선된 지역 정치인, 혹은 전국 정당명부에 의해 당선된(이스라엘처럼) 전국적 정치인이 갖고 있지 않은 선거구 대표성 문제를 해결할 대안에 대해서는 큰 고민을 하고 있지 않다. 이 장에서 살펴볼 혼합형 선거제도는 이상적 대안을 제시하고 있는 듯하다. 왜냐하면 이 제도는 1인 선출 단순다수제와 비례대표제의 성격을 하나의 제도 안에 복합적으로 가지고 있기 때문이다.

이 장에서 보게 될 제도에 어울리는 이름이 무엇인지에 대해서 많은 논쟁이 있었다. 그리고 논쟁의 대부분은 이 제도를 어떻게 정의하는가의 차이점으로부터 비롯된다. 물론 이 제도는 오랫동안 단 한 국가, 즉 (서)독일과만 관련이 있었다. 이 때문에 제도의 형태는 단순했었다. 물론 그 당시에도 이 제도를 부르는 이름은 많았다. 예를 들면, '추가의석제additional member system', '보상 비례대표제compensatory proportional representation', '혼합형 비례제mixed-member proportional', '인물 중심 비례대표제personalized proportional representation', '2표제two-vote' 등으로 다양하게 불렸다(Jesse, 1988 참조).

현재는 독일뿐만 아니라 여러 국가가 '혼합형 선거제도mixed-member electoral system'라고 통칭되는 제도를 채택하고 있으며, 1990년대까지 이 제도를 채택하는 현상이 크게 늘어났다. 〈그림 1-1〉이 보여주는 바와 같이, 2010년을 기점으로 이 책에서 살펴보는 국가들 중 약 15%가 이 제도를 운용하고 있다(나중에 보겠지만 이 제도를 사용하는 국가 수는 가변적이다. 왜냐하면 부분적으로는 상이한 정의 때문이며, 또한 어느 국가는 이 제도를 포기하는 방향으로 가고 있기 때문이다).

학자들 자신이 혼합형 선거제도의 정의에 대해 합의하지 못하고 있다. 무엇을 읽었는지에 따라 서로 다른 정의에 도달할 수 있기 때문이다(예를 들어, Massicotte and Blais, 1999; *Representation*, 1996; Shugart and Wattenberg, 2001a). 따라서 모두가 받아들일 만한 정의에 기초해 논의를 진전시키는 것이 어렵다. 마시코트와 블레이스André Blais는 이 제도를 다음과 같이 정의한다. "단일 조직체 선거를 위해 복수의 당선결정방식(단순다수제와 비례대표제, 혹은 절대다수제와 비례대표제)을 조합한 것이다"(Massicotte and Blais, 1999: 345). 그러나 슈가트 Matthew S. Shugart와 와텐버그Martin P. Wattenberg는 이런 정의가 지나치게 광범위하다고 주장한다. 특정 국가가 한 지역에서는 비례대표제를, 그리고 다른 지역에서는 단순다수제나 절대다수제를 사용하는 사례를 포함할 수 있기 때문이다. 이들은 좀 더 협소한 의미의 정의를 선호하면서, 혼합형 선거제도를 앞 장에서 살펴본 '다계층 선거제도'의 변형으로 간주한다(112쪽 참조). 슈가트와 와텐버그가 본 이 제도의 특징은 다음과 같다. 한 계층은 정상적으로 의석을 배분하며, 즉 유권자는 후보에게 투표하고 득표수에 따라 당선자를 결정하며, 다른 계층에서는 정당명부로 의석을 배분하는 것이다(Shugart and

Wattenberg, 2001a).

가장 오랫동안 이 제도를 운용해온 국가는 독일이기 때문에 이 장 대부분은 독일 사례에 초점을 맞출 것이다. 그다음 5-3절에서 세계에서 운용되고 있는 혼합형 선거제도의 여러 변형들에 대해 알아볼 것이다. 이 변형들은 독일형과는 큰 차이가 있음을 알게 될 것이다. 어느 변형은 그 차이가 너무 크기 때문에 독일의 비례제라기보다는 '다수제majoritarian'처럼 보이기도 한다.

5-1 독일의 혼합형 선거제도

제2차 세계대전 직후, 점령국 통제로부터 벗어나 새로 수립된 독일에서는 바이마르 시기의 실수를 피해야 한다는 인식이 있었다. 특히 영국은 독일 정치체제에 너무 많은 정당이 진입함으로써 안정성을 해칠 수 있는 위험을 피하고자 했다. 동시에 선거구 대표라는 영국의 전통을 반영하는 선거제도를 도입하고 싶어 했다. 물론 제도를 설계한 주체는 최종적으로는 독일 정당들이었다. 그러나 영국은 자신들이 통제한 지역의 주州, Land 선거에서 일종의 실험을 시도했고, 이것이 제도의 형태에 큰 영향을 미치게 된다(Carstairs, 1980; Roberts, 1975). 이 제도는 전후戰後에 만들어진 발명품이라고 할 수 있다. 하지만 특정 측면에서는 '오래된 계보'를 가지고 있다는 사실에 주목할 필요가 있다(Pulzer, 1983: 104). 풀저Peter Pulzer에 따르면, 혼합 선거구제mixed district와 정당명부제는 1914년에 이미 제안된 바 있으며, "현재의 제도와 가장 유사한 형태는 1931년 보네만C. H. Bornemann에 의해 제안되었다". 사실, 독일에서 가장 먼저 알려진 혼합형 선거제도의 사례는 1906년부터 1918년까지의 뷔르템베르크Württemberg 왕국에서 찾아볼 수 있다. 즉, 이 왕국에서 운용하던 선거제도가 최초 사례라는 점에서 혼합형 선거제도는 분명 독일에서 태어났다고 할 수 있을 것이다.

1949년, 새로 수립된 연방공화국의 선거법은 의원의 60%를 1인 선출 선거구에서 단순다수제로, 40%는 정당명부 비례대표제로 선출하도록 하고 있다. 이때 정당명부는 정당이 후보 순위를 정하는 폐쇄형이었으며 주Land단위로 작성토록 했다. 그리고 최소조건도 두었다. 즉, 정당이 정당명부 의석을 얻기 위해서는 적어도 선거구 선거에서 1명을 당선시키거나, 하나의 주Land에서 5% 이상 득표를 해야 했다. 그런데 이 초기 형태는 '2표제two-vote system'가 아니었다. 유권자는 1표만을 행사했고, 이것은 그 표를 얻은 선거구 후보의 득표로, 그리고 동시에 그 후보가 소속된 정당의 득표로도 계산되었다.

1953년 개정된 선거법은 ─ 이후 소폭 수정은 있었지만 ─ 독일연방국이 그 이후로 운용해온 선거제도를 형성했다고 할 수 있다. 이때 세 가지 변화가 있었다. 첫째, '2표제'가 도입되었다. '제1투표primary vote, Erststimme'는 선거구 선거에 출마한 후보에게 행사하고, '제2투표secondary vote, Zweitstimme'는 정당명부에 행사한다. 둘째, 정당명부로 선출되는 의원 비율을 50%로 확대했다. 셋째, 법정 최소조건이 상향 조정되었다. 정당명부 의석을 배분받기 위해서는 ─ 면제조항이 있긴 하지만 ─ 전체 연방(전국)에서 5% 이상 득표하도록 개정했다. 이 최소조건 규칙은 1956년 전국 득표율 5%, 혹은 선거구에서 당선자 3인 이상으로 다시 개정되었다.

1990년 선거 전에 법정 최소조건을 한시적으로 개정했다. 연방법원은 1990년 선거가 독일 통일 직후라는 예외적인 상황에서 치러진다는 점을 감안해, 이 선거에는 5% 조항을 통일 독일의 두 지역에 개별적으로 적용해야 된다고 판결했던 것이다. 이 두 지역은 연방공화국을 형성하고 있던 서독 지역과 '독일 민주공화국'이었던 동독 지역이었다. 이 개정의 이유는 상대 지역에 적절한 파트너가 없었던 군소 정당이 불이익을 받지 않도록 하자는 것이었다. 이 개정 조항 때문에 어려움을 겪어야 했던 정당은 당내 파벌 문제로 골머리를 앓고 있던 녹색당이었다. 동독과 서독의 녹색당은 선거 전前에 통합하지 못했고, 따라서 그들이 얻은 표는 개별적으로 계산되었다. 동독의 녹색당 Grüne/Bündnis '90은 동독 지역에서 6%를 득표했으며, 이는 최소조건인 5%를 넘어서는 것이었다. 그러나 서독의 녹색당은 서독 지역에서 4.8% 득표하는 데 그침으로써, 의석을 배분받을 수 있는 조건을 충족시키지 못했다. 만약 두 정당이 선거 전에 통합했더라면 득표 합은 5%가 되었을 것이며, 따라서 동쪽 지역 득표율만을 기초해 배분받은 8석보다 훨씬 더 많은 의석(아마도 30석을 넘는 의석)을 얻었을 것이다(Boll and Poguntke, 1992). 이것은 동독 공산당 Communist Party: PDS의 경우와 대조된다. 동독 공산당은 전국 득표율에서 2.4%를 획득하는 데 그쳤다. 따라서 정상적으로는 의석을 배분받지 못했을 것이다. 그러나 동독 지역에서는 11.1%(서독 지역에서는 단 0.3%)를 획득했고, 따라서 개정된 규정으로 17석을 얻을 수 있었다.

선거제도의 세 가지 요소라는 관점에서 보면, 혼합형 선거제도와 정당명부식 비례대표제 간의 가장 중요한 차이점은 '기표방식'에 있다. 제2투표인 정당명부 투표는 제도 운영에 매우 중요한 역할을 한다(적어도 독일에서는 그렇다). 정당명부 투표는 혼합형 선거제도의 비례적인 당선결정방식과 큰 선거구 크기(한 선거구에서 많은 의원을 선출하는 것)와 함께 매우 비례성이 높은 결과를 가져오게 한다. 만약 선거 결과에 왜곡 현상이 발생한다면 그것은 대부분 5%라는 최소조건으로부터 비롯된 것이다(물론 '초과 의석제' 운용으로 인해 또 다른 왜곡 현상이 발생한다. 이에 대해서는 나중에 살펴볼 것이다). 선거구 평균 크기로 보면 독일 선거제도는 사실 특별한 점이 없다. 또한 당선결정방식에서도 그다지 다른 점이 없다. 선거구 의석은 1인 선출 단순다수제에 의해 결정되며, 정당명부 의석은 최고평균 생-라게 방식(2008년 이후)으로 배분한다. 혼합형 선거제도의 특별한 성격을 보여주는 것은 바로 기표방식과 계산규칙인 것이다.

독일 유권자는 두 유형의 의원을 선출하기 위해 2표를 행사한다. 예를 들어 2009년 선거에서 유권자는 연방 하원 Bundestag 의원 598명을 선출했다. 이 중

50%인 299명은 개별 선거구를 대표하는 의원으로 선출되었고, 나머지 50%인 299명은 주Land 단위에서 작성된 정당명부로 당선되었다(독일 선거제도의 독특한 특징인 '초과 의석'을 반영해 의원 수를 24명 더 늘려야 했다). 주목해야 할 점은 정당명부 의석 배분이 전체 하원 의원 총수에 기초해 계산된다는 사실이다(마치 비례대표제로 전체 의원을 선출하는 것과 유사하다). 유권자는 투표소에서 1개의 투표용지를 받는다. 이 용지는 〈그림 5-1〉에 있는 것과 같다. 그리고 유권자는 두 개의 칸에 표시한다. 첫 번째는 투표용지 왼쪽에 있는 선거구 출마 후보에게, 두 번째는 오른쪽에 있는 정당명부에 투표한다. 첫 번째 투표는 후보에 행사하는 것이고 두 번째 투표는 정당에 행사하는 것이다.

이 단계에서 세 가지가 강조될 필요가 있다. 첫째, 투표용지에서 두 개의 투표를 기표하는 위치를 의도적으로 만들었다는 점이다. 선거구 투표는 '제1표'라고 부른다. 이 명칭은 선거구 투표가 정당 투표보다는 중요하다는 것이 전제된 것이다. 타게페라Rein Taagepera와 슈가트가 지적하듯이, 선거구 투표가 더 중요하다는 인상을 유발하도록 의도된 것으로 이는 "심리적으로 중요하면서도 미묘한 차이를 가져온다"(Taagepera and Shugart, 1989: 130). 그러나 계산규칙을 보면 '실제 효과는 반대방향'으로 나타난다. 둘째, 독일에서의 정당명부 투표는 폐쇄형 명부에 행해진다. 독일 유권자는 정당명부에 있는 후보 순위를 결정할 영향력이 전혀 없다는 것이다(정당에 가입하거나 후보선정 과정에 참여하지 않는 한). 셋째, 1953년 이후부터 유권자가 두 표 모두 같은 정당에 행사해야 한다는 의무 조항을 없앴다. 〈그림 5-1〉의 투표용지를 보면, 유권자는 기독민주연합CDU 소속의 버나드 자고다Bernard Jagoda 옆에 X 표시를 하고, 다른 X는 자유민주당FDP 옆에 표시할 수 있다. 이것은 꽤 합리적인 투표 전략일 수 있다 (Schoen, 1999). 이 같은 '분할투표ticket-splitting'는 독일 유권자의 투표 행태에서 점점 중요한 현상이 되어가고 있다.

선거 결과 계산은 세 단계로 진행된다. 첫째, 각 선거구에서 표를 계산해 선

〈그림 5-1〉 독일의 혼합형 비례제 투표용지

Sie haben 2 Stimmen

hier 1 Stimme
für die Wahl
eines Wahlkreisabgeordneten
(Erststimme)

hier 1 Stimme
für die Wahl
einer Landesliste (Partei)
(Zweitstimme)

1	Dr. Kreutzmann, Heinz
	Parl. Staatssekretär · Sozialdemo- Borken (Hessen) · kratische Partei Kellerwaldstraße 7 **SPD** Deutschlands

2	Jagoda, Bernhard
	Obersekretär a.D. · Christlich Demo- Schwalmstadt-Treysa · kratische Union Am Weißen Stein 31 **CDU** Deutschlands

3	Wilke, Otto
	Elektromeister · Freie Diemelsee-Adorf · Demokratische Bredelarer Straße 1 **F.D.P.** Partei

4	Funk, Peter
	Werkzeugmacher · Deutsche Baunatal 6 · Kommunistische Triftweg 6 **DKP** Partei

5	Keller, Gerhard
	Zivildienstleistender · DIE GRÜNEN Frielendorf 2 Friedhofsweg 30 **GRÜNE**

	SPD	Sozialdemokratische Partei Deutschlands Leber, Matthöfer, Jahn, Frau Dr. Timm, Zander	1
	CDU	Christlich Demokratische Union Deutschlands Dr. Dregger, Zink, Dr. Schwarz- Schilling, Frau Geier, Haase	2
	F.D.P.	Freie Demokratische Partei Mischnick, von Schoeler, Hoffie, Wurbs, Dr. Prinz zu Solms-Hohensolms-Lich	3
	DKP	Deutsche Kommunistische Partei Mayer, Knopf, Frau Dr. Weber, Funk, Frau Schuster	4
	GRÜNE	DIE GRÜNEN Frau Ibbeken, Hecker, Horacek, Kerschgens, Kuhnert	5
	EAP	Europäische Arbeiterpartei Frau Liebig, Haßmann, Stalleicher Frau Kaestner, Stalla	6
	KBW	Kommunistischer Bund Westdeutschland Schmierer, Frau Monich, Frau Eckardt, Dresler, Lang	7
	NPD	Nationaldemokratische Partei Deutschlands Philipp, Brandl, Sturtz, Lauck, Bauer	8
	V	VOLKSFRONT Golz, Taufertshofer, König, Riebe, Frau Weißert	9

거구별 당선자를 결정하며, 각각의 주Land별로 정당들이 차지한 선거구 의석 총수를 구한다. 이것은 단순다수제로 결정되는 경쟁이기 때문에 각 선거구에서 50%의 득표 여부와 상관없이 가장 많은 표를 얻은 후보가 당선된다. 2009년 독일 선거 결과를 보여주는 〈표 5-1〉에서 알 수 있듯이, 이 과정은 상당히

<표 5-1> 독일의 2009년 선거 결과 (단위: 득표율과 의석률은 %)

정당	제1 (선거구) 투표			제2 (정당명부) 투표		최종 결과	
	득표율	의석수	의석률	득표율	추가 의석수	총 의석수	총 의석률
CDU	32.0	173	57.9	27.3	21	194	31.2
CSU	7.4	45	15.1	6.5	0	45	7.2
SPD	27.9	64	21.4	23.0	82	146	23.5
FDP	9.4	0	0	14.6	93	93	15.0
좌파당	11.1	16	5.4	11.9	60	76	12.2
녹색당	9.2	1	0.3	10.7	67	68	10.9
기타	3.0	0	0	6.0	0	0	0
합계		299			323	622	

주: CDU(기독민주연합: Christian Democratic Union), CSU(기독사회연합: Christian Social Union), SPD(사회민주당: Social Democrats), FDP(자유민주당: Free Democrats).
자료: 공식 선거 결과.

비非비례적인 결과를 가져온다. 대부분의 군소 정당은 1석도 얻지 못하기 때문이다(<표 5-1>에서 이런 군소 정당들은 '기타'로 분류됐다. 그러나 민주자유당FDP과 같이 중간 크기의 정당들조차도 선거구 선거에서 9.4%를 득표했음에도 당선자는 한 명도 내지 못했다). 통상적으로는 대정당인 기독민주당(기독민주연합과 기독사회연합)과 사회민주당만이 선거구 선거에서 당선자를 낼 가능성이 높다. 1957년부터 1987년까지 이런 현상이 발생했다(Pulzer, 1983: 100). 1990년 선거는 예외였다. 두 개의 소정당(자유민주당과 구舊공산당)이 선거구 선거에서 각각 1명씩 당선자를 배출했던 것이다. 이것은 주로 독일 통일로 야기된 혼란의 결과였다. 1994년 선거에서, 구舊동독 공산당 후신인 민주사회당PDS은 선거구에서 4석을 획득했고, 이로써 최소조건(선거구 당선자 3명 이상)을 통과하는 데 성공했다. 이 때문에 규칙을 더 엄격하게 만들어 공산당과 같은 정당이 이 같은 경로를 통해 연방의회에 진입하는 것을 어렵게 해야 한다는 논의가 있었다. 그러나 이것은 "더 많은 득표를 위해 노골적으로 정치적 조작을 하는 것처럼" 인식되었다(Scarrow, 2001: 66).

민주사회당은 1998년 선거에서도 선거구 선거에서 4명을 당선시켰다. 모두 동베를린 지역에 속한 선거구에서였다. 이는 지리적 타깃을 설정해 지지표를 공략하고자 했던 선거 전략이 성공했기 때문이었다. 그러나 민주사회당은 이번에 — 정당 자체의 예측과는 달리 — 정당명부 투표에서도 5.1%를 획득해 처음으로 최소조건인 5%를 넘어서게 되었다(Jeffery and Hough, 1999: 82). 하지만 2002년 연방 하원 의석수 축소와 선거구 재획정으로 좌파당으로 재창당하려던 당의 계획은 틀어지게 되었다. 〈표 5-1〉에서 보는 바와 같이, 2009년 선거에서 좌파당Left Party*은 선거구 득표율(11.1%)보다 적은 의석률(5.4%)을 기록했다. 그러나 16개 선거구에서 당선자를 냄으로써 여전히 인상적인 결과를 보여줬다. 최종적으로는 초과 의석 60개를 포함한 76석을 획득함으로써 전반적으로 득표율에 비례하는 의석을 얻었다고 할 수 있다.

혼합형 선거제도와 1인 선출 단순다수제의 또 다른 중요한 차이점은 군소 정당이 의석을 얻을 수 있는 기회를 높여주는 제2투표에 있다. 〈표 5-1〉은 모든 정당이 얻은 제2투표, 즉 정당 투표의 득표율 현황을 보여준다. 흥미로운 사실은 군소 정당이 획득한 제2투표를 합한 수치가 그들이 얻은 제1투표의 합보다 많다는 점이다(이것은 일반적으로 일어나는 현상이다). 이는 군소 정당 지지자들이 정당명부 투표인 제2투표의 중요성을 인식하면서 선거에 임했다는 것을 의미하는 것일 수도 있다(이에 대해서는 제7장에서 다시 논의할 것이다). 그러나 이 현상의 주요 동력은 의심할 바 없이 5% 최소조건 규칙이다.

의석 배분 계산은 다음과 같다. 먼저 정당 투표에서 5%를 득표하지 못하거나, 선거구에서 3인을 당선시키지 못한 정당의 표를 일단 제외한다. 그다음 생-라게 나눗수 방식을 활용해 자격을 갖춘 정당에 배분할 총 의석수를 결정

• 　2007년 6월 16일 구동독 공산당 후신인 민주사회당PSD 과 노동과 사회정의를 위한 선거대안WASG의 통합으로 창당된 정당이다.

한다(최고평균 생-라게 방식에 대해서는 106쪽 참조). 〈표 5-1〉의 마지막 두 칸이 계산 결과를 보여준다. 전체 선거에서 이 부분은 비례대표제로 운용되기 때문에 의석률이 정당 투표 득표율에 꽤 근접하고 있다(〈표 5-1〉에서 총 의석 열과 제2투표 열을 비교해보면 알 수 있다).

계산 과정에서 처음 두 단계(즉, 제1투표와 제2투표 계산)는 여러 형태의 혼합형 선거제도에서 공통적인 것이다. 차이점이 드러나는 단계는 세 번째와 마지막 단계다. 이 차이점의 성격은 5-3절에서 자세히 다루어 질 것이기 때문에 여기서는 독일 경우만 보자. 독일 선거제도의 기본적 취지는 선거 결과의 비례성이 높아야 한다는 것이다. 그리고 이를 달성하기 위해서는 대정당의 경우 선거구 선거에서는 유리할 수 있으나, 최종 결과에서도 그 같은 혜택을 누리게 해서는 안 된다는 것이다. 독일에서의 3단계 계산 원칙은, 한 정당이 정당 투표 득표율로 배분받은 의석 총수에서 그 정당이 획득한 선거구 의석 총수를 빼는 subtract 것이다(정당명부 의석은 주 단위로 배분된다는 점을 명심하라). 독일 선거제도를 때로 '추가 의석additional member' 선거제도라고 부르는 이유도 여기에 있다. 이 뺄셈을 통해 각 정당이 얻게 될 초과 의석수를 결정하기 때문이다.

마지막 계산 단계를 알아보기 전에, 정당명부 의석으로부터 선거구 의석을 빼는 방식이 야기할 변칙성anomaly에 대해 알아볼 필요가 있다. 어떤 정당은 특정 주Land에서 정당 득표율에 비례해 배분받는 의석수보다 더 많은 선거구 의석을 획득할 수 있다. 이런 상황이 발생하면 해당 정당은 그 초과 의석(Überhangmandate, 혹은 overhang seat, surplus seat이라고도 함)을 유지할 수 있다. 그 결과 연방 하원 의원 총수는 늘어나고, 이 상태는 다음 선거까지 지속된다. 과거에는 이런 현상이 주기적으로 발생하지는 않았다. 1990년까지 초과 의석 수는 5석을 넘은 적이 없었다(1961년 선거로 기독민주연합이 이 초과 의석 5개를 모두 얻은 바 있다). 1990년 선거에서는 6석의 초과 의석이 발생했고, 모두 기독민주연합CDU에게 돌아갔다. 그 결과 기독민주연합이 차지한 최종 의석은 262석에서 268석으로 늘어났고, 1990년 독일연방의회 의원 총수도 656명에서 662명으로 늘어나게 되었다.

초과 의석이 결정적 역할을 한 것은 1994년 연방의회 선거에서였다. 이 선거에서 16개의 초과 의석이 발생했다. 사회민주당SPD이 4석을 가져갔고 12석은 기독민주연합에게 돌아갔다. 기독민주당-자유민주당 연합이 단 2석 차이로 의회 과반수를 차지하는 데 그칠 수 있었던 상황이었다. 그러나 초과 의석으로 인해 이 정당연합은 10석을 초과하는 안정된 과반수를 차지할 수 있었다. 콜Philip Cole이 말하는 것처럼, 이 결과는 '엄청난 정치적 반향'을 불러일으켰다. 특히 자유민주당FDP에게는 의미가 컸다. "만약 콜Kohl 총리 정부가 단 2석을 초과하는 과반수만을 점유했다면 그는 자유민주당을 버리고 사회민주당과 대연정Grand Coalition을 수립했을 것이다"(Cole, 1995: 10).

1998년 선거에서는 사회민주당이 초과 의석 혜택을 누렸다. 동독 지역에서의 1석을 포함해 총 13개의 초과 의석을 획득했던 것이다. 그 결과 연방 하원 의원 총수는 656명에서 669명으로 증가했다. 이때 사회민주당은 총 298석을 차지했다. 엄밀히 말해, 만약 완전한 비례적 결과였다면 285석이어야 했다(즉, 298석-13석). 사회민주당이 획득한 의석 대부분은 선거구에서 선출된 의석(212석)이었고, 86개 의석은 정당명부를 통해 추가적으로 배분받았다. 반면 다른 정당들은 이 선거에서 초과 의석 혜택을 누리지 못했다.

2005년 선거에서는 16개 초과 의석이 발생했다. 그러자 이를 둘러싼 논쟁이 다시 등장했고, 초과 의석으로 인해 비례적이어야 하는 선거제도에서 의석 배분 불일치 현상이 일어나고 있다는 불만이 점증했다. 결국 독일 헌법재판소가 움직였다. 2008년 헌법재판소는 2011년까지 이 문제를 바로잡기 위한 선거법 개정이 이뤄져야 한다고 판결했다.[1] 이 판결에서 또 다른 중요한 점은, 헌법재판소가 2009년 실시 예정인 선거에서는 초과 의석 규정을 유지해야 한다고 했던 사실이다. 이것은 기독민주연합 소속 총리인 앙겔라 메르켈Angela Merkel에게 매우 유리하게 작용했다. 기독민주연합은 2009년 선거에서 새로운 기록인 24개의 초과 의석을 획득했다(기독민주연합은 21개의 초과 의석을 얻었고, 나머지 3개는 자매 정당인 기독사회연합이 획득한 것이다). 그리하여 메르켈은 자유민주당과 함께 새로운 연립 정부를 출범시킬 수 있었다. 이는 4년 전 구성했던 사회민주당과의 대연정에 종지부를 찍는 것이었다.

5-2 독일에서의 비례성, 정당, 그리고 정치

초과 의석과 5% 최소조건 규정은 독일 선거제도의 전체적인 비례성을 감소시켰다.* 〈표 5-2〉가 보여주듯이, 1950년대 이후 독일은 그렇게 높은 비非비례성을 경험하지는 않았다. 물론 이것은 일정 정도 1989년 독일 통일이라는 중요한 사건 때문에 가능했다. 독일은 1940년대 후반과 1950년대에 나타났던 것과 유사한 선거 불안정과 변화의 시기를 거치면서(Jeffery, 1999), 혼합형 비례대표제에서 비례성이 왜곡되어 나타나는 현상을 경험하기도 한다. 그 이후 정치체제는 어느 정도 안정되었다. 2002년 의회 의원 수를 줄였고, 이를 통해 통일 이후 등장했던 군소 정당을 효과적으로 제거했기 때문이었다(Saalfeld, 2008: 218).

〈표 5-2〉에서 또 다른 흥미로운 경향을 발견할 수 있다. 그것은 각 정당의 '차이' 칸에 나타난 수치와 관련된 것이다. 거의 예외 없이 그 비율은 양(+)의 기호를 가지고 있다. 즉, 선거제도의 비非비례적 성격은 정당 크기와 상관없이

---

* 독일은 2013년 '균형 의석' 제도를 도입함으로써 초과 의석으로 인한 비례성 감소 현상을 일정 부분 해결한 것으로 평가된다. 이 책은 2011년 저술되었기에 2013년 제도 개혁에 대한 평가를 반영하지 않고 있다.

(단위: %)

〈표 5-2〉 독일 연방 의회 선거(1949~2009): 득표율과 의석률

연도	기독민주연합(CDU)			기독사회연합(CSU)			사회민주당(SPD)			자유민주당(FDP)			녹색당(Greens)		
	득표율	의석률	차이	득표율	의석률	차이	득표율	의석률	차이	득표율	의석률	차이	득표율	의석률	차이
1949	25.2	28.6	+3.4	5.8	6.0	+0.2	29.2	32.6	+3.4	11.9	12.9	+1.0			
1953	36.4	39.2	+2.8	8.8	10.7	+1.9	28.8	31.0	+2.2	9.5	9.9	+0.4			
1957	39.7	43.7	+4.0	10.5	10.7	+0.2	31.8	34.0	+2.2	7.7	8.2	+0.5			
1961	35.8	38.5	+2.7	9.6	10.0	+0.4	36.2	38.1	+1.9	12.8	13.4	+0.6			
1965	38.0	39.5	+1.5	9.6	9.9	+0.3	39.3	40.7	+1.4	9.5	9.9	+0.4			
1969	36.6	38.9	+2.3	9.5	9.9	+0.4	42.7	45.2	+2.5	5.8	6.0	+0.2			
1972	35.2	35.7	+0.5	9.7	9.7	-	45.8	46.4	+0.6	8.4	8.3	-0.1			
1976	38.0	38.3	+0.3	10.6	10.7	+0.1	42.6	43.1	+0.5	7.9	7.9	-			
1980	34.2	35.0	+0.8	10.3	10.5	+0.2	42.9	43.9	+1.0	10.6	10.7	+0.1	1.5	0.0	-1.5
1983	38.2	38.4	+0.2	10.6	10.6	-	38.2	38.8	+0.6	7.0	6.8	-0.2	5.6	5.4	-0.2
1987	34.5	35.0	+0.5	9.8	9.9	+0.1	37.0	37.4	+0.4	9.1	9.3	+0.2	8.3	8.5	+0.2
1990	36.7	40.5	+3.8	7.1	7.7	+0.6	33.5	36.1	+2.6	11.0	11.9	+0.9	5.0	1.2	-3.8
1994	34.2	36.3	+2.1	7.3	7.4	+0.1	36.4	37.5	+1.1	6.9	7.0	+0.1	7.3	7.3	-
1998	28.4	29.6	+1.2	6.7	7.0	+0.3	40.9	44.5	+3.6	6.2	6.4	+0.2	6.7	7.0	+0.3
2002	29.5	31.5	+2.0	9.0	9.6	+0.6	38.5	41.6	+3.1	7.4	7.8	+0.4	8.6	9.1	+0.5
2005	27.8	29.3	+1.5	7.4	7.5	+0.1	34.3	36.1	+1.8	9.8	9.9	+0.1	8.1	8.3	+0.2
2009	27.3	31.2	+3.9	6.5	7.2	+0.7	23.0	23.5	+0.5	14.6	15.0	+0.4	10.7	10.9	+0.2

주: 득표율은 제2투표, 즉 정당명부 득표율. 군소 정당과 기타 정당을 제외했기 때문에 비율 합이 100이 되지 않음.
자료: Mackie and Rose(1991); 공식 선거 결과.

모든 정당에 혜택을 주고 있는 것이다. 유일한 예외는 1972년과 1983년 선거에서의 자유민주당, 1980년, 1983년, 그리고 1990년 선거에서의 녹색당 경우다. 이것이 바로 5% 최소조건 규칙의 효과라고 할 수 있다. 바꿔 말하면, 이 제도에서 최소조건을 넘지 못하는 아주 작은 정당들은 당선자를 한 명도 내지 못하도록 배제되고 있으며 나머지 정당은 모두 자신들의 의석률이 소폭으로 부풀려지는 혜택을 받고 있는 것이다. 그러나 이 표가 주는 전체적인 메시지는, 5% 최소조건과 초과 의석 제도로 인한 왜곡 현상에도 비非비례성 정도는 낮다는 사실이다. 후에 다시 보겠지만 득표율과 의석률 간 차이가 아일랜드의 단기이양제 경우보다 일관되게 낮다고 할 수 있다(〈표 6-3〉을 보라).

선거제도 개혁에 관한 논의를 보면, 일반적으로 특정 제도를 운용하고 있는 국가들의 경험으로부터 단순한 결론을 도출한다. 독일의 경험으로부터 얻을 수 있는 몇몇 결론도 꽤 단순하다. 예를 들어 비례대표제임에도 소수 정당이 난립하는 현상을 초래하지 않았다는 점을 들 수 있다(Jeffery, 1999). 주목할 만한 또 다른 특징은 자유민주당이 '추의 중심pivotal'과 같은 역할을 한다는 사실이다. 〈표 5-3〉이 보여주듯이 자유민주당은 전후 거의 모든 독일 정부에 참여하고 있다. 물론 예외도 있다. 예를 들어 1957년부터 1961년까지 당시 기독민주당은 자유민주당을 필요로 하지 않을 정도로 충분한 의석을 확보하고 있었다. 그리고 1966년부터 1969년 사이에 기독민주당과 사회민주당은 '대연정'을 구성했다. 1998년부터 2002년까지는 사회민주당과 녹색당이 '적-녹red-green' 연정을 구성했다. 그리고 2005년부터 2009년 사이에 기독민주당과 사회민주당이 또 다른 대연정을 만들었다. 이와 같은 예외를 제외하면, 자유민주당은 계속해서 추의 중심 역할을 하고 있다. 특히 주목할 사실은 2010년 현재도 이들은 정부에 참여하고 있다는 것이다.

전후 (서)독일 역사에서 정부의 주인은 여러 차례 바뀌었다. 그러나 그것은 선거 결과에 의한 것이라기보다는 한 정당이 의회에서 편을 바꿨기 때문이었

〈표 5-3〉 독일 연방 정부(1949~2009)

선거	연립 정당	총리(Chancellor)
1949	CDU/CSU, FDP, DP	콘라트 아데나워(CDU)
1953	CDU/CSU, FDP(1956년까지), DP, GB/BHE(1955년까지), FVP(1956년부터)	콘라트 아데나워(CDU)
1957	CDU/CSU, DP(1960년까지)	콘라트 아데나워(CDU)
1961	CDU/CSU, FDP	콘라트 아데나워(CDU, 1963년까지) 루트비히 에르하르트(CDU)
1965	CDU/CSU, FDP(1966년까지), CDU/CSU, SPD	루트비히 에르하르트(CDU) 쿠르트-게오르크 키징거(CDU)
1969	SPD, FDP	빌리 브란트(SPD)
1972	SPD, FDP	빌리 브란트(SPD, 1974년까지) 헬무트 슈미트(SPD)
1976	SPD, FDP	헬무트 슈미트(SPD)
1980	SPD, FDP(1982년까지), CDU/CSU, FDP	헬무트 슈미트(SPD) 헬무트 콜(CDU)
1983	CDU/CSU, FDP	헬무트 콜(CDU)
1990	CDU/CSU, FDP	헬무트 콜(CDU)
1994	CDU/CSU, FDP	헬무트 콜(CDU)
1998	SPD, GP	게르하르트 슈뢰더(SPD)
2002	SPD, GP	게르하르트 슈뢰더(SPD)
2005	CDU/CSU, SPD	앙겔라 메르켈(CDU)
2009	CDU/CSU, FDP	앙겔라 메르켈(CDU)

주: CDU(기독민주연합: Christian Democratic Union), CSU(기독사회연합: Christian Social Union), SPD(사회민주당: Social Democrats), FDP(자유민주당: Free Democrats). GP(녹색당: Greens), DP(독일당: German Party), GB/BHE(난민당: Refugees Party).
자료: Jeffery(1999); *European Journal of Political Research*(연감).

고, 대부분의 경우 자유민주당이 그 중심에 있었다. 1982년 사건이 대표적인
사례다. 자유민주당이 연립대상을 헬무트 슈미트Helmut Schmidt 총리의 사회민
주당에서 헬무트 콜Helmut Kohl 총리의 기독민주당으로 바꿨던 것이다. 어떤 사
람들은 득표율이 두 자릿수도 안 되는 정당이 권력을 잡을 수 있다는 것에 반
감을 갖기도 했다. 그러나 앞서 본 바와 같이, 자유민주당이 항상 원하는 바

대로 되었던 것은 아니며 유권자가 정부의 운명에 영향을 미친 예도 있다. 예를 들어 1988년 선거에서 "독일 선거권자들은 전에 없이 활기에 차 한 표를 행사함으로써 전후 독일에서 처음으로 유권자가 이끄는 권력 교체를 이루었다"(Jeffery and Hough, 1999: 78).

혹자는 혼합형 선거제도가 몇몇 문제를 해결하는 만병통치약이라고 격찬하기도 한다. 단순다수제가 가져오는 비非비례성 문제, 그리고 비례대표제가 가지고 있는 선거구 대표성 부재라는 문제를 이 제도가 해결할 수 있다는 이유에서다. 즉, 혼합형 선거제도는 비례적인 선거 결과를 가져오는 동시에 선거구 대표성도 실현할 수 있다고 주장된다. 이 같은 주장은 두 가지 점을 가정하고 있다. 첫째, 독일의 선거구에서 선출된 의원은 영국의 선거구 선출 의원과 같은 방식으로 행동한다고 가정한다. 둘째, 선거구에서 선출된 의원이 정치체제에서 중요한 역할을 한다고 가정한다. 선거구 투표가 정당 투표보다 우월한 이른바 제1표primary vote이며 이는 정치체제가 선거구 선거에 중요성을 부여하고 있음을 의미한다는 것이다.

그러나 이것은 잘못된 주장이다. 앞서 본 것처럼 전체 의석 배분을 결정하는 데 중요한 것은 선거구 투표가 아니라 정당 투표다. 게다가 보궐 선거도 실시하지 않는다. 의원이 사임하거나 사망한 경우, 보궐 선거를 실시하지 않고 해당 지역의 정당명부에서 다음 순위 후보가 승계한다. 이런 방식은 선거구 의원과 정당명부 의원 모두에게 적용된다. 여기에는 합당한 이유가 있다. 예를 들어, 만약 정당명부 의원 승계는 명부의 다음 순위 후보가 하고 선거구 의원 승계는 보궐 선거를 통해 한다면, 이는 선거구 의석의 가치를 떨어뜨리는 것일 수도 있다. 왜냐하면 보궐 선거에서 반드시 승리하리라는 보장이 없기 때문에, 그 같은 상황에 대비해 정당이 취할 합리적인 전략은 소속 의원이 사임하거나 사망하더라도 같은 당 후보가 의원직을 승계할 수 있도록 본선거에서 정당명부 의석수를 극대화하고 선거구 의석수는 최소화하는 것이기 때문이다.

그러므로 적어도 독일 정당 관점에서 보면 두 유형의 의원 간 차이는 없다고 할 수 있다. 이 점은 정당의 선거 전략을 보더라도 알 수 있다. 예를 들어 선거구 선거에 출마한 후보들은 많은 경우 정당명부에도 이름을 올린다. 만약 그들이 선거구 선거에서 낙선한다면(실제로 기독민주연합 지도자이자 독일 총리였던 헬무트 콜이 1988년 겪었던 일이다), 정당명부 선거 결과로 배분받은 의석은 거의 확실하게 차지할 수 있다(만약 정당이 그들의 당선을 원해 명부에서 높은 순위에 위치시킨다면).[2]

이와 같이 정당 지도부는 두 유형의 의원이 같다고 생각할 수 있다. 그러나 1980년대 중반 연방 하원 의원을 대상으로 한 설문조사 결과를 보면, 선거구 의원은 자신의 역할을 정당명부 의원과는 다르다고 인식하고 있었고 선거구 이해관계에 많은 관심을 표명했다. 설문 대상자 중 대다수 의원(70%)은 "1인 선출 선거구에서 선출된 의원들이 유권자에게 더 책임성을 갖는다"라고 생각하고 있었던 것이다(Lancaster and Paterson, 1990: 466). 이 설문 조사 이후에도 독일, 뉴질랜드, 그리고 영국 지방에서 운용되고 있는 혼합형 비례제에서의 대표 역할과 의원 행태에 대한 심층적인 비교 국가 연구가 수행된 바 있다. 이 연구도 유사한 결론을 내리고 있다(Lundberg, 2007).

그러나 독일 상황에 대한 이 같은 연구 결과는 일부 바로 잡을 필요가 있다. 특히 독일 의회 의원들이 선거구 서비스에 대해 어떻게 인식하는지에 관한 내용은 더욱 그렇다. 예를 들어 로버츠Geoffrey K. Roberts가 강조한 바와 같이, 독일 의원들은 "선거구와의 관계에 대해 그렇게 민감하지 않다. 이런 민감성은 1949년 이전에는 존재하지도 않았으며, 그 이후로도 그렇게 발전하지 않았다"(Roberts, 1975: 221). 게다가 독일 유권자들은 두 가지 유형의 의원을 구별하는 데 관심이 없어 보인다. 실제로 "유권자 대부분은 자신의 선거구를 대표하는 의원 이름을 전혀 모른다"(Jesse, 1988: 113). 마지막으로 독일은 연방 국가라는 사실을 명심해야 한다. 즉, 유권자는 지역과 관련한 문제를 제기할 때 여러 지역 단위의 대표들 중 하나를 선택할 수 있다는 것이다. 이로 인해 독일의 선거구 의원의 경우, 단일한 중앙집권적 정치 체제인 영국의 의원에 비해 선거구 불만을 해결하는 데 그 역할이 적을 밖에 없다(Bogdanor, 1984: 57).

또 한 가지 중요한 것은 혼합형 선거제도의 한 부분인 단순다수제의 비非비례성은 대정당에 유리하게 작용한다는 사실이다. 민주사회당PDS과 좌파당을 예외로 하면, 군소 정당이 선거구 의석을 얻기 위해 자원을 집중해야 할 이유는 없다. 왜냐하면 군소 정당 후보가 단순다수제로 운용되는 선거구 선거에서 당선되는 것은 불가능하기 때문이다. 이 때문에 혼합형 선거제도에서 '전략적 투표strategic voting'라는 요소가 등장한다. 자유민주당은 이를 매우 성공적으로 활용해왔다.

전략적 투표의 한 유형이라고 할 수 있는 분할투표ticket-splitting는 여러 단위 선거를 동시에 실시할 경우 자주 나타나는 특징이다(미국과 호주). 또한 유권자가 정당과 상관없이 교차해 투표할 수 있는 선호투표제에서 나타나는 특징이기도 하다(아일랜드). 독일은 후자에 해당하는 예다. 왜냐하면 1953년 이후 제1투표를 특정 정당 후보에게 행사하고, 원한다면 제2투표는 다른 정당에 던질 수 있기 때문이다. 군소 정당의 경우 제2투표인 정당 투표를 통해 의석을 획득할 가능성이 더 높기 때문에 정당 투표를 획득하기 위한 선거운동에 자원을 집중하는 경향이 있다. 그리고 대부분의 경우, 제1투표는 대정당에 유리한 단순다수제로 결정되기 때문에 패배한 것으로 인식한다. 예를 들어 자유민주당은 지지자들에게 향후 '연립'으로 권력을 공유하게 될 정당 후보에게 투표하도록 독려함으로써 자신들에게 유리한 방향으로 분할투표를 활용해왔다. 자유민주당 지지자들이 제1투표인 선거구 투표를 연립 파트너 정당 후보에게 행사하도록 한 것이다. 연립 파트너 정당은 이에 대한 보답으로 자신의 지지자들에게 제2투표인 정당 투표를 자유민주당에게 던지도록 함으로써, 자유민주당이 5% 최소조건을 넘길 수 있도록 했다.

<表 5-4> 자유민주당FDP 정당명부에 투표한 유권자의 선거구 투표

선거구 투표 지지 정당	1961	1965	1969	1972	1976	1980	1983	1987
CDU/CSU	8.1	20.9	10.6	7.9	8.0	13.3	58.3	43.2
SPD	3.1	6.7	24.8	52.9	29.9	35.5	10.1	13.1
FDP	86.5	70.3	62.0	38.2	60.7	48.5	29.1	38.7

주: CDU(기독민주연합: Christian Democratic Union), CSU(기독사회연합: Christian Social Union), SPD(사회민주당: Social Democrats), FDP(자유민주당: Free Democrats).
자료: Roberts(1988).

지금까지 이러한 분할투표 현상은 증가해왔다. 1961년 분할투표 비율은 4.4% 밖에 되지 않았으나 1987년에는 13.7%까지 치솟았다. 1990년 통일 독일 선거에서는 그 수치가 15.6%까지 증가했고, 1998년 선거에서는 20%에 달했다 (Jesse, 1988; Klingemann and Wessels, 2001; Roberts, 1988). <표 5-4>는 분할투표와 연립을 형성한 정당 조합 간의 관계를 보여준다. 1969년부터 1982년까지 자유민주당은 사회민주당과 연립을 형성했다. 표가 보여주는 바와 같이, 이 시기의 모든 선거에서(특히 1972년 선거) 자유민주당 지지자 다수는 선거구 투표(제1투표)를 사회민주당 후보에게 던졌다. 반면 1983년과 1987년 선거에서 자유민주당은 기독민주당과의 연립에 참여했고, 따라서 자유민주당 지지자들의 분할투표는 대부분 기독민주당에게 유리하게 작용했다. 자유민주당과 같은 군소 정당의 일부 지지자들은 이와 같이 전략적으로 분할투표를 할 준비가 되어 있으며 또한 그럴 수 있다. 그러나 군소 정당과 연립을 형성하고 있는 대정당 지지자들이 군소 정당 지지자들의 이러한 행태를 얼마나 보답해주는지는 확실치 않다(Gschwend, 2007; Pappi and Thurner, 2002; Schoen, 1999).

5-3 혼합형 선거제도의 여러 유형

이 장 초반에 언급했듯이 독일만이 혼합형 선거제도를 채택하고 있는 것은 아니다. 다른 선진 민주주의 국가들, 즉 1994년 일본, 1993년 뉴질랜드가 이 제도를 채택했고, 이탈리아도 1993년부터 2005년까지 이 제도를 운용한 바 있다. 혼합형 선거제도는 민주화 과정에서 전 세계로 확산되었고, 특히 구소련, 중부와 동부유럽의 민주화 과정에서 많은 국가들이 선택했다. 마시코트와 블레이스(Massicotte and Blais, 1999)의 연구에 의하면, 29개 국가가 국가 단위 선거에서 이 제도를 운용하고 있고, 이는 세계 인구의 1/5에 해당하는 것이다. 슈가트와 와텐버그(Shugart and Wattenberg, 2001a)는 혼합형 선거제도를 엄격히 정의하고, 이에 기초해 1990년대 이후 이 제도를 채택해 사용하는 국가는 17개국이라고 했다. 이 두 연구가 수행된 이후 일부 변화가 있었다. 몇몇 신생 민주주의 국가들이 혼합형 선거제도로 바꿨고, 동시에 다수 국가들은 이 제도를 폐기했다. 가장 두드러진 예가 이탈리아, 러시아, 우크라이나다(Reynolds, 2011).

현재 운용되고 있는 혼합형 선거제도의 종류는 다양하다. "따라서 이것을 일반화해 정의하는 것은 위험하다"고 할 수 있다(Massicotte and Blais, 1999: 362). 레이놀즈와 동료들(Reynolds et al., 2005), 마시코트와 블레이스(Massicotte and Blais, 1999), 그리고 슈가트와 와텐버그(Shugart and Wattenberg, 2001a)와 같은 학자들은 여러 혼합형 제도를 적절하게 유형화하는 데 큰 진전을 이뤘다. 〈표 5-5〉는 이 유형 분류를 정리한 내용이고 여러 유형의 사용 현황이다. 논의의 단순화를 위해, 2010년 현재 운용되고 있는 다양한 유형의 혼합형 선거제도가 차이를 보이는 네 가지 부분을 중심으로 그 중요도의 역순에 따라 정리해 보자.

첫째, 가장 단순한 차이는 유권자가 행사할 수 있는 투표수다. 먼저 유권자

〈표 5-5〉 혼합형 선거제도의 세계

국가	레이놀즈와 동료들(1997, 2005), 레이놀즈(2011)[a]	마시코트와 블레이스(1999)	슈가트와 와텐버그(2001a)
안도라	병립*-연기투표제	중첩형	-
아르메니아	병립-단순다수제	중첩형	혼합형 다수제
볼리비아	혼합형 비례제	보정형	혼합형 비례제
카메룬	연기/명부식 & 단순다수제	혼합형	-
차드	연기/명부식 & 2회투표제	혼합형	-
프랑스[b]	-	공존형	-
조지아	병립-2회투표제	중첩형	혼합형 다수제
독일	혼합형 비례제	보정형	혼합형 비례제
기니	병립-단순다수제	중첩형	-
헝가리[c]	혼합형 비례제-2회투표제	혼합형	혼합형 다수제/부분보상제
일본	병립-단순다수제	중첩형	혼합형 다수제
레소토	혼합형 비례제	-	혼합형 다수제
리투아니아	병립-2회투표제	중첩형	혼합형 다수제
멕시코[d]	혼합형 비례제	보정형	제한투표제
모나코	병립-연기투표제	-	-
뉴질랜드	혼합형 비례제	보정형	혼합형 비례제
니제르	정당명부식 & 단순다수제	공존형	-
팔레스타인	병립	-	-
파나마	정당명부식 & 단순다수제	공존형	-
필리핀	병립-단순다수제	보정형	혼합형 다수제
세네갈	병립-연기투표제	중첩형	-
세이셸	병립-단순다수제	중첩형	-
소말리아	병립-단순다수제	-	-
대한민국	병립-단순다수제	중첩형	혼합형 다수제
타이완	병립-단기비이양제	중첩형	-
타지키스탄	병립-2회투표제	-	-
타이	병립-연기투표제	-	혼합형 다수제
튀니지	병립-연기투표제	보정형	-
베네수엘라	혼합형 비례제	보정형	혼합형 비례제

주: 이전에는 혼합형 선거제도 국가로 분류되었지만, 현재 다른 제도를 채택하고 있는 국가는 다음과 같음. 알바니아, 아제르바이잔, 불가리아, 크로아티아, 에콰도르, 과테말라, 이탈리아, 이스라엘(직접 선거를 통한 총리 선출), 카자흐스탄, 키르기스스탄, 마케도니아, 몬테네그로, 러시아, 세르비아, 동티모르, 우크라이나.

a 유형 분류는 레이놀즈와 라일리(Reynolds and Reilly, 1997), 레이놀즈와 동료들(Reynolds et al., 2005), 그리고 가장 최근 자료를 정리한 레이놀즈의 연구(Reynolds, 2011)에 기초하고 있음.

b 공존형은 상원 선거에 해당됨. 자치 선거(Municipal elections)는 선거구 단위에서 복합적 의석 배분 규칙을 적용하는 일종의 융합 제도(Fusion system)로 분류함.

c 상위계층에서의 정당명부식 선거는 일정 정도 보정 작용을 함. 또한 상위계층 의석 배분에서 정당 득표율 계산 시, 하위계층 선거구 단위에서 낙선한 소속 후보가 얻은 표를 계산에 포함함.

d 8% 이상 득표를 한 정당은 과대대표(over-representation)되지 못하도록 한 조항을 두어, 일정 정도의 비례성을 유지함.

가 1표를 행사하는 유형이 있다. 앞서 보았듯이 이런 유형의 제도는 1949년부터 1953년까지 독일 연방공화국에서 처음으로 사용되었다. 이 제도에서 유권자는 1표만 행사했고, 이 표는 계산 과정에서 두 번 사용되었다. ① 선거구 대표를 선출하기 위해, 그리고 ② 지역 정당명부 의석을 정당에 배분하기 위해 사용된 것이다. 이탈리아에서는 1993년 실시된 국민투표로 이 같은 1표 혼합형 제도를 채택했다(이는 2005년 선거 개혁으로 폐지되었다). 1970년대 중반, 한사드 소사이어티Hansard Society는 영국의 제도 개혁 대안으로 1표 혼합형 제도를 제안한 바 있다. 제안 이유로는 투표행위가 단순해서 유권자 혼란을 줄일 수 있다는 점(결과적으로 계산 절차가 명료치 않아 보일 수도 있다는 주장도 있을 수 있지만)과 분할투표가 일어날 가능성을 제거할 수 있다는 점을 들었다. 그러나 이 제안은 실현되지 않았다. 타이완은 2006년까지 유일하게 1표제를 사용했던 국가다. 그러나 그 이후에 2표제로 대체했다(Lin, 2006: 124~125).

2표 혼합형 선거제도를 사용하는 국가들도 독일과는 다른 형태를 운용하기도 한다. 〈그림 5-2〉가 보여주듯이 뉴질랜드는 독일과는 미묘하면서도 큰 차이가 있는 제도를 운용한다(〈그림 5-1〉을 보라). 뉴질랜드 투표용지에서는 정당명부 투표와 선거구 투표의 순서가 독일과는 반대다. 즉, 정당명부 투표가 더 중요하다고 인식한 것이며, 따라서 이 점을 선거 결과에 반영하기 위한 것이다.

둘째, 선거 각 부분에 사용되는 당선결정방식에 차이가 있다. 정당명부 선거의 경우 당선결정방식이 국가별로 다르다는 것은 너무도 당연한 것이다. 즉, 일반적인 정당명부 선거제도가 그렇듯이, 혼합형 선거제도에서의 정당명부 비례제의 경우도 다양한 당선결정방식이 있다. 최대잔여 헤어Hare식이 조금 더

• '2표 병립제parallel system'는 선거구 선거와 정당명부 선거가 상호 연관되지 않고 독립적으로 운용되며, 각각의 당선결정방식으로 당선자를 결정해 단순히 합하는 형태다.

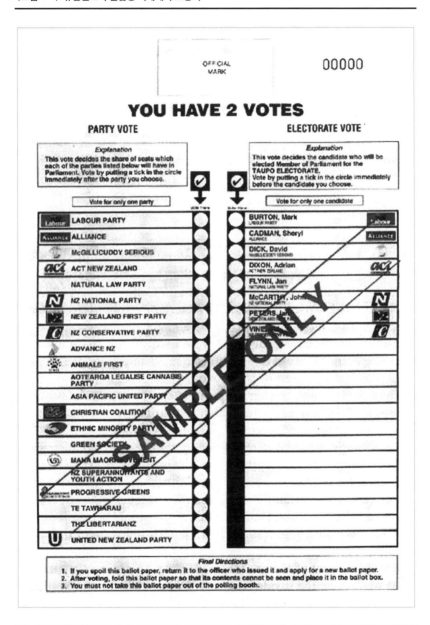

많이 사용되는 경향이 있기는 하다. 더 흥미로운 것은 선거구 선거에서 통상적으로 사용하는 단순다수제가 아닌 절대다수제를 당선결정방식으로 활용하는 경우다. 예를 들어 헝가리에서는 선거구 의석을 단순다수제가 아닌 2회투표제(프랑스 의회 선거에서 사용되는 절대다수-최다득표제; 76쪽 참조)로 결정한다. 1997년 젱킨스 위원회가 영국의 제도 개혁의 일환으로 제안했던 대안투표제 플러스라는 혼합형 선거제도에서도 선거구 의원을 호주식 대안투표제로 선출하도록 하고 있다. 그러나 이론상으로는 선거구 대표를 선출하는 데 단순다수제가 아닌 절대다수제를 운용하는 것은 그다지 큰 의미가 없다. 왜냐하면 최종 결과는 여전히 동일하며, 선거 결과의 비례성은 명부투표에 의해 결정되기 때문이다.

셋째, 전체 의석에서 차지하는 정당명부 의석과 선거구 의석 비율에서 차이점을 보인다. 예를 들어 일본에서는 선거구 선거로 의원 37.5%를 선출하며, 비례대표제로 나머지 62.5%를 선출한다. 이는 독일의 50:50 비율과는 차이가 큰 것이다. 이탈리아의 경우 과거 혼합형 선거제도를 활용할 때 선거구 의석 75%와 정당명부 의석 25%라는 더 극단적 비율을 채택한 바 있다. 한국의 정당명부 의석은 전체 의석의 15%밖에 되지 않는다. 영국에서 젱킨스 위원회의 제안이 채택되었더라면 아마도 선거구 의석에 비해 정당명부 의석이 차지하는 비율이 낮았을 것이다. 젱킨스는 정당명부 의석이 총 의석수의 15%에서 20% 사이가 되어야 한다고 제안했던 것이다(Farrell, 2001). 그렇다면 어떤 비율로 나누어야 선거제도의 완전한 비례성을 해치지 않을까라는 질문이 제기된다. 왜냐하면 정당명부 의석 비율이 너무 낮을 경우 선거구 선거가 야기하는 비非비례적 결과를 보완할 수 없기 때문이다. "비례대표제가 충분한 의미를 가지려면 적어도 1/4 의석이 조정 가능한 의석수가 되어야 한다"라는 주장도 있다(Taagepera and Shugart, 1989: 131). 이것은 한국(15%)과 타이완(30%)의 제도가 선거 결과에서 충분한 비례성을 달성하지 못한다는 것을 의미한다(이탈리아의

25%도 여기에 포함될 수 있을 것이다). 그러나 이 모두는 매우 피상적인 논의다. 왜냐하면 다음에서 보는 것처럼, 혼합형 선거제도를 사용하는 모든 국가들(이탈리아의 경우 약간은 예외다)이 보정 장치가 없는 제도를 사용하고 있기 때문이다. 이것이 바로 혼합형 선거제도 유형 간의 가장 중요한 네 번째 차이를 살펴봐야 하는 이유다.

넷째, 선거구 선거가 초래한 비非비례성을 정당명부 의석으로 보상해주거나 보정해주는 장치를 두고 있는지 여부다. 이 차이점은 선거 결과의 비례성에 큰 영향을 미친다. 앞서 본 바와 같이, 독일 선거제도의 핵심적 특징은 정당명부 의석이 선거구 의석에 더해지는 '추가적additional'을 성격을 갖는다는 것이다. 이 때문에 정당이 배분받은 정당명부 총 의석수에서 선거구 의석수를 빼는 방식으로 최종 의석을 결정한다. 제시(Jesse, 1988: 110)가 지적하듯이 독일에서는 1950년대 중반 선거제도 개혁에 관한 논쟁이 있었다. 이때 정당명부 의석에서 선거구 의석을 빼지 말고 합산해야 한다는 주장이 제기되었다. 일명 '구형溝型 제도gap system, Grabenwahl system'•라고 불리는 이 같은 방식처럼 혼합형 선거제도의 계산 방식을 기술적으로 소폭만 변경해도 전체 비례성에 많은 영향을 미쳤을 것이다. 이것을 깨달은 자유민주당은 이 안을 저지했던 것이다.

혼합형 선거제도에서의 이 같은 변경은 혼합형 비례제mixed-member proportional: MMP를 혼합형 다수제mixed-member majoritarian: MMM로 전환하는 것이다. 이는 선거 결과의 비례성을 크게 낮추는 효과가 있다. 러시아 사례는 이러한 점을 잘 보여준다. 러시아는 2007년까지 혼합형 다수제MMM를 운용했으며, 이후 정당명부식 비례대표제로 대체했다.

러시아에서는 1993년 12월 선거 – 혼합형 다수제를 운용한 최초 선거 – 로 다

• '2표 병립제parallel system', 혹은 혼합형 다수제mixed-member majoritarian: MMM가 더 자주 쓰이는 용어다.

당체제가 형성되었다. 다양한 이익을 대표하는 다수 정당이 의회에 진출했던 것이다. 모든 매체의 헤드라인 뉴스는 저돌적인 지리놉스키Vladimir Zhirinovsky가 이끌었던 극단적 민족주의ultra-nationalist 정당인 러시아자유민주당Liberal Democratic Party of Russia이 극적으로 승리했음을 집중 보도했다. 이 정당은 총 유효투표수의 1/4 가까이(23%) 득표함으로서 다른 정당보다 많은 표를 얻었다. 그 결과, 지리놉스키와 러시아자유민주당은 당시 대통령이었던 보리스 옐친Boris Yeltsin에게는 명백한 위협이 되면서 주목을 받게 된다. 옐친 대통령이 선호했던 개혁주의 정당인 러시아선택Russia's Choice은 15%만을 획득해 2위에 그침으로써 결국 선거에서 패배했던 것이다.

그러나 그 당시 언론인들이 미처 간파하지 못한 사실이 있다. 그것은 러시아자유민주당이 정당명부 득표율에서는 1위를 했음에도 의석률에서는 1위를 하지 못했다는 사실이다. 러시아선택이 96석(22%)을 차지한 데 비해 러시아자유민주당은 70석(16%)을 얻는 데 그쳤던 것이다. 〈표 5-6〉이 보여주는 바와 같이, 러시아선택이 선거구 의석을 다수 차지했기 때문에 이런 차이가 발생한 것이다. 러시아자유민주당은 선거구에서 11석만을 얻은 데 반해 러시아선택은 56석을 획득했다. 만약 러시아가 독일식 혼합형 선거제도를 운용했다면 선거 결과는 크게 달라졌을 것이다. 즉, 러시아자유민주당의 경우 100석을 획득한 반면, 러시아선택은 70석 이하를 획득하는 데 그쳤을 것이다. 〈표 5-6〉의 '차이' 칸에 있는 가장 큰 수치가 바로 두 거대 정당이 얻은 득표율과 의석률 간의 불일치를 나타낸다. 러시아선택은 의석률에서 6.2% 더 많은 혜택을 누렸다. 반면 러시아자유민주당은 완전한 비례대표제였다면 얻을 수 있었던 의석률보다 7% 적은 의석을 차지했다.

1995년 의회 선거 결과를 보면 러시아의 혼합형 다수제에 또 다른 문제가 있음을 알 수 있다(〈표 5-7〉 참조). 1993년 선거에서는 13개 정당 후보들이 출마했던 반면, 1995년 선거에서는 43개 정당 후보들이 등록했다(후보 등록을 위

<표 5-6> 러시아의 1993년 의회 선거: 연방 하원(State Duma)

정당명[*]	정당명부 투표 득표율 (%)	정당명부 의석	선거구 의석	총 의석	총 의석률 (%)	정당명부 득표율과 총 의석률 간 차이(%)
러시아선택	15.4	40	56	96	21.6	+6.2
러시아자유민주당	22.8	59	11	70	15.8	-7.0
공산당	12.4	32	33	65	14.6	+2.2
농민당	7.9	21	26	47	10.6	+2.7
러시아여성당	8.1	21	4	25	5.6	-2.5
연합민주당(Yabloko)	7.8	20	13	33	7.1	-0.4
러시아 단결과 화합[a]	6.8	18	9	27	6.1	-0.7
민주당	5.5	14	7	21	4.7	-0.8
기타 정당[b]	13.3	0	30	60	13.5	n.a.
합계[c]	100.0	225	219	444	99.9	

주: a PRUA(Party of Russian Unity and Accord).
　　b '기타 정당'에는 다음이 포함된다.
　　　안정화를 위한 시민 연합(Civic Union for Stabilization), 정의진보당(Justice and Progress) 18석, 민주개혁을 위한 운동(Movement for Democratic Reforms) 8석, 자존자비당(Dignity and Mercy) 3석, 러시아미래(Future of Russia) 1석, 그리고 무소속 30석.
　　c 체첸공화국(Chechnya)의 선거 보이콧과 타타르스탄(Tatarstan)과 첼랴빈스크(Chelyabinsk) 주(州)의 선거 연기로 의회 6석의 공석이 생겼음.
자료: Keesing's Record of World Events.

해서는 20만 명의 지지 서명이 필요하다). 후보 수는 5675명으로 1993년의 세 배에 달했다. 어느 선거구에서는 25명이 출마했고 투표용지는 신문지 크기 정도로 커졌다. 이와 같이 정당 수가 너무 많을 경우 비례성은 크게 낮아질 수 있다. 단 네 개의 정당(러시아자유민주당, 공산당, 연합민주당, 그리고 조국 러시아)만이 의석을 배분받기 위한 최소조건인 5%를 넘어섰다(비교를 쉽게 하기 위해 정당은

• 이해를 위해 원문에 표기된 러시아 정당의 영어식 명칭을 소개하면 다음과 같다. 러시아선택Russia's Choice, 러시아자유민주당Liberal Democratic Party of Russia, 공산당Communists, 농민당Agrarians, 러시아여성당Women of Russia, 민주당Democrats.

〈표 5-7〉 러시아의 1995년 의회 선거: 연방 하원(State Duma)

정당명•	정당명부 투표 득표율 (%)	정당명부 의석	선거구 의석	총 의석	총 의석률 (%)	정당명부 득표율과 총 의석률 간 차이(%)
러시아 민주적 선택	11.2	50	1	51	11.3	+0.1
공산당	22.3	99	58	157	34.9	+12.6
농민당	3.9	0	20	20	4.4	-0.5
러시아여성당	4.6	0	3	3	0.7	-3.9
연합민주당(Yabloko)	6.9	31	14	45	10.0	+3.1
조국 러시아	10.1	45	10	55	12.2	+2.1
국민권력	n.a.	0	9	9	2.0	n.a.
러시아 공동체회의	4.3	0	5	5	0.0	-3.2
노동자 자주관리	4.0	0	0	0	0.0	-4.0
러시아 노동당	4.6	0	0	0	0.0	-4.6
기타 정당[a]	24.1	0	95	95	21.7	n.a.
합계	100.0	225	225	450	99.7	

주: a 무소속 후보는 225개의 1석 선거구 선거에서 77명이 당선되었고, 군소 정당의 경우 각각 최대 3명의 당선자를 배출했다.
자료: *Keesing's Record of World Events*.

〈표 5-6〉과 같은 순서로 배열했다). 이 네 정당이 획득한 표는 모두 50.5%였다. 유권자의 절반 정도가 정당명부 의석을 배분받을 수 없는 정당에 표를 던졌던 것이다. 이로 인해 연합민주당Yabloko의 지도자들은 흥분해서 다음과 같이 말한다. 선거제도가 "엄청난 야망을 가진 극소수 음모자들을 성공적으로 제거했다"(Orttung, 1996: 6에서 인용). 오퉁Robert W. Orttung에 의하면, "5% 최소조건 규정은 이를 겨우 통과한 네 정당에 엄청난 혜택을 안겨줬다. 기본적으로 네 정당

• 이해를 위해 원문에 표기되어 있는 러시아 정당의 영어식 명칭을 소개하면 다음과 같다. 러시아 민주적 선택Russia's Dem. Choice, 조국 러시아Our Home is Russia, 국민권력Power to People, 러시아 공동체회의Congress Russian Communities, 노동자 자주관리Works' Self-Management, 러시아 노동당Working Russia.

은 자신들이 얻은 표의 가치를 2배로 만든 것이다"(Orttung, 1996: 7).

혼합형 비례제MMP는 선거구 의석이 초래한 비非비례성을 정당명부 의석으로 보상해주거나 보정해주는 제도다. 혼합형 다수제MMM에서는 두 유형의 선거가 각각 독립적·병렬적으로 운영된다. 러시아의 사례에서 볼 수 있듯이 이 차이점은 선거 결과에도 큰 영향을 미친다. 이러한 사실은 혼합형 선거제도의 유형을 어떻게 분류해야 하는가라는 질문에 대해 중요한 단서를 제공해준다. 왜냐하면 어떤 제도는 명확한 비례적 결과를 가져오고 또 어떤 제도는 그렇지 않기 때문이다. 혼합형 비례제는 분명 독일에서 고안된 원형을 따르는 것으로 볼 수 있다. 따라서 〈표 5-3〉이 보여주듯이 독일을 제외하고 국가 단위 선거에서 혼합형 비례제를 운용하는 국가는 3개국으로 볼리비아, 뉴질랜드, 베네수엘라다(Shugart and Wattenberg, 2001a를 참조). 다른 시각에서 보면 또 다른 3개국가도 포함시킬 수 있다. 헝가리, 레소토, 멕시코가 이에 해당한다(Reynolds 2011; Reynolds et al., 2005 참조).

헝가리의 선거제도는 이탈리아와 마찬가지로 비례성을 보장하는 '보정 장치correction'를 가지고 있다는 점에 주목해야 한다. 헝가리의 경우 두 개의 계층tier에서 정당명부 의석을 배분하고 있으며, 이는 정당명부 선거의 비례적 효과를 극대화시키는 데 도움을 주고 있다. 이와 더불어 상위계층에서 의석 배분을 계산할 때 선거구 선거에서 패배한 후보들이 얻은 표를 반영해 계산함으로써, 선거구 선거가 초래한 비非비례성을 일정 정도 완화해준다(Benoit, 2001). 과거 이탈리아 선거제도에도 선거구 의석과 정당명부 의석을 '연계'시키는 장치가 있었다. 그러나 선거구 선거에서 당선자를 많이 낸 정당의 경우, 정당명부 의석 배분에서는 얻을 수 있는 보상 정도가 낮았다. 결국 '의석수'에 기초하고 있는 독일과는 달리 이탈리아의 이 연계 장치는 '득표수'를 기반으로 했다고 할 수 있다. 과거 이탈리아에서는 정당명부 의석을 배분하기 전에 한 정당이 획득한 정당명부 득표수에서 1인 선출 선거구 선거에서 당선된 소속 후보들이 얻은 득표수를 뺐다(Katz, 2001). 이탈리아 선거제도가 이와 같이 선거구 득표수와 정당명부 득표수를 연계했기 때문에 마시코트와 블레이스는 이를 '보정제 corrective'(즉, 혼합형 비례제) 유형에 포함시켰다. 슈가트와 와텐버그는 이탈리아의 제도를 좀 더 정확히 '준병립semi-parallel' 제도라고 불렀다. 보정 장치가 제한적인 역할밖에 하지 못했기 때문이라는 것이다. 따라서 같은 이유로 이탈리아의 제도(지금은 없어진)는 혼합형 비례제가 아닌 혼합형 다수제로 분류하는 것이 타당해 보인다.

5-4 결어

이 책 서문에서 지적했듯이 선거제도 연구는 오랫동안 정체되어 있었고 변화도 없었다. 이는 선거제도 개혁에 호의를 보인 국가가 거의 없었던 사실에서 비롯된 것이기도 하다. 그러나 1990년대 초반의 사건들은 이런 상황을 극적으로 반전시켰다. 세계적으로 진행된 민주화, 그리고 오랜 민주주의 정치체제를 가지고 있는 세 국가(이탈리아, 일본, 뉴질랜드)에서 있었던 대규모 선거제도 개혁이 그것이다. 다수의 신생 민주주의 국가와 이 세 국가 사례에서 가장 흥미로운 점은 이들 모두 혼합형 선거제도를 채택했다는 사실이다(물론 이들 국가 모두가 이 제도를 계속 운용하지는 않았지만).

혼합형 선거제도가 20세기 말과 21세기 초에 많은 인기를 누린 것은 틀림없는 사실이다. 많은 사람들은 전후 (서)독일 정치의 성공적 모델이 이 선거제도가 달성한 업적을 입증하는 사례라고 말한다. 그러나 다른 국가에서는 이 제도의 여러 변형이 사용되고 있다. 특히 부패 문제(일본)와 선거 결과의 불평등 문제(뉴질랜드)를 해결하기 위한 노력의 일환으로 채택되기도 했다. 또한 다수 신생 민주주의 국가에서도 변형들을 운용하고 있다. 따라서 이 제도가 독일에서 오랜 기간 보여준 모든 속성을 가지고 있는지를 최종적으로 실험할 수 있는 이상적 기회라고 할 수 있다. 그러나 사르토리는 이에 대해 이의를 제기한다(Sartori, 1997: 75). 특히 혼합형 다수제를 '단순다수제와 비례제의 잡종plurality-proportional hybrid'이라고 부르면서 신랄하게 비판한다. 그는 다음과 같이 주장한다. 이 제도를 옹호하는 사람들은 "자신들이 세계에서 가장 좋은 제도 두 개를 결합시키고 있다"고 믿을지 모르지만, 사실 그것은 비례제와 단순다수제의 결점을 결합시킨 일종의 "질 나쁜 결과를 낳는 잡종bastard-producing hybrid"일 가능성이 높다는 것이다.

하지만 혼합형 선거제도에 대한 사르토리의 이 같은 비판은 대부분 받아들여지지 않는 것 같다. 오히려 지배적 견해는 이 제도 ― 특히 혼합형 비례제 ― 가 정당명부식 비례대표제의 비례성이라는 장점과 단순다수제가 갖고 있는 선거구 대표성이라는 장점을 이상적으로 절충한 제도라는 것이다(예를 들어 Kostadinova, 2002). 그리고 이 제도는 '두 가지 선거제도가 가진 각각의 장점을 결합한 제도the best of both worlds'라고 주장된다. 이것은 슈가트와 와텐버그가 편집했던 책의 소제목이기도 하다(Shugart and Wattenberg, 2001a). 그러나 많은 사람들은 이 제목이 의문문이라는 사실은 간과하고 있는 것 같다. 이 제도가 확산된 것은 비교적 새로운 현상으로 그 속성은 거의 이해되지 않고 있다.

이 선거제도의 앞날은 그렇게 밝지만은 않다. 〈표 5-5〉의 주註가 말해주듯이, 1990년대에 앞다퉈 혼합형 선거제도를 채택한 국가들(대부분 신생 민주주의 국가들) 중 다수가 이를 포기하고 정당명부식 비례대표제로 전환했다. 동시에 점차 많은 학자들이 정당명부식 비례대표제와 단순다수제의 가장 좋은 점을 혼합함으로써 이상적인 제도를 만들어 낼 수 있다는 가정에 대해 의문을 제기하기 시작했다(Bawn and Thies, 2003; Cox and Schoppa, 2002; Ferrara et al., 2005). 페라라Federico Ferrara와 동료들의 연구는 이 주제를 가장 광범위하게 다루고 있다. 이들은 혼합형 선거제도에서의 두 종류 선거 간에 일종의 상호 '오염 효과

contamination effect'가 있는지를 찾으려 했다. 연구 요지는 다음과 같다. 오염 현상이 발생한다는 것은 한 부분(예컨대 단순다수제)의 존재가 다른 부분(예컨대 비례대표제)의 작동에 영향을 미친다는 것을 의미한다. 이들은 이런 오염 현상이 실제 발생한다는 증거를 다수 찾아냈다. 예를 들어 혼합형 선거제도의 일부분으로 운용되는 단순다수제에서는 단순다수제만을 운용했을 때보다 더 치열한 다당적 선거 경쟁이 발생하며, 의원들의 행태도 매우 예측 불가능해진다고 하면서 이것들이 오염 효과의 증거라고 주장한다(Ferrara et al., 2005: 139).

이 같은 오염 현상이 반드시 부정적인 것만은 아닐 수도 있다. 그러나 혼합형 선거제도가 비례대표제와 비非비례적 선거제도 간의 이상적 타협물이라고 주장하는 사람들은 이에 대해 진지하게 생각해볼 필요가 있다. 페라라와 동료들은 혼합형 선거제도가 두 제도를 절충한 것이라고 생각하는 경향은 분명 잘못된 것이라고 하면서, 그보다는 이 제도를 다른 여러 선거제도와 구별되는 '별개의 종distinct species'으로 취급해야 한다고 주장한다.

주

1 초과 의석 문제를 다루는 방법에는 여러 가지가 있다. 뉴질랜드의 혼합형 다수제에서는 다른 정당들이 초과 의석을 보상받는다. 스코틀랜드 의회의 혼합형 다수제에서는 전체 의석 수를 변경하지 않기 위해 다른 정당의 최종 의석을 비례적으로 줄인다.
2 혼합형 제도를 사용하는 일본에서는, 선거구 선거에서는 패배했으나 정당명부식으로 당선되는 후보들을 '좀비zombies'라고 부른다(Pekkanen et al., 2006). 우크라이나에서는 이러한 현상에 대한 불만이 생겨났고, 이로 인해 헌법재판소가 2002년 '이중 후보제dual candidacy'를 금지했다(Ferrara et al., 2005: 18). 이후 우크라이나는 혼합형 제도를 정당명부식으로 대체했다.

제**6**장

단기이양식 비례대표제

단기이양식 비례대표제單記移讓制, single transferable vote system of proportional represen-tation: STV의 기원은 19세기 중반으로 거슬러 올라간다. 이 제도는 서로 알지 못하는 두 사람에 의해 만들어진 것으로 알려져 있다. 그 두 사람은 토머스 헤어 (1806~1892, 영국인 변호사)와 칼 게오르게 앙드레Carl George Andre(1812~1892, 덴마크인 수학자이자 정치인)이다. 이들 중 더 큰 역할을 한 사람은 토머스 헤어다. 제2장에서 본 바와 같이 헤어의 저작인 『의회와 지방 대표 선거론』 — 그리고 이후 출간된 개정판들 — 는 영국에서의 선거권 확대와 선거제도를 둘러싼 논쟁을 불러일으킨 큰 원동력이 되었다. 철학자 존 스튜어트 밀과 같은 중요 인물들이 헤어의 제안을 열정적으로 지지한 바 있다(Hart, 1992).

단기이양제는 처음 등장했을 때부터 지지를 받았다. 2005년에 선거제도 전문가를 대상으로 '최선'의 선거제도 순위를 알아보는 설문 조사가 실시된 적이 있는데, 이때 단기이양제는 혼합형 비례대표제에 이어 확고한 2위를 차지했다 (Bowler et al., 2005; 또한 이 책의 259쪽을 보라). 이런 결과가 나온 것에는 충분한 이유가 있어 보인다. 단기이양제가 비례성과 선거구 대표성을 동시에 충족하는 제도라는 것이다. 정당명부식 비례대표제와는 대조적으로 단기이양제에서 유권자는 정당이 아닌 후보에게 투표한다. 이 제도에서 유권자는 자신이 선호하는 후보가 당선되는 것을 볼 수 있는 가능성이 높다. 그리고 1인 선출 단순다수제나 절대다수제와는 달리, 유권자는 여러 명의 선거구 대표를 갖게 된다.

단기이양제는 매력적으로 보인다. 그러나 대답하기 힘든 문제도 늘 제기된다. 이 제도를 운용하는 국가가 소수라는 점이다. 남유럽, 중부유럽, 동유럽, 구소련, 그리고 일단의 남미와 아프리카 국가들에서 광범위한 민주화 과정이 진행되었음에도, 단기이양제를 선거제도로 선택한 나라는 없었다(예외적으로 1989년 에스토니아에서 잠시 채택되었던 적이 있다). 선진 민주주의 국가들이 오랫동안 선거제도를 개편하지 않고 있다가 제도 개혁의 돌풍에 휩싸였을 때에도 (이탈리아, 일본, 뉴질랜드의 경우) 단기이양제는 고려되지 않았다. 다수 학자들은 이 제도를 선호하지만 정치인들은 기피한다.

영국은 독특한 사례다. 제2장에서 본 것처럼, 20세기 전반에 걸쳐 영국에서 선거제도 개혁을 요구했던 압력 단체들은 단기이양제를 선호했고, 여러 차례 중요하게 다룬 바 있다. 1917년 영국 하원의장 위원회Speaker's Conference에서는 논의 끝에 대안으로 채택될 뻔도 했고, 실제 일부 선거에서 사용되기도 했다. 1918년에서 1950년 사이에 7개 대학 선출직 중 4개, 1920년대와 1973년 이후 북아일랜드에서는 영국의회선거를 제외한 나머지 선거에서 사용되었다. 이 제도가 영국에서 반향을 일으켰던 이유가 또 있다. 이는 보그대너가 25년 전 제기했던 주장과 관련이 있다. 그는 "1985년대 덴마크가 잠시 실험했던 때를 제외하면 단기이양제는 일정 기간 영국의 지배를 받았던 국가들에서만 사용되고 있다"라고 했다. 그는 다음과 같이 덧붙인다. 이 제도는 "비례성을 확보하고자 하는 '앵글로- 색슨Anglo-Saxon'적인 방식이다"(Bogdanor, 1984: 76). 라이파트는 나아가 다음과 같이 말한다. "우리에게는 아직도 커다란 예외를 허용하지 않는 완전한 사회과학 법칙이 있다. ─ 사회과학에서는 매우 드문 경우다 ─ 이 법칙은 정치문화와 비례대표제 간의 관계에 관한 것으로 다음과 같다. 앵글로-색슨계 국가들이 비례대표제를 채택할 경우, 그들은 항상 단기이양제를 선택한다. 다른 국가들이 비례대표제를 채택할 경우에는 정당명부식 비례대표제를 선택한다"(Lijphart, 1987: 100). 뉴질랜드는 1993년에 앵글로-색슨 국가로서는 처음으로 정당명부식 비례대표제를 선택했고, 에스토니아는 앵글로-색슨 국가가 아니면서도 단기이양제를 잠시 운용했던 적이 있다. 이런 사례를 예외로 하면, 라이파트의 주장은 점차 근거가 약해지고 있긴 하지만 여전히 적실성이 있다. 이 책이 쓰인 시점에 단기이양제를 사용하는 국가는 호주(상원 의원 선거), 아일랜드 공화국(대통령 선거를 제외한 모든 선거), 그리고 몰타(단원제에서의 의회 선거)다. 이 제도는 호주의 일부 주에서 지역 단위 선거에서도 사용되고 있다. 호주 태즈메이니아 주Tasmania가 대표적 사례이며, 다른 5개 주와 속령territories에서도 사용되고 있다. 또한 북아일랜드의 지방 선거와 유럽의회 European Parliament 의원 선거, 스코틀랜드의 지방 선거, 그리고 뉴질랜드의 지방 선거에 사용된다. 미국의 일부 주도 '선택투표제choice voting'라는 이름으로 특정 지방 선거에서 운용하고 있다.

이 모든 사례에는 공통점이 있다. 제도를 운용하는 정치체제의 규모가 작다는 것이다. 2100만여 명의 인구를 가진 호주만이 다소 큰 규모의 정치체제라고 할 수 있다. 그러나 호주 인구는 유럽 민주주의 국가 중 규모가 큰 경우와 비교하면 훨씬 적다. 그리고 호주는 주요 선거인 하원 선거에서는 단기이양제를 운용하고 있지 않다. 두 국가 - 아일랜드 공화국(420만 명)과 몰타(불과 40만 5000명) - 는 너무 크기가 작기 때문에 이보다 더 큰 국가가 단기이양제로 전환할 경우 어떤 일이 일어날지를 예측할 수 있는 적절한 예가 될 수 없다. 이것이 바로 단기이양제 옹호자들이 골머리를 앓고 있는 주요한 문제인 것이다. 왜 단기이양제가 정치인들 사이에서는 인기가 많지 않은가라는 물음에 대한 해답도 부분적으로 여기에 있다. 정치인들은 이 제도를 일종의 유토피아와 같은 것이며, 선거구가 클 필요가 없는 작은 국가에 적합한 것으로 보기 때문이다.

물론 정치인들이 단기이양제를 거부하는 또 다른 이유도 있다. 이에 대해서는 이 장 말미에 살펴볼 것이다. 이 장 대부분은 아일랜드 사례에 초점을 맞추고 있다. 6-1절에서는 아일랜드가 어떻게 단기이양제를 선택하게 되었는지를 간략히 살펴보고, 6-2절에서는 단기이양제가 어떻게 작동하는지 자세히 알아볼 것이다. 차후 알게 되겠지만, 아일랜드에서 운용하는 단기이양제에는 독특한 특징이 있다. 6-3절은 다른 지역에서 사용되고 있는 이 제도의 변형에 대해 정리할 것이다. 결론 부분인 6-4절에서는 단기이양제가 가져다주는 주요한 정치적 결과에 대해 논의할 것이다.

6-1 아일랜드의 단기이양식 비례대표제

제2장에서는 21세기 전반부에 영국 비례대표제 옹호자들이 선거 개혁을 실현하기 위해 얼마나 힘든 싸움 – 결국 실패한 싸움 – 을 했는지를 봤다. 그러나 아일랜드는 독특한 사례다. '아일랜드 자치법Home Rule'에 대한 영국 의회의 논쟁을 보면 영국 왕조에 충성스러운 아일랜드 소수 집단을 보호할 수 있는 장치가 필요하다는 언급이 반복적으로 나타난다. 이로써 아일랜드에 비례대표제(특히 단기이양제)를 도입하자는 공감대가 형성된다(스코틀랜드, 몰타, 그리고 인도 일부 지역에서도 이런 현상이 있었다). '아일랜드 자치법'이 실시될 가능성이 점차 커지면서 아일랜드가 분할될 수 있다는 우려도 확산되었다. 따라서 아일랜드 남부의 통합주의자들Unionists*이 가질 수 있는 걱정을 달래야 한다는 필요성이 제기되었다. 1911년 영국 비례대표제 소사이어티 회장인 커트니 경Lord Courtney

---

• 　아일랜드 자치에 반대하고 영국에의 잔류를 주장했으며 신교도들의 지지를 받았다.

은 더블린에 초청되어 단기이양제에 대해 공개 강연을 하게 된다. 이 일은 같은 해에 아일랜드 비례대표제 소사이어티가 결성되는 데 일조한다. 분리주의 정당인 신페인당Sinn Féin을 창당한 아서 그리피스Arthur Griffith가 이 모임 회원이었다. 그는 공식적으로 비례대표제를 극찬하면서 다음과 같이 말한다. "소수 집단은 자신의 힘에 비례해서 대표되어야 한다. 비례대표제는 민주주의 정부가 가질 수 있는 단 하나의 정당한 선거제도다"(O'Leary, 1979: 6에서 재인용).

1912년의 최초 아일랜드 자치법안에는 비례대표제와 관련된 어떤 조항도 없었다(O'Leary, 1979). 이후 수정안이 통과되었는데, 바로 이 안에 새로 구성될 아일랜드 하원Irish House of Commons의 의석 중 일정 비율을 단기이양제를 통해 선출하도록 하는 내용이 포함되어 있었다. 그러나 제1차 세계대전 발발로 인해 아일랜드의 자치법안을 둘러싼 더 이상의 논의와 입법은 미뤄진다. 1918년 아일랜드 민족주의 정당 소속 의원인 토머스 스캔런Thomas Scanlon이 한 법안을 제출하면서 단기이양제는 다시 의제로 등장한다. 그는 자신의 아일랜드 서부 슬라이고Sligo 선거구에서 실시되는 시市 선거에서 단기이양제를 운용할 것을 제안했다. 이 제도를 도입하면 소수 집단인 신교도들이 지역 정치에서 더 적극적인 역할을 하게 될 것이라고 주장했다. 그의 법안은 통과되었고, 1918년 영국 처음으로 슬라이고에서 단기이양제를 통해 선거가 실시되었다. 이 선거는 소수 집단인 신교도들에게 인상 깊은 결과를 안겨줬다. "대승이라고 만세를 불렀던 것이다"(O'Leary, 1979: 8). (당시) 친親통합주의 신문인 ≪아이리시 타임스Irish Times≫는 단기이양제를 "정치적 소수 집단과 도시 소수 집단의 대헌장magna charta"이라고 불렀다(Proportional Representation Society, 1919 에서 재인용). 지역 신문인 ≪슬라이고 챔피언Sligo Champion≫도 흥이 나서 칭찬했다. "이 제도를 채택한 것은 정당했다. 우리는 이것이 효과가 있음을 알았을 뿐만 아니라 단순하다는 것도 알았다. 우리는 이 제도가 시종일관 유권자에게 정직하다는 것도 알았다. 그리고 우리는 마지막 계산에 가서야 결과를 알게 되었다. 이제 우리는 현명한 관심을 가지고 끝까지 이 제도를 실현한 사람들의 말, 즉 이 제도가 이전 방식만큼 단순하다는 말에 동의한다. 큰 발전이며 정말 공정한 제도다"(Proportional Representation Society, 1919에서 재인용).

슬라이고 지역의 이런 선거 결과는 1918년 1인 선출 단순다수제로 치렀던 총선거의 결과와는 대조적이었다. 1918년 선거에서 신페인당이 남부 아일랜드 모든 지역 선거에서 극적으로 압승했던 것이다. 이 때문에 영국의 로이드 조지Lloyd George 정부는 아일랜드의 모든 지방 정부 선거에서 단기이양제를 도입하도록 하는 법안을 통과시켰다. 신페인당이 선거에서 누릴 수 있는 혜택을 제한하기 위해서였다. 1920년 처음으로 모든 아일랜드 지방 선거에서 단기이양제를 운용한다. 신페인당은 여전히 남부 아일랜드에서 많은 의석을 차지할 수 있었으나 북아일랜드에서는 단기이양제로 인해 다수 위원회를 통제할 수 없게 된다.

1920년 영국 로이드 조지 정부는 분할된 아일랜드 양쪽 모두에 단기이양제를 사용하는 것을 내용으로 하는 '아일랜드 정부법Government of Ireland Act'(결국은 북아일랜드에서만 시행된 법)을 통과시킨다(1920년대 중반 새로 수립된 북아일랜드 행정부는 단기이양제를 단순다수제로 대체해서 1970년대까지 사용했다). 1921년 체결된 영국-아일랜드 조약Anglo-Irish Treaty으로 남부 아일랜드 지역의 26개 카운티county에 아일랜드 자유국Irish Free State이 수립되었다. 이 조약에는 새 국가에서 사용할 선거제도와 관련된 명시적 규정이 없었다. 그러나 소수 집단인 신교도의 권리는 일정 정도 보호해야 한다는 인식은 있었다. 신교도 권리의 보호는 새로운 아일랜드 의회의 상원 구성원에 그들 대표를 포함시키는 방법이나 비례대표제를 채택하는 방법을 통해 일정 정도 달성될 수 있는 것이었다. 결국 1922년 아일랜드 첫 번째 헌법은 선거제도로 비례대표제를 채택한다. 올리어리(O'Leary, 1979: 14)는 첫 헌법에 비례대표제가 포함된 두 가지 이유를 더 설명한다. 첫째, 그 당시 모든 신생 국가들은 논쟁 없이 비례대표제를 채택했고 아일랜드는 이를 따랐다. 둘째, 영국 비례대표 소사이어티(아일랜드 지부를 가지고 있던)의 노력으로 비례대표제가 주요 의제로 다뤄질 수 있었다.

아일랜드 사례에서 흥미로운 점을 발견할 수 있다. 앞 장에서 살펴본 비례대표제의 여러 유형 중에서 단기이양제를 선호했다기보다는 다른 유형에 대해서는 잘 알지 못했다는 사실이다. 1922년 헌법은 선거제도가 '비례대표제 proportional representation'여야 한다는 점만 명시하고 있다. 아일랜드에서 사용될 비례대표제의 특정 유형으로서 단기이양제를 명시적으로 언급하고 있는 것은 1937년 신헌법이었다. 올리어리Cornelius O'Leary는 1922년 헌법 채택을 둘러싼 논쟁에 대해 자세히 연구한 바 있다. 그에 의하면 당시 제안된 선거제도의 상세한 내용에 대해서는 거의 토론이 없었다. 오히려 당시 "연설들을 보면 정당명부식 선거제도에 대해서는 전혀 모르고 있었음을 알 수 있다"(O'Leary, 1979: 15).

이와 같이 단기이양제는 아일랜드에 우연히 소개된 것이었다. 그러나 이후에 단기이양제를 아일랜드 선거제도로 계속 유지할 것인지에 대해서는 많은 경우 상세하게 논의되었으며, 심도 깊은 토론 끝에 유지하겠다고 결정한 것이다. 현행 헌법인 1937년 헌법은 아일랜드 선거제도는 단기이양제라고 명시하고 있다. 이 조항을 변경하기 위해서는 국민투표에 부쳐야 했다. 1959년과 1968년에 아일랜드 공화당Fianna Fáil은 단기이양제를 단순다수제로 대체하려 했다. 두 경우 모두, 제도 개편의 추진 목적은 단일 정당이 의회 과반수를 차지해 정부를 구성할 수 있도록 해야 한다는 것이었다. 1958년까지 27년 동안 공화당은 스물한 번 정부 구성에 참여했으나 과반수 의석을 차지한 경우는 네 번뿐이었기 때문이다. 정당 설립자인 데벌레라Eamon de Valera는 은퇴가 예정되어 있었고, 그가 없이는 의회에서 과반수를 차지할 가능성이 낮아질 것이라는 두려움이 있었다. 선거제도 개혁에 관한 국민투표를 1959년 대통령 선거와 동시에 치르도록 했다. 이 대통령 선거에서 공화당 후보로 총리에서 물러나는 데벌레라가 나섰는데, 이는 국민투표안이 수월하게 통과될 수 있도록 한 것으로 자기 이익만 고려하는 행보로 비쳤다. 국민투표 결과, 공화당의 선거제도 개편안은 근소한 차이로 부결된다(대통령 선거에서는 데벌레라가 쉽게 승리했음에도). 찬성 48%, 반대 52%였고 차이는 3만 3667표에 지나지 않았다. 이 패배로 공화당은 9년 뒤인 1968년에 다시 국민투표를 실시했다(Sinnott, 2010). 이 투표에서도 법안은 큰 차이로 부결되었다. 39%가 단기이양제를 다른 제도로 대체하는 것에 찬성한 반면, 61%가 반대했다.

1990년대에 여러 선진 민주주의 국가에서 나타난 경향과 마찬가지로 아일랜드에서도 선거제도 개편 문제가 정치적 의제로 다시 등장했다. 정부는 1995년 비당파적·비정치적 조직인 헌법연구그룹Constitution Review Group을 만들었다. 이 그룹의 업무 일부가 선거제도 개편 문제를 다루는 것이었다. 여기에는 한 정치학자가 참여했는데 그는 혼합형 비례제로의 전환을 지지해왔던 사람이었다(Laver, 1998). 이 그룹이 만든 1996년 보고서는 성급한 대대적인 제도 개편에 대해서는 경고를 했다. 그렇지만 만약 제도 개편을 한다면 그 대안으로서 혼합형 비례제와 정당명부식 비례제가 적절할 것이라고 제안했다. 정부는 이 보고서가 출간되고 1년 남짓 후에 헌법을 검토할 새로운 조직체를 출범시킨다. 이번에는 모든 정당이 참여하는 범凡정당 위원회All-Party Committee 형태였다. 선거제도 개혁 문제도 다시 의제에 포함되었다. 그러나 초기의 활동과 유사하게 위원회는 선거제도를 현상유지하도록 권고했다. 보고서는 "아일랜드 하원Dáil 선거와 관련된 조항의 변경은 필요하지도, 바람직하지도 않다"는 입장이었던 것이다(All-Party Committee on the Constitution, 2002: 29).

이 보고서가 발표된 수년 뒤 더 심도 깊은 검토가 이뤄졌다. 이번에는 양원 합동위원회 형태로 그 임무를 수행했다.[1] 이 책을 쓰는 현재에도 위원회는 검토 작업을 하고 있으며, 현행 제도인 단기이양제의 개편 가능성과 함께 대대적인 제도 개편 문제도 다시 한 번 다루고 있다(개편이 가능한 부분에 대한 상세한 내용은 6-3절을 보라). 두 주요 야당인 통일당Fine Gael과 노동당Labour party은 만약 다음 선거에서 여당이 될 경우, 가능한 한 광범위한 선거제도 개편 문제의 논의를 위해 시민 의견을 수렴할 수 있는 방식(예를 들어 시민 의회와 같은 방식, 254쪽을 보라)을 활용할 의사가 있음을 계속해서 보여주고 있다.

6-2 단기이양제 운용 방식

단기이양제는 선거제도의 세 가지 요소에서 앞서 다룬 여러 선거제도와는 다르다(세 가지 요소는 선거구 크기, 기표방식, 당선결정방식). 첫째, 단기이양제는 비례대표제이기 때문에 선거구 크기(M)가 1보다 크다(따라서 1인 선출 선거구 단순다수제나 절대다수제와 구별된다). 즉, 각 선거구에서 2명 이상의 의원을 선출한다(예를 들어 아일랜드에서는 한 선거구에서 3~5명을 선출하며, 호주의 일부 선거구에서는 20명을 선출하기도 한다). 토머스 헤어는 영국 전체를 하나의 거대한 선거구로 해야 한다고 제안한 바 있다. 유권자는 하원House of Commons 선거에서 모든 후보자를 대상으로 놓고 선택할 수 있어야 한다는 것이다. 그러나 이 제안은 채택되지 못했다. 선거 공학자들은 수천 명의 후보들을 놓고 고르는 것이 거의 비현실적임을 알았기 때문이다. 나중에 보겠지만, 아일랜드의 단기이양제는 비교적 크기가 작은 선거구 형태로 운용된다. 이 때문에 이 제도가 비례대표제인가라는 의문을 불러일으키고 있는 것도 사실이다.

둘째, 단기이양제와 대부분의 다른 선거제도와의 차이점은 기표방식에 있다. 단기이양제의 기표방식은 '선호형preferential'이다. 유권자는 투표용지에 있는 후보들을 대상으로 자신들이 원하는 만큼의 선호 표시를 할 수 있다. 또한 정당 구별 없이 기표할 수도 있다. 유권자는 가능한 한 많은 선호를 나타낼 수 있는데, 이는 유권자 표가 최종 결과에 미치는 영향을 극대화하기 위한 것이

〈그림 6-1〉 아일랜드의 단기이양제 투표용지

다. 아일랜드 유권자는 원한 다면 하나의 선호만을 표시할 수도 있다. 반면, 호주 선거에 서는 유효표 확보를 위해 유 권자에게 최소 수 이상의 선 호 표시를 하도록 한다. 최소 선호 표기 수는 지역마다 다 르다(예를 들어 상원 선거에서는 모든 후보에 선호 표시를 해야 한 다. 반면 호주 태즈메이니아 주에 서는 선거구에서 선출되는 의원 숫자만큼 선호를 표시해야 한다; Farrell and McAllister, 2006: 60~ 61 참조).

〈그림 6-1〉은 아일랜드의 더블린 중앙 선거구(의원 4명 선출)의 투표용지다. 가장 큰 정당인 공화당이 2명 이상의 후보를 출마시켰다는 점, 그 리고 후보 배열이 알파벳순으

로 되어 있다는 점에 주목하라. 그리고 최근에는 컬러 사진(정당 로고뿐만 아니 라)도 싣고 있다. 투표용지는 단기이양제를 운용하는 국가마다 다르다. 어느 곳에서는 모든 후보를 정당별로 배치시킨다. 〈그림 6-2〉는 몰타의 총선거 투 표용지이며 정당별로 되어 있다.

셋째, 단기이양제의 당선결정방식도 다른 선거제도와는 다르다. 단기이양

〈그림 6-2〉 몰타의 단기이양제 투표용지

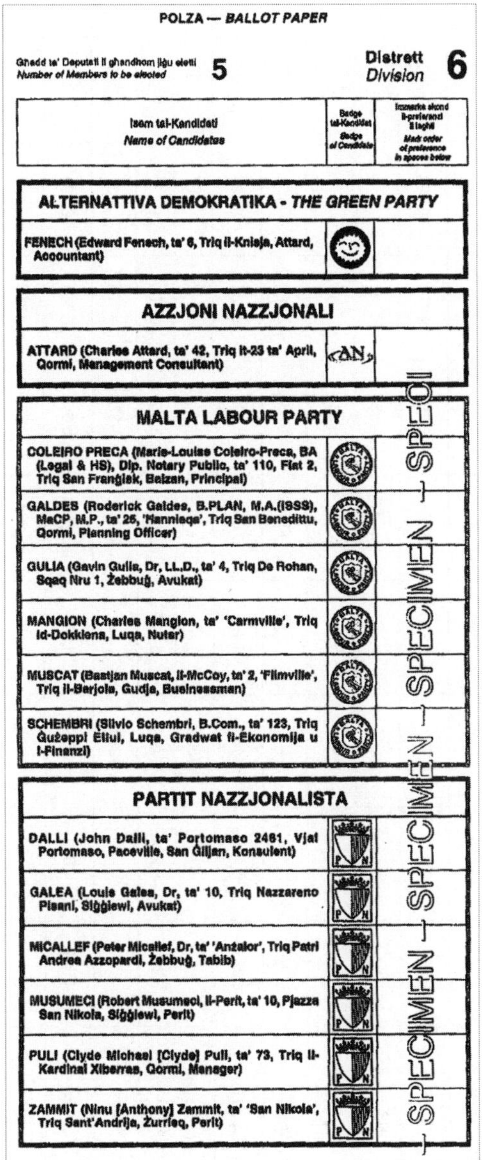

POLZA — *BALLOT PAPER*

Għadd ta' Deputati li għandhom jiġu eletti 5
Number of Members to be elected

Distrett 6
Division

Isem tal-Kandidati *Name of Candidates*	Badge tal-Kandidat *Badge of Candidate*	Immarka skond il-preferenzi tiegħek *Mark order of preference in spaces below*
ALTERNATTIVA DEMOKRATIKA - *THE GREEN PARTY*		
FENECH (Edward Fenech, ta' 6, Triq il-Knisja, Attard, Accountant)		
AZZJONI NAZZJONALI		
ATTARD (Charles Attard, ta' 42, Triq it-23 ta' April, Qormi, Management Consultant)	AN	
MALTA LABOUR PARTY		
COLEIRO PRECA (Marie-Louise Coleiro-Preca, BA (Legal & HS), Dip. Notary Public, ta' 110, Flat 2, Triq San Franġisk, Balzan, Principal)		
GALDES (Roderick Galdes, B.PLAN, M.A.(ISSS), MaCP, M.P., ta' 26, 'Hannieqa', Triq San Benedittu, Qormi, Planning Officer)		
GULIA (Gavin Gulia, Dr, LL.D., ta' 4, Triq De Rohan, Sqaq Nru 1, Żebbuġ, Avukat)		
MANGION (Charles Mangion, ta' 'Carmville', Triq id-Dokkiena, Luqa, Nutar)		
MUSCAT (Bastjan Muscat, il-McCoy, ta' 2, 'Flimville', Triq il-Berjola, Gudja, Businessman)		
SCHEMBRI (Silvio Schembri, B.Com., ta' 123, Triq Ġużeppi Ellul, Luqa, Gradwat fl-Ekonomija u l-Finanzi)		
PARTIT NAZZJONALISTA		
DALLI (John Dalli, ta' Portomaso 2461, Vjal Portomaso, Paceville, San Ġiljan, Konsulent)	PN	
GALEA (Louis Galea, Dr, ta' 10, Triq Nazzareno Pisani, Siġġiewi, Avukat)	PN	
MICALLEF (Peter Micallef, Dr, ta' 'Anżalor', Triq Patri Andrea Azzopardi, Żebbuġ, Tabib)	PN	
MUSUMECI (Robert Musumeci, il-Perit, ta' 10, Pjazza San Nikola, Siġġiewi, Perit)	PN	
PULI (Clyde Michael [Clyde] Puli, ta' 73, Triq il-Kardinal Xiberras, Qormi, Manager)	PN	
ZAMMIT (Ninu [Anthony] Zammit, ta' 'San Nikola', Triq Sant'Andrija, Żurrieq, Perit)	PN	

— SPECIMEN — SPECIMEN — SPECIMEN — SPECIMEN — SPECIMEN — SPECI

〈표 6-1〉 아일랜드 단기이양제 계산 방식: 2007년 선거에서의 던레리(Dún Laoghaire) 선거구

의석수 = 5 유효투표수 = 58,713 기준수 = 9,786	1차 계산 득표수	2차 계산 하니핀의 잉여표 이양	3차 계산 오브라이언의 표 이양	4차 계산 헨드룩스의 잉여표 이양	5차 계산 퀸의 표 이양	6차 계산 우말리의 표 이양	7차 계산 메일리의 표 이양	8차 계산 길모어의 잉여표 이양	9차 계산 라건의 표 이양	10차 계산 배럿의 잉여표 이양
배리 앤드루스* (Andrews, B.) → FF	8,587	+1,390 9,977	9,977	-191 9,786	9,786	9,786	9,786	9,786	9,786	9,786
베일리 (Bailey, J.) → FG	4,309	+50 4,359	+47 4,406	+9 4,415	+132 4,547	+385 4,932	-4,932	-	-	-
션 배럿 (Barrett, S.) → FG	5,361	+57 5,418	+38 5,456	+9 5,465	+175 5,640	+634 6,274	+2,307 8,581	+52 8,633	+4,457 13,090	-3,304 9,786
보이드 배럿 (Boyd Barrett's R.)	5,233	+61 5,294	+504 5,798	+15 5,813	+130 5,943	+419 6,362	+343 6,705	+27 6,732	+407 7,139	+751 7,890
쿠페* (Cuffe, C.) → GP	4,534	+92 4,626	+239 4,865	+21 4,886	+287 5,173	+872 6,045	+323 6,368	+31 6,399	+958 7,357	+2,553 9,910
길모어* (Gilmore, E.) → Lab	7,127	+127 7,254	+238 7,492	+22 7,514	+1,206 8,720	+505 9,225	+712 9,937	-151 9,786	9,786	9,786
하나핀* (Hanafin, M.) → FF	11,884	-2,098 9,786	9,786	9,786	9,786	9,786	9,786	9,786	9,786	9,786

의석수=5 유효표수=58,713 기준수=9,786	1차 계산	2차 계산	3차 계산	4차 계산	5차 계산	6차 계산	7차 계산	8차 계산	9차 계산	10차 계산
	득표수	하나핀의 잉여표 이양	오브로인의 표 이양	앤드루스의 잉여표 이양	퀸의 표 이양	오말리의 표 이양	베얼리의 표 이양	길모어의 잉여표 이양	리건의 표 이양	배럿의 잉여표 이양
오브로인 (O'Broin, E.) ↑ SF	1,292	+17 / 1,309	-1,309	-	-	-				
오말리 (O'Malley, F.) ↑ PD	3,959	+206 / 4,165	+47 / 4,212	+97 / 4,309	+128 / 4,437	-4,437		-	-	-
퀸 (Quinn, O.) ↑ Lab	2,265	+51 / 2,316	+50 / 2,366	+11 / 2,377	-2,377	-		-	-	-
리건 (Regan, E.) ↑ FG	4,162	+47 / 4,209	+21 / 4,230	+7 / 4,237	+260 / 4,497	+689 / 5,186	+1,062 / 6,248	+41 / 6,289	-6,289	-
이양 불가			+125 / 125	125	+59 / 184	+933 / 1,117	+185 / 1,302	1,302	+467 / 1,769	1,769

주: *는 현역의원이고 새로 당선된 의원은 굵은 글씨체로 표시.

FF: 공화당(Fianna Fáil), FG: 통일당(Fine Gael), GP: 녹색당(Green Party), Lab: 노동당(Labours), SF: 신페인당(Sinn Féin), PD: 진보민주당(Progressive Democrats)

자료: 공식 선거 결과.

제는 다인 선출 선거구로 운용되기 때문에 후보의 당락을 결정하는 방식이 필요하다. 드룹 기준수로 선거구 당선자를 확정한다. 대개의 경우 기준수만큼 득표해야 당선된다. 기준수는 다음과 같이 구한다.

$$\text{드룹 기준수} = \frac{\text{총 유효투표수}}{\text{의석수} + 1} + 1$$

이제 총 유효투표수가 100표인 상황을 가정해 드룹 기준수제의 운용 방식을 이해해보자. 앞서 말한 바와 같이, 단기이양제는 다인 선출 선거구로 운용된다. 이것이 다수제와 다른 주요한 특징이다. 사실 드룹 기준수는 호주 하원 선거에서 사용되고 있는 대안투표제에 쉽게 적용할 수 있다. 대안투표제는 1인 선출 선거구로 운용되기 때문에(따라서 비례대표제가 아니다) 드룹 기준수는 다음과 같이 계산된다. 100/(1+1)+1=51. 바꿔 말하면, 대안투표제에서 당선되려면 최소 51표를 얻거나 절대다수인 전체 투표의 51%를 얻어야 한다. 한 선거구에서 2명 이상의 의원을 선출하는 경우에는 당선에 필요한 최소 득표수는 줄어든다. 3인 선출 선거구에서는 26%, 4인 선출 선거구에서는 21%, 5인 선출 선거구의 경우는 17%다. 한 선거구에서 선출하는 의석이 많을수록(즉, 선거구 크기가 클수록) 당선에 필요한 득표수는 줄어든다. 이는 비례성 문제에 중요한 의미를 갖는다.

〈표 6-1〉은 단기이양제를 사용한 의석 계산 사례를 보여준다. 더블린 시 남부 던레러Dún Laoghaire 선거구 사례이며, 여기서는 의원 5명을 선출한다. 2007년 선거에 11명의 후보가 출마했다. 통일당은 3명의 후보를, 공화당과 노동당은 2명, 진보민주당과 신페인당 그리고 녹색당은 각각 1명의 후보를 공천했다. 무소속 후보도 1명 — 그는 리처드 보이드 배럿으로 '이윤보다는 사람이 먼저'라는 공약으로 출마했다 — 있었다. 선거 결과 무효표를 제외한 총 유효투표수는 5만 8713표였고, 따라서 기준수는 9786표가 된다.

〈표 6-2〉 단기이양제 투표의 첫 번째 계산 결과

순위	후보	소속 정당	득표수	기준수와의 차이	
1	메리 하나핀(Mary Hanafin)	공화당	11,884	+2,098	당선
2	배리 앤드루스(Barry Andrews)	공화당	8,587	-1,199	
3	에이먼 길모어(Eamon Gilmore)	노동당	7,127	-2,659	
4	숀 배럿(Seán Barrett)	통일당	5,361	-4,425	
5	리처드 보이드 배럿(Richard Boyd Barrett)		5,233	-4,553	
6	시아란 쿠페(Ciaran Cuffe)	녹색당	4,534	-5,252	

　　단기이양제에서의 첫 번째 계산은 유권자가 던진 표를 그에 표기된 제1선호에 따라 후보별로 분류하는 것이다. 만약 다인 선출 단순다수제(즉, 연기투표제, 제2장을 보라)를 사용했다면 〈표 6-2〉에서 가장 많은 표를 얻은 처음 5명이 당선되었을 것이다.

　　그러나 단기이양제에서는 최소한 기준수만큼 득표를 한 후보만이 당선된다. 이 경우에 단 한 명의 후보, 공화당의 메리 하나핀Mary Hanafin만이 이 조건을 충족한다. 4석이 아직 남아 있으며, 계산은 다음 단계로 넘어간다. 단기이양제의 다음 단계는 두 가지 중 하나다. 첫째, 만약 한 후보가 당선되었다면 다음 계산은 남아 있는 모든 잉여표surplus votes ― 즉, 기준수를 초과한 표 ― 를 유권자들이 표시한 제2선호에 따라 남은 후보들에게 이양하는 것이다. 둘째, 만약 어느 후보도 당선되지 못했다면(혹은 잉여표가 너무 적어 남은 후보에게 이양하는 것이 큰 의미가 없다면), 다음 단계에서는 제1선호표를 가장 적게 받은 후보를 '제거'하면서 그의 표를 제2선호 표시에 따라 남은 후보들에게 이양한다. 이때 제거되는 후보의 표수가 극히 적어 남은 후보들의 순위에 어떤 영향도 미치지 못할 수도 있다. 이럴 경우 개표담당자는 결정을 신속히 하기 위해 2명 이상의 후보를 동시에 제거할 수도 있다. 당선된 후보의 잉여표를 이양하거나 혹은 제거된 후보의 표를 이양하는 것은 ― 제2, 제3, 제4선호 순서에 따른 이양 ― 당선자가 모두 결정될 때까지 계속해서 반복한다.

여기서의 예를 보자. 하나핀의 잉여표인 2098표는 비교적 많은 표수이기 때문에 이를 이양할 경우 최소 득표한 후보 2명(퀸과 오브로인 – 단, 973표 차이다)의 당락을 결정할 수도 있다. 다음 단계는 하나핀의 잉여표를 이양하는 것이다. 여기서 중요한 점은 하나핀이 얻은 모든 표가 이양되는 것이 아니고 기준수를 초과하는 수만큼만 이양한다는 사실이다. 즉, 9786표는 여전히 그의 파일에 남아 있는 것이다. 그렇다면 이 절차가 어떻게 진행되는지를 알아보기 위해, 하나핀의 표가 같은 당 소속 후보인 배리 앤드루스Barry Andrews에게 이양되는 계산 방식을 보자. 하나핀이 제1선호로 얻은 표를, 그 표에 표시된 제2선호에 따라 분류할 때 한 묶음의 표가 앤드루스에게 이양 가능하다. 하나핀이 얻은 1만 1884표 중 7873표는 배리 앤드루스를 제2선호로 표시했다. 전체 1만 1884표 중 약 66%에 달한다. 문제는 다음이다. 이양해야 할 잉여표인 2098표를 이 비율만큼의 표로 어떻게 전환하는가이다. 이 7873표 중 몇 표를 앤드루스에게 이양하는가는 다음과 같이 계산된다.

하나핀의 표 중 앤드루스에게 이양될 표수

$$= \frac{\text{하나핀의 잉여표 수}}{\text{하나핀의 득표수}} \times \text{하나핀의 표 중 앤드루스를 2선호로 표시한 표수}$$

이 공식을 적용하면 다음과 같은 결과를 얻을 수 있다. (2098 ÷ 1만 1884) × 7873=1390표. 이것이 하나핀 잉여표(2098표)의 66%이며 1390표를 앤드루스에게 이양하게 되는 것이다. 이 과정은 남은 후보들의 경우에도 계속 반복된다. 〈표 6-1〉의 두 번째 칸이 계산 결과다. 정치학자들은 여기서 단기이양제에 대해 즐거움을 느낀다. 시노트(Sinnott, 1995: 199)가 말한 바와 같이, 단기이양제가 풍부한 정보를 제공하기 때문이다. 예를 들어 후보 사이에 표가 이양되는 과정을 연구하면 후보 간 관계, 정당 간 관계, 그리고 유권자들이 정당연립에 대해 어떤 인식을 하고 있는지에 대해 많은 것을 알 수 있다. 잠시 후에 이에 대해 자세히 살펴볼 것이다. 그러나 간략한 이해를 위해 이 경우에 공화당의 표(하나핀의 표)가 어떻게 이양되고 있는지를 볼 필요가 있다. 방금 본 대로 1390표(이양표 전체의 66%)가 동일 정당 소속 앤드루스에게 이양되었고, 154표(7%)는 통일당 후보 3명에게 이양되었다. 그리고 178표(8%)는 노동당 후보, 206표(10%)는 진보민주당 후보, 92표(4%)는 녹색당, 그리고 17표(1%)는 신페인당 후보에게 이양되었다. 진보민주당 후보에게 넘겨진 표의 비율이 약간 많다. 이는 진보민주당이 가지고 있는 연립 파트너로서의 지위를 반영한 것이다.

하나핀의 잉여표를 이양해도 다른 후보는 기준수를 넘기지 못하고 있다. 그래서 다음 단계로 최소 득표 후보를 제거한다(계산 3). 그는 신페인당 후보인 이오인 오브로인Eoin Ó'Broin이다(1309표). 그가 받은 모든 표는 제2선호로 표시된 후보별로 이양된다. 이 경우에 모든 표가 이양된다는 사실에 유념하라. 일정 비율의 표(기준수만큼)를 건드리지 않는 경우는 당선자의 잉여표를 이양할 때에 한해서다. 이 이양 과정의 결과로 두 번째 후보인 공화당의 앤드루스가 당선된다. 그는 이양받은 표로 기준수를 충분히 넘겼다. 다음 단계(계산 4)는 그의 잉여표를 이양하는 것이다. 이후 계산은 4번의 단계를 더 거친다.

8번째 계산이 끝나도 여전히 2석이 남아 있다. 남아 있는 후보들의 순위는 계산 1 직후와 비교해 달라지지 않았다. 통일당의 세 후보 중 두 후보는 여전히 경쟁 중이다. 두 후보의 득표를 합치면 1만 4992표로 기준수의 1배 반 정도다. 그러므로 어느 정당이 4번째 의석을 차지하는지는 명백하다. 이 단계에서 무소속 후보인 배럿은 녹색당 후보 쿠페Ciaran Cuffe와의 표차가 절반으로 줄어, 단 333표다(계산 1 이후 669표 차이로 앞서고 있었다). 그럼에도 마지막 남은 의석을 차지할 기회가 있어 보인다. 마지막 두 단계 계산에서 쿠페는 통일당의 두 후보로부터 이양받은 표로 기준수를 충분히 넘길 수 있었고, 결국 배럿을 이기고 마지막 남은 의석을 차지했다.

이 과정이 보여주는 바와 같이, 단기이양제 계산은 시간이 오래 걸릴 수 있다. 실제로도 재계산의 가능성까지 고려한다면 이 계산은 마지막 결과를 발표하기까지는 수일, 심지어 수주가 걸릴 수도 있다. 그리고 후보의 운명이 계산 단계마다 극적으로 바뀔 수도 있다. 이에 대해 두 가지 점을 지적할 필요가 있다. 첫째, 적어도 아일랜드의 단기이양제는 우연chance이라는 요소를 내포한다. 둘째, 일반적으로 투표 이양과정이 당선에 결정적인 영향을 미친다 — 실제로 의석수를 극대화하고자 하는 정당 전략가들은 이 사실을 놓치지 않고 있다.

1992년 더블린 남-중부Dublin South-Central 선거구에서의 계산 과정을 보면, 이 두 가지 점이 중요한 의미가 있다는 것을 잘 알 수 있다. 공화당의 벤 브리스코Ben Briscoe는 최종 계산(13번째 계산)까지 가서야 총 4석 중 마지막으로 남은 1석을 차지했다. 그러나 그는 6526표로 당선되어 결국 기준수인 8049표를 넘지는 못했다. 그에게 패배한 민주좌파당Democratic Left의 에리크 바이른Eric Byrne보다는 고작 5표가 많았던 것이다. 물론 브리스코는 더 많은 표를 얻었기에 당선될 자격이 있다. 그러나 〈그림 6-3〉이 보여주는 것처럼 그 차이는 매우 근소했다. 여러 단계를 거쳐 표가 이양되면서 브리스코가 바이른을 앞선 표차는 점차 줄어들었다. 계산 1 직후는 1395표로 격차가 컸다. 게다가 브리스코는 아일랜드 단기이양제 계산(하원 선거에서만 사용된 계산) 적용 방식에서 발생하는 '우연'이라는 요소로부터 도움 받았던 것일 수도 있다. 이것은 잉여표의 이양과 관련 있다. 앞서 본 것처럼, 모든 표가 이양되는 것이 아니라 기준수를 초과하는 표만 이양된다. 검표관이 남아 있는 각 후보에게 이양될 표의 비율을 계산하고 나면 이때부터 문제가 발생한다. 실제 어느 투표용지를 넘겨주고 어느 것을 남겨야 하는가이다. 이 단계에서는 단기이양제의 각 유형마다 상이한 이양 방식을 사용한다. 아일랜드 하원 선거의 경우, 검표관은 단순히 당선된 후보 득표함에서 위로부터 잉여표 수만큼의 투표용지를 집는다. 따라서 아일랜드의 경

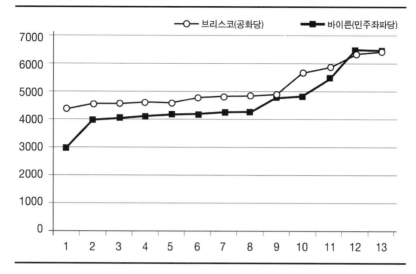

〈그림 6-3〉 두 후보의 당락에 영향을 미친 이양 과정: 1992년 더블린 남-중부 선거구

우 우연의 요소가 결합되어 있고, 이는 표 차이가 근소할 때 더 큰 영향을 미칠 수 있다(Gallagher and Unwin, 1986).

시노트Richard Sinnott가 말한 바와 같이 "이양 과정은 아일랜드 유권자의 투표 행태에 대해 많은 것을 말해준다"(Sinnott, 1995: 199). 단기이양제에서의 이양 과정을 통해 특정 후보 간의 관계, 한 정당 내에서의 정파 간 갈등 정도, 특정 한 연립 형태에 대한 유권자들의 인식을 파악할 수 있다. 갤러거는 1920년대 부터 1970년대까지의 아일랜드 이양 과정에 대해 독창적 연구를 수행한 바 있 다(Gallagher, 1978). 그는 이 연구에서 몇 가지 사실을 발견한다. 첫째, 공화당 지지자들이 다른 정당 지지자들보다 당에 대한 '충성도'가 높았다는 점이다. 바꿔 말하면, 공화당을 지지한 유권자들은 갑자기 마음을 바꿔 다른 정당 후보 를 선택하기보다는 같은 정당 소속 후보자들에게 투표할 가능성이 높다는 것 이다. 이는 투표관리 전략가들에게 중요한 함의를 갖는다. 왜냐하면 정당은 지지표의 효율성을 극대화할 필요가 있기 때문이다. 같은 정당 소속 후보들 사이에서 일관되게 표가 이양되지 않는다면, 그 정당 소속 후보의 당선 가능성은 낮아질 수 있다.

둘째, 공화당 지지자들이 다른 정당 지지자들보다 '배타적'인 성향을 갖고 있음도 발견했다. 즉, 그들은 공화당 후보들만 지지하고 다른 정당 후보들에게는 어떤 선호도 표시하지 않는다는 것이다. 한편으로 이런 현상은 정당에 해가 될 수 있다. 왜냐하면 정당 지지자들이 선거 결과에 영향을 미치기 위해서는 가용한 모든 가능성을 최대한 사용해야 하나 그렇지 않은 것이기 때문이다. 유권자가 단기이양제를 '활용'하는 최선의 방법은 가능한 한 많은 선호를 표시하는 것이다. 그러나 다른 의견도 있다. 시노트는 다음과 같이 말한다.

특정 정당의 입장에서 보면, …… 정당 지지자가 배타적으로 생각하게 하고 다른 정당 후보에게는 낮은 순위조차도 표기하지 않도록 한다면, 그것은 다른 정당 후보에게 표를 이양하지 않게 됨으로써 결과적으로는 선거 결과에 영향을 미치지 못하게 될 수도 있다. 그러나 이로부터 발생하는 손실은 충분히 보상받고도 남는다. 왜냐하면 유권자의 정당에 대한 충성도를 강화하고 향후 선거에서 발생할 수 있는 이탈이나 변절을 최소화할 수 있기 때문이다(Sinnott, 1995: 212).

갤러거가 이 시기 연구에서 찾아낸 세 번째 특징은 다른 정당 소속 후보 간의 표 이양과 관련된 것이다. 특히 통일당과 노동당이 1950년대와 1970년대에 연립 정부를 구성했다는 사실로 볼 때, 각 정당의 지지자들 간의 관계를 살펴보는 것은 흥미로운 일이다. 이 시기에 유권자들은 두 정당 간 연합에 대해 공감했다. 그러나 통일당에서 노동당으로 이양된 표가 노동당에서 통일당으로 이양된 표보다 더 많았다.

아일랜드 선거에서의 이양 유형에 관한 갤러거의 연구에 의하면, 이전 수십 년 동안 유권자의 '충성도'나 '연대감' 정도가 현저히 약화되고 있다. 이런 경향은 특히 공화당의 경우에 두드러지게 나타난다. 1980년대까지도 같은 당 후보끼리 주고받는 충성표가 평균 80% 이상이었다. 그러나 당내 경쟁이 격화되면서 이 평균 수치는 점차 낮아지고 있는 것이다〔이것은 정당의 내적 갈등 현상과 아일랜드 유권자의 정당 충성 투표 감소 현상을 반영한 것이기도 하다(Marsh et al., 2008: 64 참조)〕. 1997년 공화당 후보들에 대한 지지는 67% 정도밖에 되지 않았고, 이는 공화당이 1997년 선거에 출마하는 후보 수를 줄였던 주요 원인이 되었다 (Gallagher, 2008: 93~94).

6-3 단기이양제의 여러 유형

지금까지 아일랜드 사례에 초점을 맞췄다. 단기이양제에 다양한 유형이 있다는 것은 이미 언급한 바 있다. 〈표 6-3〉은 여러 단기이양제에 대한 개괄적 정보를 제공하고 있다(단기이양제의 여러 유형에 대한 자세한 내용은 Farrell and McAllister, 2007: 57~68 참조). 어떤 차이점은 꽤 명확하며 그리 놀라운 것도 아니다. 첫째, 선거구 크기에서 차이가 난다. 아일랜드의 선거구 크기가 가장 작다. 특히 상원의 모든 구성원(각 주별로 12명)을 선출하는 호주의 '양원 해산double dissolution' 선거*와 비교할 때 더욱 그렇다.

둘째, 기표방식에도 차이가 난다. 〈그림 6-1〉과 〈그림 6-2〉에서 아일랜드와 몰타의 투표용지의 차이점을 볼 수 있었다. 호주의 투표용지는 또 다른 유형이다(〈그림 6-4〉를 보라). 정당명은 투표용지 위쪽에 횡으로 나열되어 있고, 후보명은 각 정당 이름 밑에 종으로 배열되어 있다. 아일랜드와 몰타의 경우 후보

---

* 양원제 국가인 호주의 헌법에는 하원과 상원이 특정 법안에 대해 합의를 하지 못할 경우 총독이 양원을 해산할 수 있으며, 선거를 통해 다시 양원을 구성하도록 한다.

〈표 6-3〉 단기이양제 비교: 아일랜드, 몰타, 그리고 호주

특징	아일랜드	몰타	호주 상원	태즈메이니아
I. 선거구 크기	3석 - 5석	5석	6석 - 12석	5석
II. 투표용지 모양	- 위에서 아래 방향 후보 이름별 정렬(알파벳순) 소속 정당명 포함	- 위에서 아래 방향 후보 이름별 정렬 (동일 소속 정당별 분류)	- 왼쪽에서 오른쪽 방향 소속 정당별(제비뽑기) - 위에서 아래 방향 후보 이름(정당 지정)	- 왼쪽에서 오른쪽 방향 소속 정당별(제비뽑기) - 위에서 아래 방향 후보 이름(교대로)
III. 잉여표 이양	전 가치(full value)로 잉여표만 이양	전 가치(full value)로 잉여표만 이양	분수 가치로 모든 표 이양 (포괄적 그레고리 방식)	분수 가치로 마지막 표 묶음 이양 (그레고리 방식)
IV. 선호 표시	최소 = 1	최소 = 1	최소 = 전체 후보 숫자만큼. 혹은 일괄 투표할 경우 1표	최소 = 의석수
V. 공석	보궐선거	재계산	주 의회가 동일 소속 정당에서 누군 가 지명	재계산

자료: Farrell and McAllister(2006: 표 3-4).

명이 알파벳순으로 정렬되어 있다. 이와는 달리 호주 상원 선거 투표용지에서의 후보 순서는 정당이 결정한다. 태즈메이니아 주는 또 다른 형태다. 단기이양제 사례로는 처음으로 후보 이름 순서를 교대로 바꾸는 방법을 채택했다. 각 후보들에게 자신의 이름이 투표용지 맨 위에 표시될 수 있는 기회를 동등하게 부여한 것이다(Darcy and Mackerras, 1993).

셋째, 잉여표 이양 절차도 매우 상이하다. 아일랜드(그리고 몰타)에서는 한 후보가 당선된 후 그의 잉여표를 이양할 때, 기준수를 넘어서는 표만을 전 가치full value로 이양한다.• 그리고 용지에 표시된 바로 다음 선호 순위에 따라 이양한다. 한때 이것이 단기이양제의 표준적 절차였다. 실제 어떤 투표용지를 이양할 것인지는 무작위random로 선택하며, 이런 방식은 다음 계산에서 중요한 의미를 갖는다. 특히 두 후보 간 표 차이가 근소할 때 더욱 큰 의미가 있다. 왜냐하면 후보 간 접전이 벌어지면 초기 계산에서 어떤 용지가 선택되는가에 따라 그들의 운명이 달라지기 때문이다. 즉, 이양되는 용지들에서 누가 앞 순위로 표기되었는가에 따라 결과가 달라진다는 것이다(〈그림 6-3〉의 사례에서도 나타날 수 있는 현상이다). 이 같은 이양 방식에서는 계산 과정에서 일종의 '무작위 효과'가 발생할 수 있다. 몇몇 사람은 이런 방식 때문에 특정 후보가 부당하게 당선될 가능성은 거의 없다고 주장한다(Lakeman, 1974: 140). 그러나 한 통계 분

• '무작위 방식'이라고 하며 가상적 예를 들어보면 다음과 같다. A가 제1선호표 100표를 얻었고 기준수가 80표라면 당선되며, 잉여표는 20이다. 이 잉여표를 이양하기 위해 검표원은 쌓아둔 A의 100표에서 위로부터 20표를 집거나, 100표를 섞은 다음 그중에서 20표를 무작위로 집는다. 그리고 이 20표를 각 용지에 2선호로 표기된 후보에게 이양한다. 즉, 기준수만큼의 표는 제외하고 잉여표를 전 가치full value로 이양하는 것이다. 그러나 여기서는 본문에서 말하는 바와 같이 무작위적 요소에 의한 문제가 발생할 수 있다. 극단적인 예로, 제외한 80표 모두에는 B가 2순위로 표기되어 있지만 무작위로 선택한 20표에는 B가 3순위 혹은 4순위로 표기되는 상황이 발생할 수 있다. 이런 문제를 해결하기 위해 모든 표의 선호순위를 고려해 분수 가치fractional value로 표를 이양하는 것이다.

석에 의하면, 이 같은 잉여표 이양 절차에는 "그냥 지나칠 수는 없는 임의성 요소"가 발생할 가능성이 분명히 존재한다(Gallagher and Unwin, 1986: 253; 또한 Coakley and O'Neill, 1984 참조).

이런 무작위적 요소를 해결하는 방법은 잉여표를 배분할 때 모든 표의 선호 순위를 감안해, 특정 후보가 얻은 모든 투표용지(기준수를 넘는 초과분만이 아니라)를 분수 가치fractional value로 계산해 이양하는 것이다. 이것을 보통 '그레고리 방식Gregory method'이라고 부른다.* 1880년 이 방식을 고안한 멜버른의 수학자 그레고리J. B. Gregory의 이름에서 따온 것이다. 호주 상원 의원 선거에서는 잉여표 이양의 후반 단계에(첫 번째 잉여표 이양 후) 그레고리 방식의 변형인 '포괄적 그레고리 방식inclusive Gregory method'을 사용하고 있다. 그레고리 방식에서는 다른 투표용지는 배분하지 않고 마지막 투표용지 묶음parcel만을 이양한다. 반면 '포괄적 그레고리 방식inclusive Gregory method'에서는 투표용지 간에 구분을 두지 않고 모든 투표용지를 분수 가치factional value로 이양한다(이에 대해서는 Farrell and McAllister 2006: 62~65).**

- 그레고리 방식에서의 이양 가치transfer value: TV는 $TV = s/a$(s = 후보의 잉여표 수, a = 첫 번째 계산 단계에서 잉여표를 이양할 때는 후보자가 얻은 총 득표수, 이후 계산 단계에서는 마지막 투표용지 묶음표수; Farrell and McAllister, 2006: 187). 예를 들어보면 다음과 같다. A가 제1선호표 100표를 얻었고 기준수가 80표라고 가정해보자. A는 당선이 확정되며 잉여표는 20표다. 이양될 1표의 가치TV를 계산하면 $20/100 = 1/5$이다. 다음은 A가 얻은 100표 모두에서 선호 순위가 어떻게 표기되는지를 본다. 만약 A의 100표에서 B를 제2선호로 표기한 표가 80표라고 한다면, B에게 넘겨줄 표는 $80 × (1/5) = 16$표다. 즉, B는 제2선호 80표를 얻었으나 그에게 이양되는 표는 1/5로 계산되어 이양된다. 이것이 표를 분수 가치 factional value로 이양한다는 의미다. B가 만약 이미 70표를 얻고 있는 상황이라면 $70 + 16 = 86$표로 기준수를 넘기고 잉여표는 6표가 된다.
- 포괄적 그레고리 방식에서의 이양 가치TV = s/n(s = 후보의 잉여표 수, n = 후보의 파일에 있는 모든 표수). 즉, n은 한 후보가 제1선호표로 받은 표와 1단계 잉여표 이양 이후 단계에서 다른 후보로부터 넘겨받은 모든 표를 합한 것을 의미한다(Farrell and McAllister,

잉여표 이양 방식이 선거 결과에 큰 영향을 미치는 상황을 가정해보자. 후보 A는 기독교 근본주의자이며 낙태 반대를 강력히 주장하면서 선거에서 압승한다. A의 지지자 중 일정 비율은 제2선호로 후보 B를 택했다. 후보 B는 정치에 대해 세속적인 견해를 가지고 있음에도 역시 중도우파 정치인이다. 후보 B를 제1선호로 표시한 지지자 중 상당 비율은 그가 경제에 대해 중도우파적인 견해를 가지고 있어 선택한 것이다. 그리고 그들은 후보 A의 낙태에 관한 견해에 대해서는 강한 반감이 있을 수도 있다. 따라서 후보 A를 제1선호 후보로 선택한 사람들의 선호 패턴은 후보 B를 제1선호로 선택한 사람들과는 큰 차이가 있을 가능성이 높다. 아일랜드의 무작위 방식과 태즈메이니아 주의 그레고리 방식에서는 후보 A가 얻은 제1선호표 묶음parcel을 선택해 이양한다. 그러나 이것이 후보 B를 지지한 전체 유권자들의 정확한 '표본sample'인가는 의문이다.

호주 상원 선거에서 포괄적 그레고리 방식을 사용할 것을 제안하는 보고서 작성에 참여했던 일부 자문위원들은 이 같은 문제를 마음속에 두고 있었다. 왜냐하면 포괄적 그레고리 방식에서는 마지막 투표용지 묶음이 아니라 모든 투표용지가 이양되기 때문이다. 그러나 실제로 이것은 하나의 변칙anomaly을 다른 변칙으로 대체하는 것에 지나지 않는다. 비판자들이 지적하듯이, 포괄적 그레고리 방식에서는 어느 한 투표용지의 가치가 계산 후반 단계로 갈수록 증가함으로써 어떤 투표용지에는 과도한 가중치가 부여되는 반면, 다른 용지에서는 충분치 못한 가중치가 부여된다. 이 같은 변칙적인 성격으로 인해 엉뚱한 후보가 당선될 위험성이 있는 것이다(Farrell and McAllister, 2006: 94~100 참조).[2]

넷째, 단기이양제 유형에 따라 유권자의 선호 순위 표기 방식이 다르다(〈표 6-3〉에서 특징 IV). 아일랜드와 몰타에서는 투표용지에 최소한 제1선호 후보에게만 표시하면 그 표는 유효표가 된다. 태즈메이니아의 유권자는 최소한 선출

_____

2006: 188).

하는 의원 수만큼 선호 순위를 표시해야 한다. 그러나 호주 상원 의원 선거에서는 투표가 더 번거롭다. 강제 선호 투표 방식을 운용하고 있어 유권자는 투표용지에 있는 모든 후보를 대상으로 선호를 표시해야 하기 때문이다(적어도 1명은 남겨둘 수 있으며, 이때 표시하지 않은 후보는 마지막 선호 순위로 간주된다). 호주에서는 무효표(invalid votes, 혹은 informal votes)가 증가하고 있던 추세를 고려해 1989년 상원 의원 선거에서 '일괄투표ticket-voting' 방식을 제도화한다. 이 방식은 다음과 같다. 유권자가 자신들이 선호하는 정당에 일괄투표하기를 원한다면 투표용지의 '선線 위above the line'에 표기하면 된다(〈그림 6-4〉에서 굵고 검은줄). 이 표는 정당이 소속 후보들의 순위를 정할 수 있는 표가 된다. 정당은 통상적으로 후보들의 선호 순서를 미리 정해 둔다. 호주에서는 다수 유권자가 이런 방식으로 투표한다(Farrell and McAllister, 2006: 130). 이 때문에 호주 상원 선거제도는 일괄투표 방식의 도입으로 일종의 폐쇄형 정당명부식 비례대표제로 변화되고 있다고 할 수도 있다.

마지막으로, 단기이양제 변형 간 차이는 뜻하지 않게 발생한 공석을 채우는 방식에 있다(〈표 6-3〉의 특징 V). 두 가지 상반된 입장이 있다. 한쪽에서는 다음과 같이 가정한다. 의석은 정당에 속해 있는 것이기 때문에 그 공석을 채우는 것은 정당이 결정해야 된다는 것이다. 호주 상원이 이 방식을 따른다. 다른 쪽에서는 유권자가 이미 최초 선거에서 결정한 것으로 본다. 따라서 공석을 채우는 최선의 방식은 원래 선거에서 표기했던 투표용지로 돌아가 다시 계산하고, 그 의석을 최초 당선자 다음 순위 후보에게 넘겨줘야 한다는 것이다. 몰타와 태즈메이니아 주가 이 방식을 택하고 있다. 그리고 아일랜드는 이 둘의 중간 지점에 위치한다. 보궐 선거를 통해 유권자가 다시 선택하는 방식이다. 이 선거에서는 대안투표제alternative voting를 통해 1명을 선출하게 된다. 그러므로 아일랜드에서만 정부에 대한 중간 평가가 치러진다고 할 수 있다. 이런 점으로 볼 때 아일랜드 제도는 대정당에 유리하다고 할 수 있다. 보궐 선거가 대안투

〈그림 6-4〉 호주 상원 의원 선거 단기이양제 투표용지

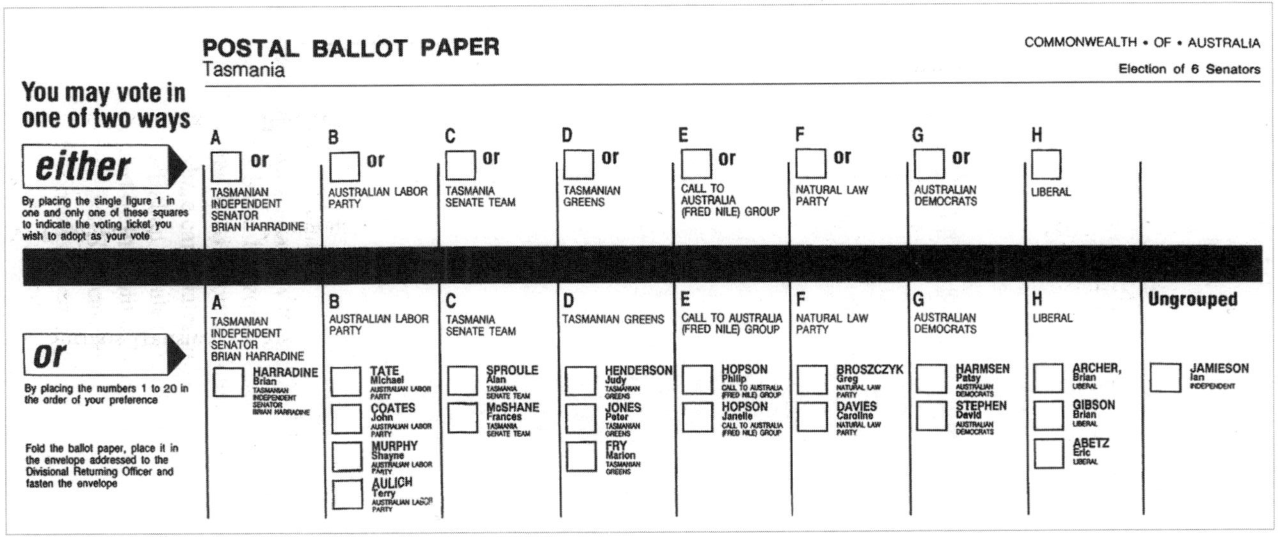

POSTAL BALLOT PAPER
Tasmania

COMMONWEALTH • OF • AUSTRALIA
Election of 6 Senators

You may vote in one of two ways

either

By placing the single figure 1 in one and only one of these squares to indicate the voting ticket you wish to adopt as your vote

A	B	C	D	E	F	G	H
☐ or	☐ or	☐ or	☐ or	☐ or	☐ or	☐ or	☐
TASMANIAN INDEPENDENT SENATOR BRIAN HARRADINE	AUSTRALIAN LABOR PARTY	TASMANIA SENATE TEAM	TASMANIAN GREENS	CALL TO AUSTRALIA (FRED NILE) GROUP	NATURAL LAW PARTY	AUSTRALIAN DEMOCRATS	LIBERAL

or

By placing the numbers 1 to 20 in the order of your preference

A	B	C	D	E	F	G	H	Ungrouped
TASMANIAN INDEPENDENT SENATOR BRIAN HARRADINE	AUSTRALIAN LABOR PARTY	TASMANIA SENATE TEAM	TASMANIAN GREENS	CALL TO AUSTRALIA (FRED NILE) GROUP	NATURAL LAW PARTY	AUSTRALIAN DEMOCRATS	LIBERAL	
☐ HARRADINE Brian TASMANIAN INDEPENDENT SENATOR BRIAN HARRADINE	☐ TATE Michael AUSTRALIAN LABOR PARTY	☐ SPROULE Alan TASMANIA SENATE TEAM	☐ HENDERSON Judy TASMANIAN GREENS	☐ HOPSON Phillip CALL TO AUSTRALIA (FRED NILE) GROUP	☐ BROSZCZYK Greg NATURAL LAW PARTY	☐ HARMSEN Patsy AUSTRALIAN DEMOCRATS	☐ ARCHER, Brian LIBERAL	☐ JAMIESON Ian INDEPENDENT
	☐ COATES John AUSTRALIAN LABOR PARTY	☐ McSHANE Frances TASMANIA SENATE TEAM	☐ JONES Peter TASMANIAN GREENS	☐ HOPSON Janelle CALL TO AUSTRALIA (FRED NILE) GROUP	☐ DAVIES Caroline NATURAL LAW PARTY	☐ STEPHEN David AUSTRALIAN DEMOCRATS	☐ GIBSON Brian LIBERAL	
	☐ MURPHY Shayne AUSTRALIAN LABOR PARTY		☐ FRY Marion TASMANIAN GREENS				☐ ABETZ Eric LIBERAL	
	☐ AULICH Terry AUSTRALIAN LABOR PARTY							

Fold the ballot paper, place it in the envelope addressed to the Divisional Returning Officer and fasten the envelope

표제라는 다수제[3]의 한 유형으로 치러져 대정당 후보가 당선될 가능성이 높기 때문이다. 그러나 실제로는 보궐 선거에서 대정당(여당)의 성적이 그리 좋지는 못했다. 보궐 선거는 일반적으로 임기 중간에 치러지며, 따라서 유권자가 정부 여당을 평가할 수 있는 기회를 갖기 때문이다.

6-4 단기이양제의 정치체제에 대한 영향

앞서 본 바와 같이, 단기이양제는 1인 선출 단순다수제와 유사한 점이 많다. 전국을 지역 단위 선거구로 분할하고 각 선거구에서 대표를 선출한다는 점, 그리고 유권자는 정당(정당명부식과 같이)이 아닌 후보들을 대상으로 선택한다는 점이 대표적 공통점이다('일괄투표'를 허용하는 호주 상원 선거의 경우는 예외다). 반면 두 가지 중요한 차이점도 있다. 첫째, 단기이양제는 비례대표제이며, 둘째, 한 선거구에서 2명 이상의 후보를 선출한다는 점이다.

선거제도를 평가할 때 두 가지 주제를 고려할 필요가 있다(다른 선거제도 평가 때도 마찬가지다). 첫째, 이 제도는 얼마나 비례적인 결과를 가져오는가와 둘째, 전체적으로 정치체제에 어떤 영향을 미치는가이다. 단기이양제의 비례성에 대해서는 많은 연구가 있었다. 이에 관한 쟁점은 제7장에서 다룰 것이다. 앞으로 살펴보겠지만 이에 대한 결론은 매우 다양하다. 어떤 이는 단기이양제가 가장 비례적인 제도라고 주장하고 ,다른 이는 준準비례적semi-proportional 제도에 지나지 않는다고 한다(Blondel, 1969; Gallagher, 1975; Lijphart, 1986a, 1994a; Taagepera and Shugart, 1989). 대부분의 경우, 전자를 주장하는 학자들은 단기이양제와 정당명부식 제도를 이론적인 측면에서만 비교해 다룬다(특히 몇몇 단기이양제 사례는 선거구 크기가 작기 때문에 비례성을 감소시키는 효과가 있다는 점을 무시하고 있다). 후자를 주장하는 학자들은 실제에서 나타나는 현상을 비교한다.

제7장에서는 비례성 문제를 기준으로 여러 선거제도를 평가한다. 따라서 이 절에서는 단기이양제와 직접 관련된 몇 가지 주제만 먼저 다뤄보자.

이 책의 전반부 장들에서 논의한 것을 상기해보자. 〈표 6-4〉는 1951년 이후 실시된 아일랜드 선거에서 정당들이 얻은 득표율과 의석률을 정리한 것이다. 득표율과 의석률 간의 차이를 보여주는 칸을 보면 명확히 알 수 있듯이, 이 제도는 단순다수제나 절대다수제보다 훨씬 비례적인 결과를 가져왔다. 득표율-의석률 간의 차이가 두 자리 숫자인 적이 없었다. 〈표 2-2〉, 〈표3-3〉 혹은 〈표 3-4〉에서의 수치보다 일관되게 낮은 수치다(물론 〈표 4-7〉 혹은 〈표 5-2〉에서만큼 작지는 않다). 비교해 평가해보면, 단기이양제에서 군소 정당은 제도에 의한 부당한 대우를 받고 있지 않다. 게다가 제2장과 제3장에서 본 것과 같이, 의회 과반수 구성에서 나타날 수 있는 불일치 사례가 거의 없다. 실제로 주목할 만한 유일한 사례는 1973년 선거다. 이때 아일랜드 공화당은 가장 많은 득표를 했으나 의석에서는 과반수를 차지하지 못해 정권을 내줬다.

비례성 문제를 다룰 때 가장 중요한 점은 선거구 크기다. 만약 헤어가 제안한 것처럼 영국을 하나의 거대한 선거구로 했다면 그것은 매우 비례적인 결과를 가져왔을 것이다. 그러나 이 방식에도 문제가 있다. 수천 명의 후보 이름이 적힌 몇 미터나 되는 투표용지에서 후보를 선택해야 하는 불행한 유권자를 상상해보라! 이것이 어떤 의미를 갖는지는 1930년대 미국 사례를 통해 알 수 있다(Hermens, 1984). 뉴욕 주는 짧은 기간 시 선거에서 단기이양제를 운용했던 적이 있다. 이때 브루클린의 한 선거구 크기가 너무 커 무려 99명의 후보가 선거에 출마했고, 그 결과 투표용지 길이는 1미터 20센티미터가 넘었다. 이와 유사한 최근 사례로는 1999년 호주 뉴사우스웨일스 주에서 악명 높았던 이른바 '테이블보 선거tablecloth election'를 들 수 있다. 21명을 선출하는 선거구였고 80개 정당에서 모두 264명 후보가 출마했다. 그 결과 투표용지 크기는 가로 1미터, 세로 70센티미터가 되었다(Farrell and McAllister, 2006: 66).

〈표 6-4〉 아일랜드 총선거(1951~2007): 득표율과 의석률 (단위: %)

연도	아일랜드 공화당(Fianna Fáil)			아일랜드 통일당(Fine Gael)			노동당(Labour)		
	득표	의석	차이	득표	의석	차이	득표	의석	차이
1951	46.3	46.9	+0.6	25.8	27.2	+1.4	11.4	10.9	-0.5
1954	43.4	44.2	+0.8	32.0	34.0	+2.0	12.1	12.9	+0.8
1957	48.3	53.1	+4.8	26.6	27.2	+0.6	9.1	8.2	-0.9
1961	43.8	48.6	+4.8	32.0	32.6	+0.6	11.6	11.1	-0.5
1965	47.7	50.0	+2.3	34.1	32.6	-1.5	15.4	15.3	-0.1
1969	45.7	52.1	+6.4	34.1	34.7	+0.6	17.0	12.5	-4.5
1973	46.2	47.9	+1.7	35.1	37.5	+2.4	13.7	13.2	-0.5
1977	50.6	56.8	+6.2	30.5	29.1	-1.4	11.6	11.5	-0.1
1981	45.3	47.0	+1.7	36.5	39.2	+2.7	9.9	9.0	-0.9
1982.2	47.3	48.8	+1.5	37.3	38.0	+0.7	9.1	9.0	-0.1
1982.11	45.2	45.2	-	39.2	42.2	+3.0	9.4	9.6	+0.2
1987	44.1	48.8	+4.7	27.1	30.7	+3.6	6.4	7.2	+0.8
1989	44.1	46.4	+2.3	29.3	33.1	+3.8	9.5	9.0	-0.5
1992	39.1	41.0	+1.9	24.5	27.1	+2.6	19.3	19.9	+0.6
1997	39.3	46.4	+7.1	27.9	32.5	+4.6	10.4	10.2	-0.2
2002	41.5	48.8	+7.3	22.5	18.7	-3.8	10.8	12.7	+1.9
2007	41.6	47.0	+5.4	27.3	30.7	+3.4	10.1	12.0	+1.9

연도	진보민주당 (Progressive Democrats)			노동자당/민주좌파당 (Workers'party/Democratic Left)			녹색당 (Green Party)		
	득표	의석	차이	득표	의석	차이	득표	의석	차이
1973	-	-	-	1.1	0.0	-1.1	-	-	-
1977	-	-	-	1.7	0.0	-1.7	-	-	-
1981	-	-	-	1.7	0.6	-1.1	-	-	-
1982.2	-	-	-	2.3	1.8	-0.5	-	-	-
1982.11	-	-	-	3.3	1.2	-2.1	0.2	0.0	-0.2
1987	11.8	8.4	-3.4	3.8	2.4	-1.4	0.4	0.0	-0.4
1989	5.5	3.6	-1.9	5.0	4.2	-0.8	1.5	0.6	-0.9
1992	4.7	6.0	+1.3	2.8	2.4	-0.4	1.4	0.6	-0.8
1997	4.7	2.4	-2.3	2.5	2.4	-0.1	2.8	1.2	-1.6
2002	4.0	4.8	+0.8	-	-	-	3.8	3.6	-0.2
2007	2.7	1.2	-1.5	-	-	-	4.7	3.6	-1.1

주: 군소 정당과 '기타' 정당은 제외했기 때문에 비율 합이 100이 되지 않음.
자료: Coakley(2010).

요약하면 단기이양제를 사용하는 데 일종의 상반관계가 존재한다고 할 수 있다. 비례적 선거 결과를 가져오기 위해서는 선거구 크기가 가능한 한 커야 한다(모든 정당 후보들에게 공평한 기회를 주기 위해서). 그러나 선거구 크기가 지나치게 크면 너무 많은 후보들이 출마할 수 있으며, 따라서 유권자가 후보를 선택할 수 없는 상황이 된다. 일반적으로 인정되고 있는 사실은 단기이양제에서 가장 최적의 선거구 크기가 최소 5석은 되어야 한다는 것이다(Taagepera and Shugart, 1989; 11장). 앞서 본 바와 같이, 실제로 몰타와 호주 상원 선거는 이 조건을 충족한다. 그러나 아일랜드의 경우 선거구 크기가 대부분 3석 혹은 4석이다. 또한 앞서 본 바와 같이 호주 상원 선거에서는 유권자의 부담을 덜어주기 위해 '일괄투표'제를 운용하고 있다. 이 방식은 정당이 유권자의 후보 순위 결정에 미칠 수 있는 영향력을 크게 강화하는 결과를 초래하기도 한다.

비례성 문제 ─ 제7장에서 다루게 될 것이다 ─ 는 투표 방식의 단기적short-term 혹은 즉각적인 효과와 관련 있다. 반면 '장기적 효과long-term effects'에도 주목해야 한다. 이것은 투표 방식이 정당 수, 정당 간 경쟁 정도, 그리고 의원의 대표성 정도에 미치는 효과를 의미한다. 선거제도 개편 문제를 고려할 때 보통 다른 곳에서는 선거제도가 어떻게 운용되는지, 그리고 제도가 어떤 장단점을 가지고 있는지를 파악하게 된다. 단기이양제의 경우 그 사례 연구의 대상으로 보통 아일랜드를 선택한다. 아일랜드가 오랫동안 지속되어온 자유민주주의 국가 중 하나라는 점, 지리적 위치, 그리고 일반적으로 느끼는 친숙성 때문일 것이다[선거제도 개편을 위해 아일랜드의 제도를 연구하고 있는 예로는 영국 노동당의 플랜트특별조사위원회Plant Working Party, 영국 선거제도 독립위원회British Independent Commission on the Electoral System, 그리고 뉴질랜드 왕립위원회New Zealand Royal Commission가 있다].

아일랜드의 단기이양제에 대한 근본적인 비판은 정당체제가 확연하게 불안정하고 의원들의 후견주의clientelism적 경향이 강하다는 것이다. 이 두 가지를 차례로 보자. 첫째, 아일랜드 정부 대부분이 연립 정부였거나 소수 정부였다(Gallagher, 2010: 205). 이런 사실로 인해 정부의 안정성에 의문을 갖게 된다. 그리고 선거 불안정성이 증가하고 있다는 증거도 있다. 예를 들어, 1932년과 1969년 사이에 정부 교체는 4번에 지나지 않았다(공화당이 권력을 장악하거나 혹은 통일당과 노동당에 의해 연립 정부가 구성되었다). 그러나 1973년부터 2007년까지는 거의 모든 선거에서 여당이 바뀌는 결과가 나타났다(혹은 적어도 연립 파트너가 교체되었다). 게다가 1981년과 1982년에는 18개월 사이에 3번의 선거가 실시되는 등 크게 혼란스러웠던 시기였다. 1980년대 후반에는 전에는 생각할 수도 없었던 일이 일어나기도 했다. 과거에는 줄곧 단독 정부를 구성했던 공화당이 처음으로 연립을 형성한 것이다(크게 주저하긴 했지만). 첫 번째(1989)는 진보민주당, 그다음에는(1992) 노동당과 연립을 구성했다. 이 책을 집필할 당시(2009년 겨울부터 2010년) 공화당은 녹색당과 연립을 형성하고 있었다. 이 같은 의외의 연립 형성은 아일랜드 정치에서 정당 간 '무차별적인 조합promiscuity' 현상이 증가하고 있음을 잘 보여준다(Mair and Weeks, 2005).

선거에서의 변화는 동시에 정당체제의 변화를 초래했다. 아일랜드는 한때 2와 1/2 정당체제의 교과서적 사례였으나 1980년대 중반까지 다당체제로 변했다. 노동자당(후에 민주좌파당으로 대체), 진보민주당(2009년 해체), 그리고 녹색당이 의회Dáil에 진출한 것이다. 그리고 몇 년 후 신페인당도 합류한다.

그러나 아일랜드의 선거 안정성 문제에서 첫 번째로 강조되어야 할 점은 오랫동안 수많은 연립 정부와 소수 정부가 있었지만 이들 대부분은 오랜 기간 집권했었다는 사실이다(Gallagher, 2010). 실제로 아일랜드 정부는 평균 3년에서 4년 정도 존속했다(공화당이 16년 동안 권력을 차지했던 두 시기, 즉 1932년부터 1948년까지, 그리고 1957년부터 1973년까지를 포함한 것이다). 1981년부터 1982년까지 정부가 불안정했던 시기가 있기는 했다. 그러나 그것은 하나의 국면이었을 뿐이며, 이후 실시된 선거들은 안정적인 결과를 가져왔다. 물론 선거 불안정성은 아일랜드에만 일어나는 독특한 현상이 아니다. 예를 들어 영국의 1974년과 2010년 선거도 마찬가지였다.

〈표 6-4〉가 보여주는 바와 같이, 아일랜드 정당 수는 1970년대보다 1990년대에 더 많다. 그러나 오래된 3개 정당이 여전히 지배적이고 신생 정당들은 오래 지속되리라는 보장도 없다. 실제 1988년 신생 정당 중 하나였던 민주좌파당이 노동당과 통합하면서 소멸되었다. 그리고 약 10년 후 진보민주당은 공식적으로 정당 활동을 중지했다. 따라서 단기이양제가 다당체제를 초래한다는 비판은 타당하지 않은 것 같다. 1920년대 이후 선거제도가 변하지 않았음에도 아일랜드 정치에서 나타난 정당체제의 파편화는 비교적 새로운 특징이며 불변의 현상이 아니다. 더군다나 단기이양제를 운용하는 다른 어떤 국가도 다당체제로 분류되지 않는다. 예를 들어 몰타는 양당체제다(Zanella, 1990). 그리고 호주는 이와 유사한 형태인 양대 블록 체제two-bloc system로서 노동당과 자유당-국민당 연합Liberal-National coalition이 경쟁하고 있는 구도다. 반면 군소 정당(특히 민주당과 녹색당)은 상원에서 소수 의석만을 겨우 차지하고 있을 뿐이다.

단기이양제에 대한 두 번째 비판은 아일랜드 정치가 후견주의적 경향, 즉 브로커적 정치 형태에 의해 지배당하고 있다는 것이다. 의원들은 선거구 사회사업social work과 지역 이해관계에 많은 비중을 두는 편협한 지역정치를 한다(이에 대한 연구는 많다. 예를 들어 Carty, 1981; Farrell, 1985 참조). 의회에 있으면서 선거구민에게 보내는 편지에 서명하거나 질의 시간에는 중요한 국가적 문제에 대한 입법 사안이 아닌 선거구 사안에 더 많은 시간을 소비하고 있는 듯하다. 의원들을 대상으로 한 설문조사를 보면, 선거구 관련 일에 소요되는 업무가 과중하다는 것을 알 수 있다(Gallagher and Komito, 2010; Roche, 1982). 선거운동에서도 지역 문제에 비중을 두며, 같은 정당 소속 후보 간에는 통상적으로 파벌 다툼이 일어난다. 동일 정당 소속 후보 간에 갈등이 발생하는 것에는 그 나름대로 이유가 있다. 예를 들어 1951년부터 1977년까지 선거에서 패한 현직 의원의 1/3 정도가 같은 정당 소속 후보에 의해 교체되었던 것이다(Carty, 1981: 114). 이 비중도 점차 증가하고 있는 듯 보인다(Gallagher, 1990, 1999). 이 때문에 공화당은 선거에 소수 후보만을 출마시키기도 했다(Gallgher, 2008).

지역 이해관계에 비중을 두는 이 같은 지역주의localism는 유권자들 사이에서도 분명 나타난다. 마시와 동료들은 최초로 아일랜드 유권자에 대한 체계적인 연구를 수행했다. 연구 결과, 지역주의 경향이 존재한다는 사실을 밝혀낸다. 특히 2002년 아일랜드의 총선거 분석을 보면 56%에 이르는 유권자가 정당이나 후보로부터 개인적인 권유를 받은 적이 있다고 말한다. 이것은 다른 국가의 평균 수치와 크게 대조되는 것이다. 뉴질랜드의 경우 23%, 포르투갈 18%, 독일 13%, 불가리아, 프랑스, 헝가리, 그리고 폴란드는 10% 미만이다(Marsh et al., 2008: 132; 또한 Karp et al., 2007 참조).

유권자와 후보와의 접촉은 지리적 측면에서 매우 전략적인 것일 수 있다. 많은 연구가 아일랜드 유권자들이 '연고주의friend and neighbours'적 투표 경향이 있다는 것을 말해준다(Carty, 1981을 참조). 후보들은 선거구 내에서도 특히 자신이 거주하는 특정 지역으로부터 더 많은 표를 얻으며, 유권자 투표 행태에도 명백한 지역 편향이 있다. 이 같은 연고주의는 유권자의 후보에 대한 선호 순위 결정에 영향을 미친다. 그리고 1980년대 이후 정당은 정교한 득표 전략으로 이 같은 연고주의적 투표 경향을 이용해왔다. 후보 공천 시에는 선거구 내 지지 지역이 겹치지 않도록 서로 다른 지역 출신 인사들을 공천했다. 그리고 지지표의 효율성을 극대화하기 위해 각 지역 유권자들에게 선호 순위를 여러 가지로 바꿔가며 쓰도록 적극적으로 권유했던 것이다. 이 같은 전략은 같은 당 후보들이 제1선호표를 균등하게 나눠 갖도록 해서, 더 많은 후보를 당선시키기 위함이었다(Farrell 1994 참조; 이와 다른 견해에 대해서는 Bowler and Farrell, 1996; Bowler et al., 1996; Farrell and McAllister, 2006 참조).

이 같은 관점에서 보면, 아일랜드에서는 단기이양제가 지역주의 형성에 결정적 역할을 하고 있는 것으로 인식된다. 선거구 사회사업에 대한 과중한 비중, 같은 정당 소속 후보 간의 파벌 다툼, 선거운동과 의회 내 업무에서 선거구 지역 편향적인 문제에의 집중, '연고주의' 투표, 이 모든 것들이 – 적어도 많은 부분 – 후보 중심의 단기이양제 투표에 기인한다는 것이다(Carty, 1981; Farrell, 1985; Parker, 1983).

그렇다면 아일랜드에서 단기이양제는 어느 정도까지 브로커 정치brokerage politics 현상을 야기하고 있는가? 양자 간 관계가 분명히 존재하는가? 아일랜드 정치 문화는 매우 높은 수준의 지역주의로 상징된다(Chubb, 1982; Schmitt, 1973). 그러나 선거제도를 개편하면 이런 경향이 없어질 것이라고 가정하는 것은 옳지 못한 것일 수 있다. 다인 선출 선거구제 때문에 동일 정당 후보 간 경쟁이 야기된다는 주장은 맞을 수 있다. 그러나 다인 선출 선거구제가 필연적으로 선거구 내 경쟁을 유발하는 것은 아니다. 갤러거(Gallagher 1987: 32)가 말한 것처럼, "같은 정당 후보가 적극적인 선거구 일꾼이라는 명성보다는 의회에서 왕성하게 활동하는 의원이라는 명성을 쌓도록 노력하는 것"을 방해하는 것은 아무것도 없다. 다른 국가의 경우에서도 단기이양제와 브로커 정치 간에는 연관성이 없다는 사실이 입증되고 있다. 아일랜드와 호주의 태즈메이니아 주(단기이양제를 최초로 사용한 곳)를 자세히 비교해보더라도 단기이양제가 브로커 정치를 야기한다는 주장을 뒷받침할 만한 증거를 찾을 수 없다(O'Connell, 1983). 호주 상원과 하원 의원들의 태도와 배경을 비교해보면 단기이양제로 선출된 상원 의원보다 대안투표제로 선출된 하원 의원들이 선거구에 더 많은 비중을 두고 있음을 알 수 있다(Farrell and McAllister, 1995). 과거 단기이양제를 적용한 바 있는 영국 사례에서도 지역주의 편향성은 나타나지 않았다. 단기이양제를 적용했던 1994년 유럽의회 선거에서도 런던 유권자들이 '연고주의' 투표 행태를 보여주었다는 증거는 거의 없었다(Bowler and Farrell, 1996). 또한 가장 최근에 단기이양제를 사용하는 스코틀랜드 지방 정부 선거에서의 투표 경향을 분석한 연구도 "강한 '지역주의' 정치 문화의 증거를 찾지 못했다"(Denver et al., 2009: 274). 마지막으로, 2009년 겨울과 2010에 걸쳐 아일랜드와 몰타 의원들을 대상으로 같은 질문을 했던 설문조사에서는 몰타 의원들보다 아일랜드 의원들이 선거구 업무에 더 많은 비중을 두고 있음이 드러났다(Joint Committee on the Constitution, 2010).

단기이양제를 이해하는 데 있어 두 가지 기술적 문제에 관심을 가질 필요가 있다. 첫째, '투표용지 위치 효과ballot position effect'다. 후보의 이름이 투표용지에서 어디에 있는가에 따라 그 후보의 당선 가능성은 달라진다는 것이다. 둘째, '단조성單調性, monotonicity' 문제다. 단기이양제를 비판하는 사람들이 특히 강조하는 문제로서(예를 들어 Drummett, 1997) 이 제도가 일관성 없는 결과를 가져온다는 것이다. 단기이양제에서는 특정 후보의 득표수가 증가한다고 해서 반드시 그의 당선 가능성이 높아지는 것은 아니라는 것이다. 첫 번째 문제부터 논의해보자.

첫째, 투표용지 위치 효과 이론에 의하면, 유권자는 게으르거나 무관심하며 후보 선택을 하는 데 들어가는 노력과 비용을 줄이기 위해 일종의 '지름길shortcut'을 이용한다. 어느 정치체제에서는 투표 행위가 그렇게 큰 부담이 아닐 수 있다. 예를 들어 영국 유권자는 한 후보 이름 옆에 'X'표만 하면 된다. 제4장에서 본 것처럼 스페인 유권자는 선호하는 정당의 투표용지를 집어 투표함에 넣기만 하면 된다. 그러나 예를 들어 유권자가 15명의 후보 명단에서 선호순위를 모두 적어야 한다면 상황은 달라진다. 유권자가 할 수 있는 한 가지 확실한 해결 방법은 선호 순위에 따라 표기하는 것이 아니라 차례차례 순서대로sequence 표기하는 것이다. 즉, 유권자가 후보 이름 명부를 위에서부터(아래로부터도 가능하다) 차례로 읽어 내려가면서, 아는 이름이 보이면 '1'이라고 표시하고 또 아는 이름을 발견하면 2라고 표시하는 것이다(혹은 자신이 지지하는 정당소속 후보 중 읽는 순서에서 처음에 위치한 사람). 이런 현상으로 인해, 이름 첫 글자가 알파벳순으로 앞서 있는(혹은 극단적으로는 마지막에 있는) 후보에게 유리한 편향된 결과를 초래한다는 것이다. 이것을 일반적으로 '알파벳 투표alphabetical voting'라고 한다(bullet voting 혹은 donkey voting 이라고도 한다).

정치인들은 이 점을 매우 심각하게 생각한다. 이런 현상의 극단적 예는 1937년 호주 상원 선거가 치러졌을 때 뉴사우스웨일스에서 일어났다. 노동당은 4명의 후보를 출마시켰는데 우연히도 4명 모두 성姓의 첫 글자가 'A'였다. 선거 결과 4명 모두 당선되었다(1940년 이후 상원 선거의 경우 제비뽑기로 후보 위치를 결정한다). 또한 아일랜드에서 1980년대 있었던 다음 두 사례에서는 정치인들이 개명을 통해 자신의 쟁점을 알리고 동시에 알파벳 투표를 이용하려 한 것을 볼 수 있다. 션 로프투스Seán Loftus라는 후보는 이름을 션 알더만 더블린 베이-로칼 로프투스Seán Aldermann Dublin Bay-Rockall Loftus로 바꿨고, 또 다른 후보인 윌리엄 피츠시몬William Fitzsimon은 윌리엄 어베이 오브 더 홀리 크로스 피츠시몬William Abbey of the Holly Cross Fitzsimon으로 바꿨다. 아일랜드에서는 정치인들이 본인 단독으로 날인한 증서만 있으면 이름을 쉽게 바꿀 수 있기 때문에 이런 현상이 발생할 수 있었다. 이 둘 중 로프투스는 어느 정도 성공하기도 했다(1981년에만). 그러나 그것이 개명과 관련 있는지는 의문이다.

정치인들만이 투표용지 위치 효과를 심각하게 받아들이는 것은 아니다. 학계에서도 한동안 이 문제에 대해 연구했다. 그러나 다수 연구들이 방법론상 약점을 가지고 있다는 비판이 제기되었다(Darcy and McAllister, 1990). 그럼에도 호주와 아일랜드 선거에서는 이 효과가 분명 나타나고 있다(Kelly and McAllister, 1984; Robson and Walsh, 1974). 그러나 이 효과가 가져오는 문제는 매우 미미하며 또한 간단한 해법도 있다. 즉, 투표용지의 후보 이름을 교대rotation로 기재하는 것이다(Darcy and Mackerras, 1993). 방법은 단순하다. 투표용지를 인쇄하는 과정에서 후보 이름 순서를 여러 번 바꾸면 된다. 이렇게 함으로써 각 후보의 이름이 투표용지 맨 위(혹은 맨 아래)에 등장하도록 동등한 기회를 보

〈표 6-5〉 선호투표제에서의 유권자 선호에 대한 가상적 예

유권자 유형	이 유형에 속한 유권자 수	후보 선호 순위*
I	7	A, B, C, D
II	6	B, A, C, D
III	5	C, B, A, D
IV	3	D, C, B, A

주: 당선되기 위해서는 과반수인 11표가 필요.
자료: Brams and Fishburn(1984: 150)에 기초.

장하는 것이다. 이 방법은 미국의 일부 지역에서는 40년간 시행되고 있으며, 태즈메이니아 주는 1980년에, 호주 수도 특별 지역Capital Territory도 1994년 이 방식을 채택했다.

둘째, 투표에 관한 수리적 이론formal theory의 관점에서 단기이양제를 비판한 내용 중 가장 자주 등장하는 것은 이 제도가 '비非단조적non-monotonic'이라는 점이다. 즉, 제1선호표를 많이 받을수록 당선에 유리한 것이 아니라 오히려 불리해질 수도 있다는 것이다(Brams and Fishburn, 1984: 151; Dummett, 1997; Nurmi, 1997). 기본적인 요지는 다음과 같다. 단기이양제는 매우 이례적인 특정 상황에서는 후보가 더 많은 표를 얻으면 오히려 손해를 보는 역설적인 결과를 낳을 잠재적 가능성이 있다. 〈표 6-5〉는 가상적 사례를 통해 어떻게 비단조적 결과가 발생하는지를 보여준다. 비非단조성은 모든 선호순위 투표제도에서 나타나는 문제다. 따라서 논의를 단순화하기 위해 과반수 득표를 해야 당선이 확정되는 1인 선출 선거구를 가정해보자(호주에서 사용되고 있는 대안투표제). 이 예에서는 A, B, C, D, 4명의 후보가 있으며 유권자는 21명이다. 각 후보에 대해 선호순위를 어떻게 표시했는가에 따라 유권자를 네 부류로 분류했다. 예를 들어 I 부류에 있는 유권자 7명은 A를 제1선호로 표기했고 B를 제2선호, C를 제3선

• 　원문에는 Tom, Dick, Harry, Shirley로 되어 있으나 단순화를 위해 A, B, C, D로 했다.

호, 그리고 D를 제4선호로 표기했다.

제1선호표에서 과반수인 11표를 얻은 후보는 없다. 따라서 다음 단계로 넘어가면서 가장 적은 제1선호표를 얻은 후보를 제거한다. 이 예에서는 D가 제거된다. D가 얻은 3표는 모두 제2선호인 C에게 이양되며 이제 C의 득표수는 8표가 된다. 아직 아무도 과반수를 얻지 못하고 있기 때문에 B를 제거한다. B가 얻은 6표는 모두 제2선호인 A에게 이양된다. 이제 A의 득표수는 13표로 당선이 확정된다.

그러나 A와 그 지지자들이 승리축하연을 열기 직전, B가 표 계산을 다시 해달라고 요구한다. 투표용지를 재분류하는 과정에서 IV 유형 유권자들의 투표용지가 잘못 분류되었다는 것을 발견한 것이다. 실제로는 그들 모두 A를 제1선호로 표기했던 것이다. D, C, B, A순이 아니라, A, D, C, B순이었던 것이다. 얼핏 보면, A와 지지자들 입장에서는 재계산을 하면 오히려 A의 승리를 재확인할 수 있다고 생각할 수 있다. 왜냐하면, A의 제1선호표가 7표에서 10표로 증가해 후보 중 가장 많은 제1선호표 – 과반수에서 단 1표가 모자란 표 – 를 획득하게 되기 때문이다. 즉, 재계산으로 A의 득표수가 많아지는 것이다. 그러나 다시 계산을 진행시키면, A의 득표수가 늘어남에도 실제로는 당선되지 못한다. D는 제1선호표를 한 표도 받지 못했기 때문에 이양할 표가 없다. 따라서 첫 번째 계산에서의 제거 대상은 제1선호에서 최소 표인 5표를 얻은 C다. C를 제거하면, 그 5표는 모두 B에게 이양된다. 결국 B가 과반수인 11표를 획득해 당선된다. 이 가상적 상황은 선호투표제(단기이양제 포함)가 가지고 있는 비단조성이 어느 후보에게 어떻게 불리하게 작용하는가를 보여준다. 이 경우 A의 득표수 증가는 그가 낙선하는 데 일조한 것이다.

1990년대 영국 노동당 선거제도 분과 위원회에서 단기이양제가 적절하지 않은 제도라고 주장하면서 들었던 이유 중 하나가 이 같은 비단조성 문제다(Labour Party, 1993; Plant, 1991). 이 문제에 대해 위원회에 조언을 해주던 주요

인물 중 한 명이 학자인 마이클 더멧Michael Dummett이었다. 그는 단기이양제를 "지금까지 고안된 선거제도 중 1인 선출 단순다수제 다음으로 최악의 제도다"라고 말한 바 있다(Dummett, 1992). 단기이양제가 다른 선호투표제와 마찬가지로 비단조적 성격을 가지고 있다는 것은 분명하다. 그러나 다음과 같은 질문을 제기할 수 있다. 과연 비단조성은 얼마나 중요한 문제인가? 이런 현상이 일상적으로 일어나는 것은 아니다. 실제로 북아일랜드의 선거관리위원회 사무총장Chief Electoral Officer of Northern Ireland은 자신의 견해를 다음과 같이 분명히 밝히고 있다. "북아일랜드에서 지난 22년간 실시된 수많은 선거를 보면, 실제에서는in practice 단기이양제가 단조성을 결여하고 있지 않다는 것을 알 수 있다"(Bradley, 1995: 47, 강조는 원저자에 의함). 갤러거(Gallagher, 1999: 145~146)는 최근 아일랜드 공화국 선거에서 일부 사소한 비非단조적 결과가 나타났다고 했다. 한 통계적 실험에 의하면, 만약 영국에서 단기이양제를 사용할 경우, "단조성에 문제가 생기는 경우는 10년에 한 번도 안 될 것"이라고 한다(Allard, 1995: 49; 다른 의견에 대해서는 Dummett 1997: 103 참조). 게다가 다음과 같은 점이 강조되어야 한다. 단기이양제에서 비非단조성으로 인해 가끔 불공평한 선거 결과가 나올 수도 있지만, 모든 걸 고려해볼 때 전체적인 선거 결과는 분명히 비非비례적 선거제도보다 항상 공정하다는 것이다.

6-5 결어

단기이양제는 장점이 많다. 모든 선거제도 중에서 후보의 당선 여부를 결정하는 정당 엘리트 권한을 제거하는 데는 가장 효과적이다. 단순다수제에서는 유권자가 정당이 공천한 후보 한 명에게 투표한다. 심지어 폐쇄형 정당명부식에서는 유권자가 후보에게 투표하는 것이 불가능하다. 정당명부 후보 순위도 정당엘리트가 결정한다. 그러나 단기이양제에서는 유권자가 "후보 개인이나 정당에 기초해 후보를 선택할 수 있는 여지가 많다. 그리고 유권자는 정당 조직의 어떤 선택도 뒤집을 수 있다"(Lakeman, 1974: 150). 이런 점에서 단기이양제는 매우 민주적 제도라고 할 수 있을 것이다.

단기이양제에서는 선거구 대표 개념이 중요하다. 단기이양제에서 주요 정당 지지자들은 대부분의 경우 자신들이 접근할 수 있는 선거구 대표 1명(혹은 2명)을 가질 수 있다.

단기이양제 계산 과정은 꽤 복잡하고 필요 이상으로 긴 것처럼 보이지만, 일반 유권자는 실제 투표 과정에서 어떤 어려움도 겪지 않는다. 예를 들어, 단기이양제에서는 손상된 표나 무효표가 다른 제도에서보다 많지 않다. 예외는 호주다. 전통적으로 호주에서 무효표(혹은 informal vote)가 많이 발생하는 이유가 있다(McAllister and Makkai, 1993). 호주 유권자는 상이한 단위의 선거에서 각각 다른 선거제도를 통해 투표해야 하기 때문에 혼란스러워한다. 게다가 유권자는 법에 의해 의무적으로 투표해야 한다. 1984년 이전 상원 선거에서는 투표용지의 모든 후보에게 선호 순위를 표시해야 했다. 앞서 본 것처럼 호주는 1984년 '일괄투표' 방식을 도입했다. 이 방식에서는 유권자가 선호하는 정당에만 표시함으로써 정당엘리트들이 선호 순위를 정할 수 있다. 그러나 이 방식 도입 이후에도 무효표는 그다지 감소하지 않았다.

단기이양제가 유권자를 혼란스럽게 만들지는 않는다는 주장을 뒷받침할 만한 두 가지 사실이 더 있다. 첫째, 영국에서 이 제도를 '모조-투표 서베이 mock-ballot surveys', 혹은 포커스 그룹 focus groups 토론을 통해 실험한 적이 있었다. 그 결과 응답자들은 이 제도를 어렵지 않게 숙지했다(Bowler and Farrell, 1996; Farrell and Gallagher, 1999; 이와 다른 의견에 대해서는 Dunleavy et al., 1998). 둘째, 단기이양제를 운용하는 국가의 국민들이 이 제도를 강하게 지지한다. 예를 들어, 앞서 본 것처럼 아일랜드는 이 제도를 단순다수제로 대체하는 안을 놓고

국민투표를 두 번 실시한 바 있다. 두 번 모두에서 대다수 국민들은 단순다수
제로 전환하는 것에 대해 반대했다.

이와 같이 단기이양제는 많은 장점을 갖고 있긴 하지만 하나의 중요한 문제
가 있다. "이 제도가 너무 소수 국가에서만 사용되고 있기 때문에 향후 나타날
수 있는 문제가 여전히 검증되지 않은 채 남아 있다"는 것이다(Taagepera and
Shugart, 1989: 237). 비단조성과 같은 기술적 문제는 그 발생 가능성은 낮지만
후에 매우 심각한 문제가 될 수도 있는 것이다. 또한 어떤 이는 아일랜드와 몰
타(그리고 일부 제도를 대폭 수정한 호주)에서 운용되고 있는 제도가 영국, 프랑스
혹은 독일에서도 반드시 잘 작동하리라는 보장이 없다고 주장한다. 그러나 왜
인구 크기가 문제가 된다고 가정하는가? 단기이양제는 30개의 5인 선출 선거
구에서처럼 130개의 5인 선출 선거구에서도 잘 작동될 수 있다. 따라서 인구
크기를 기준으로 단기이양제가 인구가 많은 정치체제에는 적용될 수 없다고
주장하는 것은 논의의 초점에서 벗어나는 것이다.

물론 이 제도와 다른 선거제도들이 정치 체제에서 어떤 결과를 가져다주는
지에 대한 충분한 검토가 선행되어야 비로소 객관적 판단을 할 수 있을 것이
다. 이것이 이제 우리가 다룰 주제다.

주

1   www.oireachtas.ie/parliament/(2010년 7월 9일 접속).
2   이것은 그레고리 방식 Gregory method 의 또 다른 변형인 가중 포괄 그레고리 방식 Weighted
    Inclusive Gregory을 채택하는 계기가 되었다(자세한 내용은 Farrell and McAllister, 2003; 2006
    을 보라). 가중 포괄 그레고리 방식은 호주 서부 지역과 스코틀랜드의 지방 선거에서 사용
    되고 있다.
3   아일랜드도 비례대표제를 운용하면서 보궐 선거를 실시하는 몇 안 되는 국가 중 하나다.
    뉴질랜드도 1990년대 선거제도 개혁으로 이 같은 방식을 택했다.

제 **7** 장

선거제도의 영향

선거제도는 그 제도가 운용되고 있는 정치체제에 영향을 미친다. 이러한 영향이 정확히 어떤 것인가를 알아내기 위해 많은 학자들이 연구를 하고 있으며 또 진전도 이루고 있다. 이 장에서는 이 연구들이 선거제도가 미치는 영향에 관해 밝혀낸 몇 가지 중요한 점들을 살펴보고, 학자들 사이에 의견이 일치하지 않는 부분에 대해서도 알아볼 것이다. 앞으로 보겠지만 선거제도는 정치체제에 많은 영향을 미친다. 특히 비례성, 정당 수, 그리고 여성과 소수 집단의 대표성에 영향을 미친다. 처음 3개의 절은 이 문제들을 다룰 것이다.

지금까지 본 바와 같이 제도적 효과systemic effects는 주로 비례성과 관련된 문제다. 이와 더불어 선거제도의 **전략적 효과**strategic effects 에 대한 관심이 늘어나고 있다. 전략적 효과는 유권자들이 선거제도를 어떻게 이용하는지(예를 들어 전술적 투표와 분할투표), 그리고 이것은 정당에 어떤 영향을 미치는지(예를 들어 선거운동의 형태 변화)와 관련된 것이다. 여기서는 비례성의 문제(대개의 경우 선거구 크기와 당선결정방식에 의해 영향을 받는다)나 그 결과가 관심의 대상이 아니다. 논의의 대상은 유권자의 투표 메커니즘이며, 이는 대부분의 경우 기표방식에 의해 영향을 받는다. 이 같은 선거제도의 전략적 효과에 대해서는 7-4절에서 다룰 것이다.

7-1 여러 선거제도의 비례성 정도

비례대표제는 얼마나 비례성이 높은가? 비非비례제에 비해 비례대표제의 중요한 장점은 선거 결과의 비례성이 평균적으로 높다는 점이다. 즉, 비례대표제는 한 정당의 득표율과 의석률 간의 왜곡 현상을 최소화한다. 앞 장들에서 이것을 입증하는 증거를 제시했다. 득표율과 의석률 간의 차이를 볼 때 선거제도들의 순위는 예상대로였다. 즉, 단순다수제와 절대다수제는 가장 큰 차이를 가져오며, 반면 단기이양제, 정당명부식, 그리고 혼합형 비례제는 가장 적은 차이를 가져온다.

이제 더 체계적 증거를 찾아보자. 이를 위해서는 다른 국가들이 같은 시기에 사용하는 다양한 선거제도에 대해 좀 더 엄격한 검증을 해볼 필요가 있다. 이와 같은 방법을 통해서만 비례대표제가 실제로 비非비례제보다 비례성이 더 높은 결과를 가져오는지, 그리고 어느 제도가 더 비례성이 높은지를 정확히 평가할 수 있을 것이다.

그러나 이것은 그렇게 쉽지 않다. 선거제도의 비례성에 대한 비교 평가에서는 방법론에 대한 논쟁(때로는 악의적인)이 주를 이뤘다. 첫째는 어떤 요인이 비례성 수준에 영향을 미치는지에 관해서다. 둘째는 어느 것이 가장 적절한 비례성 지표인가이다. 측정 기법에 대해 의견이 일치하지 않고 있다는 점을 생각해 보면 선거제도의 비례성 순위가 학자마다 다르다는 사실은 그리 놀라운 일이 아니다.

대부분의 경우 비례성에 영향을 미치는 요인에 관한 연구는 이 책에서 줄곧 다루어온 선거제도의 세 가지 요소, 즉 당선결정방식, 선거구 크기, 그리고 기표방식을 중심으로 이뤄지고 있다. 더글러스 레이Douglas Rae의 1960년대 독창적인 연구는 다음과 같은 연구 결과를 제시한다. 당선결정방식은 비례성에 어느 정도 영향을 미치고, 선거구 크기는 그보다 더 많은 영향을 미치며, 기표방식은 전혀 영향을 미치지 못한다는 것이다. 오랫동안 레이의 이 같은 일반화된 결론에 대해서는 이의가 없었다. 그러나 라이파트의 연구(Lijphart, 1990; 1994a)는 기표방식도 비례성에 어느 정도 영향을 미친다는 것을 보여준다. 그리고 라이파트는 비례성에 영향을 미치는 요인에 몇 개를 더 추가했다. 그중 가장 중요한 것은 의회의 크기(의원 수)다. 그는 통계적으로 의원 수가 많을수록 비례성 정도가 높아진다고 주장했다(통계적으로 의회 크기가 클수록, 즉 의원 수가 많을수록 비례성이 높다는 것이다).

보통 선거구 크기가 비례성을 결정하는 '결정적 요인decisive factor'이라고 보는 경향이 있었다(Taagepera and Shugart, 1989: 112; 또한 Lijphart, 1994a). 그러나 카츠의 연구(Katz, 1997a)를 보면 현실은 이보다 더 복합적이다. 그는 비례적 제도와 비非비례적 제도를 구분하는 데 더 중요한 것은 선거구 크기가 아니라 당선결정방식이라고 주장한다. 또한 카츠에 따르면 같은 비례적 선거제도들 간에 비례성 차이를 구분할 때는 선거구 크기가 더 중요한 요인이며, 이 경우에 "당선결정방식은 거의 관련이 없다"(Katz, 1997a: 137).

여러 당선결정방식의 비례성 순위를 매기는 데에는 적지 않은 불확실성이 따른다. 특히 이 평가에 단기이양제를 포함시킬지 여부를 둘러싸고 문제가 발생한다. 라이파트(Lijphart, 1986a)가 본 것처럼 이러한 이유로 많은 사람들은 단기이양제를 무시하고, 그 대신 정당명부식에만 초점을 맞춘다. 일반적으로 의견이 일치하는 부분은, 최대잔여제가 가장 비례성이 높고 그다음은 생-라게식, 마지막은 동트식이라는 것이다(Lijphart, 1986a; Loosemore and Hanby, 1971; Rae, 1967; 이 방식들에 대해서는 제4장 101~110쪽을 보라).

단기이양제의 비례성을 평가하는 데는 두 가지 문제가 있다. 첫째, 상대적으로 선거구 크기가 작다(아일랜드의 경우 선거구 크기가 5석을 넘지 않는다). 이 때문에 단기이양제를 비非비례제, 혹은 유사비례제quasi-proportional라고도 부른다 (Taagepera and Shugart, 1989: 207; Katz, 1984; 높은 비례성 수준을 보여주는 호주 사례에 대해서는 Farrell and McAllister, 2006을 보라). 그러나 이 문제는 간단하게 피해갈 수 있다. 선거구 크기는 무시하고 이론적 측면에 초점을 맞춰 여러 당선결정방식이 비례성에서 얼마나 차이가 있는지를 보는 것이다. 이는 블롱델Jean Blondel이 활용한 방법이기도 하다(Blondel, 1969). 그는 단기이양제가 비례대표제 중 가장 비례성이 높은 제도라고 결론 내린다. 그러나 이런 주장은 지지를 받지 못하고 있다.

두 번째 문제는 단기이양제가 전형적인 '후보 중심적' 선거제도라는 점이다. 유권자가 정당을 선택하는 정당명부식과는 달리 단기이양제에서는 유권자가 투표용지의 여러 후보들 사이에서 선택한다. 따라서 정당 득표율과 의석률에 기초해 비례성을 측정하는 방법으로 단기이양제를 평가하기는 어렵다. 이 때문에 더글러스 레이는 "이것으로 여러 비례대표제 당선결정방식을 비교하는 것은 명확하지 않다"고 말하기도 한다. 그는 단기이양제에 대해 순위를 매기기보다는 다음과 같은 말로 끝을 맺는다. "일반적으로 다른 비례대표제와 성질이 유사하며 상당히 비례적으로 작동한다"(Rae, 1967: 38). 라이파트(Lijphart, 1994a: 159)는 '단순화 가정simplifying assumption'이라는 것을 제시한다. 그는 유권자는 전적으로 정당에 따라 투표하며(몰타에서 일어나는 상황), 따라서 표는 '정당 투표party-vote'라고 가정한다. 이에 기초해 비례대표제의 주요 당선결정방식에 대해 다음과 같은 순위를 제시하고 있다. 비례성이 가장 높은 것으로부터 가장 낮은 것을 차례로 나열하면 다음과 같다.

- 최대잔여제 헤어 기준수식, 생-라게식

- 최대잔여제 드룹 기준수식, 단기이양제, 수정 생-라게식

- 동트식, 최대잔여제 임페리알리 기준수식

이 순위는 각각의 당선결정방식을 사용해 얻은 선거 예측 결과를 이론적으로 평가한 것이다. 다음 문제는 이 같은 이론이 현실과 얼마나 일치하는가를 평가하는 것이다. 얼핏 보기에 비교적 직접적인 방법은 여러 국가에서 각각의 방식이 초래한 비례성이 시간이 흐르면서 어떤 경향을 나타내는지 그 추세선을 그리는 것이다. 그러나 이것은 그렇게 단순하지만은 않다. 두 가지 이유에서다. 첫째, 비례성을 측정하는 적절한 방식 혹은 지표가 필요하다. 둘째, 당선결정방식뿐만 아니라 선거구 크기와 의회 크기와 같이 비례성에 영향을 미치는 다른 모든 요인들을 고려해야 한다. 두 문제 모두 선거제도 효과에 관한 연구에서 자주 등장한다(이에 대한 개관을 위해서는 Lijphart, 1994a를 참조).

수년간 비례성 수준을 측정하는 여러 방법이 계발되었다. 레이(Rae, 1967), 루스모어와 한비(Loosemore and Hanby, 1971), 갤러거(Gallagher, 1991)의 비례성 지수와, 라이파트의 최대 편차 지수the largest-deviation index가 있다(Lijphart, 1994a). 이 책에서는 각각의 지수에 대한 찬반론을 정리하지는 않겠다. 라이파트(Lijphart, 1994a: 67)는 다음과 같은 사실을 찾아냈다. 네 가지 지표 모두 서로 "높은 수준에서, 그리고 상당한 정도의 상관관계가 있다". 그러나 그는 분명 갤러거 지수를 선호하고 있다(Taagepera, 2007: 81; Taagepera and Grofman, 2003 도 그렇다).[1] 이 책 부록의 〈표 A-2〉는 2000년대의 자료 획득이 가능한 78개 민주주의 국가 선거제도의 비례성을 갤러거 지수를 이용해 순위를 매긴 것이다(엄밀히 말해 이 순위는 '비非비례성' 정도를 나타낸다. 비非비례성 정도가 가장 낮은 국가가 가장 위에 위치하고 있다). 이 표에는 선거구 크기, 당선결정방식, 그리고 의회 크기에 관한 정보도 포함시켰다. 왜냐하면 이러한 요소들이 비례성에 미치는 영향력 정도를 둘러싸고 논쟁이 되고 있기 때문이다.[2]

〈표 7-1〉 당선결정방식과 비례성 간의 관계

선출 공식	국가 수	비(非)비례성 평균
수정 생-라게식	2	2.62
최대잔여제-헤어	14	3.36
단기이양제	2	3.94
생-라게식	2	4.24
동트식	20	4.53
최대잔여제-드룹	5	4.63
단순다수제	18	13.33
절대다수제	2	13.59

자료: 〈표 A-2〉와 같음.

먼저 여러 당선결정방식을 보면 〈표 A-2〉의 순위는 어떤 측면에서는 예상한 것과 상당히 일치한다. 예를 들어 비非비례적 선거제도(단순다수제와 절대다수제)는 대부분 표 하단에 위치하고 있다. 다수의 혼합형 다수제도 마찬가지다. 분명한 예외는 미국이며, 2000년대의 비非비례성 평균이 2.43이다(물론 미국은 양당체제이고 따라서 군소 정당으로 인한 사표가 거의 없기 때문에 이런 현상이 나타난다고 할 수 있다). 그러나 비례대표제의 여러 당선결정방식이 갖는 비非비례적 경향을 평가하기 시작하면 상황은 더 복잡해진다. 이 때문에 카츠의 다음과 같은 주장은 설득력이 있다. 비례대표제들만을 비교할 때 "당선결정방식 간의 차이는 거의 의미가 없다"(Katz, 1997a: 137).

〈표 7-1〉은 여러 당선결정방식의 비非비례성 평균 수준을 보여준다. 카츠의 주장이 타당한지를 평가하고 동시에 라이파트의 당선결정방식 순위를 '실제세계'에서 검증해보기 위한 것이다. 이 표의 당선결정방식 순위는 어느 정도 적절해 보인다. 예측한 바와 같이 표 하단에 위치한 단순다수제(13.33)와 절대다수제(13.59)는 비非비례성 점수가 두 자릿수다. 최대잔여제 헤어식(3.36)은 표 상단에 위치해 있으며 단기이양제(3.94)는 중간 정도의 점수를 얻어 라이파

〈표 7-2〉 선거구 크기와 비례성 간의 관계

선거구 크기	국가 수	비(非)비례성 평균
1. 1	20	13.36
2. >1-4	10	8.33
3. 5-9	16	5.50
4. 10+	28	3.48

자료: 〈표 A-2〉와 같음.

트의 순위와 거의 유사하다.

그러나 〈표 7-1〉의 당선결정방식 순위는 라이파트의 순위와 맞지 않는 측면도 일부 있음을 알 수 있다. 특히 생-라게식(4.24)은 실제로 수정 생-라게식보다 위쪽 상단에 위치해야 하며, 동트식과 최대잔여제 드룹 기준수식의 위치는 서로 바뀌어야 한다. 〈표 7-1〉의 순위와 라이파트가 예측한 순위가 틀린 것은 두 가지 타당한 이유 때문이다. 첫째, 어떤 경우는 극소수 국가만을 사례로 다루고 있다. 이런 사례에서는 다른 요인이 전체적인 비례성에 영향을 미치고 있지 않은지를 감안해야 한다. 둘째, 일반적으로는 선거구 크기의 상이함이 전체적인 경향성을 왜곡시킬 수도 있다. 특히 카츠가 말한 것처럼 선거구 크기는 비례대표제만을 대상으로 비례성 차이를 구별할 때 더 많은 영향을 미치는 것으로 나타난다(Katz, 1997a).

〈표 7-2〉는 선거구 크기와 비례성 간의 관계를 비교적 명확히 보여준다. 이 표는 선거구 크기와 비非비례성 평균 점수에 따라 국가들을 재분류한 것이다.[3] 물론 선거제도의 다른 요소가 일정 정도의 영향을 미칠 수 있다는 점을 인정할 수밖에 없다. 그러나 전반적인 경향은 예측한 바와 같다. 즉, 선거구 크기가 작을수록 비非비례성은 커진다.

〈표 7-3〉은 의회 크기와 비례성 간의 관계를 보여준다. 규모가 작은 의회(의원이 100명 미만인 경우)는 규모가 더 큰 의회의 경우보다 비非비례성 수준이 확

의회 크기	국가 수	비(非)비례성 평균
11~99	30	9.09
100~183	21	6.16
200+	27	6.23

자료: 〈표 A-2〉와 같음.

실히 더 높다는 것을 알 수 있다. 그러나 의회 크기가 큰 경우에는 비례성 수준이 거의 비슷하다는 것도 알 수 있다. 즉, 100명에서 199명 정도로 구성된 의회와 200명 이상으로 구성된 의회의 비례성 평균 수준은 거의 동일하다.[4]

레이(Rae, 1967)도 말했듯이 비례성은 선거제도의 단기적 효과, 혹은 '인접효과proximal effects'와 관련이 있다. 반면 선거제도는 장기적 효과 혹은 '원거리 효과distal effects'도 갖는다. 즉, 정치체제 내에서의 정당 수, 여성과 소수 집단 대표성에 영향을 미친다는 것이다. 다음 두 절에서는 이 문제에 대해 차례로 다루도록 하자.

7-2 선거제도와 정당체제

선거제도가 비례적일수록 정당체제는 더 파편화된다는 사실은 거의 자명하다고 생각할 수 있다. 1950년대 프랑스 정치학자 뒤베르제(Duverger, 1954)는 한 명제를 제시한다. 비非비례적 선거제도(그는 특히 단순다수제를 지칭했다)는 양당체제를 '촉진'하고 반면 비례적 선거제도는 다당체제를 촉진한다는 것이다. 이 주장에는 두 내용이 담겨져 있다. 비非비례적 선거제도의 사례를 통해 이를 설명하면 다음과 같다. 첫째, 기제적機制的 효과다. 비非비례적 선거제도에서는 군소 정당이 의석을 획득하기가 더 어렵기 때문에 이 제도의 기제는 의회에 진출하는 정당 수를 줄이는 결과를 가져올 수밖에 없다. 둘째, **심리적 효과**다. 비非비례적 선거제도에서 유권자는 군소 정당에 투표하는 것이 자신의 표를 사표로 만드는 것이라는 것을 알고 있으며, 따라서 군소 정당에 투표하지 않는 경향이 있다. 이 때문에 군소 정당은 더욱 불리해진다(Blais and Carty, 1991).

정치학자들은 이러한 뒤베르제의 명제가 일종의 사회과학 법칙과 같은 것인지를 놓고 대단히 흥미로운 논쟁을 해왔다(예를 들어 Duverger, 1986을 보라; Grofman et al., 2009; Riker, 1986; Sartori, 1986). 이 논쟁의 중요 쟁점은 바로 인과관계다. 다당체제는 비례성의 결과인가 아니면 원인인가? 예를 들어 다당체제가 비례대표제를 채택하기 이전부터 있었던 수많은 역사적 사례들이 있다. 벨기에, 덴마크, 독일, 그리고 노르웨이가 그런 예다.(더 자세한 논의는 제8장 234~236쪽을 보라). 콕스는 뒤베르제와 같이 다당체제를 하나의 결과로 본 '제도주의자들institutionalists'과 '원인'으로 간주한 '사회학자들sociologists' 간의 논쟁을 폭넓게 검토한 바 있다(Cox, 1997: 13~27). 그의 결론은 다음과 같다. 뒤베르제의 명제는 결점을 가지고 있긴 하지만 상이한 선거제도에서 발생하는 전략적 협력의 문제를 평가하는 데 유용하다는 것이다.

물론 이 인과 관계는 분명 '닭과 달걀'의 문제와 같다. 그러나 비례제에서는 더 많은 정당이 의회에 진출할 가능성이 더 높고, 비非비례제에서는 양당체제가 나타날 가능성이 높다는 사실을 잊어서는 안 된다. 공화당과 민주당이 의회를 점유한 미국 의회, 그리고 보수당과 노동당이 지배적으로 의석을 차지한 영국 하원이 후자의 명백한 사례다.

물론 영국 의회에 2개가 넘는 정당이 진출해 있다는 사실 ― 2010년 현재 10개 정당 ― 을 고려할 때, 정당 수에 관한 적절한 '계산 방법'이 필요한 것 같다. 락소와 타게페라(Laakso and Taagepera, 1979)는 의회에서의 정당 수와 정당 크기에 기초해 의회 내 '유효' 정당 수를 측정하는 지수를 개발했다.[5] 예를 들어 이 지수를 사용한다면, 현재 영국 정당체제는 '2.57-정당체제'라고 할 수 있다. 이

<표 7-4> 선거제도의 비례성이 정당 수와 여성의원 비율에 미치는 영향

비(非)비례성 범위	국가 수	의회 내 유효 정당 수 평균	여성의원 비율 평균(%)
0.28~4.99	34	3.79	24.83
5.21~9.52	25	3.56	18.94
10.25+	19[a]	2.21	13.58

주: a 타이완의 여성의원 비율에 관한 자료는 획득 불가하여, 여성의원 비율의 평균 계산에서 사례 수(N)는 18임.
자료: <표 A-2>와 같음.

는 자유민주당과 소정당들이 의회에서 소수 의석을 차지하고 있는 현상을 반영한 것이다.

〈표 A-2〉는 국가별로 유효 정당 수 점수를 보여준다. 자세히 보면 어떤 국가는 예상했던 것보다 더 많은 정당이 있다는 것을 알 수 있다(예를 들어 비非비례제인 바누아투의 유효 정당 수는 5.02이다). 또 어떤 국가는 기대했던 것보다 정당 수가 적다(예를 들어 매우 비례적인 선거제도를 운용하고 있는 남아프리카의 점수는 2.5밖에 되지 않는다). 그러나 대부분의 경우 점수는 예측한 것과 잘 들어맞는다. 즉, 비非비례제를 운용하고 있는 국가들의 평균 유효 정당 수는 2.42인 반면, 비례제를 사용하고 있는 국가들의 평균은 3.33이다(Lijphart, 1944a: 96도 참조).

타게페라와 슈가트(Taagepera and Shugart, 1989: 142~155)는 뒤베르제의 명제를 검증한 후, 선거제도와 정당체제의 관계는 단순히 비非비례제와 비례제라는 이분법에 기초하지 않는다는 설득력 있는 증거를 제시한다. 그보다는 일종의 연속적 관계이며, 선거제도의 비非비례성이 감소하면 정당 수는 더 많아진다고 주장한다. 〈표 7-4〉는 개략적인 비非비례성 평균과 원내 정당 평균 수를 정리한 것이다. 둘 사이에 역逆의 관계가 있음을 알 수 있다. 5 미만의 비非비례적 경향을 가지고 있는 국가들의 경우, 원내 정당 수가 평균 3.79개다. 반대로 매우 높은 비非비례적 경향(10 이상)의 국가들에서는 원내 정당 수가 평균 2.21개다.

타게페라(Taagepera, 1997)는 뒤베르제의 명제가 신생 민주주의 국가에서는

〈표 7-5〉 타게페라의 '역 뒤베르제 심리적 효과'에 대한 검증

선거제도 유형과 민주주의 경험		국가 수	비(非)비례성 평균
비례적 선거제도[a]	신생 민주주의	26	4.78
	선진 민주주의	23	3.45
비(非)비례적 선거제도	신생 민주주의	9	9.52
	선진 민주주의	20	14.04

주: a 정당명부제, 단기이양제, 혼합형 비례제.
자료: 〈표 A-2〉와 같음.

다르게 작용할 가능성이 있다고 주장하면서 '역逆- 뒤베르제 심리적 효과counter-Duvergerian psychological effect'라는 개념을 제시한다. 이 논리는 간단하면서도 설득력이 있다. 비례제를 운용하는 신생국가에서는 군소 정당들이 일부 의석이라도 차지하려는 기대를 갖고 선거에 참여하게 된다. 이런 현상은 비非비례성 정도를 부풀리게 된다. 군소 정당 중 다수가 의석을 얻지 못하기 때문이다. 타게페라는 다음과 같이 말한다. "최근 수립된 민주주의 국가에서는 비非비례성 문제가 더 심각해질 수 있다. 선거 경험이 없는 정당 지도자들은 당선 가능성을 판단할 현실적인 근거를 가지고 있지 않기 때문이다"(Taagepera, 1997: 55). 이와 유사한 논리가 비非비례제의 경우에는 역으로 적용될 수도 있다(논리가 다소 빈약하기는 하지만). 군소 정당이 존재하기는 하나 당선 가능성이 낮기 때문에 선거에 참여하지 않는다면 비非비례성 정도가 낮아질 수도 있다는 것이다.

이와 같이 타게페라는 신생 민주주의 국가의 경우 선거 경쟁에 나선 정당 수가 일반적으로 비례제 국가보다는 많고 비非비례제 국가보다는 적다고 밝히면서, 이로 인해 정당 수가 비非비례성에 영향을 미친다고 주장한다. 민주주의 국가(민주주의 체제가 적어도 30년 이상 단절 없이 지속된 국가)와 신생 민주주의 국가의 비非비례성 경향을 비교해보면 그의 주장이 옳은지를 검증해볼 수 있다. 〈표 7-5〉는 타게페라의 주장을 검증하기 위해 정리한 것이다. 이 표를 보면 그의 주장이 옳다는 것을 알 수 있다. 즉, 비례대표제를 운용하는 신생국가에서

는 비非비례성이 평균보다 높고, 비非비례제를 사용하는 신생국가에서는 비非
비례성이 평균보다 낮게 나타난다.

7-3 '축소판'으로서의 의회?

제1장에서는 대표 개념을 바라보는 상이한 관점에 대해 살펴봤다. 한편에
서는 의회 구성의 배경과 특징이 전체 인구를 반영해야 한다고 생각한다. 다른
한편은 의원의 능력과 그들이 내리는 판단의 성격이 더 중요하다고 생각한다.
비례대표제 옹호자들은 전자의 관점, 즉 의회는 사회의 '축소판'이어야 한다는
관점을 지지한다. 반면 비례대표제의 반대자들은 후자의 관점, 즉 의회의 구성
보다 결정이 더 중요하다는 관점을 옹호한다. 제1장에서 본 바와 같이, 두 관
점의 장단점을 평가한다는 것은 결국 규범적 판단의 문제다. 만약 의회가 사회
의 축소판이 되어야 한다고 믿는다면 비非비례제보다는 비례제를 더 선호할 것
이다. 제10장에서 보겠지만 비례제가 비非비례제보다는 사회에 긍정적 영향을
미친다는 실증적 증거가 있긴 하다. 하지만 어느 관점이 옳은지는 경험적으로
증명하기가 어렵다.

그러나 비례제가 사회적으로 더 대표성을 가진 의회를 만들어내는지, 즉 비
례대표제가 비非비례제보다 사회 구성과 닮은 축소판 같은 의회를 구성하는지
여부는 경험적으로 검증해볼 수 있다. 비례대표제를 지지하는 학자들은 오랜
기간 다음과 같이 생각해왔다. 비례대표제의 주요한 장점 중 하나는 그것이 사
회적 대표성을 더 반영한 의회, 혹은 적어도 '백인 중심적이지 않고, 남성 중심
이지 않으며, 또한 변화에 둔감하지 않은less pale, male and stale' 의회를 만들어낸
다는 것이다.[6] 제2장에서 본 바와 같이, 이것이 미국에서 진행된 선거제도 개
혁에 관한 논쟁에 등장하는 주요 주제다. 미국에서는 1990년 초반 이후 소수

인종 집단 대표가 당선될 수 있도록 하기 위해서 선거구 재획정이라는 방법을 활용했다. 이 과정에서 연방대법원은 판결을 통해 큰 역할을 했다. 그러나 이제는 소수 집단 출신의 의원 비율을 확대하는 대안적 수단으로 선거제도(가중투표제 혹은 제한투표제)에 대한 관심이 높아지고 있다(Engstrom, 1998; Ritchie and Hill, 1999).

여성 대표성에 대해서도 이와 유사한 논쟁이 진행되고 있다. 레이크만 (Lakeman, 1982), 룰(Rule, 1987), 그리고 노리스(Norris, 1985)와 같은 학자들은 의회에서의 여성 대표성을 확대하는 데 비례대표제의 역할을 강조한다. 〈표 A-2〉의 마지막 칸에서 나타나는 바와 같이, 이런 주장은 일리가 있다. 일반적으로 비례성 지수가 낮은 선거제도에서는 여성 대표성 수준이 낮다. 2000년대 자료 획득이 가능한 77개 국가를 평가해보면 여성 대표성 평균은 20.3%이다. 비례대표제(정당명부식, 혼합형 비례대표제, 단기이양제)에서는 이 수치가 23.5%로 올라간다. 반면 비非비례제에서는 14.6%까지 떨어진다. 〈표 7-4〉는 선거제도의 비례성과 의회에서의 여성 대표성 간 관계도 보여준다. 이 표를 보면 비非비례성이 증가하면 여성 의원 비율은 감소하는 경향이 있음을 알 수 있다. 마트랜드와 스터들라(Matland and Studlar, 1996)는 이 같은 비례제와 비非비례제 간의 격차가 시간이 지나면서 더 벌어질 수도 있다고 주장한다(개괄적 논의는 Paxton et al., 2010 참조).

일부 국가들의 경우, 여성 대표성이 기대했던 것보다 더 낮거나 더 높다. 예를 들어 영국의 경우 비非비례제를 운용하고 있으나 여성 의원 비율이 평균보다 높다(2005년에 19.8%). 영국 노동당이 공천 과정에서 여성 후보의 비율을 높이고자 했던 노력을 반영한 것이다. 캐나다도 비非비례제 평균보다 더 높은 수치(22.1%)를 보인다. 캐나다에서는 의원 교체율이 높기 때문이라고 할 수 있다 (Norris, 1996). 전체적으로 보면 이런 여성 대표성 경향에는 확실히 지역적 특성이라는 요소가 있다. 예를 들어 스칸디나비아 지역 국가들은 확실히 평균보다 높은 수치를 보여준다. 이 때문에 여성 대표성에 영향을 미치는 것이 선거제도인지 아니면 지역적 특성과 같은 다른 요인이 있는지에 대한 의문이 제기된다. 전반적으로 정치학자들은 선거제도가 의회에서의 여성 의원 비율에 미치는 영향이 크다는 점에 동의한다. 그러나 다른 요인들, 예를 들어 경제 성장, 지역, 정당 내 역학과 같은 요인들 역시 중요하다는 사실에도 의견을 같이한다(Beckwith, 1992; Caul 1999; Darcy et al., 1994; Norris, 1996; Rule, 1987).

그렇다면 선거제도는 여성의원 비율에 어느 정도 영향을 미치는가? 특정 선거제도가 다른 선거제도보다 더 비례적 결과를 가져온다는 단순한 사실 이상으로 무언가가 있는 것이 틀림없다. 이는 결국 선거제도의 어떤 특징이 선거에 출마하는 정당 후보의 수와 범위에 영향을 주는가라는 질문으로 좁혀진다. 예를 들어 선거구 평균 크기가 클 경우(즉, 다인 선출 선거구의 경우), 정당이 더 많은 여성 후보를 공천할 수 있을 것이라고 예상할 수 있다. 소수의 후보를 공천하는 경우보다는 다수 후보를 공천해야 할 상황에서는 전통주의자traditionalists의 반대를 신경 쓰지 않고도 성별로 균형 잡힌 공천 후보 명단을 작성할 수 있기 때문이다. 이와 유사하게 정당명부식 제도에서(특히 후보선호 투표 정도를 제한하는 제도에서) 성별 균형을 이룬 정당명부를 만들 수 있는 여지가 많다는 것도 예측할 수 있다. 여러 국가 비교 연구를 보면 대체로 이러한 예측이 들어맞는다. 즉, 선거구 크기가 큰 정당명부식 비례제에서 여성의원 비율이 높다는 것이다.

또한 이로부터 유추해보면 정당과 후보 선정 주체selectorate의 태도도 중요하다는 것을 알 수 있다. 이는 단기이양제가 여성 대표성과 관련해 좋지 않은 점수를 받는 이유이기도 하다. 하원 선거에 단기이양제를 사용하는 국가는 아일랜드와 몰타다. 아일랜드 하원 여성비율은 13.3%이고 몰타 하원 여성비율은 9.2%다. 이들 의회의 여성 대표성이 평균보다 낮은 것은 "정당 엘리트들이 더 많은 여성을 충원하는 데 실패"했기 때문이라는 비판이 제기된다(Lane, 1995:

152; 또한 Hirczy, 1995; Rule, 1994, 1996 참조). 바꿔 말하면, 그 책임은 선거제도에 있는 것이 아니라 정당의 후보선정주체에 있다는 것이다(또한 Kelly and McAllister, 1983).

학자들은 선거구 크기의 역할을 밝혀내기 위해 한 국가가 다양한 크기의 선거구제를 운용하고 있는 사례에 초점을 맞춰 연구했다. 왜냐하면 국가 단위로 비교할 경우, 여성의 의회 진출에 영향을 미치는 요소가 선거구 크기인지 아니면 선거제도 이외의 특징들, 즉 경제 성장 정도, 정치 문화와 같은 요인들인지를 알기 어렵기 때문이다. 따라서 한 국가에서 다양한 크기의 선거구를 제도화하고 있는 사례를 연구한다면 다른 요소가 미칠 수 있는 영향력을 제거 혹은 '통제'할 수 있는 것이다. 이 같은 방법을 활용한 연구들은 일반적으로 선거구 크기가 중요한 요인이라는 사실을 입증해준다. 반면 그 관계의 강도나 일관성에 대해서는 의견이 일치하지는 않는다(Darcy et al., 1994; Engstrom, 1987; Welch and Studlar, 1990). 스터들라와 웰치(Studlar and Welch, 1991: 465)의 말을 빌리면, "다인 선출 선거구가 여성의 당선 가능성에 미치는 효과는 선거제도 개혁 옹호자들이 당연하다고 생각하는 것만큼 일반적이지도 않고 분명하지도 않다". 즉, 스코틀랜드 말로, 여전히 "증명되고 있지 않는 것이다".

비례대표제로 전환하지 않고 선거법(혹은 정당 내 공천 절차) 개정을 통해서도 의회에서 여성과 소수 인종 대표의 비율을 높일 수 있다. 예를 들어 1993년 영국 노동당은 여성 후보 공천에서 여성 할당quota 규칙을 도입했다. 일정한 지역에서 공석이 생길 경우를 대비해, 정당들이 모두 여성으로 채워진 후보 명부short-lists를 준비해둘 것을 의무화한 것이다. 이런 할당 방식은 1997년 선거에서 하원에 진출한 여성 의원 비율에 커다란 영향을 미친 것으로 나타났다(Studlar and McAllister, 1998). 다른 나라의 정당들도 비슷한 조치를 취해왔다(Norris, 1994). 이와 같이 할당 방식의 사용이 점차 일반적 현상이 되고 있는 것을 보면 어느 정도 목적을 달성하고 있다고 생각된다(Caul, 1999; Dahlerup, 2006:

Krook, 2009). 1990년대 이전에는 20개 국가만이 여러 유형의 할당 방식을 사용했다. 그러나 금세기 후반으로 가면서, 100개 이상 국가로 확대되고 있는 것이다(Krook, 2008). 또한 할당 방식은 소수 집단의 대표성을 제고하기 위해서도 사용된다.

의석의 일정 수를 소수 집단에게 부여하는 것도 한 가지 방법이다. 예를 들어 뉴질랜드에서는 원주민인 마오리족Maori을 위한 의석을 남겨둔다. 가톨릭이 지배적이었던 아일랜드에서는 1920년대와 1930년대에 소수 집단이었던 신교도를 달래기 위해 상원의 다수 의석을 배정했다. 제4장에서 제시된 것처럼 정당명부식 비례대표제에서 가능한 제도적 접근법이 하나 더 있다. 즉, 일정 수의 여성이나 소수 집단 후보를 정당명부 상위에 위치시키는 것이다. 또는 정당명부를 지퍼zipper처럼 만드는 방법도 있다. 이는 명부에서의 순서를 여성, 남성, 여성, 남성순으로 번갈아 배치하는 방법이며, 이 같은 방식을 통해 많은 여성 후보가 당선될 수 있도록 하는 것이다.

7-4 선거제도의 전략적 효과

선거제도가 비례성과 정당체제에 미치는 영향에 관한 논쟁은 어느 정도 완결되어가는 것 같다(이와 대조되는 견해는 Shugart, 2008와 Taagepera, 2007을 보라). 이에 따라 관심은 선거제도가 가지고 있는 영향력의 다른 측면으로 옮겨가고 있으며, 특히 기표방식에 대한 관심이 높아지고 있다. 앞 절에서 다룬 모든 쟁점들의 공통점은 선거제도의 거시적 효과macro-level effects에 관한 것이다. 즉, 정치체제 단위에서 선거제도가 선거 과정에 어떻게 영향을 미치는가라는 관점에서 보았다. 이와 다른 측면은 선거제도의 미시적 효과micro-level effects를 평가하는 것이다. 여기서는 선거제도의 제도적 효과systemic effects가 아니라 **전략적**

<그림 7-1> 기표방식 특징에 근거한 선거제도 유형

		선택의 범위	
		범주형	순위형
선택의 성격	후보 중심	1인 선출 단순다수제 (영국)	단기이양제 (아일랜드)
	정당 중심	폐쇄형 명부식 (스페인)	가변형 명부식 (벨기에)

효과strategic effects가 관심사항이다(Cox, 1997).

지금까지는 기표방식을 '범주형categorical'과 '순위형ordinal'으로 구분했다. 이 책 전체에 걸쳐 본 것처럼, 이 구분은 유권자에게 얼마나 많은 '선택권'을 부여하는지에 따라 선거제도를 분류할 때 특히 유용하다. 예를 들어 영국의 단순다수제나 스페인의 정당명부식에서, 유권자는 '범주형' 선택을 한다. 즉, 한 명의 후보(영국) 혹은 한 개의 정당(스페인)에 투표한다는 것이다. 아일랜드의 단기이양제에서 유권자는 자유롭게 '순위대로' 투표할 수 있다. 후자의 유형에는 핀란드의 개방형 정당명부식도 포함된다. 유권자가 정당 후보의 순위를 자유롭게 결정할 수 있기 때문이다. 기표방식은 순위 선택의 정도degree of ordinality로도 구분할 수 있다. 즉, 단기이양제는 유권자에게 투표용지에 기재된 후보 수만큼 선택할 수 있도록 해주기 때문에 2표를 행사하는 독일의 혼합형 제도보다 유권자에게 더 많은 선택권을 부여한다고 할 수 있다.

기표방식에 따라 선거제도를 구분하는 또 다른 방법은 후보 중심으로 투표가 이뤄지는 제도(다수제나 단기이양제)와 정당 중심으로 이뤄지는 제도(정당명부식)로 구분하는 것이다(Bowler and Farrell, 1993). 앞으로 보겠지만 이런 기표방식의 차이에 따라 정당의 선거운동과 유권자의 선택에서 후보가 차지하는 비중이 달라진다. 〈그림 7-1〉에서는 두 가지 기준, 즉 투표용지에서의 선택 범위와 성격으로 4가지 주요 선거제도를 구분한다(더 많은 논의와 정교한 도식은 Farrell and Scully, 2007: 78; Shugart, 2008을 보라).

이 같은 선거제도 유형 분류는 의미가 있다. 이에 근거하면 정치인과 유권자의 행태가 선거제도의 유형에 따라 달라질 것이라는 점을 예측할 수 있기 때문이다. 예를 들어 투표 선택의 차이에 따라 정치인의 역할과 행동도 다음과 같은 3가지 영역에서 달라질 것이다. 즉, 선거운동, 정당 조직 유형, 그리고 의회에서의 대표 형태가 그것이다. 첫째, 동일 정당 후보를 자유롭게 선택할 수 있는 선거제도에서는 정당 선거운동이 분권적 형태로 이루어질 가능성이 높다. 또한 후보 개인의 선거운동이 더 중요하게 되며, 동일 정당 후보 간 파벌 다툼의 가능성이 있다. 반대로 범주형 선택을 하도록 하는 제도에서는, 후보 간 파벌 다툼이 나타날 여지가 없다. 정당 중심 선거제도인 경우에는 후보 개인의 중요도는 현저히 낮아지며 선거운동은 정당에 의해 이뤄진다. 즉, 선거제도에 따라 정당 선거운동의 특성이 크게 달라진다(Bowler and Farrell, 2010; Katz, 1980).

둘째, 선거제도 유형은 정당 조직의 특성에도 영향을 미친다는 것을 추측할 수 있다. 이에 대한 연구는 체계적이기보다는 일화에 근거하고 있기는 하다. 예를 들어 후보 중심의 제도에서는 대표와 유권자와의 연계, 지역 정당 조직, 그리고 정당 내 민주주의가 중요시된다. 중앙당은 자원이 많은 편이 아니며, 정당 조직에 대한 통제력이 약하다(예를 들어 아일랜드; Farrell, 1994를 보라). 반대로 정당 중심적 제도 아래서 정당 조직은 전통적으로 하향식이며, 지부나 당원에 대해 엄격한 통제를 한다(예를 들어 스페인; Holliday, 2001을 보라). 그러나 1980년대 이후, 선거운동과 조직의 전문화가 진행되면서 선거제도 유형에 따른 이런 차이는 없어지고 있다(Farrell and Webb, 2000). 후보 중심 제도에서는 여전히 지방 단위에서 강한 조직 형태가 남아 있기는 하지만 말이다.

셋째, 기표방식의 차이는 의회에서의 대표 성격에도 영향을 미친다. 제1장에서 검토된 '주인-대리인' 그리고 '축소판' 개념은 의회를 하나의 집단으로 본다. 즉, 집합적aggregate 수준에서 대표 문제에 초점을 맞추고 있는 것이다. 이와 다른 관점은 개별적individual 의원의 역할에 초점을 두는 것이다. 에드먼드 버크 Edmund Burke는 1774년 브리스톨 유권자에게 행한 유명한 연설에서 선거구에서의 대표 역할에 대한 두 가지 상반된 개념을 제시했다. 파견인delegate과 수탁인 trustee으로서의 역할이 그것이다. 파견인 유형에 의하면 의원은 유권자의 의견을 경청해야 한다. 그들은 유권자들로부터 어떤 문제에 대해 결정하는 것을 '위임'받았기 때문이다. 수탁인 유형에 따르면 — 버크가 선호한 — 의원은 선거구 전체를 위해 일하기 위해 당선된 것이다. 그들은 사안마다 유권자에게 의견을 구할 필요가 없다. 그리고 유권자들 간에 충돌하는 견해를 누구보다도 잘 헤아리고 심사숙고한 뒤 결정을 할 수 있다.

정당 중심 선거제도에서 유권자는 후보가 아니라 정당을 선택하기 때문에 정치인에게 권한을 위임할 수 있는 여지가 없다(정당에게 위임하는 것은 제외하고). 따라서 정치인들이 수탁인으로서 행동할 것이라는 예측을 할 수 있다. 실제로 이 같은 제도에서 개별 정치인의 실제 선거구는 유권자가 아니라 그를 명부에 올릴지 여부와 순위를 결정하는 '후보선정주체'다(Bowler et al., 1996). 반대로 후보 중심 제도에서 의원은 유권자 표를 적극적으로 갈구하며(단기이양제에서와 같이 동일 정당 소속 후보들이 서로 경쟁할 때도 마찬가지다), 따라서 의원들은 파견인으로서의 역할에 충실할 것임을 예측할 수 있다.

유럽의회 의원들의 활동을 조사한 한 연구는 이 같은 예측이 잘 맞는다는 것을 보여준다. 유럽의회European Parliament는 선거제도가 의회 대표에 미치는 영향을 검증할 수 있는 좋은 실험실이라고 할 수 있다. 왜냐하면 의원을 선출하기 위해 사용되는 선거제도가 국가별로 매우 다양하기 때문이다. 이 연구는 다음과 같은 사실을 알아냈다. 후보 중심 선거제도 — 특히 선거구에 기초한 선거 제도(아일랜드와 1999년 이전 영국) — 에 의해 선출된 의원들은 개별 유권자들과

주기적 접촉을 하는 경향을 보인 반면, 정당 중심 선거제도에서 선출된 의원들은 조직화된 이익집단과 긴밀한 연계를 유지하는 경향을 보였다. "유권자가 후보를 선택할 수 있는 선거제도, 즉 선거구에 기초한 선거제도로 선출된 대표들은 유권자에게 더 잘 – 혹은 최소한 더 자주 – 봉사할 수 있다"는 것이다(Bowler and Farrell, 1993; Farrell and Scully, 2007; 이와 다른 견해는 Katz, 1997b를 보라).

기표방식은 유권자의 전략적 계산에도 영향을 줄 수 있다(Cox, 1997: Part II). 범주형 제도, 즉 유권자가 어느 한 후보(다수제의 경우), 혹은 어느 한 정당(폐쇄형 명부식의 경우)만 선택할 수 있는 제도에서는 투표행위가 상대적으로 단순하다. 유권자는 선호하는 후보나 정당을 선택한 후 그에 따라 투표하면 된다. 그러나 단순다수제에서는 전략적(혹은 전술적) 투표가 행해질 가능성이 있다. 다음과 같은 가상적 상황을 예로 들어보자. 한 유권자는 특정 후보를 선호하지만 그 후보가 당선될 가능성이 없다는 것을 잘 알고 있다. 이 후보는 선거에서 3위 정도밖에 하지 못할 것으로 예측된다. 유권자는 다음 3가지 방법 중 하나를 선택할 수 있다. 첫째, 자신의 표가 사표가 될 것임에도 어쨌든 그에게 투표하는 방법, 둘째, 투표하지 않는 방법, 셋째, 다른 어느 후보라도 현직의원보다는 나을 것이라는 생각에서 2위를 할 것으로 예상되는 후보에게 표를 주는 방법이다. 이 마지막 방법을 전략적 투표strategical voting, 혹은 비순수투표insincere voting라고 부른다. 한 연구에 의하면 영국에서는 이런 선택을 하는 유권자가 점차 증가하고 있는 것으로 나타났다(Evans et al., 1998; Niemi et al., 1992).

전략적 투표는 선거 과정이나 선거제도가 복잡할 때 나타날 가능성이 커진다.[7] 예를 들어 여러 상이한 단위의 선거를 동시에 치를 때 유권자는 이런 상황을 활용하고 각기 다른 정당을 지지하게 된다. 이런 '분할투표ticket splitting' 현상은 특히 미국에서 두드러지게 나타난다. 공화당과 민주당에게 표를 나누어 주는 미국 유권자들이 증가하고 있는 것이다. 이런 현상은 미국 정당이 어느 정도 '쇠퇴'했는지를 알려주는 지표가 되기도 한다. 와텐버그(Wattenberg, 1998:

23)에 따르면 "분할투표는 20년 전과 비교할 때 엄청난 비중을 차지한다. 그리고 지금은 소수의 유권자만이 정당이라는 상표에 기초해 투표해야 한다고 믿고 있다". 분할투표는 2개 이상의 선거가 동시에 실시될 때 발생할 가능성이 높다(예를 들어 호주; Bowler and Denemark, 1993 참조). 또한 이런 현상은 혼합형 선거제도에서 나타나는 특징이기도 하다. 제5장에서 본 바와 같이(〈표 5-4〉) 독일 자유민주당은 분할투표 현상을 잘 활용함으로써 5% 최소조건을 넘기고 있다.

지금까지 논의한 선거제도에서는 유권자가 할 수 있는 전략적 선택에 분명 제약이 따른다. 그러나 선호투표제 – 대안투표제, 단기이양제, 그리고 특정 유형의 개방형 명부식 비례대표제 – 에서는 유권자들이 복잡하고 정교하게 선호 순위를 표기할 수 있다는 점에서 독특한 사례다. 유권자는 마음대로 후보를 바꿀 수 있으며, 단기이양제에서는 다른 정당 후보 사이에서 선호 순위를 번갈아 기재할 수도 있다. X정당에 대해 충성심을 유지하면서도 동시에 매력적인 정책을 제시한 Y정당 후보에게도 선호를 표할 수 있는 것이다(Bowler and Farrell, 1991a, 1991b). 요약하면 순위형 기표방식을 특징으로 하는 선호투표제에서는 유권자가 전략적으로 투표할 가능성이 높다고 할 수 있다(Bowler, 1996; Bowler and Farrell, 1996; Darcy and Marsh, 1994; Farrell and McAllister, 2006).

이제 기표방식과 선거제도의 전략적 영향에 따라 선거제도의 순위를 매겨보도록 하자. 아마도 이 순위는 7-1절에서 논의한 것과는 크게 다를 수도 있다. 바울러Shaun Bowler가 제시한 투표 선택의 '메뉴-의존성menu-dependence' 개념은 논의의 좋은 출발점이 될 수 있다(Bowler, 1996). 그녀는 3가지 다른 디저트 중 하나를 선택하는 저녁식사의 예를 든다. 그러나 손님들이 어떤 식사를 할 것인지 고르는 중에 웨이터가 다가와 디저트 중 하나는 이제 제공되지 않는다는 사실을 알려준다. 이 에피소드의 다른 상황에서는 웨이터가 세 가지 디저트뿐만 아니라 네 번째 '특별' 디저트도 메뉴에 추가되어 이 중 아무거나 고를 수 있다는 사실을 알려준다. 바울러는 "이 두 경우에서 자신들에게 제시된 대안이 무엇인가에 따라 사람들이 할 수 있는 선택은 달라진다"고 한다(Bowler, 1996: 114). 또한 사람들의 선택은 그 선택의 범위가 어느 정도인가에 따라서도 달라진다. 가령, 같은 가격에 여러 디저트를 섞어 하나로 제공해주는 것이 가능하다면 어떻게 되겠는가?

바울러에 의하면, 유권자에게 부과된 복잡함의 정도에 따라 선거제도를 완전히 새로운 유형으로 분류할 수 있다(Bowler, 1996; 또한 Grofman and Bowler, 1996; Farrell and Gallagher, 1998을 참조). 이것은 정당 관점이 아닌 유권자 관점으로 선거제도를 바라보는 것으로 '유권자 선택voter choice'을 강조하는 것이다 (Bowler, 1996: 118~119). 이에 따라 순위를 매겨보면 다음과 같다.

- 단기이양제: 모든 정당 소속의 모든 후보에 대해 순위를 표기할 수 있음.
- 자유배합투표제Panachage: 1개 이상 정당의 소속 후보에게 투표할 수 있음.
- 개방형 명부식: 후보에게 직접 투표할 수 있으며 이것이 후보 순위를 결정할 수 있음.
- 혼합형 선거제도: 2표(후보에 1표, 정당에 1표).
- 대안투표제: 모든 후보의 선호 순위를 표기할 수 있으나 1명만 당선됨.
- 폐쇄형 명부식: 1개 정당에 대해 범주형 투표만 할 수 있음.
- 1인 선출 단순다수제: 1개 정당 소속의 후보 1명에게만 범주형 투표를 할 수 있음.

이 순위는 단순히 이해를 돕기 위한 것이다(Farrell and Gallagher, 1998: 9). 세부적인 사안에 대해서는 의견이 다를 수도 있고 순위도 바뀔 수 있다. 그러나 선거제도의 비례성에만 기초해 선거제도의 순위(7-1절 참고)를 정한다면 선거제도의 영향을 잘못 이해할 수도 있다. 그리고 그러한 순위는 균형을 상실한 것일 수도 있다. 그로프만과 바울러는 이 점을 더욱 발전시키면서 다음과 같이 주장한다.

　선거제도가 미치는 영향은 매우 다양하고 복합적이다. 이런 사실을 인식하게 되면 모든 평가 기준을 만족시키는 최선의 선거제도가 존재하지 않는다는 것은 확실해진다. 이런 점을 모두 인정한다면 선거제도 선택의 문제는 이제 규범적 토론의 대상이 된다. 그리고 상반관계에 있는 여러 기준 중 어느 것을 충족시키고 어느 것을 포기하는 것이 바람직한지에 대해 토론하게 되면, 의견 차이가 좁혀질 수 있을 것이다(Grofman and Bowler, 1996: 47; 또한 Bowler and Grofman, 2000).

7-5 결어

　선거제도가 정치체제와 유권자 행태에 미치는 제도적 그리고 전략적 영향은 매우 크다. 제도적 영향을 기준으로 하면 비례성 정도, 장기적 관점에서에서의 원내 정당 수, 그리고 의회의 사회적 대표성 등에 따라 선거제도를 분류할 수 있다. 이에 관해서는 비례대표제 옹호자와 반대자 사이에 의견이 일치하지 않는다. 또한 제도적 특징을 기준으로 하면 신뢰할 만한 선거제도 순위를 만들어볼 수 있다. 그러나 앞서 본 바와 같이, 선거제도가 정치체제에 미치는 전략적 효과를 기준으로 할 때는 매우 상이한 선거제도 순위가 만들어진다. 여기서는 다양한 선거제도가 유권자에게 부여한 선택의 성격이 중요한 기준이었다.

　선거제도의 영향에 관한 논의의 기저에는 정치체제 안정성 문제가 있다. 특히 비례대표제가 대의 기구를 강화시키는지 아니면 약화시키는지에 대해 서로 다른 견해가 제시되고 있다. 이 쟁점들은 결론 장에서 다루게 될 것이다. 그 전에 다음 장에서는 선거제도를 채택(혹은 개편)하는 데 있어 선택의 문제에 대해 알아볼 것이다.

주

1   갤러거의 최소 제곱 지수 least square index 는 다음과 같이 계산된다. ① 각 정당의 득표율 - 의 석률 차이를 제곱한다(기타 정당, 즉 주로 5% 미만으로 득표한 정당은 제외한다). ② 그것을 모두 더한다. ③ 합을 2로 나눈다. ④ 그 수의 제곱근을 구한다(Gallagher, 1991). 이 지수가 다른 지수들에 비해 갖는 주요 장점은 다음과 같다. 군소 정당의 존재에 의해 쉽게 왜곡되지 않는다(이것은 특히 레이의 지수가 갖는 문제점이다). 또한 정당이 많은 국가에 적용할 때 그다지 많은 문제가 생기지 않는다(이것은 특히 루스모어 - 한비 지수가 갖는 문제점이다).

2   비례성을 결정하는 요소 중 의회 크기는 '가장 과소평가'되고 있으며 또한 이 책의 이전 판이 이 점을 간과했다는 타게페라(Taagepera, 2007: 24)의 비판은 타당하다.

3   전국적인 선거구 평균 크기를 계산하는 것은 매우 어렵다(Shugart, 2000). 타게페라와 슈가트(Taagepera and Shugart, 1989)와 라이파트(Lijphart, 1994a)는 다음과 같이 주장한다. 가용한 최선의 방법은 '유효 effective' 선거구 크기이다. 이 계산을 위해서는 상위계층 선거구(만약 있다면)에 대한 정확한 세부 정보뿐만 아니라, '법정 최소조건'(만약 있다면)에 대한 정보를 획득해야 한다. 이 책이 살펴보고 있는 민주주의 국가에 대해 얻을 수 있는 정보가 부족하기 때문에 선거구 크기를 대략 4가지 유형으로 분류할 수 있다. 1인 선출 선거구, 5인 미만 선출 선거구, 10인 미만 선출 선거구, 그리고 10인 이상 선출 선거구. 이 접근법은 분명히 결함이 있다. 그러나 이 같은 유형화는 적어도 선거구 크기의 양극단이 가져오는 결과를 어느 정도는 구분할 수 있게 해준다.

4   물론 표본에 의원 수가 극히 적은 의회가 많이 포함되어 있기 때문에 결과가 왜곡될 수도 있다.

5   원내 '유효' 정당 수라는 지표는 다음과 같은 계산으로 구한다. 각 정당의 의석률을 제곱한 수를 합한 뒤, 1을 그 합으로 나눈다. 유사한 지표인 '선거 정당 electoral parties' 지표는 선거에서 각 정당이 얻은 득표율에 기초해 구한다. 다른 방법에 비해 이 방법이 갖는 유용성에 대한 논쟁은 던리비와 부첵(Dunleavy and Boucek, 2003), 몰리나르(Molinar, 1991), 타게페라(Taagepera, 2007; 제4장)를 보라.

6   이 표현에 대해 이바나 바식 Ivana Bacik 에게 감사한다.

7   여기서 나는 전략적 투표에 관한 사회적 선택 관점 social choice perspective과 의견을 달리한다.

이 관점은 이를 '비순수투표'(insincere voting; 예를 들어 Dummett, 1997) 혹은 '조정 실패'(co-ordination failure; Cox, 1997)라는 점에서 바라보는 경향이 있다. 이러한 현상이 발생하는 사례는 1인 선출 단순다수제에서 발견할 수 있다. 이 제도에서 유권자가 두 번째로 선호하는 후보에게 투표하는 이유는 다음과 같다. 제1선호 후보(A)보다 제2선호 후보(B)가 가장 선호하지 않는 후보(C)를 이길 가능성이 더 높다는 것이다. 이 경우 B에게 투표하는 것은 '순수하지 않다insincere'. 이 절에서 제시된 다른 관점에서는 유권자가 특정 선거제도(선호투표제)를 활용해 복잡한 전략적 투표를 할 가능성을 제시한다. 예를 들어 연립을 구성한 여러 정당 후보에 투표하는 경우와 같은 것이다. 이런 종류의 투표는 순수투표(가장 선호하는 후보에게 투표했기 때문에)인 동시에 전략적 투표라고 할 수 있다. 사회적 선택 이론가들 사이에 또 다른 공통적인 견해는 정당명부식이나 단기이양제와 같은 복잡한 선거제도에서는 전략적 투표가 일어날 가능성이 낮다는 것이다. 왜냐하면 계산이 매우 복잡하기 때문이다(Cox, 1997). 그러나 이 같은 경우 유권자가 정확한 전략적 결정을 내리는 것이 어려울 수는 있으나 시도 자체가 불가능한 것은 아니다.

제 **8** 장

선거제도 설계의 정치

선거제도 개혁 바람이 불고 있다. 어느 정부나 선거제도 개편 논의를 하고 있는 것 같다. 이 같은 사례는 많다. 1990년대 후반 새로운 노동당 젱킨스 위원회New Labor Jenkins Commission, 2006년 네덜란드의 버거포럼Burgerforum, 2005년 이탈리아 총리 베를루스코니Berlusconi의 변화 움직임, 1990년대와 2000년대에 걸쳐 반복되고 있는 아일랜드 의회의 선거제도 개편 논의, 그리고 현재 그리스와 뉴질랜드에서의 논의들이 대표적이다. 그리스는 혼합형 선거제도 채택 여부를 논의하고 있지만 반대로 뉴질랜드는 혼합형 제도를 폐기할 것인지를 두고 논의가 진행 중이다. 선거제도 개편이 마치 유행인 것 같다. 그러나 모든 것이 바라는 대로 되지는 않았다. 오랜 기간 현상유지가 최선이라는 생각이 지배적이었다. 프랑스만이 선거제도를 주기적으로 변경해왔을 뿐이다. 즉, 선거제도 개편 사례는 그리 많지 않았다. 이런 맥락에서 놀렌Dieter Nohlen의 관찰은 꽤 정확하다. 그에 의하면 선거제도 개혁은 매우 드문 일이며 "이례적인 역사적 상황"에서만 일어난다(Nohlen, 1984: 218).

그러나 1990년대 초반 변화가 생기기 시작했다. 중요한 두 사건이 변화의 조짐을 보여주었다. 하나는 소련의 붕괴와 민주화라는 '제3물결'의 진전이었고, 다른 하나는 3개의 기존 민주주의 국가에서 선거제도 개혁 문제가 대두된 것이다. 선거제도 설계(혹은 개혁)라는 문제가 갑작스럽게 의제가 되었다. 그리고 선거제도의 영향보다는 제도 자체에 대해 새롭게 비중을 두기 시작했다. 정치학적 용어로 선거제도를 '독립변수'가 아닌 '종속변수'로 다루기 시작한 것이다.

선거제도를 종속변수로 보면 수많은 흥미로운 문제가 나타난다. 이 문제 중 다수가 여기서 관심을 두는 주제들이다. 이 장의 첫 부분은 선거제도 설계와 개혁 문제를 다룰 것이다. 선거제도의 발전, 그리고 설계 패턴들(8-1절), 2010년까지 수십 년간 등장했던 선거제도 개혁 문제(8-2절), 그리고 선거제도 기원과 개혁에 대한 이론적 관점들(8-3절)에 대해 살펴볼 것이다. 8-4절에서는 또 다른 측면인 규범적인 관점을 다룬다. 선거제도를 선택을 해야 한다면 어떤 제도를 선택해야 하는가? 이 절에서는 여러 선거제도의 장단점에 대한 학자들의 의견을 알아볼 것이다. 마지막으로 8-5절에서는 유권자들이 선거제도 설계에 대해 영향력을 행사해야 하는가라는 질문을 제기할 것이다. 유권자들은 선거제도의 복잡함을 충분히 이해하고 또 일관된 관점을 가질 수 있는가? 그렇다면 그들에게 선거제도의 어떤 요소가 가장 중요한 의미를 갖는가?

8-1 선거제도의 기원

전 세계에 수많은 선거제도가 있는 것을 보면 각각의 제도는 해당 국가가 처했던 상황의 산물 혹은 특정 사람들의 변덕의 산물인 것 같다. 저명한 선거제도 전문가들은 특정 제도를 도입하면서 그것을 정당화하려는 '선거공학자'들에게 그 제도의 구체적 특징에 관한 조언을 해주고 싶어 한다(Lijphart, 1994a;

Taagepera and Shugart, 1989; Sartori, 1997). 그럼에도 노리스Pippa Norris의 다음과 같은 생각에는 동의할 수밖에 없다. "선거제도는 설계된 것이 아니다. 그것은 권력 정치에서 살아남기 위해 투쟁하는 정치적 당파들 간의 지저분하고도 점진적인 타협을 통해 요란하면서도 어렵게 태어난 것이다"(Norris, 1995b: 4).

라일리와 레이놀즈는 신생 민주주의 국가에서의 선거제도 설계에 관해 연구한 바 있다. 그들은 새뮤얼 헌팅턴Samuel Huntington이 제시했던 유명한 '민주주의의 물결'에 관한 논의에서 제시되는 3개의 물결에 주목한다. 헌팅턴에 따르면, 첫 번째 물결은 1820년대부터 1920년대에 발생한 것으로 미국과 대부분의 유럽 대륙에서의 민주화 과정을 그 특징으로 한다. 두 번째 물결은 제2차 세계대전 이후 탈식민지화와 서독과 같은 민주주의 국가의 재건 현상이다. 가장 최근의 세 번째 물결은 1970년대부터 시작한 것으로 라틴 아메리카, 남부 아프리카, 중부와 동부 유럽, 그리고 구소련에서의 신흥 민주주의 정치체제 부상을 그 특징으로 한다. 라일리와 레이놀즈는 다음과 같이 설득력 있게 주장한다. 선거제도 채택을 둘러싼 논쟁은 이 세 가지 물결에서 서로 상이하게 나타난다. 그리고 선택한 선거제도의 유형도 다르며, 선거제도를 채택하는 과정〔路程〕도 차이가 있다.

제1물결에서의 민주주의 체제의 경우 선거제도는 점진적으로 나타나는 경향을 보인다. 민주주의 정치체제의 점진적 진화 과정과 거의 일치한다. 앞 장(제2장과 제4장)에서 본 것처럼 두 가지 뚜렷한 형태가 보인다. 여기서는 개괄적으로만 살펴보기로 하자(Carstairs, 1980을 보라). 첫째, 영미계Anglo-American 민주주의 정치체제에서 나타난 형태를 들 수 있다. 비교적 동질적인 사회라는 점이 특징이며, 단일한 정당 균열과 단순한 양당체제에 기초하고 있다(Lijphart, 1999a). 기성 엘리트들은 정치체제에서 최대한의 권력을 유지하고자 하며, 소수 집단과 소수 정당의 영향력은 억제하고자 한다. 비교적 초기부터 엘리트들은 지역적 기반에 초점을 두었다. 이것은 지방 엘리트들이 권력 기반을 유지하고자 했던 바람과 일치하는 것이었다. 일단 이 국가들이 단순다수제를 선택한 후에는 선거제도 개편에 대한 욕구가 나타나지 않았다. 대부분의 경우 선거구 경계 획정과 선거 관리 행정에서의 점진적 개혁 문제에 관심이 집중되었다.

둘째, 초기 유럽 대륙 민주주의 체제에서는 이와는 꽤 다른 형태가 나타났다. 단일한 지배적 집단이 부재했고, 사회는 좀 더 다원적 모습을 띠었다(Lijphart, 1999a). 비교적 초기에 정치체제 내에서 상이한 집단들 간 조화가 필요하다는 사회적 인식이 있었다. 20세기로 접어들면서 저명한 학자들(동트나 생-라게 등)의 저작은 정당명부식 비례제로 전환하는 데 영향을 미쳤다. 많은 국가들이 단순다수제로 시작해 2회투표제를 거쳐 최종적으로는 정당명부식 비례대표제로 전환했다(Carstairs, 1980).

이와 같이 제1물결에서의 선거제도 선택은 분명 점진적인 진화 과정이었으며, 토착 엘리트indigenous elite가 선거제도를 설계했다. 라일리와 레이놀즈에 따르면, 제1물결에서는 '의식적인 설계'와 '우연한 사건의 전개'라는 특징이 제도 선택 과정에 동시에 나타났다. 어떤 경우에는 특정 의도를 갖고 제도를 선택했다. 예를 들어 호주에서는 우파 정당들이 새로 부상하는 노동당에 맞서 자신들의 분열을 막기 위해 1918년 대안투표제를 선택했던 것이다. 그리고 아일랜드 자유국가는 1920년대 남부의 소수 집단을 보호하기 위해 비례대표제를 채택했다. 또한 정당 정치도 선거제도 채택에 커다란 영향을 미쳤다. 즉, 뒤베르제의 명제를 역으로 바라볼 필요가 있다. 물론 모든 선거제도가 의도적으로 선택된 것은 아니다. "선거제도는 많은 경우 변화무쌍한 사건들과 잘못된 의사소통으로 선택되었으며, 이는 의도하지 않은 여러 결과를 초래했다"(Reilly and Reynolds, 1999: 26). 예를 들어, 아일랜드의 경우 부분적으로는 다른 비례대표제를 알지 못했기 때문에 단기이양제를 선택한 것이다. 또한 1993년 요르단은 단기비이양제를 선택했고, 이는 오히려 이슬람 근본주의가 등장하는 데 기여했다(Reynolds and Elklit, 1997).

헌팅턴의 제2물결은 다른 두 시기보다 그 기간이 매우 짧다. 전후戰後 10여 년 정도의 기간으로 몇몇 민주주의 체제가 다시 수립되었고, 탈식민지 과정이 진행되면서 다수의 신생 민주주의 국가가 탄생했다. 라일리와 레이놀즈(Reilly and Reynolds, 1999)에 의하면 제2물결 시기에서의 선거제도 설계에는 두 가지 주요한 특징이 있다. 하나는 '식민지 유산'이고, 다른 하나는 '외부로부터의 강제이식external imposition'으로 외부 엘리트들이 이 둘에서 중요한 역할을 했다. 모자파(Mozaffar, 1997)의 주장도 같다. 이 학자들 모두 선거제도 선택이 지역별로 다르게 나타난다는 사실을 발견한다(또한 Golder, 2005를 보라). 이런 지역적 특성은 바로 식민지 역사와 관련된 것이다. 현재 운용되는 선거제도를 보면 이를 알 수 있다. 예를 들어 라일리와 레이놀즈에 따르면 과거 영국 식민지 57개국 중 31개국이 단순다수제를 사용하고 있다(영국의 선거제도 개혁론자들이 일부 영국 구식민지 국가들에서 단기이양제를 선택하는 과정에 미친 영향을 살펴보는 것도 의미가 있다. Farrell, 2001을 보라). 프랑스어를 사용하는 국가 28개 중 10개 국가가 프랑스의 2회투표제를 사용하고 있으며, 나머지는 정당명부식 비례대표제(한때 프랑스에서도 사용된 바 있는 제도)를 운용하고 있다. 또한 과거 스페인과 포르투갈 영토였던 국가들은 정당명부식 비례대표제를 운용하는 경향을 보인다 (Carter and Farrell, 2010). 모자파Shaheen Mozaffar는 남아프리카 공화국의 경우도 그 영향권 내에 있는 국가들이 정당명부식 비례대표제를 채택하는 과정에 영향을 미쳤다고 한다(Mozaffar, 1997).

이와 같이 독립한 국가가 과거 식민지 국가에서 운용하는 선거제도를 도입해 운용하는 것은 그 국가의 필요를 충족시키는 데 적절하지 않을 수도 있다. 왜냐하면 "식민 강대국은 피식민지 사회와 사회적·문화적으로 크게 다르기 때문이다"(Reilly and Reynolds, 1999: 24). 그러나 외부 권력이 특정 목적을 충족시키기 위해 선거제도를 이식한 경우에는 반드시 그렇지 않을 수도 있다. 전후 (서)독일은 선거제도 설계에 외부 행위자의 영향력이 컸던 좋은 예다. 당시 연

〈표 8-1〉 선거제도 개편 방향(1989~2009)

구분		새 제도				
		절대다수제	혼합형 다수제	혼합형 비례제	정당명부식 비례제	단기비이양제
구제도	절대다수제	버뮤다	아르메니아	알바니아	알제리	아프가니스탄
		피지	카자흐스탄	레소토	캄보디아	요르단
		몽골	키르기스스탄	뉴질랜드	콩고	
		몬트세렛	리투아니아		이라크	
		파푸아뉴기니	마케도니아		라트비아	
			모나코		라이베리아	
			팔레스타인		몰도바	
			필리핀		네팔	
			러시아		르완다	
			수단		시에라리온	
			타지키스탄		남아프리카 공화국	
			타이			
			튀니지			
			우크라이나			
	혼합형 다수제	아제르바이잔			알바니아	
		키르기스스탄			불가리아	
					크로아티아	
					이탈리아[a]	
					마케도니아	
					몬테네그로	
					러시아	
					세르비아	
					동티모르	
					우크라이나	
	단기 비이양제		불가리아	베네수엘라		
			일본			
			타이완			
	단기 이양제				콜롬비아	
					에스토니아	

주: a 보너스 조정 정당명부식 비례대표제.
자료: Reynolds(2011), Oxford University Press 허가를 얻었음.

합국들은 독일이 혼합형 제도를 선택하는 데 커다란 역할을 했다. 바이마르 시기의 정치체제는 지나친 비례성 때문에 불안정했다고 인식했고, 이로 인해 바이마르 시기의 실수를 피하기 위해 새로운 선거제도를 설계한 것이다. 또한 영미식 선거구 중심 제도가 가지고 있는 일부 강점을 제도 설계에 반영했다. 라일리와 레이놀즈(Reilly and Reynolds, 1999)는 나미비아Namibia 사례에도 주목한다. 1980년대 나미비아는 교전 중인 파벌들을 진정시키는 수단으로 단순다수제가 아닌 비례대표제를 채택했다.

민주화의 제3물결은 선거제도 채택에 일정 정도 새로운 형태를 보여준다. 이 시기의 주요한 특징은 선거제도가 의도적으로 설계되었다는 점이다. 라일리와 레이놀즈에 따르면, 이 시기 "신생 민주주의 체제에서는 헌법에 잘 가다듬어진 선거제도를 포함시켜야 된다는 인식이 있었다"(Reilly and Reynolds, 1999: 25). 그들은 헝가리, 볼리비아, 남아프리카 공화국, 한국, 타이완, 그리고 피지에서의 민주화 이행 과정에 주목한다. 다른 사례에 비해 이 국가들에서는 특정 선거제도의 장점에 대한 광범위한 토론과 논쟁이 있었다. 물론 이 과정에서도 제도선택을 두고 경쟁하는 엘리트 간에 은밀한 타협이 있었다(Nohlen, 1997). 새 제도가 실제로 어느 정도는 '더러운 타협messy compromise'의 결과로 등장했던 것이다(Norris, 1995b; Taagepera, 1998). 게다가 다수의 제3물결 국가에서의 민주주의 공고화 과정은 단계적으로 진행되었다(Rose and Chull Shin, 1999). 즉, 정치 기구가 정착되고 안정되는 것은 시간이 걸릴 수밖에 없었고, 그 과정에서 다수 국가는 선거제도를 몇 번에 걸쳐 변경했다(Reilly and Reynolds, 1999; Taagepera, 1998; 〈표 8-1〉을 보라).

8-2 선거제도 개혁

신생 민주주의 국가에서 선거제도를 새로 설계하는 것과 기존에 운용되고 있는 제도를 변경하는 것은 다르다. 선진 민주주의 국가들은 선거제도를 거의 바꾸지 않았다. 물론 선거제도 개혁은 혼란스러운 과정이다(Norris, 1995b). 그렇기 때문에 이러한 질문을 제기해볼 수 있다. 이미 오랫동안 운용해온 선거제도를 가지고 있는 국가가 무엇 때문에 제도를 바꿔야 하는가? 20세기 후반까지는 기존 선거제도에 큰 문제가 있을 때에만 제도 개혁이 가능한 것이라고 생각했다. 기존 제도가 결점이 있지만 그래도 그것을 유지하는 편이 낫다고 생각하는 일종의 편견이 있었기 때문이다. '친숙함이 안정성을 낳는다familiarity breeds stability'는 것이 변치 않는 원칙이었던 것이다(Taagepera and Shugart, 1989: 218). 던리비와 마게츠(Dunleavy and Margetts, 1995: 11)는 이 같은 생각이 현상유지 status quo를 선호하는 문헌들에 나타난 '정설orthodoxy'을 반영한 것이라고 주장한다. 그들은 다음과 같이 말한다. "이런 현상유지 주장에 반대되는 예가 1993년과 1994년에 나타났다. 기존 자유민주주의 3개 국가 — 이탈리아, 일본, 그리고 뉴질랜드 — 가 투표제도를 근본적으로 바꿨던 경이로운 해annus mirabilis였다."

경이로운 해라는 표현은 적절한 것 같다. 3가지 사례는 이 시기 이전에 어떤 일이 있었는지 그리고 이 시기 이후에는 어떤 일이 일어났는지를 살펴보면 매우 독특한 사례라고 할 수 있다. 〈표 8-1〉은 과거 30년 동안에 일어났던 선거제도 개혁에서 나타난 여러 흐름을 보여준다. 첫째, 일반적 추세는 비례대표제로부터 멀어지는 것이 아니라 비례대표제, 특히 정당명부식과 혼합형 제도로 향하고 있다. 이는 콜로머Josep Colomer 의 연구 결과와 일치한다(Colomer, 2004, 2005). 둘째, 슈가트와 와텐버그(Shugart and Wattenberg, 2001a)의 주장처럼 혼합형 제도가 일종의 유행이 되고 있다. 왜냐하면 정치권에서는 혼합형 제도가 두 가지 선거제도의 강점을 결합한 제도의 표본이며, "상반된 두 가지 요구를

<표 8-2> 1980년대 이후 선진 민주주의 국가에서의 선거제도 개편

국가	개편된 선거제도로 선거를 실시한 연도	이전 선거제도	새 선거제도
프랑스	1985	2회투표제 절대다수-최다득표제	정당명부식 비례제
	1986	정당명부식 비례제	2회투표제 절대다수-최다득표제
이탈리아	1993	정당명부식 비례제	혼합형 다수제
뉴질랜드	1993	1인 선출 단순다수제	혼합형 비례제
일본	1994	단기이양제	혼합형 다수제
이탈리아	2005	혼합형 다수제	보너스 조정 정당명부식 비례대표제

충족시켜주는" 제도라 믿었기 때문이다. 또한 혼합형 비례제MMP보다는 혼합형 다수제MMM를 더 선호한다는 사실도 볼 수 있다.

셋째, 대부분의 경우가 신생 민주주의 국가들이라는 점이다(어떤 경우는 민주주의 체제가 아닌 경우도 있다). 일부 학자들은 제도들이 점차 정치체제에 정착되어가고 있으며, 따라서 충분한 시간이 흐른다면 그 제도는 바꾸기 힘들다고 주장한다(예를 들어 Taagepera, 2007; 이와 다른 의견은 Nikolenyi, 2011을 보라). 〈표 8-1〉은 이런 견해와 일치한다. 표에서 선진 민주주의 국가는 이탈리아, 일본, 그리고 뉴질랜드뿐이기 때문이다.[1]

〈표 8-2〉는 이 세 국가에 대한 자세한 내용을 보여줄 뿐만 아니라 프랑스의 1980년대 사례도 보여준다. 이 당시 프랑스에서는 사회당이 주도한 개혁으로 정당명부식 제도를 채택한 바 있지만 이 제도는 단명으로 끝난다(1년 후 새 정부에 의해 폐기되었다). 그해 의회 선거에서 우파의 승리가 예견되었고, 이 때문에 사회당은 이를 막기 위해 정당명부식 제도를 도입했던 것이다(Elgie, 2008). 따라서 프랑스를 제외하면 실질적으로 선거제도를 개혁했던 사례는 모두 3개다. 그리고 2005년 이탈리아 경우를 제외하면 모두 혼합형 선거제도를 선택했다.

1993년 뉴질랜드에서 있었던 선거제도 개혁 논쟁은 이미 제2장(56~58쪽)에서 다루면서 뉴질랜드가 어떻게 단순다수제를 혼합형 비례제로 대체했는지를 알아봤다. 실제로 뉴질랜드 제도는 독일 제도와 매우 유사한 혼합형 비례제다. 선거 결과가 매우 이례적이었고 또한 정치체제를 좀 더 책임성 있게 만들고 싶은 열망이 있었기에 이 같은 전면적인 선거제도 개혁이 가능했던 것이다. 두 번의 국민투표를 통해서 국민들은 선거제도 선택에 대해 큰 영향력을 행사할 수 있었다.

이탈리아의 선거제도 개혁도 비슷한 시기에 진행되었다. 저명한 인사들이 앞장서 오랜 기간 개혁 운동을 전개했고, 이로 인해 선거제도 개편 문제가 정치적 의제로 부각될 수 있었다. 이들은 계속해서 반복된 부패 스캔들, 그리고 많은 사람들이 개혁을 원하고 있었음에도 정치 기구들이 변화에 둔감하다는 사실에 염증을 느끼고 있었다. 개혁론자들은 비례대표제에서 영국식 단순다수제로 전환하면 이탈리아가 더 발전할 수 있으며, 좀 더 지속가능한 거버넌스를 구축할 수 있을 것이라고 생각했다. 그러나 기존 엘리트 – 그중에서도 특히 기독민주당과 사회당 지도부 – 는 이에 비협조적이었다. 따라서 개혁론자들은 시민을 동원하는 방식을 택했다. 왜냐하면 이탈리아에서는 시민 발의를 통해 국민투표를 실시할 수 있었기 때문이다. 그러나 이탈리아의 국민투표는 법안 폐기만을 결정할 수 있다. 즉, 현행 법안의 특정 조항을 폐기하는 경우에만 허용되며, 새로운 조항을 추가하거나 현행 조항을 수정하는 경우는 허용되지 않는다. 이 때문에 개혁론자들은 국민투표를 통해 이탈리아 상원 선거 관련법에서 한 줄만 제거하면 선거제도를 정당명부식에서 혼합형 다수제로 바꿀 수 있다는 것을 알았다. 혼합형 다수제는 이탈리아 선거제도를 영국식 선거구 중심 단순다수제로 전환시키고자 했던 자신들의 요구를 어느 정도 충족시켜주는 것이었다. 새 제도는 의원 75%를 1인 선출 선거구에서, 나머지 25%는 정당명부로부터 선출하는 내용을 담고 있었다. 이 제도는 혼합형 다수제 혹은 기껏해야 부분 보상partial compensation 장치를 가진 혼합형 다수제 유형이었다고 할 수 있다. 왜냐하면 정당명부에서 선출되는 의원 비율이 너무 낮고, 특히 '보상'이 의석보다는 득표율에 기초해 이뤄졌기 때문이다(혼합형 비례제에서는 선거구 선거에서 성적이 좋지 않은 정당에 의석을 보상해줄 때 일반적으로 정당명부 의석을 활용한다. 161~162쪽을 보라).

국민투표는 서명 수 요건을 충족하면서 결국 실시되는데, 65%가 투표했고 그중 95%가 제도 개편에 찬성하게 된다. 이와 같이 다수가 찬성했기 때문에 정치 엘리트들은 추가적인 개혁을 할 수밖에 없다고 생각하게 된다. 또한 이탈리아 양원은 특이하게도 본질적으로 동일한 권한과 지위를 갖는다. 이러한 상원과 하원 선거에 계속 상이한 제도를 적용할 수는 없었기 때문에 정치 엘리트들은 하원 선거에서도 혼합형 다수제를 채택할 수밖에 없게 된다(Katz, 2001).

일본의 선거제도 개혁은 시기순으로 보면 마지막 사례다. 일본은 1994년에 혼합형 다수제를 채택했다. 개혁의 배경은 이탈리아와 매우 유사하다. 정치자금을 둘러싼 일련의 부패 스캔들로 정치체제에 대한 불신은 고조되었고, 당시의 단기비이양제(SNTV, 70쪽을 보라)가 문제를 악화시키는 요인이라고 인식되었다. 그리고 자유민주당이 장기 집권할 수 있었던 이유가 단기비이양제의 비非비례성 때문이라고 인식되었다. 그뿐 아니라 이 제도로 인해 같은 정당 소속 후보들이 선거구에서 수단과 방법을 가리지 않는 지나친 득표 경쟁을 하게 된다는 주장에 무게가 실렸다.

일본에서의 개혁 의제 등장은 하향식top-down 성격이 강했다. 1990년대 초반에 진행되었던 선거제도 개혁 논쟁에서 유권자들은 그다지 적극적이지 않았던 것이다. 이후 단기비이양제를 혼합형 다수제로 대체했는데, 300석은 단순다수제로 선출하고 나머지 200석은 폐쇄형 정당명부식 비례대표제로 선출하도록 했다 – 이 두 종류의 의석은 서로 개별적이고 병렬적 과정을 통해 선출된다(보상 장치는 없다. 자세한 것은 153쪽을 보라). 1999년에는 제도 일부를 변경해 비례대표의석을 180석으로 줄였다. 이러한 변경 사항을 제외하면 이 제도는 현재까지 유지되고 있다.

학계는 이 세 국가가 혼합형 제도를 채택했다는 사실에 큰 관심을 가졌다. 이후 이 제도를 선택한 사례는 더 없었음에도 혼합형 제도가 심사숙고를 통해 선별된 최고의 제도라는 생각에는 변함이 없었다. 그러나 〈표 8-1〉과 〈표 8-2〉는 이와는 다른 사실을 보여준다. 〈표 8-1〉에 의하면 다수 신생 민주주의 국가(가장 눈에 띄는 예는 러시아와 우크라이나)가 혼합형 제도를 버리고 정당명부식 비례제를 선택하고 있다. 〈표 8-2〉는 1980년 이후 이탈리아에서의 전개 과정을 보여준다. 이탈리아에서는 새 제도에 만족한 사람이 아무도 없었다. 제도가 목적을 달성하지 못했다는 것을 알게 되었던 것이다(D'Alimonte, 2008). 이후 몇 차례 추가적인 개혁안을 도입하려는 시도가 있었다. 대부분이 영국식 단순다수제로 나아가기 위한 과정을 '완성'하려 했던 것이다. 결국 혼합형 제도는 2005년 베를루스코니Silvio Berlusconi 총리가 추진했던 개혁 과정에서 폐기된다. 그리고 정당명부식 비례대표제로 되돌아간다. 그러나 이 정당명부식 비례대표제는 대정당이나 정당 연립이 과반수 의석을 얻지 못할 경우, 그들에게 보너스 의석을 배분하는 장치가 있는 독특한 제도였다(Baldini, 2011; Renwick et al., 2009).

선거제도를 개정한 후 새 제도에 대해 불만이 있었던 선진 민주주의 국가는 이탈리아뿐만이 아니었다. 뉴질랜드에서도 선거제도를 다시 검토해야 한다는 요구가 나타났다. 현재 여당인 국민당National party 은 혼합형 다수제를 고집하지는 않고 있다. 2009년 국민당은 이 문제에 대해 다시 검토할 것이며, 이전 경우처럼 국민투표를 두 번 실시해 제도를 개혁하겠다고 발표했다. 첫 번째 국민투표는 2011년 예정된 차기 총선거와 동시에 실시될 가능성이 높다. 만약 이 투표에서 유권자들이 혼합형 다수제의 포기를 원한다는 것이 확인된다면 두 번째 국민투표를 실시하게 될 것이다. 이 두 번째 국민투표는 어느 선거제도를 선택할 것인지를 결정하는 투표로 2014년 선거와 동시에 실시될 것이다.

1990년 전반부에 있었던 이 같은 세 가지 사례를 보면 정부 전반에 걸친 문제점을 해결하기 위해서 선거제도를 개혁해야 한다고 했던 사람들의 주장이 옳았다는 것을 입증하지 못하고 있다. 새 제도를 장기적으로 유지할 수 있는 국가는 일본인 듯하다. 이탈리아는 혼합형 제도를 폐기했고, 뉴질랜드는 적극적으로 또 다른 개편을 논의 중에 있기 때문이다. 만약 뉴질랜드가 제도를 바꾼다면 '가장 성공하지 못한' 것으로 평가되었던 일본의 제도가 유일하게 살아남는 뜻밖의 결과가 되는 것이다. 이러한 사실은 카츠(Katz, 1999)의 다음 주장을 뒷받침한다. 개혁을 선호하는 사람들은 이후 일어날 수 있는 결과를 예측하는 데 매우 신중해야 한다는 것이다.

지금까지는 선거제도 개혁을 둘러싸고 벌어진 국가적 차원의 논쟁에만 초점을 맞춰왔다. 그러나 시야를 넓혀 지방 선거sub-national elections를 살펴본다면 상황이 크게 다르다는 것을 알 수 있다. 여러 국가들의 지방 단위에서 어떤 경향이 나타나고 있는지를 비교해볼 수 있는 체계적인 데이터를 구하기는 쉽지 않다. 하지만 수많은 일화를 통해 다수 국가의 지방 단위에서 선거제도를 개혁하고자 하는 시도가 활발하게 일어나고 있음을 알 수 있다. 예를 들어 제2장에서는 미국의 주州 하위sub-state 단위에서 단순다수제를 대안투표제, 가중투표제, 그리고 제한투표제와 같은 선거제도로 대체하고 있다는 것을 살펴봤다(63~67쪽을 보라). 지방 선거에서의 개혁 사례는 다음과 같다. 호주에서는 일부 주 단위에서 선거제도를 개편했다(Farrell and McAllister, 2006). 뉴질랜드에서는 2000년대 초반 지방위원회가 위원회 선거에서 단순다수제가 아닌 단기이양제를 운용할 수 있는 권한을 갖게 되었다(Vowles, 2007). 그리고 영국의 경우에는 스코틀랜드, 웨일스, 그리고 런던의 지방의회 의원을 혼합형 비례제로 선출하며, 직접 선거로 선출하는 런던 시장의 경우 대안투표제를 사용하고 있다(자세한 내용은 Farrell, 2001a 참조).

캐나다의 개혁 과정은 가장 흥미로운 사례다. 2000년대 초반에 여러 주

<표 8-3> 선진 민주주의 국가의 선거제도 개편(1960년대와 2000년대)

(단위: 유효 최소 조건은 %)

국가	연도	계층	당선결정방식	선거구 크기[a]	선거구 수[b]	의회 크기[b]	법정 최소조건	유효 최소조건[c]
호주	1960년대		대안투표제	1	123	123	-	37.5
	2000년		대안투표제	1	150	150	-	37.5
오스트리아	1960년대	상	동트식	41.25	4	165	선거구 1석	8.5
		하	최대잔여-드룹	6.60	25			4
	2000년	전국	동트식	183	1	183	선거구 1석 혹은 전국 득표율 4%	
		상	동트식	20.33	9			4
		하	최대잔여-헤어	4.26	25			
벨기에	1960년대	상	동트식	23.48	9	211.33	헤어 기준수의 0.66	4.8
		하	최대잔여-헤어	7.04	30			
	2000년	상	동트식	15.00	10	150	헤어 기준수의 0.33	2.8
		하	최대잔여-헤어	7.50	20			
영국	1960년대		단순다수제	1	631.69	632.85	-	37.5
	2000년		단순다수제	1	655	655	-	37.5
캐나다	1960년대		단순다수제	1	268	268	-	37.5
	2000년		단순다수제	1	301	301	-	37.5
덴마크	1960년대	상	최대잔여-헤어	175	1	175	전국 득표율 2%	2
		하	수정 생라게식	7.30	18.5			
	2000년	상	최대잔여-헤어	175	1	175	특별 규칙	2
		하	수정 생라게식	7.32	19			

국가	연도	계층	당선결정방식	선거구 크기[a]	선거구 수[b]	의회 크기[b]	법정 최소조건	유효 최소조건[c]
핀란드	1960년대		동트식	13.21	15.15	200	-	5.4
	2000년		동트식	13.33	15	200	-	5.2
프랑스	1960년대		절대다수-최다득표제	1	470.14	470.14	선거구 득표율 12%	37.5
	2000년		절대다수-최다득표제	1	577	577	-	37.5
독일	1960년대	상	동트식	496.88	1	496.88	전국 득표율 5% 혹은 선거구 3석	5
		하	단순다수제	1	247.75			
	2000년	상	최대잔여-헤어	656	1	656	전국 득표율 5% 혹은 선거구 3석	5
		하	단순다수제	1	328			
아일랜드	1960년대		단기이양제	3.75	40.50	152.00	-	17.2
	2000년		단기이양제	4.05	41	166	-	14.9
이탈리아	1960년대	상	최대잔여-헤어	625.75	1	625.75	선거구 1석과 300,000표	2.0
		하	최대잔여-임페리알리얼리	19.55	32			
	2000년	상	최대잔여-헤어	155	1	630	상위 계층 의석배분을 위해 전국 득표율 4% 이상	4
		하	단순다수제	1	475			37.5
일본	1960년대		단기비이양제	3.95	123	468	선거구 득표율 6.3%	16.4
	2000년	상	동트식	16.4	11	468	-	4.3
		하	단순다수제	1	300			37.5
네덜란드	1960년대		동트식	150	1	150	전국 득표율 0.67%	0.67
	2000년		동트식	150	1	150	전국 득표율 0.67%	0.67
뉴질랜드	1960년대		단순다수제	1	85	85	-	37.5

국가	연도	계층	당선결정방식	선거구 크기[a]	선거구 수[b]	의회 크기[b]	법정 최소조건	유효 최소조건[c]
뉴질랜드	2000년	상	생-라게식	120	1	120	전국 득표율 5% 혹은 선거구 1석	5
	2000년	하	단순다수제	1	67			
노르웨이	1960년대		수정 생-라게식	7.80	19.56	152.44	-	8.9
	2000년	상	수정 생-라게식	165	1	165	전국 득표율 4%	4
		하	수정 생-라게식	8.26	19			
스웨덴	1960년대	상	수정 생-라게식	8.27	28	231.67	-	8.4
	2000년	상	수정 생-라게식	349	1	349	전국 득표율 4%	4
		하	수정 생-라게식	11.07	28		전국 득표율 4% 혹은 1선거구에서 12%	
스위스	1960년대		동트식	8.20	23.91	195.55	-	8.5
	2000년		동트식	7.69	26	200	-	8.6
미국	1960년대		단순다수제	1	435	435	-	37.5
	2000년		단순다수제	1	435	435	-	37.5

주: 이 표는 1960년대 초반과 2000년 두 시점을 보여준다.
a 선거구 평균 크기. 의회 의원수를 선거구 수로 나눈 숫자임.
b 소수점 이하를 가지고 있는 숫자는 평균 수치임.
c 유효 최소조건은 법정 최소조건에 의해 결정되거나, 선거구 크기로부터 추정된 것으로 그 값이 큰 쪽으로 나타낸 것이다. 선거구 크기로 추정할 경우 유효 최소조건을 구하는 계산 방식은 다음과 같다. 75/(M + 1). Taagepera(1998)와 Lijphart(1999a)를 참조.
자료: Bowler, Carter, and Farrell(2003).

province에서 선거제도 개편에 대한 논의가 있었다(Cross, 2005; Milner, 2004 참조). 이 중 2004년 브리티시컬럼비아와 2006년 온타리오의 경우가 가장 흥미롭다. 두 사례에서 당시 정부는 선거제도를 변경할 것인지, 그렇다면 어떤 선거제도로 변경할 것인지를 검토하는 임무를 시민 의회citizen's assembly에 맡겼다 (Fournier et al., 2010 참조). 브리티시컬럼비아 시민 의회는 단기이양제를, 온타리오 시민 의회는 혼합형 비례제를 선호했다. 그러나 이후 실시된 주민투표에서 두 안 모두 충분한 지지를 얻지 못했고, 그 결과 단순다수제가 계속 유지되고 있다.

마지막으로 선거제도 개혁에 관한 주제 중에 관심을 끄는 두 분야가 있다. 첫째, 기존 선거제도의 소폭 변경, 둘째, 선거 과정 관리에 대한 광범위한 개혁 문제다. 후자는 다음 장에서 별도로 다룰 것이다. 〈표 8-3〉은 선진 민주주의 국가에서 기존 선거제도를 어느 정도 변경했는지를 보여준다. 정부가 기존 제도를 일부 변경했던 사례도 있다. 예를 들어 호주는 선거 단위에서 세 번째 계층tier을 도입했으며, 독일에서는 새로운 당선결정방식을 채택했다. 그리고 다수 국가가 의원 수를 늘렸다(대부분 인구 증가를 반영한 것이다). 이것들은 결코 극적인 사건들이라고 말할 수는 없을 것이다. 그러나 적어도 향후 선거제도에 어떠한 변화가 일어날 것이라는 징후는 보여준다고 할 수 있다.

8-3 선거제도의 기원과 개혁에 대한 해석

선거제도 연구는 과거 10여 년 동안 빠르게 발전했고 이제 '성숙'해지고 있다(Shugart, 2008). 그러나 이 분야에서 여전히 발전되고 있지 않은 분야는 바로 선거제도 설계와 개혁 문제를 이론화하는 것이다. 베노이트Kenn Benoit는 이를 간결하게 표현한다. "선거제도가 어디서 왔는지를 질문하는 것은 '아기는 어디서 오는 거야?'라는 오래되고 유치한 질문만큼 이상한 것은 아니다. 그러나 답을 내놓는 것이 매우 불편하고 피하고 싶고, 또 각자 의견이 다르다는 점에서는 두 질문이 비슷하다"(Benoit, 2007: 364). 그럼에도 학자들은 이 질문에 대한 해답을 찾으려 노력했다. 특히 세 가지 관점에서의 연구가 주목할 만하다. 그것은 이익interest, 제도institution, 그리고 관념idea에 기초한 관점이다.

첫 번째는 이익을 강조한 합리적 선택 이론rational choice theory 이다. 세 가지 관점 중 가장 눈에 띄는 발전을 해왔다. 이 이론에 의하면 정치적 행위자들이 선거제도를 선택하거나 어떤 역할을 하는 중요한 동기는 권력-극대화power-maximization라는 이익interests 이다(예를 들어, Bawn, 1993; Benoit, 2004; Reed and Thies, 2001). 베노이트의 초기 논문은 이 관점 중에서 가장 정교한 논의를 보여준다. 정치인은 의석 극대화를 추구한다는 다운스(Downs, 1957)의 고전적 개념에 기초해서 베노이트는 수리적 모형formal model을 발전시켰다. 베노이트 모형의 요지는 다음 인용문으로 요약할 수 있을 것이다.

> 선거제도 변화는 하나의 정당 혹은 정당 연합이 대안적 제도를 지지할 때 가능하다. 이 대안은 그들에게 현재 선거제도보다 더 많은 의석을 가져다줘야 한다. 또한 그들이 대안을 실현시킬 수 있는 권력을 가지고 있어야 가능하다(Benoit, 2004: 373~374).

이 관점의 매력은 선거제도 기원, 특히 제1물결 민주주의 국가들의 선거제도 기원을 고찰할 때 드러난다. 예를 들어 브와(Boix, 1999)는 로칸(Rokkan, 1970)의 논의를 보완해 진전시킨다. 로칸Stein Rokkan은 선거제도가 어떻게 정당체제를 결정하는지에 관한 뒤베르제의 법칙(제7장 214~215쪽에 정리되었음)을 역으로 봤다. 즉, 선거제도를 결정하는 것은 정당체제라고 주장했던 것이다. 이에 더해 브와Carles Boix는 다음과 같은 내용을 기초로 분석을 진행했다. 초기 민주주의 국가들의 민주주의 공고화 과정에서, 지배적 정당들은 선거에서 자신들의 지위가 위협받는다고 인식할 때마다 자기 방어를 위해 선거제도를 수정할 가능성이 높았다는 것이다. 이는 비非비례적 제도(정부 권력을 상실할 위험이 큰 제도)를 비례적 제도(적어도 일정 정도의 권력을 유지하게 해줄 수 있을 것 같은 제도)로 대체하는 방식으로 이뤄졌다. 이 같은 관점으로 보면 유럽대륙의 국가 대부분이 왜 비례대표제를 선택하게 되었는지 그 이유를 알 수 있게 된다. 콜로머는 이에 대한 최근의 연구에서 19세기 이후의 선거제도 설계 경향에 관한 광범위한 데이터 세트를 만든 바 있다. 그에 의하면, 시간이 흐르면서 비례대표제로 전환했고, 이러한 '일반적 경향'이 형성된 것은 정치 엘리트들이 선거제도를 전략적으로 선택했다는 사실에 기인한다(Colomer, 2005:18).[2]

이익 개념에 기초한 합리적 선택 이론은 비교적 오래된 선진 민주주의 국가들의 장기간에 걸친 선거제도 설계 경향을 이해하는 데 크게 도움을 준다고 할 수 있다. 그러나 제3물결의 민주주의 국가에서의 선거제도 설계 사례를 이 관점으로 설명하기에는 무리가 있어 보인다. 제3물결의 경우 선거제도 설계 과정에서 많은 장애물이 있었으며, 이로 인해 자신들이 선호하는 제도에 대해 전략을 만들 수 있는 정당 지도자들의 능력이 제한적이었다. 이것은 왜 그렇게 많은 국가들이 혼합형 선거제도를 선택했는지를 설명해주는 이유 중 하나라고 할 수 있다. 혼합형 선거제도는 "불확실성 속에서 양다리를 걸칠 수 있는 현명한 방법"이었던 것이다(Birch, 2003: 32).

합리적 선택 이론이 선진 민주주의 국가의 선거제도 개혁을 얼마나 잘 설명하는지도 의문이다(Rahat, 2008; Renwick, 2010; 다른 의견에 대해서는 Blais and Shugart, 2008을 보라).[3] 이 이론은 1986년 프랑스의 비례제 채택과 2005년 이탈리아의 베를루스코니가 추진한 개혁에 대해서는 어느 정도 잘 설명하는 것 같다. 그러나 1990년대 초반 뉴질랜드, 이탈리아, 일본의 개혁을 설명하는 데에는 그 유용성이 떨어진다.

둘째, 제도주의적 관점institutional perspective이다. 슈가트는 이 관점에 입각해서 제도 변화를 설명한다(Shugart, 2001, 2008a). 슈가트는 내재적 요인과 우발적 요인을 구분해 선진 민주주의 국가에서 개혁론자들의 의제가 어떤 조건하에서 나타났는지를 설명한다. 첫째, 내재적 요인은 "현행 선거제도가 규범적 기준에 미달하는 나쁜 성과를 내는 것"을 의미한다(Shugart, 2008: 9). 이것은 이례적 선거 결과와 같이 '제도 실패systemic failure'를 낳을 수 있다(2000년대 중반 브리티시컬럼비아에서 단순다수제가 반전과 같은 선거 결과를 가져와 선거제도 개혁 논쟁이 촉발된 사례가 있다. Fourneir et al., 2010을 참조하라). 제도 실패는 선거제도 개혁 문제를 의제화하는 데 중요한 역할을 한다. 그리고 결정적인 것은 개혁을 추진하는 것이 주요 정당이나 정당 연합에게 유리한지 여부다. 이러한 의미에서, 적어도 합리적 선택 관점은 슈가트의 분석에도 유지된다. 둘째, 슈가트와 와텐버그는 리드와 티에스 연구Reed and Thies, 2001에 의존해서 우연성contingency의 두 가지 종류를 설명한다. 그중 하나는 결과 의존적 요인outcome-contingent factors으로 선거 결과에 수반되어 나타나는 우연성이다. 이는 주요 정치 행위자가 개혁을 통해 이전보다 더 나은 상태가 될 것이라고 믿게 함으로써 개혁에 호의적인 태도를 갖게 하는 요인이다. 다른 하나는 행위 의존적 요인act-contingent factors이다. 주요 행위자들이 새 선거제도에 대해서는 그렇게 호의를 갖지 않으나 "개혁을 막을 경우 선거에서 심판받을 것이라는 두려움 때문에 지지하게 된다"는 것을 의미한다(Shugart and Wattenberg, 2001a: 572).

표면적으로 보면 1990년 초반의 이탈리아, 뉴질랜드, 그리고 일본에서의 선거제도 개혁의 원인에 대해서는 이 관점으로 잘 설명할 수 있다(Shugart and Wattenberg, 2001b). 예를 들어, 뉴질랜드에서의 내재적 요인으로는 당시 단순다수제에서 발생했던 몇몇 극단적인 비非비례적 선거 결과와 유권자들이 가졌던 분노를 들 수 있다. 그리고 이탈리아와 일본의 경우, 내재적 요인은 고질적 부패현상이었다고 할 수 있다. 이들 국가에서는 부패현상이 선거제도 때문이라는 비판이 일었었다. 행위 의존적 요인은 뉴질랜드의 경우 명백히 나타난다. 정당들은 자신들이 원하지 않았던 개혁 의제를 앞다퉈 추진했다. "어떤 정당도 감히 개혁을 저지하는 것으로 비춰지는 것을 감내할 용기가 없었던 것이다"(Shugart and Wattenberg, 2001b: 577; Denemark, 2001). 이와 유사하게 일본 정당들은 대중의 지지를 얻고자 개혁주의자임을 자처했다(Reed and Thies, 2001). 이탈리아도 행위 의존적 요인이 명확하게 나타난 사례다. 1993년 국민투표의 결과로 정치인들이 개혁에 응할 수밖에 없었던 것이다(Katz, 2001). 슈가트와 와텐버그에 의하면 세 국가 모두 혼합형 제도를 택했던 것은 결과 의존적 요인에 의한 것이라고 할 수 있다. 즉, 선거 결과 "정당들이 정치적으로 살아남기 위해서는 개혁을 해야 한다는 사실을 인식하게 되면(아마도 마지못해) 그다음에는 절충된 선거제도를 찾기 위한 협상에 임하게 된다"(Shugart and Wattenberg, 2001a: 578b). 이와 같이 이익을 중시한 합리적 선택 관점과 제도주의 관점의 핵심에는 자기이익과 권력 극대화 목표가 정치 엘리트들을 움직이는 주요한 추동력이라는 가정이 자리 잡고 있다. 그리고 제도주의 관점은 이를 수정해 규범적 측면을 더했다.

세 번째 관점은 관념ideas(혹은 가치나 이데올로기)을 중시하는 것이다. 정치인들은 가끔 자신들의 최대 이익에 봉사하는 것으로 인식될 수 없는 개혁 의제까지 기꺼이 받아들이는 모습을 보인다. 이 점에서 규범의 역할이 중요해진다고 할 수 있으며, 이는 이익 기반 관점과 크게 대조되는 것이다. 정치인들은 자신들의 개인적 이익과 정당 이익을 등한시 하는 것으로 비치고 있기 때문이다. 심지어 어떤 경우에는 '칠면조는 크리스마스를 싫어한다Turkeys don't vote for Christmas'라는 오래된 격언이 틀렸음을 보여주는 사례도 있다.•

• 크리스마스에 칠면조 요리가 식탁에 오르는 관습을 빗대어, 이익을 중시하는 합리적 선택 관점을 은유적으로 표현하고 있다.

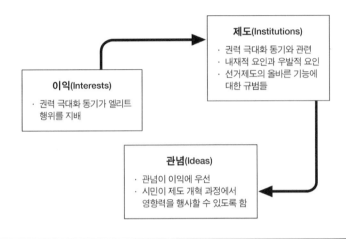

시민 의회citizen's assembly는 이 관점의 유용성을 보여주는 좋은 사례다. 시민 의회 구성원으로 선정된 시민들은 선거제도 개혁 여부, 혹은 개혁 방향을 결정할 권한을 가졌다. 여당이 이와 같은 백지 권한을 시민에게 위임했다는 사실은 "정당이 자신들의 의석과 권력을 극대화하기 위해 선거 규칙을 만든다는 지배적 관점에 도전하는 것"이라고 할 수 있다. "따라서 정치인들이 의석 극대화라는 동기에 의해 행동하는 것이 아니라 관념적 구상이나 도덕적 원칙에 의해 움직일 가능성에 주목해야 한다"(Fournier et al., 2010; 또한 Blais and Massicotte, 1997; Bowler et al., 2006 참조).

이익, 제도, 그리고 관념에 기초한 관점들을 종합하면 선거제도 개혁의 원인 ─ '왜'라는 질문 ─ 을 이해하는 데 도움이 된다(〈그림 8-1〉을 보라). 그러나 이 관점들은 또 다른 중요한 주제인 개혁의 과정 ─ '어떻게'라는 질문 ─ 을 설명하는 데에는 별로 유효하지 않다(Leyenaar and Hazan, 2011). 즉, 선거제도 개혁 문제가 왜 공적 토론의 의제로 등장하는가는 여러 문제 중 하나에 지나지 않는다.

이미 본 바와 같이, 실제로 어떤 개혁의 과정을 거쳐 새 제도를 선택하는가는 또 다른 문제다. 앞서 정리한 이론적 관점들은 바로 이 문제를 잘 설명하지 못한다.

라하트(Rahat, 2008)와 렌윅(Renwick, 2010)은 선거제도 개혁의 정치에 대해 상세하고도 완성된 분석을 하는 데 중요한 진전을 이뤘다. 이들은 공통적으로 질적 방법론을 사용한 비교-역사 접근법comparative-historical approach을 택했다. 선거제도 개혁의 시발점과 종착점이라는 주제를 포괄적으로 다루기 위해서였다. 라하트Gideon Rahat는 이스라엘에 초점을 두었지만 광범위하게 적용될 수 있는 도식schema을 제공한다. 그는 장기적 관점에서 개혁 논의에 참여한 좀 더 많은 행위자들의 서로 다른 역할에 관심을 가져야 하고, 논쟁의 여러 단계를 모두 추적해야 한다고 주장한다. 즉, 여러 이유로 인해 포괄적이고도 빈틈없는 분석을 해야 한다는 것이다. 왜냐하면 "과정의 산물은 신중하게 계획된 헌법적 공학의 결과가 아니며, 이보다는 여러 정치적 타협의 결과"이기 때문이다 (Rahat, 2008: 26). 이런 주장은 제도 설계가 우연적 성격을 갖는다는 구딘Robert Goodin의 주장과도 일치하는 부분이 많다. 구딘은 다음과 같이 말한다. "제도는 종종 의도된 행위가 길을 잘못 들어 생긴 결과의 산물이다. 의도하지 않은 부산물, 의도된 여러 행위들이 서로 엇갈리면서 낳은 결과, 방향을 잘못 잡은 의도들 혹은 단순한 실수들이 그것이다"(Goodin, 1996: 25).

렌윅(Renwick, 2010)도 비교-역사 접근법을 이용해 〈표 8-2〉의 6개 선거제도 개혁 사례를 검토한다. 라하트와 마찬가지로 포괄적 도식을 발전시켜 선거제도 개혁 과정의 상이한 원인과 과정을 살펴보고 있다. 그는 두 가지 주요 경로를 분류한다. 첫째, '다수 엘리트 도입elite majority imposition' 경로로서, 정치인들이 개혁 과정에서 통제력을 가지고 있는 경우다(1985년 프랑스가 좋은 예다). 둘째, '엘리트-대중 상호작용elite-mass interaction' 경로로서, 정치인이 과정에 대한 통제력을 일정 부분 혹은 전부를 상실한 경우다(이탈리아와 뉴질랜드가 가장 좋은 예다). 그의 결론은 다음과 같다. "최근 몇 십 년 동안 일어났던 관찰 가능한 선거제도 개혁의 일반적 경향을 보면, 그것은 어떤 이들이 말하는 것처럼 간단치 않다. 선거제도 개혁의 발생 여부와 그 형태를 결정하는 복합적 요인들을 인식하고 충분히 살펴볼 때만이 그것을 이해할 수 있다" (Renwick, 2010: 255; 또한 Renwick, 2011 참조).

8-4 선거제도 공학자로서의 정치학자

정치학자도 다른 사람들과 마찬가지로 인간이다. 그래서 선거제도 설계 문제에 대해 개인적이고 주관적인 의견을 가지기 쉽다. 자기의 생각을 최대한 드러내려 하지 않으려 함에도 선거제도 설계와 개혁 문제에 대해 조언을 해주는 정치학자가 세계적으로 점차 많아지고 있다. 따라서 선거제도 설계에 관한 학계의 토론을 살펴볼 필요가 있다. 학자들은 주로 두 개의 주요 진영으로 나뉜다. 한편은 정치학자들이 선거제도 설계에 조언을 하는 것이 부적절하다고 주장하며, 다른 편은 정치학자들이 그런 조언을 할 준비가 되어 있다고 주장한다. 후자는 다시 둘로 나뉜다. 한편은 '단순한' 선거제도를 선호하고, 다른 한편은 좀 더 '복잡한' 선거제도를 선호한다.

리처드 카츠는 정치학자들이 선거제도 설계에 대한 조언을 하는 데 신중해야 한다고 주장하는 대표적 학자다. 그는 저서인 『민주주의와 선거』에서 선거제도 설계의 우연성을 강조한다. 특정 국가에서 최선의 선거제도를 선택하는 것은 '당신은 누구이고 어디에 있으며, 어디로 가길 원하는지'에 '달려 있다'고 결론짓는다(Katz, 1997a: 308). 카츠는 같은 주제를 다룬 후속 에세이에서 이 점을 더욱 발전시킨다. 한 국가의 선거제도를 다른 국가로 이전시킬 경우 발생할 수 있는 결과를 예측하는 것은 매우 신중해야 한다고 주장한 것이다(Katz, 1999).

반면 타게페라(Taagepera, 1997, 1998)는 '마라케시의 재봉사tailor of Marrakesh(잘 맞지 않는 옷도 유행하고 있는 것이라면 괜찮다고 손님에게 말한 재봉사)'에 대한 에세이에서, 정치학자들은 선거제도 개혁에 대해 조언을 할 위치에 있지 않다는 주장에 반론을 제기한다. 그는 정치학자들이 선거제도는 마치 좋은 옷처럼 특정 정치적 환경에 적합해야 한다는 것을 인식해야 하며, 선거제도 설계에 신중을 기해 조언해야 한다고 주장한다. 또한 단순한 제도가 최선이라는 사실을 강조하면서, 선거 공학자들이 선거제도를 단순하게 설계하는 데 어떤 조언이 필요한지에 대해 심도 깊은 연구를 수행했다(Taagepera, 2007).

정치 공학자들에게 조언하는 것이 정치학자의 역할이라고 본 것은, 타게페라만이 아니다. 사실 선거제도를 연구하는 현재의 학자들 대부분이 어느 시점에는 위험을 감수하더라도 특정 선거제도에 대한 선호를 기꺼이 표현하고 싶어 한다. 그러나 이들 중에서도 소폭의 변화(아마도 점진적인)를 선호하는 학자들과 복잡한 선거 규칙을 선호하는 학자들 간에 의견이 갈리고 있다.

사르토리(Sartori, 1997)는 간결한 선거제도를 옹호하는 대표적 학자다. 그는 프랑스식 2회투표 절대다수제를 선호한다. 블레이스와 마시코트(Blais and Massicotte, 1996; 74~75)도 절대다수제를 옹호하며, 호로비츠(Horowitz, 1991)와 라일리(Reilly, 1997a)는 절대다수제의 한 유형인 대안투표제를 선호한다. 절대다수제 옹호론의 핵심적 주장은 모든 것을 단순화시키는 것이 선거제도 선택에서 원칙이 되어야 한다는 것이다. 타게페라와 슈가트(Taagepera and Shugart, 1989; 236)는 이 원칙에는 동의하지만 좀 더 신중하다. "미지의 세계로 뛰어드는 것보다는 알고 있는 고난 속에 있는 것이 낫다"는 것이다. 타게페라와 슈가트는 새롭게 민주화를 진전시키고 있는 국가의 선거 규칙으로는 비례적 당선 결정방식과 작은 크기의 다인 선출 선거구제가 적절하다는 주장에 힘을 실어준다. 그러면서도 여전히 단순함을 유지해야 한다는 점을 강조하면서 "보정 의석, 최소조건, 다단계 선거, 혹은 다계층 의석 배분과 같은 복잡함은 바람직하지 않다"고 말한다. 결국 그들은 책 말미에서 단기이양제에 대한 호의를 조심스럽게 표현한다. 레이놀즈(Reynolds, 1999)도 남부 아프리카 민주주의 국가들에서의 선거제도 선택 과정을 연구하면서 단기이양제에 대한 선호를 나타낸 바 있다. — 이 책의 저자도 마찬가지다.

라이파트는 특정 선거제도가 갖는 복잡성에 대해 그다지 우려하지 않는다. 그는 선거 개혁론자를 자처하는 사람들에게 조언하면서 2계층 선거구 획정, 전국 단위의 법정 최소조건, 표의 이양가능성, 그리고 **명부결합**apparentment 과 같은 특징이 갖는 장점을 강조한다(Lijphart, 1994a: 145). 라이파트는 현재 존재하는 선거제도를 개편할 경우, 그것은 "혁명적 대변화가 아닌 점진적 개선이 되어야 한다"는 타게페라와 슈가트의 주장에 동의한다(Lijphart, 1994a: 151). 그러나 신생 민주주의 국가에서의 선거 공학자들에게는 가능한 한 "선택할 수 있는 모든 제도"를 검토해야 한다고 조언한다(Lijphart, 1994a: 152). 던리비 Patrick Dunleavy 와 마게트Helen Margetts 는 선거제도의 복잡성이 장점임을 더욱 분명하게 주장한다. 1990년대 초반의 개혁(이탈리아, 일본, 뉴질랜드) 사례가 "자유 민주주의 국가들이 분명 혼합형 제도로 수렴"하고 있음을 보여준다는 것이다(Dunleavy and Margetts, 1995: 26). 혼합형 제도는 1인 선출 단순다수제의 강점인 책임성과 단순다수제의 비非비례성을 보완하는 지역 혹은 전국 단위 정당명부식의 비례성을 결합한 것이라고 주장한다(Shugart, 2001도 참조).

이와 같이 학자들의 의견은 매우 다르다는 것을 알 수 있다. 요약하면 다음과 같다. 블레이스와 마시코트, 호로비츠, 라일리, 그리고 사르토리는 절대다수제를 선호하며, 레이놀즈, 파렐, 그리고 타게페라와 슈가트는 단기이양제에 호감을 가지고 있다(슈가트보다 타게페라가 더 그런 것 같다. Taagepera, 1998과 Shugart, 2001을 비교해보라). 그리고 라이파트는 2계층 선거구를 가진 정당명부식을 선호한다. 던리비와 마게트는 혼합형 제도로의 '수렴' 현상을 주장한다. 이와 같이 전문가들조차 어떤 것이 최선인지에 대해 합의할 수 없다는 것을 보

<표 8-4> 전문가의 선거제도 선호 순위

선거제도	순위	평균	제1선호 수
혼합형 비례제	1	2.37	52
단기이양제	2	2.60	38
개방형 정당명부식 비례제	3	3.26	18
대안투표제	4	4.01	10
폐쇄형 정당명부식 비례제	5	4.17	9
1인 선출 단순다수제	6	4.67	21
결선투표제	7	4.90	7
혼합형 다수제	8	5.18	3
단기비(非)이양제	9	6.76	3

· 사례 수(N) = 169
자료: Bowler and Farrell(2006).

면, 정치인들이 그토록 다양한 선거제도를 제안하는 것도 이해할 수 있을 것 같다.

학자들의 의견을 체계적으로 알아보기 위해 2003년 후반과 2004년 초반에 선거제도 전문가를 대상으로 한 설문조사를 수행한 적이 있다(자세한 내용에 대해서는 Bowler et al., 2005; Bowler and Farrell, 2006). 이를 위해 우리는 3개의 주요 정치학회의 관련 전문가 집단 회원 명부를 활용했다. 설문 대상은 미국정치학회American Political Science Association의 선거제도와 대표 분과, 국제정치학회International Political Science Association의 비교대표 및 선거제도 위원회, 영국정치학회British Political Science Association의 선거, 여론, 그리고 정당 전문가 집단이었다. 설문 결과는 <표 8-4>에 요약되어 있다. 다수의 응답자가 선거제도 하나에만 선호를 표시하도록 한 것에는 반대했다. 다수가 카츠(Katz, 1997)의 '국가 사정에 따라 다르다'는 주장, 그리고 선거제도를 광의의 제도적·문화적 구조에 착근된embedded 제도로 간주했던 그로프만(Grofman, 1999)의 주장에 공감했다. 그럼에도 두 개의 선거제도를 분명히 선호하고 있음을 알 수 있다. 그것은 1위인 혼합형 비례제와 단기이양제다. 이러한 결과를 어떻게 해석해야 하는가는 의문이다. 예를 들어 혼합형 비례제를 최선의 선거제도라고 한 응답 중 일부는 이 제도가 21세기 초에 크게 유행하고 있다는 사실을 반영하는 것일 수도 있다. 혹은 학자들이 양다리를 걸치고 싶어 한다는 사실, 그리고 상충하는 목표와 가치에 대해 하나의 타협안을 제공할 수 있는 최선의 위치에 있는 제도를 선택하고자 하는 희망을 반영한 것일 수도 있다(이 타협안이 성공한다고는 확신할 수 없다). 그러나 혼합형 제도(그리고 단기이양제)를 지지하는 근본적인 이유가 무엇인지 결론을 내릴 수는 없다. 즉, 다수의 전문가들이 모든 선거제도 중에서 왜 혼합형 비례제를 선호하는지는 분명하지 않다는 것이다(Bowler and Farrell, 2006: 455).

8-5 선거제도에 대한 유권자 태도 평가

앞 장에서 선거제도의 전략적 영향에 대한 관심이 높아지고 있음을 보았다. 상이한 선거제도 아래서 나타나는 정치인들의 행위, 그리고 유권자의 전략적 계산에 관한 연구가 그렇다. 특히 후자의 경우 선거제도에 대한 유권자 태도를 평가하는 것에 대한 관심을 불러일으켰다. 또한 이런 현상은 선거제도 개혁 과정에 대한 일종의 반응으로 나타나고 있기도 하다. 이로 인해 유권자들이 새 제도에 대해 어떤 생각을 하는지에 대한 연구가 증가하고 있다.

선거제도 연구는 오랜 기간(그리고 위의 대부분 논의에서 암시하고 있는 바와 같이) 선거제도 영역을 정치 엘리트와 선거 공학자의 거대한 전략의 한 부분으로 다뤄왔다(Sartori, 1997). 결국 법을 만드는 것은 정치인들이며 선거법도 예외는 아니다. 예를 들어 라이파트(Lijphart, 1997)는 자신의 엘리트 주도 모형에서 선거제도 설계를 '협의주의consociationalism'의 핵심 특징 중 하나로 본다. 즉, 많은 경우에서 정치인들이 수동적 유권자에게 선거제도를 강요하는 것으로 가정해 온 것이다. 그러나 이것은 유권자가 선거제도 설계에 큰 영향력을 행사했던 사례가 많다는 사실을 간과한다. 1959년과 1968년 아일랜드, 혹은 1990년대 초반 이탈리아와 뉴질랜드의 경우가 그렇다. 실제 다수 사례에서 유권자들이 선거제도 설계에 영향을 미치고 있는 것이다. 모든 경우에서 유권자는 선거제도를 활용하는 정치적 행위자다. 따라서 유권자들이 선거제도에 대해 어떻게 생각하는지를 파악하는 것은 중요하다고 할 수 있다.

그러나 대중의 태도를 측정하는 데에는 어려움이 있다. 첫째, 선거제도를 잘 이해하고 있는 사람은 거의 없으며, 그로 인해 주어진 질문에 대한 그들의 응답을 의미 있는 것으로 받아들이기 힘들다. 둘째, 선거제도의 어느 요소가 유권자와 직접적으로 관련이 있는지, 따라서 제도에 대한 태도를 평가하고 측정하는 노력을 어디에 들여야 하는지를 생각해볼 필요가 있다. 어느 선거제도의 비례성은 정치체제의 차원에서 누가 승리하고 누가 패배하는지를 결정하는 데 중요할 수는 있다. 그러나 개인적 차원에서 유권자는 투표 행위와 관련된 문제, 그리고 어떤 선거제도가 다른 제도보다 자신에게 선택의 융통성과 권한을 많이 제공하는가에 더 많은 관심이 있다.

따라서 선거제도에 대한 대중의 지지를 측정하는 우회적 방법을 동원할 수밖에 없다. 그중 하나가 선거제도보다 더 큰 단위인 정치체제에 대한 대중의 태도를 조사하는 것이다. 제7장에서 선거제도의 몇 가지 주요한 제도적 영향에 대해 살펴봤다. 비례성, 정당 수 그리고 여성과 소수 집단의 대표성이 그것이다. 이런 요소들은 정부의 모습과 대표의 형태, 그리고 심지어는 정치체제의 안정성에 근본적인 영향을 미친다. 예를 들어, 비례대표제는 연립 정부를 낳을 가능성이 크다(제10장에서 자세히 살펴볼 것이다). 특히 비례대표제의 경우 정당 지도부의 영향력이 크기 때문에 의원들이 정당 지도자들과 의견을 같이할 가능성이 높다(Huber and Powell, 1994). 그리고 정치체제는 합의적 방식으로 운영될 가능성이 높다(Lijphart, 1999a). 결국 이와 같은 제도가 가져오는 결과는 정치체제에 대한 대중의 지지 수준에 영향을 미치게 될 것이다. 따라서 정치체제에 대한 대중의 태도를 조사함으로써 선거제도에 대한 대중의 인식을 우회적으로 알아볼 수 있다. 몇몇 연구에 의하면, 일반적으로 비非비례적 제도 국가보다 비례대표제 국가에서 정치체제에 대한 애착심과 지지의 정도가 높다 (Anderson and Guillory, 1997; Lijphart, 1994a). 이에 대해서는 나중에 더 살펴볼 것이다(제10장 302~303쪽을 보라). 선거제도에 대한 지지 수준을 측정하는 이 같은 접근법은 일종의 간접적 측정 방법으로서, 유권자가 선거제도 자체에 대해 가지고 있는 지식수준이 낮다는 문제를 피해 갈 수 있게 해준다. 그러나 선거제도에 대한 지지 정도를 어느 정도까지 해석할지에 대해서는 한계가 있다. 게다가 이 방법은 특정 선거제도에 대한 태도를 식별할 수 없으며, 선거제도의 어떤 요소나 쟁점이 유권자에게 중요한지를 분리해서 알아낼 수도 없다.

학자들은 선거제도에 대한 대중의 지식수준이 낮다는 문제를 피해 가기 위해 노력해왔다. 과거에는 이에 대한 자료를 획득할 수 없었기 때문이다. 한동안은 이미 존재하는 자료에 대한 2차 분석에 의존할 수밖에 없었다. 대규모 연구 프로젝트에서도 선거제도 문제는 거의 고려되지 않거나 선거제도에 대한 대중의 태도를 추상적 수준에서 물어보는 것에 지나지 않았다. 이에 관한 적절한 예는 켈너Peter Kellner가 수행했던 1990년대 초반 영국에서의 여론조사다. 이 조사에서 그는 꽤 확정적으로 다음과 같은 결론을 내린다. "개혁은 개혁 옹호론자들이 생각했던 것보다 대중에게 인기가 없다"(Kellner, 1992: 10). 그러나 던리비와 동료들이 주장하는 것처럼 이 같은 연구는 많은 결점을 가지고 있다. 왜냐하면 "왜곡되고 유치한 질문 혹은 지나치게 복잡한 질문을 사용했기 때문이다"(Dunleavy et al., 1993: 179).

던리비와 동료들은 이런 문제를 우회하기 위해 선거제도 개혁에 대한 대중의 태도를 좀 더 정밀하게 측정하는 방법을 활용했다. 1992년 총선거에서 영국 유권자의 표본을 대상으로 다른 선거제도를 시험했던 것이다. 그들은 일련의 선거제도 관련 진술을 제시했다. 응답자들에게 다음 질문에 대해 동의하는지 혹은 동의하지 않는지를 물어봤다. (i) '우리나라는 정당이 득표율에 비례해의석을 배분받는 투표제도를 채택해야 한다.' 그리고 (ii) '우리는 현재의 투표제도가 단일 정당 정부를 낳을 가능성이 높기 때문에 이 제도를 유지해야 한다.' 설문조사 결과 43%의 유권자가 일관되게 비례대표제를 지지했고, 32%는 지지하지 않았다. 이를 근거로 던리비와 동료들은 다음과 같이 결론지었다(켈너에게는 실례지만). "우리는 선거제도 개혁에 반대하는 어떠한 일반적인 경향도 발견하지 못했다"(Dunleavy et al., 1993: 181). 그러나 이 같은 노력에도, 그들의 연구는 응답자들로부터 너무 많은 것을 추정하고 있다는 비판을 받았다. 예를 들어 얼마나 많은 응답자가 기존 선거제도의 가치에 대해 충분히 알고 있는가? 즉, 이 여론조사는 비교적 복잡한 문제를 여전히 추상적 형태로 물어보고있다는 것이다.

던리비와 동료들은 1997년 총선거에서는 영국 유권자를 대상으로 모의투표 mock-ballot 방식의 연구를 수행했고, 여기서 이 문제를 푸는 데 큰 진전을 이뤘다(Dunleavy et al., 1997; Bowler and Farrell, 1996도 참조). 먼저 응답자들에게 네 가지 선거제도를 통해 다시 선거를 치르는 형태로 여러 가지 투표용지에 기표하도록 했다. 대안투표제, 보완투표제, 단기이양제, 추가의석제(혼합형제도)가 그것이다. 그리고 응답자들에게 상이한 선거제도에 대한 경험을 근거로 각각에 대해 어떻게 생각하는지 대답하도록 했다. 던리비와 동료들은 모의실험에서 나타난 응답자 태도와 상이한 선거제도가 가져온 종합적인 결과에 기초해다음과 같은 결론을 내린다. "영국에서는 추가의석제도가 개혁안으로서 가장적절한 후보인 것으로 입증되었다"(Dunleavy et al., 1997: 5). 그들은 추가의석제도를 유권자가 선호하는 대안으로 선정한 후, 유권자 표본 집단을 대상으로 모의 국민투표를 실시했다. 이번에는 현행 단순다수제와 추가의석제도 중 하나

를 선택하게 했다. 두 제도를 선호하는 응답자 비율은 거의 엇비슷했다. 41%
는 단순다수제를, 44%는 추가의석제도를 지지했다.

　이와 같이 딘리비와 동료들은 선거제도 개혁에 대한 대중의 태도를 측정하
는 첫 번째 문제, 즉 대중들은 선거제도 관련 쟁점에 대해 이해 수준이 낮다는
문제를 해결하는 데 어느 정도 진전을 이뤘다. 그러나 이 모의실험에서 응답
자는 짧은 시간 내에 연속된 질문에 답해야 했다. 그리고 단 한 번 실시된 것
이다. 따라서 유권자에게 상이한 선거제도에 대해 얼마나 많이 알고 있는지를
파악하는 문항도 있어야 했다. 물론 응답자에게 여러 선거제도를 설명하기는
했다. 그러나 좀 더 근본적으로는 연구자들이 주어진 짧은 시간 동안 유권자
표본 집단을 대상으로 하는 계량적 연구에서 얻을 수 있는 것은 많지 않은 것
같다.

　상이한 선거제도에 대한 낮은 이해 수준 문제를 우회하는 또 다른 방법은
실제 선거제도 개혁이 일어난 이후에 유권자 태도를 측정하는 것이다. 이 같은
방법은 전면적인 선거제도 개혁을 겪은 선진 민주주의 국가 ― 이탈리아, 일본,
그리고 뉴질랜드 ― 를 대상으로 수행된 바 있다(예컨대 Reed and Thies, 2001;
Vowles et al., 1998, 2006 참조). 미국에서는 잉스트롬과 동료들이 이러한 설문조
사 방식을 활용해 미국 남부 주들에서의 누적투표제 채택에 대한 유권자 태도
를 측정했다(예컨대 Brischetto and Engstrom, 1997; Engstrom et al., 1997).

　이 연구들은 전반적으로 유권자들이 새 제도를 잘 이해하고 있을 뿐만 아니
라 그것의 작동 원리까지도 잘 습득하고 있다는 사실을 보여준다(Fournier et
al., 2010). 그러나 새 제도에 대한 만족도는 그리 긍정적이지만은 않다는 점도
발견한다. 유일한 예외는 미국 남부 주들의 소수 인종 집단의 경우다. 이들은
누적투표제가 자신들의 이익을 보호하기 위한 것이라는 것을 알고 있었다. 이
를 제외하면 일반적으로 일반 국민의 새 제도에 대한 부정적인 생각이 빠르게
확산된 것으로 나타났다. 리드Steven Reed는 일본에서 이 같은 경로를 정확하게

예측했다(Reed, 1994; Reed and Thies, 2001도 참조). 카프와 바울러(Karp and Bowler, 2001)의 뉴질랜드를 대상으로 한 연구도 이런 경향을 확인해준다. 카프와 바울러는 이런 경향이 뉴질랜드 민주주의 체제에 대한 일반적인 대중의 지지도와 관련해 무엇을 의미하는지에 대해서도 깊이 논의하고 있다.

현재까지의 연구들은 주로 거시적 수준의 질문에 초점을 맞춰왔다. 강점이 많았기 때문이다. 정치체제에 대한 지지도(Brischetto and Engstrom, 1997; Engstrom et al., 1997), 민주주의에 대한 만족도(Karp and Bowler, 2001; Vowles et al., 2006), 혹은 오랜 주제인 비례성 문제(Dunleavy et al., 1997)가 대표적 예다. 그러나 상이한 선거제도에서 발생할 수 있는 미시적 수준의 문제에 대한 유권자 태도를 연구하고자 하는 노력은 거의 없었다. 예를 들어 제도로 인한 전술적 투표의 발생 가능성, 혹은 '사표' 문제 등이 그것이다. 즉, 선거제도의 여러 측면 중 유권자에게 직접적으로 영향을 미치는 측면에는 주목하지 않았던 것이다. 이 때문에 대부분의 연구가 그 관심의 방향을 어느 정도는 잘못 설정했다고 할 수 있을 것이다.[4]

앞서 정리한 바와 같이, 계량적인 설문조사 방법을 통해 대중이 어떤 태도를 갖는가를 분석하는 것에는 한계가 있다. 선거제도의 복잡성, 그리고 선거제도에 대한 대중의 낮은 관심과 지식수준을 고려할 때, 선거제도에 대한 태도를 측정하는 가장 효과적인 수단은 질적 연구qualitative research 방법을 활용하는 것이다(Devine, 1995 참조).

포커스 집단focus group 방법을 통한 1998년 영국 유권자 연구가 바로 이런 문제의식으로부터 출발했다(Farrell and Gallagher, 1998, 1999). 이 연구는 젱킨스 위원회가 논의했던 쟁점과 일치하도록 설계되었다. 연구의 주요 목적은 선거제도 개혁의 복잡한 쟁점에 대한 근원적 태도를 알아내고, 실험에 참여한 유권자들이 가장 중요하게 생각하는 선거제도의 주요 특징이 무엇인지를 찾아내는 것이었다. 다음 두 가지는 이 연구의 주요 결론이다. 첫째, 실험 초반에는 제도 관련 쟁점을 거의 알지 못하고 있었다. 누구도 기존 제도인 단순다수제를 정확히 정의하지 못했으며, 단순다수제에 대한 확실한 대안을 제시하는 사람도 없었다. 따라서 다수 응답자들이 기존 제도를 유지하는 것을 선호한다는 것을 알게 된 것은 놀라운 것이 아니었다. 각 집단에게 4개 선거제도(대안투표제, 단기이양제, 정당명부식, 그리고 혼합형 제도)를 소개하고 2시간에 걸쳐 토론을 진행시켰다. 이 과정에서 단순다수제를 개편하는 것에 대해 빠르게 호의를 보이기 시작했다. 물론 다른 선거제도 중 하나에 대한 분명한 지지는 보여주지 않았다. 각 집단의 선호는 네 제도로 나뉘었고, 그중 정당명부식이 가장 적었다.

둘째, 선거제도의 특징 중 비례성 문제는 포커스 집단에게 중요한 관심 사항이 아니었다. 선거제도 학자들의 관심과는 대조적인 것이다. 그들에게 가장 중요한 기준은 선거제도 복잡성을 최소화해야 한다는 것이었다. 이 외에도 중요한 기준은 유권자에게 더 많은 선택권을 부여해야 한다는 점(선거제도의 복잡성만큼은 아니지만), 그리고 선거구 대표와의 연계를 상실하는 것에 대한 두려움(다른 국가보다는 영국에서 더 강조되는 특징이며, 따라서 아마도 문화적 현상이라고 할 수 있다)을 들 수 있다.

이 포커스 집단 연구 결과가 말해주는 것은 질적 연구 기법을 활용한 선거제도 연구에 유망한 새로운 방법이 생겼다는 사실이다. 특히 이 연구로부터 두 가지 점을 도출할 수 있다. 첫째, 선거제도 문제에 관심을 갖거나 잘 알고 있는 유권자는 거의 없다. 그러나 이 때문에 제도에 대한 그들의 태도를 연구하는 노력을 멈춰서는 안 된다. 특히 질적 연구 기법을 통해 유권자들에게 선거제도의 원리에 대해 알 수 있는 기회를 제공한다면 제도에 대한 그들의 태도를 탐색할 수 있을 것이다. 둘째, 학자들은 선거제도의 특징 중 유권자에게 가장 중요한 것이 무엇인지에 대해 충분한 관심을 갖지 않았다. 제도를 실제로 이용하는 사람은 유권자임이 너무도 분명한데도 말이다. 앞서 살펴본 바와 같이, 유권자는 선거제도의 제도적 효과에는 별로 관심이 없어 보인다. 학계에서는 이 주제가 뜨거운 논쟁 대상임에도 말이다. 반면 유권자는 선거제도의 전략적 효과에 관심이 있으며, 학계는 비교적 최근에 이 문제를 주목하기 시작했다.

8-6 결어

선거제도 분야에 일종의 패러다임 전환이 있는 것처럼 보인다. 선거제도를 종속변수로 설정한 연구를 보면 하나의 공통된 논지로 수렴되고 있다. 즉, 비례성 문제 이외에도 연구할 주제가 많다는 것이다(그리고 그와 관련된 효과들). 급증하고 있는 선거제도 설계 논의, 그리고 선진 민주주의 국가에서의 선거제도 개혁을 검토해보면 이를 확실히 알 수 있다. 특히 일부 선진 민주주의 국가에서 선거제도 개혁 문제가 등장한 것은 선거 공학자들이 비교적 복잡한 혼합형 제도를 기꺼이 받아들였음을 보여준다. 그리고 비례성 이외의 문제들이 영향을 미쳤다는 것도 알 수 있다. 즉, 선거구 대표성, 유권자 선택과 같은 쟁점이 혼합형 제도의 선택에 일정 정도 영향을 미쳤다고 할 수 있다(Renwick, 2011).

이미 논의한 바와 같이 학계는 여러 선거제도의 장점에 대해 의견을 달리하고 있다. 그럼에도 한 부류의 학자들은 비례성 이상의 광범위한 쟁점들을 고려하면서 복잡한 선거제도를 지지한다(예를 들어 Bowler, 1996; Dunleavy and Margetts, 1995; Grofman and Bowler, 1996; Lijphart, 1994a; Reynolds, 1999; Shugart and Wattenberg, 2001a). 마지막으로 가장 중요한 점으로 들 수 있는 것은, 유권자 자신들이 선거제도의 여타(잠재적 혹은 실제적) 결과보다 비례성에 대해서는 관심이 별로 없다는 사실이다. 이 부분에 대해서는 더 많은 연구가 필요해 보인다.

이제부터는 상이한 선거제도가 더 큰 단위인 정치체제에 어떤 영향을 미치는가라는 핵심적 문제로 돌아가게 된다. 제7장에서는 선거제도의 제도적 영향과 전략적 영향에 관한 세 가지 주제를 다뤘다. 이 논의는 정치체제 일반에 대해 좀 더 광범위한 함의를 갖는다. 특히 정치체제의 안정성 문제에는 더욱 그렇다.

그러나 이 문제를 다루기 전에 선거제도와 관련이 있는 제도 설계의 또 다른 측면을 검토할 필요가 있다. 이 책의 초점은 분명 선거제도에 있다. 그러나 선거제도는 제1장에서 논의한 것처럼 광의의 선거제도electoral institutions 규칙 중 하나다(물론 매우 중요한 규칙이지만). 선거제도에 영향을 미치는 다른 제도나 기구를 이해할 필요가 있다는 것이다. 이것이 다음 장의 주제다.

주

1   언급할 만한 다른 개혁 사례는, 이스라엘이 1992년 총리를 직선으로 선출하도록 결정한 것이다. 이는 사실상, 정당명부식 비례대표제를 혼합형 제도로 만든 것이라고 할 수 있다 (Rahat, 2001). 이 선택은 논쟁의 대상이었다. 개혁은 기대를 충족시키지 못했고 몇 년 후 폐지되었다.

2   콜로머는 더 나아가 '마이크로-메가 규칙micro-mega rule'을 제시했다. 거대 정당은 군소 정당을 배제하기 위해 모든 것을 작게 만들고 싶어 하고(예컨대 선거구 크기를 작게 하는 것), 군소 정당은 의회 진입 가능성을 높이기 위해 모든 것을 크게 만들고 싶어 한다는 것이다 (예컨대 선거구 크기를 크게 하는 것; Colomer, 2004: 3).

3   필레트(Pilet, 2008)는 이익 기반 관점이 선거제도의 전반적인 개혁 부재 현상을 제대로 설명하지 못한다고 비판한다. 정치인들이 전략적으로 행동하는 것이 사실이라면 권력 기반을 지키기 위한 더 많은 선거제도 개혁 사례가 나타나야 한다는 것이 그의 주장이다.

4   브리티시컬럼비아, 온타리오, 네덜란드의 시민 의회citizen's assembly는 흥미로운 예외적 사례다. 시민 의회의 학계 자문가들은 의회 구성원들의 지식 발전 수준을 추적할 수 있는 황금과도 같은 기회를 부여받는다. 그리고 이를 선거제도에 대한 태도를 체계적으로 연구하는 데 활용하고 있다.

제**9**장

선거제도의 다른 요소들

이 책 초반부(21쪽)에 선거제도는 공직을 차지할 정치인을 선출하는 과정에서 표를 의석으로 전환하는 방법을 결정하는 것이라고 정의했다. 그리고 레이(Rae, 1967)가 처음으로 제시했던 선거제도의 주요한 세 가지 요소인 당선결정방식, 선거구 크기, 그리고 기표방식에 초점을 맞춰 논의를 진행했다. 타게페라는 이를 선거제도 설계에 '필수적 요소indispensable features'라고 했다 (Taagepera, 2007: 18).[1] 그러나 그 이상을 논의해야 할 필요가 있다. 선거 과정에 중요한 영향을 미치는 또 다른 제도 설계의 요소가 있기 때문이다. 이 중 일부는 선거가 실시되는 더 큰 제도적 환경에 간접적 영향을 미친다. 9-1절에서는 선거제도가 작동하는 방식에 중요한 영향을 미치는 선거제도의 특정 요소에 대해 차례로 살펴볼 것이다. 9-2절에서는 논의의 영역을 확장해 선거 과정 관리에 대해 검토할 것이다.

9-1 선거제도에 내재된 왜곡 요소들

이미 본 바와 같이, 어떤 선거제도도 완전한 비례성을 만들어내지 못한다. 즉, 모든 선거제도는 선거 결과를 왜곡시키며, 어떤 정당은 다른 정당에 비해 더 많은 혜택을 누리게 된다. 선거제도의 비례성을 달성하는 최선의 방법은 왜곡의 정도를 최소화하는 것이다.

선거제도는 '선천적natural' 왜곡 효과를 가지고 있다. 이와는 별개로 선거 공학자들은 왜곡 효과가 자신들에게 유리한 방향으로 작용하도록 '인위적artificial' 수단을 추가로 사용한다. 여기서 네 가지 인위적 수단을 검토할 필요가 있다. 이 중 두 개는 비非비례적 제도에서 가장 흔하게 발생하는 것이다(이 제도에만 있는 것은 아니지만). 선거구 대표성이 비非비례적 제도의 특징인 것처럼 말이다. 나머지 두 개는 비례적 선거제도에서 일반적으로 나타나는 것으로, 소수(특히 극단주의) 정당이 지나치게 많이 생겨나는 현상을 최소화하고자 하는 시도다. 이에 대해 차례로 알아보자.

첫째, 선거구 간 인구수 불균등malapportionment 관행을 들 수 있다. 선거구 간 인구 밀도가 균등하지 않음으로써 특정 정당에 유리하게 작용하는 상황을 말한다. 이러한 상황은 선거구 재획정으로도 해결되지 않는 인구 이동 현상으로 발생할 수도 있고, 고의적으로 계획될 수도 있다. 예를 들어 농촌 표에 의존하고 있는 여당이 농촌 인구 유출을 염두에 두고 선거구 경계를 다시 획정했으나 실패한 경우가 그렇다. 미국에서는 1960년 이전에 선거구 간 인구수 불균등 현상이 심각한 문제였다. 이때 문제를 해결하기 위해 연방대법원은 적극적인 역할을 하기 시작했고, 선거구 경계를 정기적으로 재획정할 것을 결정했다(특히 Baker v. Carr 1962 판결). 그리고 약 10년 후에는 선거구 간 인구수 불균등 문제는 대부분 사라진다(Baker, 1986; Peacock, 1998).

선거 관련법에 이 같은 관행을 막는 장치를 둘 수 있다. 예를 들어 아일랜드 헌법은 각 의원 1명이 유권자 2만~3만 명을 대표해야 한다는 조항을 두고 있다. 정부가 이런 규정을 지키지 않으면 위헌 사안이 된다. 1968년 여당이자 전통적 지지 기반이 농촌 지역인 공화당은 개헌 국민투표를 통해 이 조항을 약화시키고자 했으나 크게 패한다.

카츠(Katz, 1998)는 비교 연구를 통해 수많은 요인들이 선거구 간 인구수 불균형 현상을 야기한다는 점을 보여준다. 예를 들어, 어느 지역에서는 인구 이동과 관계없이 최소한의 의석수를 유지해야 한다는 의무 조항을 두고 있다. 이로 인해 시간 변화에 따른 인구 변화 문제는 고려할 수 없게 된다. 스코틀랜드, 웨일스, 그리고 북아일랜드의 경우가 이에 해당한다. 여기서는 영국 의회 선거구 수를 법으로 고정시켜 놓고 있다. 인구가 흩어져 있는 농촌 지역의 경우, 한 선거구에서 몇 명의 의원을 선출할지를 법으로 정한 곳도 있다(캐나다 앨버타 주와 호주 일부 지역). 일반적으로 선거구 간 인구수 불균형은 선거구 간 "정확하게 동등한 인구수라는 기준 이외에 다른 기준들을 고려해 선거구를 획정할 때 발생한다"(Katz, 1998: 252; Handley and Grofman, 2008도 참조). 영국에서는 법에 의해 규정된 의무 조항들 — 예를 들어 런던 시 관련 조항 혹은 카운티county 경계 처리에 관한 조항 — 때문에 독립적 선거구 경계 위원회가 선거구 간 인구수를 균등하게 하고자 했던 노력은 실패로 돌아간 사례가 있다(Rossitier et al., 1999a).

둘째, 게리맨더링gerrymandering이다. 이는 좀 더 교활한 전략으로 비非비례적 제도(비례적 제도에서 발견되기도 한다)에서 주로 활용되는 것이다. 특정 정당, 특히 여당이 의석수를 늘리려는 목적으로 선거구 경계를 다시 그리는 것을 말한다. 이것을 달성하는 방법에는 두 가지가 있다. 첫 번째 방법은 특정 정당 지지자들을 작은 부분으로 분산시켜 여러 선거구에서 소수 집단이 되도록 하는 것이다. 즉, 새로 만들어진 각 선거구에서 이 지지자들이 영구히 소수가 되도록 함으로써 이들이 지지하는 정당이 의석을 획득하지 못하도록 하는 것이다. 두 번째 방법은 상대 정당이 대정당이어서 이 방법이 통하지 않을 경우 그 정당이 차지할 수 있는 의석을 최소화하도록 선거구를 설계하는 것이다. 여당 지지표가 많은 곳은 다수 의석을 획득할 수 있도록 하고, 지지표가 적은 곳에서는 소수 의석만을 내주도록 설계하는 방식이다.

게리맨더링이라는 용어는 1812년 매사추세츠 주지사였던 엘브리지 게리Elbridge Gerry가 만든 선거구 모양에서 유래한다. 한 언론인이 그 선거구를 마치 도롱뇽salamander 같은 모양이라고 했던 것처럼, 길고 좁고 그리고 구불거리는 모양이었다. 이 때문에 게리맨더링gerrymandering이라는 이름이 붙여진 것이다. 게리는 선거에서 졌기 때문에 이것은 결국 실패한 게리맨더링이라고 할 수 있다. 그럼에도 이 사례는 게리맨더링 중 가장 뻔뻔한 초기 사례로 역사책에 계속 등장하고 있다(물론 최초 사례는 아닐지라도 말이다).

게리맨더링은 일반적으로 미국에서 흔히 볼 수 있는 현상으로 인식되고 있다. 특히 컴퓨터 지도 제작 기술이 발달된 이후, 정당은 자신이 여당인 지역에서 '선거구 재획정redistricting'을 자신에게 유리한 방향으로 활용해왔다. 예를 들어 에이미(Amy, 1993: 44)는 1990년 텍사스 주에서 실시된 연방 하원 의원 선거 사례를 든다. 이때 민주당은 108만 3351표, 공화당은 108만 788표를 얻어 거의 같은 득표를 했음에도 민주당이 공화당보다 훨씬 더 많은 의석을 차지했다. 에이미에 의하면 이 같은 현상이 일어난 것은 게리맨더링이 부분적으로 성공했기 때문이라는 것이다. 더 유명한 사례는 1982년 캘리포니아에서 볼 수 있다. "현직 민주당 의원을 보호하도록 획정되었던 한 선거구는 …… 놀랍게도 385개의 변을 가진 모양이었다"(Amy, 1993: 46; 독창적 지도제작자에게 주는 엘브리지 게리 추모상이라는 것이 있다. 이 상을 수여한 놀라운 예들에 대해서는 Baker, 1986: 272~273을 보라).

명백한 게리맨더링으로 보이는 사례는 많지만, 이것을 해석할 때는 다소 신중할 필요가 있다. 만약 특정 정당이 좋지 않은 선거 결과를 얻었다면 그것은 이상한 선거구 모양과 관련이 있을 수도 있다. 그러나 다수제가 원래부터 가지

<표 9-1> 북아일랜드에서의 게리맨더링? 1960년대 데리 시(Derry City) 사례

구분	총 의석	민족주의당 의석	통합주의당 의석	가톨릭 투표수	신교도 투표수	총 투표수
남구(South Ward)	8	8	0	10,047	1,138	11,185
북구(North Ward)	8	0	8	2,530	3,946	6,476
강변구(Waterside Ward)	4	0	4	1,852	3,697	5,549
합계	20	8	12	14,429	8,781	23,210

고 있는 왜곡 효과와 관계가 있을 수도 있다. 게다가 선거구 내 특정 구역의 유권자들이 지지 정당을 바꿀 가능성도 있는 것이다. 러시Mark E. Rush는 게리맨더링이라고 인식되는 사례 중 일부는 의심할 여지가 있다고 강조하면서 다음과 같이 말한다. "게리맨더링이 한 집단이 대표될 기회를 박탈하거나 훼손한다는 주장은 지속적이고 식별 가능한 유권자 집단이 존재한다는 것을 전제로 한다. 그러나 모든 유권자 집단이 그렇게 오래 지속되는 것도 아니고 식별 가능한 것도 아니다"(Rush, 1993: 5).

분명 민족이나 인종적 특징을 뚜렷이 가진 특정 집단이 존재한다는 것을 확인할 수 있을 때만이 게리맨더링 여부에 대해 확신할 수 있을 것이다. 물론 이에 대한 반론이 많이 있었다(Whyte, 1983). 하지만 자치권을 가지고 있었던 구舊북아일랜드 정부(1920년부터 1972년까지 지속)의 경우는 좋은 사례라고 할 수 있다. 통합주의당Unionist*이 지배적이었던 정치체제는 다수 신교도의 이익을 보호하기 위해 게리맨더링을 광범위하게 활용했다고 비난받았다. 자주 인용되는 사례는 1960년대 데리 시Derry City의 경우다. <표 9-1>이 보여주는 바와 같이, 가톨릭 유권자들은 신교도 유권자들을 표에서는 1.6 : 1로 이겼다(즉, 1만 4429표 : 8781표). 그럼에도 자신들이 지지했던 민족주의당Nationalist**은 시의회

---

* 아일랜드 자치에 반대하고 영국에의 잔류를 주장했으며 신교도들의 지지를 받았다.

•• 아일랜드 독립을 주장했으며 가톨릭 유권자의 지지를 받았다.

20석 중 8석을 얻는 데 그쳤고, 반면 통합주의당 의원 비율은 민족주의당보다 1.5 : 1로 앞섰다.

미국에서는 1965년 '투표권리법 Voting Right Act' 이후 남부 주에서 흑인과 여타 소수 집단의 대표성을 제고하기 위해 역차별 인종 게리맨더링 affirmative racial gerrymandering을 시행했다. 이는 '소수 집단-다수 선거구 majority-minority districts'•를 만드는 것을 내용으로 했다. 그러나 이 같은 조치는 20세기 후반 연방대법원의 판결(가장 주목할 만한 것은 1993년 Shaw v. Reno)로 위기에 처하게 된다. 연방대법원은 인종 게리맨더링이 수정 헌법 14조의 평등 보호 조항 Equal Protection Clause을 위배했다는 점에서 위헌이라고 판결했던 것이다. 이 같은 난처한 상황으로 인해 선거구 경계를 다시 그릴 수밖에 없었다. 따라서 "그들의 선거구 획정 계획은 인종에 대해 지나치게 의식하지 않으면서도 또 평등 보호 조항에 대한 연방대법원의 해석을 위반하지 않으면서, '투표권리법'에 나타난 차별 교정 요구를 어느 정도 반영해야만 했다"(Cain and Miller, 1998: 144~145; Karlan, 1998). 제2장에서 본 것처럼 이러한 새로운 제약으로 인해, 소수 집단의 대표성을 향상시키기 위한 다른 방법으로서 비례적 선거제도로의 전환 가능성에 대한 관심이 높아지게 된다(Engstrom, 1998; 그리고 이 책의 66~67쪽을 보라).

게리맨더링은 일반적으로 1인 선출 단순다수제와 관련이 있다. 그러나 비례제에서 사용되기도 한다. 특히 다인 선출 선거구제가 특징인 단기이양제의 경우가 그렇다(Mair, 1986). 최근 아일랜드 역사에서 가장 악명 높았던 사례는 1970년대 중반에 있었다. 선거구 경계 수정 책임을 지고 있던 제임스 툴리 James Tully 장관은 통일당과 노동당이 형성하고 있던 연립 정부에 유리하도록 선거구 경계를 재획정하려 했다. 이후 1977년 선거에서 그의 계획은 실패한 것으로 드러났다. 왜냐하면 연립 정부 정당들로부터 다른 정당으로 지지를 전

• 소수 인종 집단을 특정 선거구에서는 다수 집단이 되도록 하는 선거구 획정을 말한다.

환한 표가 예상보다 훨씬 많았기 때문이었다. 그 결과 연립 정부 정당들은 자신들이 시도했던 게리맨더링의 효과로 인해 더 많은 의석을 잃게 된다. "이 사건으로 정치학 사전에 새로운 용어가 추가되었다. 그 용어는 툴리맨더링(tully-mandering)으로서 제임스 툴리의 이름을 딴 것이다. 툴리맨더링은 의도와는 정반대의 결과를 가져온 게리맨더링이라고 정의할 수 있다"(Sinnott, 1993: 79).

셋째, 봉쇄조항 혹은 **법정 최소조건**minimum legal thresholds(보통 최소 득표율, 혹은 최소 획득 의석수)을 들 수 있다. 기성의 주류 정치인들에게 비례제의 약점 중 하나는 이 제도가 비례적 결과를 낳는다는 점이다. 즉, 군소 정당 후보가 의석을 차지하기가 상대적으로 용이하다는 것이다. 이들 중에는 정치적 극단주의자들이 있을 위험성도 있다. 기성 정치인들의 눈에는 이들이 민주주의를 위협하는 것으로 보이기 때문에 비례대표제를 좋지 않게 인식하게 된 것이다. 따라서 비례대표제에서는 너무 많은 소정당, 특히 극단주의 정당이 존재할 수 있는 위험을 최소화하기 위해 일반적으로 법정 최소조건을 두고 있다. 즉, 의회에서 의석을 부여받기 위한 자격 조건을 두는 것이다. 이것은 소정당들이 의회 의석을 얻지 못하게 하거나 혹은 획득할 수 있는 의석수를 제한하는 데 사용될 수 있다.[2] 한 정당이 실제 선거 규칙을 통해서는 몇 석을 얻었을지라도 만약 법정 최소조건을 통과하지 못했다면 1석도 차지하지 못할 수도 있다. 가장 유명한 법정 최소조건은 제5장에서 본 것처럼 독일이 운용하고 있는 것이다. 비례대표제를 운용하던 바이마르 공화국(1919~1933) 정부는 계속해서 소정당들의 변덕에 볼모가 되고 있었다. 이 같은 불안정성을 경험했던 독일 정치체제에서는 정당이 5% 득표를 하거나 선거구 선거에서 최소한 3석을 획득해야 한다는 법정 최소조건을 두고 있다(자세한 설명은 136~137쪽).

제4장과 제5장, 그리고 〈표 9-2〉에서 알 수 있듯이 법정 최소조건은 그 크기와 운용방식이 다양하며, 정당명부식 비례대표제와 혼합형 제도의 공통적 특징이다(물론 〈표 9-2〉에서 보듯이 비非비례제에서는 그 자체가 자연적으로 의석수를

<표 9-2> 22개 국가에서의 법정 최소조건 운용 여부

국가	선거제도	법정 최소조건
호주	대안투표제	없음
오스트리아	정당명부식	중간계층(tier) 선거구 혹은 전국구 의석을 배분받기 위해서는 최하계층 선거구에서 1석 혹은 전국 득표율 4% 이상 획득
벨기에	정당명부식	특정 선거구에서 의석을 배분받기 위해서는 해당 선거구에서 득표율 5% 이상 획득
캐나다	단순다수제	없음
칠레	정당명부식	없음
덴마크	정당명부식	하위계층(tier)에서 1석 혹은 3지역 중 2지역에서 헤어 기준수와 같은 득표수, 혹은 전국 득표율 2% 이상을 획득하지 못하면 상위계층에서 의석 배분 불가
핀란드	정당명부식	없음
프랑스	2회투표제	후보는 등록유권자의 12.5% 득표 혹은 1차 투표에서 2위 내에 들어야 2차 투표에 진출
독일	혼합형 비례제	정당은 정당명부 의석을 배분받기 위해서는 전국 득표율 5% 혹은 선거구 선거 3석을 획득
헝가리	혼합형 다수제	비례대표 선거구 혹은 전국구 의석을 배분받기 위해서 비례대표 선거구 득표율 5% 획득
인도	단순다수제	없음
아일랜드	단기이양제	없음
이스라엘	정당명부식	의석을 배분받기 위해서는 2% 득표율 획득
이탈리아	보너스-조정 정당명부식	의석을 배분받기 위해서는 특정 연립에 참여한 정당들은 2%, 연립에 속하지 않은 정당은 4%, 정당연립은 10% 득표율 획득
일본	혼합형 다수제	비례대표 선거구에서 비례대표 의석을 배분받기 위해서는 그 선거구에서 2% 득표율 획득
네덜란드	정당명부식	전국 득표율 0.67%
뉴질랜드	혼합형 비례제	정당명부 의석을 배분받기 위해 전국 득표율 5% 혹은 선거구 선거에서 1석 획득
러시아	정당명부식	전국 득표율 7%, 단 5~6%일 경우 1석, 6~7%일 경우 2석을 보상
남아프리카 공화국	정당명부식	없음
스페인	정당명부식	특정 선거구에서 의석을 배분받기 위해서는 해당 선거구에서 3% 득표율 획득
영국	단순다수제	없음
미국	단순다수제	없음

자료: Gallagher(2008b: 표 26-1); Renwick et al.(2009); 데릭 허치슨(Derek Hutcheson)으로부터 획득한 자료.

왜곡하기 때문에 법정 최소조건이 전혀 필요하지 않다). 가장 낮은 최소조건을 사용하는 국가는 네덜란드다. 네덜란드 정당은 의회 의석을 얻기 위해서는 최소 0.67%의 전국 득표율만 얻으면 된다. 법정 최소조건은 대체로 전국 득표 3~5% 사이에 형성된다. 물론 일부 극단적 경우(이 표에는 포함되어 있지 않은 경우)도 있다. 예를 들어 터키의 최소조건은 10%이며 폴란드는 5%다. 어떤 경우에는 (벨기에와 스페인과 같이) 최소조건이 전국 단위가 아닌 지역 단위로 설정될 수도 있다. 또한 이 조건은 개별 정당뿐만 아니라 정당 간 연합에도 적용될 수 있다. 예를 들어 체코에서는 개별 정당에는 5%, 2개 정당 연합에는 10%, 3개 정당 연합에는 15%, 4개 이상 정당 연합에는 20%라는 최소조건을 적용한다. 이와 같이 정당 간 연합에 다양한 최소조건을 적용하는 것은 중부 및 동부 유럽과 구소련의 신생 민주주의 국가들에서는 흔한 일이다. 〈표 9-2〉가 보여주는 것처럼 신생 민주주의 국가가 아닌 이탈리아도 2005년 채택된 선거제도에서 이러한 방식을 도입했다. 러시아의 경우는 좀 더 특이하다. 높은 최소조건(전국 득표율 7%)을 가지고 있으면서도 5~6% 득표를 한 정당에게는 1석을, 그리고 6~7% 득표를 한 정당에게는 2석을 보상해준다. 물론 이런 보상은 형식적인 것이다. 왜냐하면 해당 정당들이 순전히 비례성에만 근거해 의석을 배분받았다면 그보다는 훨씬 많은 의석수를 획득했을 것이기 때문이다.

넷째, 표를 의석으로 전환하는 과정에서 왜곡 효과를 가져올 수 있는 마지막 수단은 특정 유형 정당의 행위를 제한하기 위해 다양한 '정당법party laws'을 도입하는 것이다. 이 중 가장 논쟁적인 것은 특정 정당이 선거에 참가하는 것을 금지하거나 혹은 참가하는 것 자체를 어렵게 하는 법이다. 독일이 또 가장 좋은 예다. 독일에는 자주 사용되지는 않지만 '반체제anti-system' 정당을 금지하는 법이 있다(Poguntke, 1994). 이보다 노골적이지 않은 법은 특정 유형 정당의 활동에 법적 제한을 가하는 것이다. 예를 들어, 1980년대 북아일랜드에서 신페인당의 활동을 제한하기 위해 엄격한 법적 제한 조치가 취해졌다. 신페인당 후보들은 1995년까지 공식적 선거운동 기간에서 마지막 3주 정도를 제외하고는 방송을 타는 것이 금지되었던 것이다(아일랜드 공화국에서도 유사한 금지 조치가 1973년부터 1995년까지 있었다. 이것은 선거운동도 금지했다는 점에서 더 제한적이었다). 북아일랜드에서는 모든 후보자에게 비폭력 선언에 서명하도록 했다. 이 조치도 특정 유형 정당의 행위를 제한하기 위한 것이었으며, 특히 신페인당 후보들을 겨냥한 것이었다고 할 수 있다.

그러나 일반적으로 보면 선거제도가 정치 과정에 미치는 효과에 기성 정치인이 영향을 줄 방법은 별로 없다고 할 수 있다. 제7장에서 본 바와 같이, 궁극적으로 선거제도가 정치체제polity에 미치는 영향을 결정하는 주요한 요인은 선거제도가 설계된 방식이라고 할 수 있다. 즉, 선거 결과에서 어느 정도의 비례성을 가져오는지, 어떤 정당체제의 유형을 만들어내는지, 그리고 유권자에게 어느 정도의 선택권을 부여하는지 등등이 선거제도가 정치체제에 미치는 영향력을 결정하는 가장 중요한 요인이라고 할 수 있다.

9-2 선거 관리 개혁[3]

전 세계 정부는 선거 과정을 원활하게 잘 진행하고 투명하게 운영하는 데 관심이 있다. 대폭적인 선거제도 개혁은 반기지 않는 것이 일반적 현상이라고 한다면 관심의 방향이 선거 과정 관리로 바뀌고 있다는 것은 이해할 만하다. 이것은 앞으로 더 많은 발전의 여지가 있을 분야다. 예를 들어 신기술이 선거 과정을 더 투명하고 효율적으로 만들고 비용도 절감하도록 하는 데 큰 역할을 할 수 있다는 점을 인정하기 시작했다. 점차 전통적인 투표용지를 사용하지 않는다는 사실도 이런 현상을 보여준다. 20세기 후반과 21세기 초반 많은 국가가 전자 투표 기기를 사용하고 있다. 인도는 모든 선거에서 전자 투표를 하는 방향으로 나아가고 있고, 브라질 유권자는 전자 투표만을 할 수 있다. 다른 국가(벨기에와 네덜란드)에서는 전자 투표를 전통적 수기手記 방식과 병행해 사용하고 있고,[4] 에스토니아는 한걸음 더 나아가 2007년 의회 선거에서 온라인 투표가 가능하도록 했다.[5]

선거 관리 과정 개혁에서 가장 눈에 띄는 부분은 선거 과정 관리를 전담하는 기구가 부상하고 있다는 것이다. 이 기구는 많은 중요한 기능을 책임진다. 투표권자 확정, 정당과 후보의 공천 관리, 여론조사 수행, 개표, 그리고 결과 발표 등이 그것이다(Wall et al., 2006: 5; Massicotte et al., 2005: 제4장). 이러한 활동을 수행하는 기구들을 선거 관리 기관Election Management Bodies: EMBs[6]이라고 부른다. 이 기관은 선거가 잘 준비되고 효율적으로 관리될 수 있도록 할 뿐만 아니라 공정성, 개방성, 그리고 투명성을 촉진함으로써 민주주의적 정당성과 법치 증진에 기여하고 있다. 그리고 이 기관은 제3물결 민주주의 국가에서 민주주의 설계와 공고화에도 중요한 역할을 해왔다(많은 부분 국제 비정부기구들이 신생 민주주의 국가의 선거 관리 기관 능력을 제고하고 적절한 기술 지원을 제공했기 때문에 가능했다).

세계 각국의 선거 관리 기관은 여러 공통적 특징도 있지만 구조에서는 차이가 있다. 대체로 다음과 같은 세 가지 유형이 있다. '독립형' 선거 관리 기관, '정부형' 선거 관리 기관, 그리고 '혼합형' 선거 관리 기관이 그것이다. 먼저 독립형 선거 관리 기관은 그 이름이 말해주듯이 행정부와는 독립적으로 존재하는 형태다. 선거 실시를 전적으로 책임지고 많은 경우에 선거 과정과 관련된 정책을 개발하고 결정하는 책임을 진다.[7] 이 기관은 중립적 전문가 혹은 정당을 대표하는 인사들로 구성(혹은 이 둘의 혼합)되며, 대부분의 경우 입법부에 대해 책임을 진다. 반면, 정부형 선거 관리 기관에서는 각료나 내각 각료에게 책임을 지는 공무원이 수장이 된다. 이 유형에서는 중앙 정부 각료(내무 장관)나 지방 정부 행정부가 선거를 준비하고 관리한다. 실제로 많은 경우(스웨덴과 스위스와 같이) 중앙 선거 관리 기관은 중요한 기능의 일부를 수행하고, 나머지 임무(특히 선거 당일 관리)는 지역이나 지방 관리 기관에 넘겨준다. 그 밖의 다른 곳에서는(예컨대 미국과 영국) 제도가 매우 분권화되어 있어, 중앙 선거 관리 기관이 없으며 지방 정부가 모든 일을 담당한다(Pastor, 2006: 273~275). 중요한 점은 정부형 선거 관리 기관의 경우 분권화와는 상관없이 선거를 실시하는 권한만 가지고 있을 뿐, 독립형 선거 관리 기관이 가지고 있는 정책 결정 권한이 없다는 것이다(Wall et al., 2006). 마지막으로 혼합형 선거 관리 기관은 독립형과 정부형 모형의 요소를 결합한 것이다. 정부형과 같이 각료나 지방 정부가 선거 준비와 실시를 담당하고, 행정부로부터 독립된 두 번째 기관이 선거를 감시하고 감독하는 기능을 책임진다. 일부 경우에는 법의 테두리 내에서 선거를 규제하는 체계를 개발하는 권한도 갖는다(Wall et al., 2006).

이와 같이 선거 관리 기관을 세 가지 모형으로 유형화했지만, 그 구체적 형태는 국가마다 다르다. 각 기관의 정확한 구조는 해당 국가의 역사, 그리고 정치적·법적 전통의 산물이다. 많은 경우에서 그 구조는 구舊식민지 행정부에 의해 크게 영향을 받았다고 할 수 있다. 반면 식민지 유산의 청산 과정을 거쳐 완전히 새로운 유형을 만든 경우도 있다. 그러나 어떤 유형을 선택했든 선거 관리 기관은 항구적 기구로 정착되어가고 있다.

현재까지는 독립형 선거 관리 기관이 가장 일반적인 형태다(〈표 9-3〉). 실제로 신뢰할 만한 정보를 얻을 수 있는 사례 중 65%가 이런 형태의 기관을 가지고 있다. 호주와 캐나다 같은 다수의 선진 민주주의 국가는 독립형을 운용하고 있다. 하지만 이 유형은 제2, 제3물결 민주주의 국가에서 가장 일반적으로 나타나는 형태다. 과거 영국 식민지를 포함한 다수의 아프리카 국가들이 독립형을 운용하고 있다. 남아메리카(아르헨티나만 독립형이 아니다), 구소련의 영향권에 있었던 국가들, 그리고 많은 아시아 국가에서도 선호한다. 반대로 정부형 선거관리 기구는 (서)유럽, 북아프리카, 그리고 다수의 중동 국가에서 가장 일

<표 9-3> 2000년대 선거 관리 기관

구분	사례 수	비율(%)
독립형	101	64.7
정부형	32	20.5
혼합형	23	14.7

자료: Wall et al.(2006).

반적으로 나타나는 형태다. 뉴질랜드와 미국도 정부형 선거관리 기관을 가지고 있다. 반면 혼합형 선거관리 기관은 그 수가 가장 적다. 프랑스와 다수의 과거 프랑스 식민지 국가, 서유럽 일부 국가(예를 들어 네덜란드, 포르투갈, 그리고 스페인)와 일본이 이 유형을 운용하고 있다.

상이한 선거 관리 기관 모형은 각각 장점과 단점을 갖고 있으며, 이 중 어떤 것은 매우 분명하게 드러난다. 예를 들어 독립형은 정부 혹은 정치적 압력에 구속되거나 종속될 가능성이 낮다. 이 같은 자율성이 확보된다면 국민은 이 기관이 공정하다고 인식할 것이며, 이는 선거 결과의 정당성을 제고하게 된다. 이 때문에 다수 신생 민주주의 국가에서 독립형을 운용하는 것이다. 독립형의 또 다른 장점은 관리 직원의 전문성을 제고할 수 있고 선거 관리를 통합적으로 통제할 수 있으며, 선거 관리 임무를 계획하고 제도화시킬 수 있다는 것이다 (Wall et al., 2006: 21). 그러나 독립형에도 단점은 있다. 이 유형은 정부형에 비해 정치적 영향력을 갖지 못할 수 있기 때문에 임무를 효과적으로 수행하거나 충분한 예산을 확보하지 못할 수 있다. 게다가 독립형은 정부형과 달리 숙련된 직원 풀pool에 의존할 수 없고 선거 업무를 보조해줄 수 있는 정부 구조를 활용할 수 없기 때문에 임무 수행에 비용이 많이 든다(López-Pintor, 2000).

물론 선거 관리 기관의 구조만이 해당 기관의 능력, 효율성, 개방성, 투명성, 그리고 공정성 정도를 결정하는 것은 아니다. 그리고 국민들이 자국의 기관이 얼마나 이런 요소를 견지하고 있다고 인식하는지도 기관의 구조에 의해서만 결정되는 것은 아니다. 이 모든 것은 기관이 어떻게 행동하는가에 달려 있다고 할 수 있다. 선거 관리 기관의 독립성은 헌법이나 선거법(멕시코나 우루과이처럼)에 법적으로 명시할 수 있다. 그렇지만 다른 유형에서도 정부 통제로부터 공정성과 자율성이 확보될 수 있다. 실제로 많은 정부형(뉴질랜드와 스웨덴의 경우)도 공정하다고 인식된다. 따라서 선거 관리 기관의 성과는 이 기관이 자유롭고 공평하게 활동할 수 있도록 해주는 정치적 의지가 존재하는지, 그리고 기관 구성원들이 실제 어떻게 행동하는지에 달려 있다고 할 수 있다(Wall et al., 2006: 11).

전 세계적으로 선거 관리 기관이 생겨나고 있는 이유는, 최근 수십 년간 민주주의 국가 수가 극적으로 증가했고 또 이들이 투명한 선거 과정과 기구를 수립하는 문제에 관심을 갖고 있기 때문이라고 할 수 있다. 선진 민주주의 국가들도 분명 이러한 발전 과정으로부터 적절한 교훈을 얻고 있다. 2002년 미국의회에서 '투표촉진법Help America Vote Act'을 통과시킨 사실, 그리고 영국에서 2000년 선거위원회Electoral Commission를 설립했다는 사실에서 보듯이, 이들도 선거 관리 과정과 관련 기구를 강화시키는 조치를 취하고 있다.

9-3 결어

이 장은 두 부분으로 이루어져 있다. 먼저 정치 엘리트(혹은 선거 공학자)가 선거 결과를 왜곡하는 몇 가지 방법에 대해 알아봤다. 법정 최소조건이나 '정당법'과 같이 선거제도에 다른 요소를 더하는 방법, 선거구 모양과 의석의 지리적 안배에 영향력을 행사하는 방법이 그것이다. 후반부는 다소 긍정적인 내용이었다. 비교적 최근에 많은 국가들이 선거 과정을 좀 더 투명하고 공정하게 만들기 위해, 더 중요하게는 선거 과정을 더 투명하고 공정하게 보이도록 하기 위해 선거 관리 기관을 수립하고자 노력하고 있다는 사실을 알아봤다.

이와 같이 선거 관리 기관을 수립하고 공고히 하려는 경향은 민주주의 과정에 대한 시민들의 점증하는 불만을 정부가 해결하고자 노력하고 있다는 사실을 보여주는 것이다. 앞 장에서 본 것처럼 정부가 시민들의 우려에 반응하면서 선거제도를 전면적으로 개혁한 경우도 소수(뉴질랜드, 이탈리아, 그리고 일본) 있었다. 하지만 분명한 점은 이 같은 사례는 거의 없었다는 사실이다. 대신 정부는 다른 다양한 방식으로 이 문제에 맞서왔다. 비非당파적 개혁(시장의 직접 선출 혹은 직접 민주주의 발안과 같은), 지방 단위에서의 개혁(캐나다의 주에서처럼), 혹은 선거 관리에서 좀 더 독립적이고 투명한 과정의 제도화가 그것이다.

그렇다면 이러한 노력은 성공하고 있는가? 더 일반적으로 말하면 선거제도 설계에 세부적 요소들이 민주주의 강화에 긍정적 영향을 미칠 수 있는가? 이것이 바로 마지막 장의 주제다.

주

1   타게페라가 언급하고 있는 또 다른 제도적 특징은 의회 크기이다. 라이파트(Lijphart, 1994a)가 보여준 것처럼 이는 비례성에 매우 큰 영향을 미친다(213~214쪽을 보라).
2   여러 계층tier 중 하나에 법정 최소조건을 두는 방식을 통해서도 특정 정당이 획득할 수 있는 의석수는 제한할 수 있다.
3   이 절의 내용은 대부분 카터와 파렐의 연구(Carter and Farrell, 2010)로부터 가져왔다.
4   더 많은 내용은 http://aceproject.org/epic-en/vo#VO11을 보라(2010년 7월 9일 접속).
5   http://en.wikipedia.org/wiki/Electronic_voting_in_Estonia#cite_note-0 (2010년 7월 9일 접속).
6   선거 관리 기관은 많은 이름을 가지고 있다. 예를 들어, 호주에서 연방선거 관리와 행정을 담당하는 기구는 호주 선거 위원회Australian Electoral Commission라 부르고, 캐나다에서 전국 선거를 담당하고 있는 기구는 캐나다 선거Elections Canada라고 부른다.
7   자메이카와 루마니아와 같은 일부 국가에서는 선거 실시와 정책 결정 권한을 독립적인 두 개의 별도 기관이 각자 행사하도록 한다. http://aceproject.org/ace-en/topics/em/ema/ema02(2010년 7월 16일 접속).

제**10**장

선거제도와 안정성

선거제도는 그 종류가 너무 많아서 선거 공학자들이 그중 하나를 선택하기가 매우 힘들다. 그리고 제8장에서 본 바와 같이, 선거 공학자들은 실제로 여러 제도를 '혼합'해서 새로 설계한 제도를 실험해보고 그것을 가용한 선거제도 풀pool에 추가하기도 한다. 제7장에서는 선거제도의 주요한 제도적 영향과 전략적 영향에 대해 검토했고, 특정 국가에서 새로운 선거제도를 선택할 때는 매우 신중해야 된다는 점도 강조했다. 어떤 선거제도를 선택하는가에 따라 여러 가지 형태로 정치체제에 영향을 미치기 때문이다. 가장 중요한 것은 원내 정당 수, 사회적 대표성의 정도(여성 의원과 소수 인종 집단 대표), 연립 정부 구성의 경향성, 의회 대표성의 성격, 정당 선거운동(그리고 정당 조직)의 유형, 그리고 유권자에게 부여된 선거에서의 선택 정도 등에 미치는 영향이다.

이 책 전체에 걸쳐 입증된 바와 같이 비례적 선거제도와 비非비례적 선거제도라는 구분은 매우 중요하다. 비례대표제 옹호론자들이 자신들의 주장을 정당화하는 논리를 어떻게 발전시키는가는 쉽게 알 수 있다. 비례대표제는 군소 정당과 그 정당 지지자들에게 더 공정한 제도이며 더 나은 사회적 대표성을 실현한다는 점, 그리고 특정 비례대표제는 유권자에게 더 많은 선택권을 부여하기도 한다는 점 등이 그들의 논거다. 그럼에도 이 모든 혜택이 희생 없이 따라오는 것은 아니다. 예를 들어, 의회가 대표성을 더 띠는 것이 좋다는 점에 대해서는 이견이 없지만 그러한 의회가 효율적으로 운영되는가에 대해서는 의견이 분분하다. 바로 이것이 상반관계의 문제다. 즉, 대표성을 가진 의회를 구성해 그와 유사한 정도의 대표성을 띤 정부를 구성하게 하던가, 아니면 강하고 안정된 정부를 구성하던가, 둘 중 하나를 선택해야 하며 동시에 둘을 다 가질 수는 없다는 것이다. 새뮤얼 비어Samuel Beer는 이런 상황을 다음과 같이 가장 잘 정리하고 있다. "대의 정부는 대표represent해야 할 뿐만 아니라 동시에 통치govern 해야 한다"(Beer, 1998: 25).[1]

이것은 매우 설득력 있는 주장이며, 상호 연관된 여러 논점들과 관련 있다. 이 논점들은 편의상 세 가지 주요 영역으로 분류할 수 있다. 첫째, 정부 수명과 책임성, 둘째, 정치적 극단주의 정당의 등장 가능성, 셋째, 제도의 복잡성과 유권자 혼란이다. 10-1절에서는 비례대표제에서의 정부 안정성과 관련된 주장들을 검토한다. 먼저, 비례대표제는 연립 정부를 만들어낸다는 주장을 평가해본다. 연립 정부는 여러 정당으로 구성되어 있기 때문에 불안정하며, 따라서 정부는 더 빈번하게 교체된다는 것이다. 다음으로, 연립 정부는 선거 후 정당 지도자들이 밀실에 모여 만든 타협안으로 구성되기 때문에 그런 정부는 책임성이 없다는 주장을 살펴본다. 정당 공약은 권력을 추구하는 과정에서 잊히며 그럼으로써 유권자의 바람은 무시된다는 것이다.

10-2절은 비례대표제가 정치적 극단주의의 등장을 조장하는지, 만약 그렇다면 과연 어떤 방식으로 조장하는지를 다룬다. 여기서 살펴볼 주장은 비례대표제가 군소 정당과 극단주의 정당이 의회에 쉽게 진출할 수 있도록 해준다는 것이다. 이런 현상은 정부의 안정성을 해치며, 특히 의회에서 극단주의 정당이 결정권을 쥐고 있을 경우에 더욱 그렇다는 것이다. 10-3절은 (일부) 비례대표

제의 복잡성이 정치 체제에서의 유권자 행태에 영향을 미치는지 여부를 살펴본다. 특정 비례대표제의 경우 비非비례제보다 훨씬 복잡하기 때문에 유권자는 추가적인 부담을 안게 된다. 이 때문에 유권자가 실제 무슨 일이 일어나고 있는지를 이해하는가라는 문제가 제기된다. 마지막으로 10-4절에서, 비례성과 안정성 간에 상반관계가 실제로 존재하는지에 관한 논쟁을 살펴볼 것이다. 앞으로 논의하겠지만 비례성과 안정성 정도의 관계를 좀 더 정확하게 파악하는 것은 매우 힘든 일이다.

10-1 비례대표제와 정부 안정성, 그리고 책임성

정부의 안정성은 정치체제마다 다르다. 통상 일화를 통해 영국 정부가 보여주는 안정성과 이스라엘과 이탈리아와 같은 국가에서 나타나는 정부 불안정성을 대비하곤 한다. 영국 정부는 매우 안정적으로 보인다. 그러나 이스라엘이나 이탈리아의 경우는 정부 임기를 연 단위보다는 월 단위로 계산하는 것이 더 적절할 정도로 정부가 자주 바뀐다. 이 같은 주장의 이면에 있는 주요 쟁점 중 하나는 각 국가에서 운용하는 선거제도의 유형이다. 요컨대, 비례대표제는 연립 정부를 낳는 경향이 있으며, 연립 정부는 본질적으로 단일 정당 정부보다 붕괴하기 쉽다는 것이다. 이 같은 단일 정당 정부는 일반적으로 비非비례제에서 더 많이 나타난다.

물론 정부의 안정성을 해당 정부가 얼마나 오랫동안 권력을 유지하고 있는가라는 관점에서 평가하기란 매우 어렵다(예를 들어 Laver and Schofield, 1991을 참조). 정부 교체를 어떻게 정의할 것인가? 선거? 새 총리? 개각? 일부 각료의 교체? 예를 들어 몇몇 정의에 따르면, 2007년 영국 노동당의 토니 블레어 총리가 같은 정당의 고든 브라운으로 대체된 것도 정부 교체라고 할 수 있다. 게다가 독일과 같이 임기 중간에 정부를 실각시키는 것이 어려운 경우, 그리고 스위스와 같이 임기 중간에는 정부를 교체할 수 없는 경우도 정부 교체라는 개념을 정의할 때 고려해야 할 사례들이다.

라이파트(Lijphart, 1999a)는 '내각 존속 기간cabinet duration'이라는 개념을 제시하면서 이에 대한 정의를 두 가지로 구분했다. 한 가지는 도드(Dodd, 1976)의 연구와 관련 있는 것으로 내각의 정당 구성이 바뀔 때에만 내각 교체로 간주한다. 또 다른 정의는 좀 더 일반적으로 받아들여지는 정의로(예를 들어 Gallagher et al., 2006에서 사용되었다) 선거, 총리 교체, 내각 구성의 변화(예컨대 한 정당이 연립내각에서 탈퇴하는지 여부)와 같이 발생 가능한 여러 현상을 포함한다. 라이파트는 두 가지 정의를 모두 받아들여 절충적 입장을 취한다. 그리고 자신의 정의에 기초해서 〈표 10-1〉 마지막 칸에 제시된 수치를 만들어냈다.[2] 〈표 10-1〉은 각 국가의 선거제도와 이 제도들의 비非비례성 정도를 보여준다. 라이파트는 전후戰後 기간(일부 경우는 해당 국가가 민주주의 체제가 된 이후 기간)을 분석하고 있기 때문에 표는 그가 만들어낸 전후 비非비례성 평균 점수를 보여준다고 할 수 있다(갤러거 지표도 이용함). 이 점수는 부록의 〈표 A-2〉에 나타난 점수와는 다소 차이가 있다(특히 이탈리아, 일본, 뉴질랜드의 경우에는 과거 선거제도를 참고하고 있기 때문이다). 또한 〈표 10-1〉은 특정 국가에서 연립 정부와 대조되는 단일 정당 정부가 존속했던 시간 비율도 보여준다.

예측한 대로 영국이나 자메이카와 같이 지속적인 단일 정당 정부가 특징인 단순다수제 국가는 매우 안정적 정부를 가지고 있다. 반면 연립 정부 형태가 지배적인 이스라엘과 (개혁 이전의) 이탈리아와 같은 비례대표제 국가의 경우 정부의 안정성 정도가 매우 낮다. 그러나 비례대표제가 정부 불안정성과 관련이 있다는 주장을 입증하는 사례도 있지만 그 반대 사례도 있다. 오스트리아, 스웨덴, 노르웨이와 같은 국가들은 비례성이 높은 비례제를 운영하면서 일반적으로 연립 정부를 구성하기는 하지만, 매우 높은 정도의 정부 안정성을 보인

〈표 10-1〉 비례성과 정부 안정성

순위와 국가	선거제도	비(非)비례성	단일 정당 정부(%)	정부 평균 수명(년)
스위스	정당명부식	2.53	0.0	8.59
자메이카	단순다수제	17.75	100.0	5.99
영국	단순다수제	10.33	100.0	5.52
오스트리아	정당명부식	2.47	33.8	5.47
호주	대안투표제	9.26	69.2	5.06
캐나다	단순다수제	11.72	100.0	4.90
미국	단순다수제	14.91	89.1	4.45
스페인	정당명부식	8.15	100.0	4.36
코스타리카	정당명부식	13.65	100.0	4.31
뉴질랜드	단순다수제	11.11	99.7	4.17
콜롬비아	정당명부식	10.62	52.9	3.48
스웨덴	정당명부식	2.09	70.4	3.42
노르웨이	정당명부식	4.93	79.4	3.17
아일랜드	단기이양제	3.45	53.9	3.07
그리스	정당명부식	8.08	96.4	2.88
독일	혼합형 비례제	2.52	1.7	2.82
베네수엘라	정당명부식	14.41	83.1	2.72
네덜란드	정당명부식	1.30	0.0	2.72
일본	단기비(非)이양제	5.03	46.2	2.57
프랑스	2회투표제	21.08	53.1	2.48
덴마크	정당명부식	1.83	42.9	2.28
포르투갈	정당명부식	4.04	43.0	2.09
인도	단순다수제	11.38	41.4	2.08
벨기에	정당명부식	3.24	8.3	1.98
이스라엘	정당명부식	2.27	0.1	1.58
파푸아뉴기니	단순다수제	10.06	0.0	1.57
핀란드	정당명부식	2.93	10.9	1.24
이탈리아	정당명부식	3.25	10.3	1.14

주: 국가 순위는 '정부 평균 수명' 순위임. 비(非)비례성은 라이파트(갤러거 지표)에 의한 것임. 이것은 〈표 7-1〉의 수치와 다소 상이함(국가들도 일부 다름). 라이파트의 수치는 전후(戰後)의 관련된 선거 결과를 모두 포함하고 있기 때문임 (이탈리아, 일본, 뉴질랜드의 경우, 이전 선거제도임). '단일 정당 정부'는 해당 국가에서 정당연립이 아닌 1개 정당에 의해 정부가 구성된 기간의 비율로 측정함. '정부 평균 수명'은 동일 정부가 집권을 유지하고 있는 평균 기간을 보여 주고 있음.
자료: Lijphart(1999a: 표 6-3, 7-1, 8-2).

다. 반대로 일본, 인도, 파푸아뉴기니와 같은 비非비례제 국가에서는 상대적으로 불안정한 정부들이 출현하고 있다. 이 때문에 이 국가들은 〈표 10-1〉의 중간 하단에 위치한다. 요컨대 〈표 10-1〉은 다음과 같은 것을 암시한다고 할 수 있다. 비非비례적 선거제도가 정부 존속 기간(적어도 안정성의 한 가지 지표)을 늘리는데 도움이 되지만 비례적 선거제도도 동일한 결과를 가져올 수 있다는 것이다(또한 Gallagher et al., 2006; Lijphart, 1999a; Powell, 2000).

비례대표제 반대론자들은 연립 정부가 '비민주적'이라고 비판한다(예컨대 Hain, 1986; Pinto-Duschinsky, 1999; Norton, 1997). 이런 주장은 여러 내용을 내포하지만 여기서는 세 가지만 보도록 하자. 첫째, 연립 정부는 선거 후 정당 지도자 간 비밀 회합을 통해 만들어진다는 내용이다. 유권자는 어떤 정당 혹은 정당군群이 정부를 구성해야 할지에 대해서 그다지 큰 영향력을 행사할 수 없다. 중요한 것은 누가 더 나은 타협을 할 수 있는가이다. 결과적으로 "선거와 정부 탄생에는 연관성이 없다"고 주장된다(Pinto-Duschinsky, 1999: 121; Katz, 1997a: 165~167). 물론 선거 후 정당 간 타협으로 연립 정부가 만들어진 예는 쉽게 찾아볼 수 있다. 그러나 마찬가지로 선거 전에 정당 간에 연립 협상이 이루어지는 경우도 있다. 이 같은 상황에서는 유권자들이 무엇을 위해 투표하는가를 알고 있다. 연립이 통상적으로 일어나는 체제에서는 유권자들이 선거 후 어떤 형태의 연립 정부가 탄생할 것인지에 대해 잘 알고 있다는 것이다. 즉, 연립이 형성되는 전체 과정은 전적으로 예측 가능하다. "그러므로 대부분 유럽 국가 정치의 미래가 유권자가 아닌 정당 지도자들의 밀실 책략으로 만들어진다는 이미지는 진실을 반영한 것이 아니다"(Gallagher et al., 2006: 384; 또한 Vowles, 1999: 140). 게다가 로버츠는 이런 현상이 비非비례제 국가에서도 나타난다고 주장한다. 그는 "1974년 영국의 경험을 보면, 심지어 단순다수제의 경우에도 선거 후 흥정이 정부 구성 절차로서 필요할 때가 있다"고 말한다(Roberts, 1975: 221). 영국에서 2010년에 이런 현상이 분명 재현되었다.

둘째, 연립은 선거 공약이 거짓이었음을 보여주기 때문에 비민주적이라는 주장이다. 적어도 단일 정당 정부의 경우에는 선거 공약을 이행하지 않는다면 유권자가 정부에게 책임을 물을 수 있다. 영국 정부는 전반적으로 공약을 잘 실천해왔다고 할 수 있다(Rallings, 1987; Rose, 1980). 다른 유럽 지역 연립 정부의 공약 실천 성적에 대한 연구는 현재까지 별로 없다. 갤러거와 동료들은 1980년대부터 1990년대 네덜란드를 분석했던 한 연구 결과를 인용한다. 그 연구의 결론은 네덜란드 정당들이 영국 정당들보다 선거 공약을 잘 이행하지 못했다는 것이다. 그들은 이로부터 다음과 같이 추측한다. "연립 정부 체제에서는 공약 실천 정도가 낮을 것으로 예상된다. 정부를 구성하기 위해서는 정책 타협을 이뤄야 하기 때문이다"(Gallagher et al., 2006: 432; 이와 다른 의견은 Klingeman et al., 1994). 물론 선거 전 연립 합의 과정에서 파트너들이 정책안을 조정하도록 요구한다고 해서 이 같은 상황이 항상 발생하는 것은 아니다.

마지막으로 비례대표제에서 형성된 연립 정부는 교체하기가 힘들다는 주장이다. 핀토-더친스키(Pinto-Duschinsky, 1999)의 말을 빌리자면 "악당을 쫓아내는 것"은 매우 힘들다는 것이다. 이런 주장의 핵심에는 정부 구성과 교체가 대중 투표의 직접적 결과가 아니라 정당 지도부 사이에 오가는 계략의 결과라는 문제의식이 있다. 특히 소정당이 보여주는 추의 중심pivotal 역할은 관심의 대상이다. 가장 두드러진 예는 제5장에서 본 바와 같이 독일 자유민주당이다. 자유민주당은 극소수 득표율로도 오랜 기간 계속해서 정부에 참여했다. 〈표 10-1〉에 대한 논의를 다시 되돌아보자. 그러나 이번에는 어느 정당의 어떤 인물이 정부에 참여했는가가 아니라 어느 한 시점에 어떤 정당이 정부에 참여했는지가 초점이다. 만약 이 후자가 '내각 교체'의 적절한 정의라면, 득표율과는 상관없이 동일 정당들이 거의 항상 정부에 참여했던 비례대표제 사례(독일과 스위스 같은)는 내각 교체가 아니라고 할 수 있다. 그러나 만약 내각 교체의 정의에 부분 교체(예를 들어 여러 정당으로 이루어진 연립 정부에서 한 정당이 이탈하거나 합류하는지, 혹은 정부 인사가 바뀌는지 여부)도 포함시킨다면, 이 같은 상황은 내각 교체라고 할 수 있는 것이다. 라이파트는 이런 문제에 대해 다음과 같이 말한다. "예를 들어 네덜란드에서는 1945년 이후 내각의 전면 교체는 한 번도 없었다. 그러나 이것이 항상 동일한 정당들이 권력을 차지하고 있었다는 것을 의미하지는 않는다. 일반적으로 선거 결과에 나타난 민심에 대한 대응으로서 중도 좌파 내각과 중도 우파 내각이 번갈아 집권했다"(Lijphart, 1999b: 134; Powell, 1999; Shugart, 1999; Vowles, 1999).

비非비례제 국가인 영국도 향후에는 정부를 비교적 수월하게 교체할 수 있는 대표적 예가 될 수 없을 것 같다. 특히 1980년대와 1990년 초반에 걸쳐 보수당이 의회 과반수에 훨씬 못 미치는 득표로 18년 동안 계속 집권할 수 있었던 것을 생각하면 말이다. 또한 노동당도 실제 과반수 득표를 하지 못하고도 세 번 연속해서 집권한 바 있다. 파웰(Powell, 2010)은 비례제와 비非비례제 국가에서의 정부 교체 빈도와 유형에 대한 유용한 증거를 제시하고 있다. 〈표 10-2〉가 이를 보여준다. 표가 보여주는 것 중 가장 인상적인 경향은 다음과 같다. 정부에 참여한 정당군群의 전체 교체total change는 비非비례제에서 더 자주 일어났다(비례제의 21%에 비해 37%). 하지만 정부를 구성한 정당에 변화가 없었던 경우는 비례제에서 전체 사례의 46%인 데 비해 비非비례제에서는 63%였다. 이런 차이를 보이는 이유는 간단하다. 비례제에서는 연립 정부를 구성한 정당 조합에서 부분 교체를 촉진하는 반면, 비非비례제에서는 부분 교체가 거의 없기 때문이다.

또한 비非비례제에서는 정당이 의회 과반수 의석을 차지하기가 용이하기 때문에 선거 공약을 잘 이행을 이행할 수 있다고 주장된다. 그러나 이것들이 정부 안정성을 나타내는 충분한 지표인가에 대해서는 의문이다. 의회 과반수 의석을 차지하고 있는 정부는 안정적일 수 있다. 그러나 그것은 어느 정도의 대표성을 갖는 것일까? 바꾸어 말하면 득표율이라는 관점에서 보면 그것은 얼마

<표 10-2> 비非비례제와 비례제에서 선거 결과에 의한 정부 교체 (단위: %)

구분	여당 혹은 연립 정부 정당의 득표율 변화	정부 구성 정당에 변화 없음	일부 정당 교체	전체 정당 교체	합계[a]
비(非)비례제[b]	-5% 이하	53	0	46	99(15)
	-4.9%부터 -0.1%	56	0	44	100(18)
	0% 이상	100	0	0	100(7)
	사례 수	63	0	37	100(40)
비례제[c]	-5% 이하	27	27	47	101(30)
	-4.9%부터 -0.1%	47	42	11	100(45)
	0% 이상	63	25	13	101(32)
	사례 수	46	33	21	100(107)

주: a 괄호 안은 사례 수임. 기간은 1969~1994년.
　　b 사례: 호주, 캐나다, 프랑스, 뉴질랜드, 영국(40회 선거).
　　c 사례: 오스트리아, 벨기에, 덴마크, 핀란드, 1986년 프랑스, 독일, 그리스, 아일랜드, 이탈리아, 일본, 네덜란드, 노르웨이, 스페인, 스웨덴, 스위스(107회 선거)
자료: Powell(2010).

나 안정적일까? 2005년 수립된 영국 정부는 투표자의 35.2% 지지만을 받았다. 반대로 그와 비슷한 시기에 비례제로 수립된 다른 정부들은 여러(때로는 다수의) 정당이 연립 정부를 구성한 덕분에 득표율의 관점에서는 대중의 의사를 훨씬 더 잘 대표하고 있다. 전체적으로 카츠의 결론과 마찬가지로 "분명히 1인 선출 단순다수제는 선거의 단순함을 가져오고 단일 정당이 과반수 의석을 차지하는 결과를 가져온다. 그러나 이것이 치러야 할 대가는 과반수 의석이 과반수 득표에 기초한 것이 아닐 가능성이 매우 높다는 것이다"(Katz, 1997a: 164).

마지막으로 정부 안정성에서 주목할 만한 것은 정부 정책의 지속성 문제다. 영국 정치는 정부가 바뀌면 급격한 정책 변화가 일어나기 때문에 적대적 성격을 특징으로 한다(Finer, 1975). 반대로 연립 체제는 정당 간에 타협을 성사시킬 필요성으로 '합의적consensual' 특징을 가지며, 이로 인해 오랜 기간 더 높은 정책 지속성을 확보할 수 있다(Lijphart, 1999a).

10-2 비례대표제와 극단주의 정당의 등장

비례대표제에 대한 두 번째 주요 비판은 다음과 같다. 이 제도에서는 군소 정당이 의회 의석을 쉽게 얻을 수 있기 때문에 극단주의 정당의 출현을 조장한다는 것이다. 이로 인해 정부는 극단주의 정당의 예상 밖 행동에 볼모로 잡히며, 이로써 의회가 마비될 위험성은 높아지게 된다. 그뿐 아니라 다수 시민의 의견과 맞지 않는 견해를 가진 정치인이나 정당에게 부당한 대표성을 부여함으로써 정치 체제 안정성에 부정적 영향을 미칠 수 있다. 이런 예로 바이마르 독일의 붕괴와 히틀러의 등장이 자주 인용된다. 또한 2000년 2월 오스트리아 국민당People's Party이 국내외의 반대에도 대중 영합주의자인 외르크 하이더Jörg Haider의 극단주의 정당인 자유당Freedom Party과 연립을 구성했던 사실도 이 점을 입증한다. 당시 국민당 지도부는 이러한 결정에 대한 변명으로 연립 이외의 유일한 방법은 자유당이 더 많은 표를 얻을 수 있다는 것을 보여주는 새로운 선거를 실시하는 것밖에는 없었을 것이라고 주장한 바 있다.

극단주의 정당이 비례제에서 더 흔하게 발견된다는 것은 분명하다(〈표 10-3〉의 거의 모든 사례가 비례제이다). 그러나 비非비례제에서도 극단주의 정당은 나타날 수 있다. 특히 지지 기반이 지리적으로 집중되어 있을 경우에 그렇다. 프랑스에서 장마리 르펜Jean-Marie Le Pen과 그가 이끄는 국민전선National Front이 1997년 의회 선거에서 14.9% 득표를 하면서 충격을 줬던 예가 대표적이다. 〈표 10-3〉에서 주목할 만한 또 다른 점은 선거제도의 비례성 정도(당선결정방식으로 나타나는)와 극우 정당의 상대적 성공 가능성과는 뚜렷한 관계가 없다는 것이다(다수 전공학자들이 주장하는 논점이기도 하다. 예컨대 Carter, 2005; Mudde, 2007. 이와 다른 의견에 대해서는 Norris, 2005).

그러나 비례제가 극단주의 정치인과 정당에게는 더 유리한 제도라는 점은 틀림없다. 어떤 이는 민주주의에서 모든 견해와 의견이 동등하게 표현될 수 있

<표 10-3> 당선결정방식과 극우 정당 평균 득표율(1979~2003)

국가	기간	선거 횟수	당선결정방식	극우 정당 평균 득표율(%)
이탈리아	1994~2001	3	최대잔여-헤어	21.6
오스트리아	1979~2002	8	최대잔여-헤어	14.8
덴마크	1979~2001	9	최대잔여-헤어	8.1
독일	1987~2002	5	최대잔여-헤어	1.9
노르웨이	1981~2001	6	수정 생-라게식	9.7
스웨덴	1979~2002	8(4)	수정 생-라게식	2.7
이탈리아	1979~1992	4	최대잔여-임페리알리	8.2
플랜더스(Flanders)	1981~2003	7	하겐바흐-비숍	8.4
스위스	1979~2003	7	하겐바흐-비숍	4.9
왈로니아(Wallonia)	1981~2003	7(6)	하겐바흐-비숍	3.6
프랑스	1986	1	동트식	9.8
네덜란드	1981~2003	8	동트식	1.0
포르투갈	1979~2002	9(5)	동트식	0.7
스페인	1979~2000	7	동트식	0.5
독일	1980~1983	2	동트식	0.2
프랑스	1981, 1988~2002	5	절대다수제	10.0
영국	1979~2001	6	단순다수제	0.2

주: 국가 배열 순서는 당선결정방식의 비례성이 높은 순임. 괄호 안 수치는 해당 기간에 실시된 선거 중 극우 정당이 참여
했던 선거 횟수임.
자료: Carter(2005: 표 5-2).

는 자유를 누려야 하며, 따라서 그 같은 정당의 등장을 막기보다는 도덕적으로
촉진시켜야 한다는 관점에서 비례대표제를 변호할 수도 있다. 또 어떤 이는 극
단주의자들의 의회 진출을 용이하게 함으로써 그들이 정부 전복을 시도하기보
다는 체제 내에서 활동할 수 있도록 하는 완충 역할을 선거제도가 할 수 있다
고 주장할 수도 있다. 또한 극단주의 정당이 '반체제anti-establishment' 정당으로서
지지 기반을 구축하는 것을 저지하는 데 도움이 될 수 있다는 주장도 있을 수
있다.

물론 이 같은 주장은 도덕적으로는 설득력을 가질 수 있다. 그러나 이것이

비례대표제가 극단주의의 진입을 조장한다는 비판에 대한 해답이 될 수는 없다. 만약 극단주의 정당과 정치인이 선출되는 것을 막는 것이 목적이라면 비례제는 이를 달성할 수 있을까? 실제로 이 목적을 달성하는 방법에는 두 가지가 있다. 첫 번째 방법은 법정 최소조건을 적용하는 것이다(제9장 275~277쪽을 보라). 이는 독일의 5% 규칙과 같은 것으로 군소 정당이 의회로부터 배제될 수 있도록 해준다. 극단주의 정당들은 보통 소규모이기 때문에 이 조항의 영향을 받을 수 있다. 두 번째 방법은 특정 유형의 정당을 금지하는 법을 통과시키는 것이다. 이 같은 방법은 독일에서 신나치neo-Nazi 정당의 출현을 막기 위해 사용되고 있다.

비례대표제 반대론자들은 이에 대해 다음과 같은 이의를 제기할 수 있을 것이다. 첫째, 정당에 대한 법적 봉쇄는 극단주의자들이 그것을 '돌파'할 위험성을 막을 견고한 방어 장치는 결코 될 수 없다. 둘째, 비非비례제는 더 효과적으로, 그리고 간단하게 동일한 결과를 달성할 수 있다. 셋째, 어떤 경우에도 그 같은 법적 제한을 두는 것은 비례성의 원칙에 어긋나며 따라서 자기모순이다. 이 논점들은 어느 정도 타당하다. 이 같은 주장에 대한 유일한 반론은 다음과 같은 것이다. 즉, 〈표 10-3〉이 입증하고 있는 바와 같이 현재까지는 극단주의 정당들의 의회 진입이 급격히 이루어지지 않았고, 따라서 이에 대해 지나치게 걱정할 필요는 없어 보인다는 것이다.

10-3 제도의 복잡성, 유권자 혼란 그리고 투표 행태

비례대표제에 대한 마지막 비판은 비례대표제가 너무 복잡해서 유권자들이 혼란스러워할 가능성이 높다는 내용이다. 유권자는 자신의 표가 무엇을 의미하는지, 그리고 최종 선거 결과는 어떻게 계산되는지에 대해 분명한 확신이 없을 수 있다. 수정 생-라게 방식으로 계산하면 당신이 지지하는 정당에 몇 석이 배분되는지를 이해하는 것보다는 다른 후보보다 더 많은 표를 얻었기 때문에 당선된다는 것이 이해하기 훨씬 쉽다. 유권자가 확신이 없을수록, 그리고 혼란스러울수록, 제도의 복잡성에 의해 소외될 가능성이 더 높아진다고 할 수 있다.

이 같은 주장이 갖는 하나의 문제점은 유권자에 대한 기대치가 낮다는 것이다. 유권자들은 왜 유독 비례제에서 더 혼란스러워해야 하는가? 선거 결과가 어떻게 나오는지를 유권자가 정확히 이해하지 못한다는 것이 왜 문제가 되는가? 우리들 대부분은 세탁기의 내부 장치에 대해 알지 못한다. 그러나 최소한 그것을 작동하는 방법에 대해서는 알고 있다. 선거 결과가 더 비례적이라는 사실이(혹은 어느 세탁기가 더 깨끗이 세탁하는지), 제도의 복잡성이 이해될 수 있는 것인지(혹은 그 세탁기가 어떻게 더 깨끗이 세탁하는지)보다 분명 우선순위가 더 높아야 한다.

이러한 반론을 논외로 하더라도 상이한 선거제도에서 유권자들은 어떤 경향을 보이는지를 검토할 필요가 있다. 만약 무효표(invalid vote; spoiled vote 혹은 informal vote라고도 한다)가 증가하거나 투표율이 낮아지는 현상이 발생하다면, 이 상황에서는 유권자 혼란 문제나 소외 문제가 실제 존재한다고 추측할 수 있을 것이다. 〈표 10-4〉는 2000년대에 상이한 제도에서 이런 지표들이 얼마나 다양하게 나타나는지를 보여준다. 말할 필요도 없이 무효표와 낮은 투표율에는 수많은 원인이 있다. 반反정당 정서의 등장, 혹은 일부 정치체제의 경우(특히 스위스와 미국) 지나치게 빈번한 선거 실시 등이 그것이다. 의무적으로 투표하도록 하는 법을 운용하고 있는 몇몇 사례(특히 오스트리아, 벨기에, 그리스와 룩셈부르크, 또한 여러 신생 민주주의 국가들)에서는 투표율 수치가 인위적으로 올라갈 것이라고 예측할 수 있다.

〈표 10-4〉에 대해 몇 가지 논점이 제시될 수 있다. 첫째, 선거제도의 비례성

〈표 10-4〉 2000년대 상이한 선거제도에서의 투표율과 무효표 비율

순위 및 국가	선거제도	신생/선진 민주주의[a]	비(非)비례성	투표율(%)	무효표 비율(%)
1. 남아프리카 공화국	정당명부식	1	0.28	75.32	4.3
2. 네덜란드	정당명부식	2	0.99	80.35	0.2
3. 나미비아	정당명부식	1	1.02	84.81	1.3
4. 가이아나	정당명부식	1	1.11	68.82	1.5
5. 우루과이*	정당명부식	1	1.21	89.62	2.4
6. 덴마크	정당명부식	2	1.35	86.59	0.7
7. 산마리노	정당명부식	2	1.48	71.84	3.4
8. 세르비아	정당명부식	1	1.49	61.35	2.2
9. 몰타	단기이양제	2	1.63	93.30	1.2
10. 키프로스*	정당명부식	2	2.01	89.00	5.6
11. 이스라엘	정당명부식	2	2.21	64.72	1.3
12. 스웨덴	정당명부식	2	2.27	81.99	1.8
13. 오스트리아	정당명부식	2	2.35	81.71	2.1
14. 미국	단순다수제	2	2.43	47.52	0.4
15. 뉴질랜드	단순다수제	2	2.45	79.46	0.8
16. 스위스	정당명부식	2	2.52	48.28	1.8
17. 아이슬란드	정당명부식	2	2.64	83.60	1.6
18. 몽골	연기투표제	1	2.67	81.84	1.4
19. 노르웨이	정당명부식	2	2.97	77.44	0.4
20. 브라질*	정당명부식	1	3.04	83.27	11.1
21. 핀란드	정당명부식	2	3.18	65.02	0.7
22. 독일	혼합형 비례제	2	3.39	77.65	1.6
23. 슬로베니아	정당명부식	1	3.40	63.10	1.7
24. 에스토니아	정당명부식	1	3.47	61.91	0.9
25. 우크라이나	정당명부식	1	3.59	62.03	4.4
26. 룩셈루르크*	정당명부식	2	3.79	91.68	5.6
27. 엘살바도르	정당명부식	1	3.96	53.58	2.2

순위 및 국가	선거제도	신생/선진 민주주의[a]	비(非)비례성	투표율(%)	무효표 비율(%)
28. 도미니카 공화국*	정당명부식	1	4.01	56.46	3.5
29. 벨기에*	정당명부식	2	4.27	91.08	5.7
30. 리히텐슈타인*	정당명부식	2	4.48	84.63	2.9
31. 가나	단순다수제	1	4.56	69.52	2.4
32. 케이프베르데	정당명부식	1	4.85	54.18	2.0
33. 스페인	정당명부식	2	4.95	75.32	4.3
34. 아르헨티나*	정당명부식	1	4.99	73.13	9.4
35. 루마니아	정당명부식	1	5.21	58.51	5.2
36. 자메이카	단순다수제	2	5.32	60.40	n.a.
37. 포르투갈	정당명부식	2	5.34	64.26	2.9
38. 상투메프린시페	정당명부식	1	5.34	66.29	3.1
39. 인도네시아	정당명부식	1	5.65	84.09	8.0
40. 체코	정당명부식	1	5.73	64.47	0.4
41. 이탈리아	정당명부식(조정)	2	5.73	80.54	5.1
42. 폴란드	정당명부식	1	5.99	53.88	2.1
43. 코스타리카*	정당명부식	2	6.03	65.13	1.7
44. 라트비아	정당명부식	1	6.03	60.98	0.8
45. 인도	단순다수제	2	6.18	57.75	0.1
46. 아일랜드	단기이양제	2	6.24	67.03	0.9
47. 칠레*	정당명부식	1	6.25	87.67	3.7
48. 슬로바키아	정당명부식	1	6.25	54.67	1.4
49. 헝가리	혼합형 다수제	1	6.67	83.60	1.6
50. 불가리아	정당명부식	1	7.00	55.76	2.7
51. 멕시코*	혼합형 다수제	1	7.06	58.90	3.0
52. 그리스*	정당명부식	2	7.11	74.14	2.7
53. 크로아티아	정당명부식	1	7.61	59.58	1.5
54. 페루*	정당명부식	1	8.10	88.66	26.5
55. 안도라	혼합형 다수제	2	8.16	81.64	5.7

순위 및 국가	선거제도	신생/선진 민주주의[a]	비(非)비례성	투표율(%)	무효표 비율(%)
56. 레소토	혼합형 비례제	1	8.17	49.00	n.a.
57. 리투아니아	혼합형 다수제	1	8.86	48.59	6.2
58. 호주*	대안투표제	2	9.41	95.17	2.5
59. 도미니카	단순다수제	2	9.52	59.09	2.6
60. 모리셔스	연기투표제	2	10.25	80.87	1.1
61. 대한민국	혼합형 다수제	1	10.51	46.01	1.2
62. 캐나다	단순다수제	2	10.52	59.52	0.7
63. 수리남	정당명부식	1	10.54	46.68	0.7
64. 파나마*	혼합형 다수제	1	12.02	76.27	2.0
65. 일본	혼합형 다수제	2	12.69	67.46	1.7
66. 그레나다	단순다수제	2	13.05	80.30	0.4
67. 바하마	단순다수제	2	13.64	92.13	0.8
68. 세네갈	혼합형 다수제	1	16.42	34.75	1.1
69. 타이완	혼합형 다수제	1	16.89	58.50	1.6
70. 바베이도스	단순다수제	2	17.07	63.54	0.7
71. 영국	단순다수제	2	17.25	65.10	0.3
72. 바누아투	단기비(非)이양제	2	17.67	70.38	1.4
73. 프랑스	2회투표제	2	17.77	60.44	1.9
74. 세인트루시아	단순다수제	2	18.39	58.46	2.2
75. 보츠와나	단순다수제	2	21.50	76.20	2.1
76. 벨리즈	단순다수제	2	22.40	74.49	0.6
77. 세인트빈센트 그레나딘	단순다수제	2	23.52	63.68	0.6
78. 세인트키츠 네비스	단순다수제	2	24.07	58.98	1.5

주: 투표율과 무효표 비율은 자료를 획득할 수 있는 선거 중 가장 최근 선거 결과임.
　　* 의무투표제 국가
　　a 1 = 신생 민주주의 국가, 2 = 선진 민주주의 국가
자료: 〈표 A-1〉; www.idea.int/vt/ (2010년 7월 9일 접속).

(이번에는 제도의 '복잡성'을 의미)과 무효표 수 혹은 투표율 간에 관계를 입증하는 증거를 발견할 수 없다. 가장 비례적인 몇몇 제도에서는 투표율이 높고 무효표 수도 적다(예컨대 덴마크, 몰타, 네덜란드).

투표율을 보자. 〈표 10-4〉에서 의무투표제를 적용하고 있지 않은 63개국만을 대상으로 본다면 가장 단순한 제도를 가지고 있는 영국의 경우 투표율이 낮다는 것을 알 수 있다(오랜 기간에 걸쳐 점차 낮아지고 있다). 2010년 선거에 65.1%의 유권자가 투표했다. 또 다른 4개의 단순다수제 국가는 가장 최근 선거에서 좀 더 높은 투표율을 기록했다. 벨리즈, 보츠와나, 가나, 그리고 그레나다가 그런 경우다. 게다가 30개 국가가 최근 선거에서 영국보다 더 높은 투표율을 보였다. 이들 모두 비례대표제 국가다. 이 표본(의무투표제 국가를 제외한) 모두에서 가장 최근 선거(2010년 이전)의 평균 투표율을 보면 비非비례제의 경우 투표율은 65.4%이며, 비례제의 경우는 68.1%다. 이것은 라이파트가 더 많은 국가들을 대상으로 수행했던 연구 결과와 일치하는 것이다(Lijphart, 1994b: 6~7; 또한 Lijphart, 1999a: 284~286). 라이파트는 비非비례제보다 비례제에서 평균 투표율이 9% 포인트 더 높다는 사실을 밝힌 바 있다.[3]

둘째, 선거제도의 복잡성이 유권자가 제도를 제대로 이용할 수 있는 능력에 영향을 미치는지에 대한 증거도 찾기 힘들다. 오히려 무효표 비율을 높이는 것으로 보이는 요인은 의무투표제 운용 여부다. 아르헨티나(9.4%), 브라질(11.1%), 페루(26.5%)가 가장 눈에 띄는 예다. 그러나 전체적으로 무효표 평균 비율에서는 비非비례제가 비례제보다 더 낮다는 점은 부인할 수 없다. 〈표 10-4〉의 사례(의무투표제는 국가 제외)에서, 비非비례제의 경우 1.6%이고 비례제의 경우는 2.1%이다. 그러나 이 0.5%가 중요한 차이라고 할 수는 없을 것이다.

의무투표제를 운용하는 브라질과 페루를 제외하면 어느 국가에서도 무효표 비율이 두 자릿수가 되지 않는다. 아마도 이로 인해 학계가 이 문제에 대해 큰 관심을 보이지 않았을 수도 있다. 유권자가 본의 아니게 투표를 할 수밖에 없는 의무투표제 국가에서는 무효표 비율이 높다는 것을 예상할 수 있을 것이다 (McAllister and Makkai, 1993). 이와 같이 선거제도의 복잡성이 무효표 수를 결정하는 데 제한적 역할만을 한다는 것은 꽤 분명해 보인다. 제8장에서 살펴보았던 선거제도에 대한 유권자의 태도가 이런 주장을 뒷받침해준다(264~267쪽을 보라). 무효표 정도를 결정하는 더 중요한 요인은 한 국가의 경제성장과 문맹률, 그리고 의무투표제 존재 여부인 것 같다.

10-4 비례성과 안정성은 상반관계 trade-off * 인가?

이 장에서 검토된 바와 같이, 특정 선거제도의 비례성과 정부나 정치체제의 안정성 정도 사이에 존재할 것이라고 추측되었던 상반관계는 대부분의 경우 찾을 수 없다는 사실이 오히려 눈길을 끈다. 나아가 비례대표제에서 정부 안정성 정도가 높다고 결론짓는 것이 더 정확해 보인다.

현재 정치학계에서는 제도주의적 분석에 대한 관심이 높아지고 있다. 이런 사실을 고려하면, 학자들이 선거제도와 민주주의 간의 관계 문제를 다루기 시작했다는 것은 놀랄 만한 일이 아니다. 여기에는 두 가지 주요 접근법이 적용되고 있으며, 이 둘은 논쟁 대상이다. ① 민주주의에 대한 대중의 지지도를 측정하는 개인 단위 individual-level 데이터 분석, ② 사회경제적 발전, 사회의 질, 그리고 정치적 안정성을 나타내는 집합 지표 aggregate indicators 의 활용이 그것이다.

현재까지 개인적 수준의 데이터를 활용한 연구들은 서로 다른 결과를 보여

---

* 한 가지 목표를 달성하고자 하면 다른 목표를 달성할 수 없게 되거나 다른 목표의 달성이 지연되는 관계를 말한다.

주고 있다. 일부 학자들은 라이파트가 제시한 유명한 '다수결majoritarian' 민주주의와 '합의consensus' 민주주의 간의 이분법에 기초해서 정치제도가 민주주의에 대한 만족도에 어떠한 영향을 미치는지를 분석한다. 이때 개인 단위의 태도에 대한 설문조사 결과를 활용하고 있다. 잘 알려진 것처럼 선거제도는 이 두 가지 민주주의 모형을 구분하는 중요한 요소다(Lijphart, 1999a). 앤더슨Christopher Anderson과 길로리Christine Guillory는 서구 민주주의 경향을 연구하기 위해 유럽여론지표Eurobarometer를 활용한다. 이들은 모든 사례에서 정치적 다수를 형성하고 있는 사람들은 만족도가 높고, 정치적 소수에 해당하는 사람들은 만족도가 낮다는 분명한 증거를 보여준다. 그러나 합의제적 정치체제(비례제를 사용하고 있는 체제)에서는 만족도의 차이가 크게 좁혀졌다. "민주주의가 더 합의적인 성격을 가질수록 패자가 느끼는 민주주의 기능에 대한 만족도는 높아지고 승자의 만족도는 낮아질 가능성이 높다"(Anderson and Guillory, 1997: 78).

그러나 앤더슨과 길로리는 서구 민주주의 국가만을 대상으로 분석했기 때문에 그들의 연구 결과는 더 많은 사례로 일반화할 수 없다는 비판을 받을 수 있다. 이후 노리스는 더 많은 국가를 포함하는 다른 데이터 세트를 활용했고, 그 결과 크게 대조되는 연구 결과를 제시했다. 오히려 그녀는 다음과 같이 결론짓는다. "다수결주의 제도는 합의주의 제도보다 제도에 대한 더 큰 확신을 낳는 경향이 있다." 그리고 "다수결주의 선거제도와 특히 온건한 다당체제는 다른 제도보다 다소 높은 수준의 제도에 대한 확신을 낳는 경향이 있다"(Norris, 1999: 233; 또한 Norris, 2002, 2004 참조).

집합 지표를 활용한 연구들은 상반관계에 대해 더 분명한 연구 결과를 제시한다. 이 종류의 가장 초기 연구 중 하나는 라이파트가 수행한 것이다. 그는 민주주의의 성과와 효율성의 관점에서 전후戰後 시기 상이한 정치체제를 광범위하게 분석한 후에 다음과 같이 결론짓는다.

다수제와 비례제의 강점 간에 상반관계가 있다고 단정하는 일반적 통념conventional wisdom은 틀렸다. 비례제는 정치적 대표성에서는 월등히 좋은 성적을 보여주고 있다. 이런 좋은 성적은 정부 효율성에 관한 성적이 좋지 않다는 사실로도 상쇄될 수 없는 것이다. 더군다나 거시경제 관리에 대한 비례제 국가의 성적도 다수제 국가의 성적보다 다소 나은 듯 보인다. ─ 물론 그 차이는 통계적으로 유의미하지 않다. ─ 따라서 실제적으로 내릴 수 있는 결론은 다음과 같다. 비례제는 다수제보다 더 나은 대표성과 적어도 유사한 정도의 효율적인 정책 결정 능력을 보여주기 때문에 다수제보다 더 선호되고 있다(Lijphart, 1994b: 8).

이 같은 결론은 비판으로부터 완전히 자유로운 것은 아니다(예를 들어 Castles, 1994). 하지만 라이파트는 계속 비례제를 지지한다. 그의 가장 포괄적 연구인 『민주주의의 유형Patterns of Democracy』(1999)에서 라이파트는 같은 결론에 도달한다. "일반 통념과는 달리 통치의 효율성과 높은 질의 민주주의 간에는 상반관계가 없다"(Lijphart, 1999a: 302). 이 경우 그의 분석은 합의-다수결 구분과 관련이 있다. 그러나 여기서도 그는 선거제도가 "간접적 요소이긴 하지만 결정적으로 중요한 요소"라고 한다(Lijphart, 1999a: 303).

비례대표제를 사용하는 것이 민주주의에 긍정적 효과를 가져오는지 혹은 그렇다면 그 효과는 어느 정도인지에 대해서는 아직 결론이 나지 않았다. 그럼에도 이 장에서 제시된 증거들과 다수 학문적 연구를 종합해보면 다음과 같은 결론을 내릴 수 있을 것 같다. 여러 기준으로 볼 때 비례대표제는 실제로 민주주의에 미치는 긍정적 효과가 크다는 것이다. 물론 이미 살펴본 것처럼 이런 결론에 이의를 제기하는 학자들도 있다. 그러나 그들의 비판을 참작하더라도 비례성과 안정성 간에 **상반관계**가 있다고 단언한 사람들의 관점은 상당 부분 옳지 않다는 것은 분명하다. 그리고 이 쟁점에 관해서는 점차 합의를 이루고 있는 것 같다. 즉, 비례대표제는 정치적 불안정성과 반드시 관련이 있는 것이 아니라는 것이다.

10-5 결어

선거제도 연구는 정치 행태에 관해 많은 것을 밝혀줄 수 있다. 제도의 비례성은 선거라는 게임에서의 승자와 패자, 의회 내 정당군(그리고 이로부터 구성되는 정부 내 정당군), 개별 의원 행태의 특징을 결정하는 데 커다란 역할을 한다. 이로부터 선거제도와 정부 혹은 정치체제의 안정성 정도 간의 관계라는 문제가 제기된다. 그러나 앞서 본 것처럼 비례성은 불안정성을 야기한다는 주장을 뒷받침하는 증거는 미약하다. 이런 관점에서 비례제를 선호한다는 결론을 내렸다. 비례제를 운용하면서 동시에 안정적인 정치체제도 가질 수 있기 때문이다.

구체적으로 어느 비례제가 '최선'인지는 의문이다. 반면 우리 각자가 '선호'하는 선거제도가 있을 수는 있다(내가 선호하는 제도는 공교롭게도 단기이양제다). 그러나 특정 선거제도가 모든 상황에서 '최선' 혹은 '이상적'이라고 주장하는 것은 깊게 생각하지 않은 맹신에 가까운 것이라고 할 수 있다. 특정 국가의 상황은 다른 국가와는 매우 다르며 어느 선거제도가 최선인가에 대한 판단은 해당 국가의 역사, 사회 구성, 그리고 정치 구조에 비추어 이뤄져야 한다. 이미 본 바와 같이, 선거제도는 임의대로 작동하는 것이 아니다. 물론 그 운용 방식과 효과는 체계적으로 연구되고 평가될 수 있다. 만약 한 국가가 제대로 된 조언을 얻을 수 있다면 그 국가는 자신의 특수한 상황에 맞는 적절한 제도를 선택할 수 있을 것이다.

주

1 다음은 켄 베노이트가 아일랜드 선거제도를 주제로 한 공공 토론회에서 선거제도 설계에서의 상반관계를 레스토랑 메뉴에 비유한 것을 수정해 옮겨놓은 것이다. 웨이터는 손님에게 메뉴판을 가져다준다. 그리고 손님에게 좋아하는 것은 무엇이든 주문할 수 있다고 알려준다. 웨이터는 손님이 균형 있고 건강에 좋은 음식을 선택할 수 있도록 하기 위해 몇 가지 제한을 더한다. 손님이 고기와 감자를 주문하지 않도록 하기 위해 웨이터는 한정된 채식 음식만 적혀 있는 메뉴(성-할당제와 같은 메뉴)로 바꾼다. 또한 웨이터는 마치 임기 제한과 같이 손님이 같은 음식을 두 번 주문하지 못하게 할 수 있다. 마지막으로, 손님이 선택을 의무적으로 하게 하려면 웨이터는 손님에게 배고프든 아니든 반드시 무언가를 주문해야 한다고 말할 수 있다.

2 라이파트는 한발 더 나아가, '행정부 우위 지수 index of executive dominance'를 만들면서 특정 정치체제의 특수성을 함께 고려한다. 이 측정 방법은 우리 목적에는 잘 맞지 않는다. 왜냐하면 그의 수정된 측정 방법은 주로 내각 교체와 비非교체에 초점을 두는 행정부 우위 정도를 평가하기 위해 설계된 것이기 때문이다.

3 현재까지의 연구가 상당히 상반된 결과를 보여주고 있다는 점에 주목할 필요가 있다. 어떤 연구는 일반적으로 비례성이 높은 선거제도가 투표율을 높인다고 주장한다(예컨대 Blais and Carty, 19990; Crepaz, 1990; Ladner, and Milner, 1999). 비례제에서 정당들은 여러 경쟁 정당에 대항해 모든 표를 쫓는다는 것을 고려하면 이론적으로 이치에 맞다. 반면 어떤 연구들은 반대되는 결론을 내놓는다(예컨대 Jackman, 1987; 또한 Blais and Dobrzynska, 1998). 비례제는 포괄적인 inclusive 정당체제를 만들며 이로 인해 유권자 혼란과 투표 불참을 야기한다는 것이다. 이 또한 이론적으로는 이치에 맞다. 이 연구들이 발견하고 있는 것은 비례제가 실제로 상호 충돌하는 효과를 가지고 있다는 점이다. 즉, 비례적 요소는 투표율을 높이지만 정당 수가 많다는 것은 투표율을 낮추는 효과가 있다. 비례제의 집합적 효과에 대한 연구 결과가 상충되는 부분은 두 가지 효과 중 어느 것이 더 큰 영향을 미치는가에 관해서이다.

부록 표

〈표 A-1〉 2000년대 후반 88개 자유민주주의 국가의 선거제도

국가	선거제도	인구
안도라(Andorra)	혼합형 다수제	0.08
아르헨티나(Argentina)	정당명부식	40.91
호주(Australia)	대안투표제	21.26
오스트리아(Austria)	정당명부식	8.21
바하마(Bahamas)	단순다수제	0.30
바베이도스(Barbados)	단순다수제	0.28
벨기에(Belgium)	정당명부식	10.41
벨리즈(Belize)	단순다수제	0.30
베냉(Benin)	정당명부식	8.79
보츠와나(Botswana)	단순다수제	1.99
브라질(Brazil)	정당명부식	198.73
불가리아(Bulgaria)	정당명부식	7.20
캐나다(Canada)	단순다수제	33.48
케이프베르데(Cape Verde)	정당명부식	0.42
칠레(Chile)	정당명부식	16.60
코스타리카(Costa Rica)	정당명부식	4.25
크로아티아(Croatia)	정당명부식	4.48
키프로스(Cyprus)	정당명부식	4.08
체코(Czech Republic)	정당명부식	10.21
덴마크(Denmark)	정당명부식	5.50
도미니카 연방(Dominica)	단순다수제	0.07
도미니카 공화국(Dominican Republic)	정당명부식	9.65
엘살바도르(El Salvador)	정당명부식	7.18
에스토니아(Estonia)	정당명부식	1.29
핀란드(Finland)	정당명부식	5.25
프랑스(France)	2회투표제	64.05
독일(Germany)	혼합형 비례제	82.32
가나(Ghana)	단순다수제	23.88
그리스(Greece)	정당명부식	10.73
그레나다(Grenada)	단순다수제	0.09

국가	선거제도	인구
가이아나(Guyana)	정당명부식	0.75
헝가리(Hungary)	혼합형 다수제(부분 보상)	9.90
아이슬란드(Iceland)	정당명부식	0.30
인도(India)	단순다수제	1156.89
인도네시아(Indonesia)	정당명부식	240.27
아일랜드(Ireland)	단기이양제	4.20
이스라엘(Israel)	정당명부식	7.23
이탈리아(Italy)	정당명부식(보너스 조정)	58.12
자메이카(Jamaica)	단순다수제	2.82
일본(Japan)	혼합형 다수제	127.07
키리바시(Kiribati)	2회투표제	0.11
대한민국(South Korea)	혼합형 다수제	48.50
라트비아(Latvia)	정당명부식	2.23
레소토(Lesotho)	혼합형 비례제	2.13
리히텐슈타인(Liechtenstein)	정당명부식	0.03
리투아니아(Lithuania)	혼합형 다수제	3.55
룩셈부르크(Luxembourg)	정당명부식	0.49
말리(Mali)	2회투표제	13.44
말타(Malta)	단기이양제	0.40
마셜 제도(Marshall Islands)	단순다수제 & 연기투표제	0.06
모리셔스(Mauritius)	연기투표제	1.28
멕시코(Mexico)	혼합형 다수제(제한투표)	111.21
미크로네시아 연방 공화국(Micronesia, Federated States)	단순다수제	0.10
모나코(Monaco)	혼합형 다수제	0.30
몽골(Mongolia)	연기투표제	3.04
나미비아(Namibia)	정당명부식	2.10
나우르(Nauru)	수정 보다 계산식	0.01
네덜란드(Netherlands)	정당명부식	16.71
뉴질랜드(New Zealand)	혼합형 비례제	4.21
노르웨이(Norway)	정당명부식	4.66
팔라우(Palau)	단순다수제	0.02
파나마(Panama)	혼합형 다수제	3.36
페루(Peru)	정당명부식	29.54
폴란드(Poland)	정당명부식	38.48
포르투갈(Portugal)	정당명부식	10.70

국가	선거제도	인구
루마니아(Romania)	정당명부식	22.21
사모아(Samoa)	단순다수제 & 연기투표제	0.21
산마리노(San Marino)	정당명부식	0.03
상투메프린시페(São Tomé & Principe)	정당명부식	0.21
세네갈(Senegal)	혼합형 다수제	13.71
세르비아(Serbia)	정당명부식	7.37
슬로바키아(Slovakia)	정당명부식	5.46
슬로베니아(Slovenia)	정당명부식	2.00
남아프리카 공화국(South Africa)	정당명부식	49.05
스페인(Spain)	정당명부식	40.52
세인트키츠네비스(St Kitts-Nevis)	단순다수제	0.04
세인트루시아(St Lucia)	단순다수제	0.13
세인트빈센트 그레나딘(St Vincent & Grenadines)	단순다수제	0.10
수리남(Suriname)	정당명부식	0.48
스웨덴(Sweden)	정당명부식	9.05
스위스(Switzerland)	정당명부식	7.60
타이완(Taiwan)	혼합형 다수제	22.97
투발루(Tuvalu)	연기투표제	0.01
우크라이나(Ukraine)	정당명부식	45.70
영국(United Kingdom)	단순다수제	61.11
미국(United States)	단순다수제	307.21
우루과이(Uruguay)	정당명부식	3.49
바누아투(Vanuatu)	단기비(非)이양제	0.21
사례 수	88	3,081.83

주: 인구 단위는 백만 명이며 2009년 수치임. 자유민주주의 국가 분류는 프리덤 하우스(Freedom House)의 평가에 기초함. 정치적 권리와 시민 자유 항목에서 7점 척도에서 3점 이하의 국가임.•

자료: LèDuc et al.(2010); Reynolds et al.(2005); Reynolds(2011); 그리고 여러 웹사이트에서 자료를 업데이트함. https://www.cia.gov/library/publications/the-world-facebook/rankorder/2119rank. html(2010년 7월 9일 접속), www.freedomhouse.org (2010년 7월 9일 접속).

• 　프리덤 하우스의 평가 점수에서는 점수가 낮을수록 정치적 권리와 자유 수준이 높은 국가다.

〈표 A-2〉 선거제도와 그 제도적 영향: 2000년대 경향

(단위: 여성의원 비율은 %)

순위 및 국가	선거제도	신생/신진 민주주의[a]	선거구 크기[b]	당선결정방식[c]	의회 크기	비(非)비례성[d]	의회 내 유효 정당수[e]	여성의원 비율[f]
1. 남아프리카 공화국	정당명부식	1	4	최대잔여-드룹	400	0.28	2.05	43.5
2. 네덜란드	정당명부식	2	4	동트식	150	0.99	5.36	36.7
3. 나미비아	정당명부식	1	4	최대잔여-헤어	72	1.02	1.71	26.9
4. 가이아나	정당명부식	1	4	최대잔여-헤어	65	1.11	2.29	30.0
5. 우루과이	정당명부식	1	4	동트식	99	1.21	2.52	14.1
6. 덴마크	정당명부식	2	4	최대잔여-헤어	175	1.35	4.90	38.0
7. 산마리노	정당명부식	2	3	동트식	60	1.48	3.70	11.7
8. 세르비아	정당명부식	1	n.a.	n.a.	250	1.49	3.48	20.4
9. 몰타	단기이양제	2	3	단기이양제	67	1.63	2.00	9.2
10. 키프로스	정당명부식	2	4	최대잔여-헤어	56	2.01	3.77	14.3
11. 이스라엘	정당명부식	2	4	동트식	120	2.21	6.93	17.3
12. 스웨덴	정당명부식	2	4	수정 생-라게스	349	2.27	4.19	47.0
13. 오스트리아	정당명부식	2	4	최대잔여-헤어	183	2.35	3.50	27.3
14. 미국	단순다수제	2	1	단순다수제	435	2.43	1.99	17.2
15. 뉴질랜드	혼합형 비례제	2	4	생-라게스	121	2.45	3.17	33.1
16. 스위스	정당명부식	2	3	동트식	200	2.52	4.99	29.5
17. 아이슬란드	정당명부식	2	3	최대잔여-헤어	63	2.64	3.84	33.3
18. 몽골	연기투표제	1	1	단순다수제	76	2.67	1.79	6.6

순위 및 국가	선거제도	신생/선진 민주주의[a]	선거구 크기[b]	당선결정방식[c]	의회 크기	비(非)비례성[d]	의회 내 유효 정당수[e]	여성의원 비율[f]
19. 노르웨이	정당명부식	2	3	수정 생-라게식	168	2,97	4,66	36,1
20. 브라질	정당명부식	1	4	최대잔여-헤어	513	3,04	8,90	8,8
21. 핀란드	정당명부식	2	4	동트식	200	3,18	5,03	41,5
22. 독일	혼합형 비례제	2	4	최대잔여-헤어	613	3,39	3,40	32,8
23. 슬로베니아	정당명부식	1	4	동트식	89	3,40	4,67	13,3
24. 에스토니아	정당명부식	1	4	동트식	101	3,47	4,52	20,8
25. 우크라이나	정당명부식	1	4	n.a.	450	3,59	3,30	8,2
26. 룩셈부르크	정당명부식	2	4	최대잔여-드룹	60	3,79	3,72	23,3
27. 엘살바도르	정당명부식	1	3	최대잔여-헤어	84	3,96	3,25	16,7
28. 도미니카 공화국	정당명부식	1	3	동트식	178	4,01	2,34	19,7
29. 벨기에	정당명부식	2	4	최대잔여-헤어	150	4,27	7,47	36,7
30. 리히텐슈타인	정당명부식	2	4	최대잔여-헤어	25	4,48	2,31	24,0
31. 가나	단순다수제	1	1	단순다수제	230	4,56	2,19	14,7
32. 케이프베르데	정당명부식	1	2	동트식	72	4,85	2,06	18,1
33. 스페인	정당명부식	2	3	동트식	350	4,95	2,46	36,3
34. 아르헨티나	정당명부식	1	3	동트식	258g	4,99	6,49	37,0
35. 루마니아	정당명부식	1	4	동트식	337	5,21	3,51	11,4
36. 자메이카	단순다수제	2	1	단순다수제	60	5,32	1,97	13,3
37. 포르투갈	정당명부식	2	4	동트식	229	5,34	2,73	28,3

순위 및 국가	선거제도	신생/신진 민주의[a]	선거구 크기[b]	당선결정방식[c]	의회 크기	비(非)비례성[d]	의회 내 유효 정당수[e]	여성의원 비율[f]
38. 상투메프린시페	정당명부식	1	3	동트식	55	5.34	2.64	7.3
39. 인도네시아	정당명부식	1	4	최대잔여-헤어	560	5.65	6.60	4.1
40. 체코	정당명부식	1	4	최대잔여-드룹	200	5.73	3.39	15.5
41. 이탈리아	정당명부식(보정)[h]	2	4	최대잔여-헤어	617	5.73	3.07	21.3
42. 폴란드	정당명부식	1	3	동트식	460	5.99	3.56	20.4
43. 코스타리카	정당명부식	2	3	최대잔여-헤어	57	6.03	3.46	36.8
44. 라트비아	정당명부식	1	4	생-라게식	100	6.03	5.51	20.0
45. 인도	단순다수제	2	1	단순다수제	543	6.18	5.77	10.7
46. 아일랜드	단기이양제	2	2	단기이양제	165	6.24	3.21	13.3
47. 칠레	정당명부식	1	2	동트식	120	6.25	5.72	14.2
48. 슬로바키아	정당명부식	1	4	최대잔여-드룹	150	6.25	5.47	19.3
49. 헝가리	혼합형 다수제	1	2	n.c.	386	6.67	2.31	11.1
50. 불가리아	정당명부식	1	3	동트식	240	7.00	3.34	21.7
51. 멕시코	혼합형 다수제	1	2	n.c.	499	7.06	2.77	28.2
52. 그리스	정당명부식	2	3	최대잔여-드룹	300	7.11	2.40	14.7
53. 크로아티아	정당명부식	1	4	동트식	152	7.61	3.55	20.9
54. 페루	정당명부식	1	n.a.	n.a.	120	8.10	3.98	29.2
55. 안도라	혼합형 다수제	2	2	n.c.	28	8.16	2.46	28.6
56. 레소토	혼합형 비례제	1	n.a.	n.a.	118	8.17	2.16	24.2

순위 및 국가	선거제도	신생/신진 민주주의[a]	선거구 크기[b]	당선결정방식[c]	의회 크기	비(非)비례성[d]	의회 내 유효 정당수[e]	여성의원 비율[f]
57. 리투아니아	혼합형 다수제	1	2	n.c.	141	8.86	5.15	22.7
58. 호주	대안투표제	2	1	절대다수제	150	9.41	2.39	26.7
59. 도미니카	단순다수제	2	1	단순다수제	21	9.52	1.98	9.5
60. 모리셔스	연기투표제	2	1	단순다수제	33	10.25	1.99	17.1
61. 대한민국	혼합형 다수제	1	2	n.c.	286	10.51	2.38	14.1
62. 캐나다	단순다수제	2	1	단순다수제	306	10.52	2.99	22.1
63. 수리남	정당명부식	1	3	동트식	51	10.54	2.68	25.5
64. 파나마	혼합형 다수제	1	2	n.c.	71	12.02	2.92	16.7
65. 일본	혼합형 다수제	2	2	n.c.	480	12.69	2.53	11.3
66. 그레나다	단순다수제	2	1	단순다수제	15	13.05	1.82	13.3
67. 바하마	단순다수제	2	1	단순다수제	41	13.64	1.88	12.2
68. 세네갈	혼합형 다수제	1	n.a.	n.c.	135	16.42	1.54	18.0
69. 타이완	혼합형 다수제	1	3	n.c.	113	16.89	1.75	n.a.
70. 바베이도스	단순다수제	2	1	단순다수제	30	17.07	1.68	10.0
71. 영국	단순다수제	2	1	단순다수제	653	17.25	2.32	19.8
72. 바누아투	단기비(非)이양제	2	1	단순다수제	52	17.67	5.02	3.9
73. 프랑스	2회투표제	2	1	절대다수제	577	17.77	2.38	18.6
74. 세인트루시아	단순다수제	2	1	단순다수제	17	18.39	1.63	5.6
75. 보츠와나	단순다수제	2	1	단순다수제	57	21.50	1.56	11.1

순위 및 국가	선거제도	신생/선진 민주의[a]	선거구 크기[b]	당선결정방식[c]	의회 크기	비(非)비례성[d]	의회 내 유효 정당수[e]	여성의원 비율
76. 벨리즈	단순다수제	2	1	단순다수제	30	22.40	1.52	0
77. 세인트빈센트 그레나딘	단순다수제	2	1	단순다수제	15	23.52	1.47	18.2
78. 세인트키츠네비스	단순다수제	2	1	단순다수제	11	24.07	1.98	6.7

주: 국가 순위는 비례성 순위임(n.a = 자료 획득 불가). 〈표 A-1〉의 일부 국가는 충분한 자료를 얻을 수 없었기에 제외되었음. 제외된 국가는 베냉, 키리바시, 말리, 마셜 제도, 미크로네시아 연방공화국, 모나코, 나우루, 팔라우, 사모아, 투발루임.

a 1 = 신생 민주주의 국가, 2 = 선진 민주주의 국가(최소한 30년간 단절 없이 민주주의 체제를 유지한 국가).

b 선거구 평균 크기는 골더(Golder)의 코드북 2000년 자료를 사용한 것으로, 다음과 같이 다섯 가정에 기초하고 있음. 단순다수제, 절대다수제 그리고 이와 관련된 제도는 1, 평균 선거구 크기(M)가 4 이하인 혼합형 다수제, 혼합형 비례제, 비례대표제는 2, M이 5~9인 혼합형 다수제, 혼합형 비례제, 비례대표제는 3, M이 10 이상인 혼합형 다수제, 혼합형 비례제, 비례대표제는 4로 코딩. 모든 다계층 선거제도도 4로 코딩. 단, 상위 계층 선거구 크기가 너무 작아 하위 계층의 작은 선거구 크기를 보상하지 못한 경우가 아닌 경우가 4로 코딩.

c 골더(Golder)의 2000년 자료를 사용하였음. 혼합형 다수제는 혼합형 다수제, 상위 계층 선거가 선거 결과에 결정적 영향을 미친 경우 상위 계층 당선결정방식을 사용하였음. 상위 계층 선거가 선거 결과에 결정적 영향을 미친 경우가 아닌 경우는 분류하지 않았음(not classified: n.c.). 상위 계층 선거가 선거 결과에 결정적 영향을 미친 경우 상위 계층 당선결정방식을 사용함.

d 갤러거의 비례성 최소제곱 지표(least square index)로서 수치가 높을수록 비(非)비례성이 높아짐. 갤러거 지표는 다음과 같이 구함. (1) 각 정당(기타 정당·무소속)의 득표율과 의석율 차이를 제곱함. (2) 각 정당 결과 수치를 합산함. (3) 합산된 수치를 2로 나눔. (4) 그 수치의 제곱근을 구함. 대부분의 사례는 2000년대 최근 선거 결과로부터 구한 비(非)비례성 수치를 보여주고 있음.

e 갤러거의 비례성 최소제곱 지표(least square index)로서 수치가 높을수록 비(非)비례성이 높아짐. 이 지표는 정당 수와 정당의 상대적 강약을 반영함. 이 지표는 정당 수와 상대적 강약에 기초에 산출된 것임. 수치는 다음과 같이 구함. 1÷(의회 내 각 정당 의석율을 제곱하여 합산한 값). 대부분의 사례는 2000년대의 평균적 경향을 보여줌(혹은 2000년대 최근 선거 결과임). 이 지표는 정당 수와 정당의 상대적 강약에 기초에 산출된 것임. 정당 수치는 다음과 같이 구함. 1÷(의회 내 각 정당 의석율을 제곱하여 합산한 값). 대부분의 사례는 2000년대의 평균적 경향을 보여줌(혹은 2000년대 최근 선거 결과임). 자료가 제한적일 경우 자료 획득 가능한 2000년대 최근 선거 결과로부터 구한 의회 내 유효 정당 수를 보여줌.

f 2000년대 말 여성 의원 비율임.

g 의원 총수임. 2년마다 실시되는 선거에서 의원의 절반을 선출함. 따라서 선거 결과에 대한 의회 크기의 영향력 분석을 위해 이 수치를 2로 나눔.

h 최대 정당 혹은 최대 연립이 의회 과반수 의석을 차지하지 못한 경우, 과반수가 되도록 나머지 의석을 채워줌(Renwick et al., 2009: 438).

자료: 〈표 A-1〉; LeDuc et al.(2010); Lijphart(1999a); Nohlen(2005, 2005a); Nohlen et al.(2001); Nohlen et al.(1999); Raynolds(2011).

www.tcd.ie/Political_Science/staff/michael_gallagher/ElSystems/Docts/ElectionIndices.pdf.

http://homepages.nyu.edu/%7Emrg217/codebook_es1.pdf(골더 코드북).

http://en.wikipedia.org/wiki/Election.

http://jpsephos.adam-carr.net/

www.ipu.org/parline-e/WomeninParliament.asp?REGION=All&typesearch=1&LANG=ENG.

www.cia.gov/library/publications/the-world-factbook/index.html(모두 2010년 7월 9일 접속).

용어 해설*

게리맨더링 Gerrymandering

☞ 특정 정당, 특히 여당에 유리하도록 의석을 부풀리기 위한 목적으로 선거구 경계를 다시 획정하는 것이다. 매사추세츠 주지사였던 게리Gerry의 이름을 딴 것이다. 그는 1812년 선거구를 재획정했는데 그 모양이 도마뱀salamander을 닮았다 하며, 이로써 '게리맨더gerrymander'라는 용어가 생겨났다.

기표방식 Ballot Structure

☞ 선거에서 유권자가 할 수 있는 선택의 성격과 정도를 말한다. 기본적으로 범주형 기표방식과 순위형 기표방식으로 구분된다. 범주형은 1인 선출 단순다수제와 일부 정당명부식에서 사용되는 것으로, 유권자는 단 1명의 후보(혹은 1개 정당)에 대해서만 선호를 표시할 수 있다. 후자는 선호투표제와 일부 정당명부식에서 사용되는 것으로, 유권자는 선호 순서에 따라 후보에 대해 순위를 매길 수 있다. 물론 선거제도별로 표시 정도의 차이는 있다.

다계층 선거구제 Multi-Tier Districting

☞ 대부분의 정당명부식 비례제에서는 나라 전체를 다수의 지역 혹은 선거구로 나눔으로써 선거구 크기를 줄인다. 그 결과 선거 결과의 전체적인 비례성도 낮아진다. 비례성을 높이기 위해 총 의석 중 일정 비율의 의석을 나라 전체를 하나로 한 선거구, 즉 제2계층second-tier에서 배분한다. 일부 국가에서는 3개 이상의 계층을 가지고 있기도 하다. 제1계층에서 의석을 획득하는 데 사용되지 못한 정당 득표수는 모두 합쳐서 상위계층에서 남은 의석을 배분하는 데 활용된다.

단조성 Monotonicity

☞ 한 후보의 득표수가 증가하면 그의 당선 가능성도 그에 따라 높아져야 한다는 것이다. 투표이론에 관한 수리 모형 연구에서 지적되고 있는 바와 같이, 선호투표제(대안투표제 혹은 단

• 　용어 해설에 설명되고 있는 개념은 고딕체로 표기.

기이양제)에서는 제1선호표를 더 많이 받을수록 당선에 도움이 되는 것이 아니라 오히려 방해가 되는 현상이 발생할 수 있다. 일부는 이러한 비非단조적 선거 결과의 가능성이 선호투표제의 약점이라고 지적한다. 그러나 다른 사람들은 이러한 현상이 실제로 발생하는 사례를 찾기 힘들다고 주장한다.

당선결정방식 Electoral Formula

☞ 특정 선거제도에 적용되는 계산 방식이다. 이것은 일반적으로 상이한 선거제도를 구분하는 기준이 된다. 예를 들어 1인 선출 단순다수제(후보가 당선되기 위해서는 다른 후보보다 더 많은 표를 얻어야 하는 제도), 절대다수제(당선되기 위해서는 과반수 득표를 해야 하는 제도), 단기이양제(드룹 기준수를 이용해 당선에 필요한 득표수를 계산하는 제도), 그리고 정당명부식(의석 배분을 위해 최대잔여제나 최고평균제를 활용하는 제도)으로 구분한다. 당선결정방식은 전반적인 비례성에 큰 영향을 미친다(물론 선거구 크기만큼 중요한 것은 아니다).

동트식 D'Hondt

☞ 빅터 동트Victor D'Hondt의 이름을 딴 것으로 미국에서는 제퍼슨 방식Jefferson method이라고 불린다. 이것은 최고평균제에서 가장 일반적으로 사용되는 나눗수 방식이며 (최대잔여-임페리알리식과 함께) 정당명부식 비례제 중 가장 비(非)비례적인 것 중 하나로 간주된다. 다음과 같은 나눗수로 계산된다. 1, 2, 3, 4 등등.

드룹 기준수 Droop Quota

☞ 드룹H. R. Droop의 이름을 딴 것으로 보통 하겐바흐-비숍Hagenbach-Bischoff 기준수라고도 한다. 이것은 최대잔여 정당명부식 비례대표제와 단기이양식 선거제도에서 의석 배분을 결정하기 위해 사용된다. 헤어Hare식보다는 비례성이 낮고 임페리알리식보다는 비례성이 높은 것으로 간주된다. 계산 방식은 다음과 같다. 첫째, 의석수에 1을 더한 수로 총 유효표수를 나눈다. 둘째, 그 결과 값에 1을 더한다(소수점 이하는 무시한다).

명부결합 Apparentment

☞ 정당명부식 비례대표제에서 군소 정당은 자신들이 얻은 표가 사표가 되는 것 - 즉, 군소 정당이 의석을 획득하지 못하는 것 - 을 피하기 위해 2개 이상의 정당이 선거에서 연합을 형성하면서 각각의 명부를 공식적으로 결합시킬 수 있다. 이 방법을 통해 후보 당선에 대한

기대를 높일 수 있는 것이다. 명부결합은 동트d'Hondt식 제도에서 주로 활용된다. 동트식이 다른 명부식보다 상대적으로 비례성이 낮은 결과를 낳을 수 있기 때문에 이를 보상하기 위한 것이다.

선거구 간 인구수 불균형 Malapportionment

☞ 선거구별로 인구 밀도가 불균형해 다른 정당에 비해 특정 정당이 유리한 상황이 발생하는 것이다(예를 들어 농촌 지역의 인구가 감소함에도 이를 고려한 선거구 재획정이 이루어지지 않은 상황이 대표적이다).

선거구 크기 District Magnitude

☞ 문자 그대로 의원 수의 관점에서 본 선거구의 크기다. 예를 들어 의원 1명을 선출하는 선거구의 크기는 1, 즉 M은 1이다. 일반적으로 1인 선출 단순다수제나 절대다수제에서 선거구 크기는 1이다. 반면 비례대표제에서의 선거구 크기는 1보다 크다. 선거구 크기는 비례대표제의 전체적인 비례성에 큰 영향을 미친다. 선거구 크기가 클수록 선거제도의 비례성은 높아진다.

선거법 Electoral Law

☞ 선거 과정을 규제하는 일련의 규칙이다. 선거 공고, 후보 공천, 정당 선거운동과 투표, 개표와 선거 결과 확정 등이 이 과정에 해당한다.

선거제도 Electoral System

☞ 선거법의 일부로서 특히 당선자를 최종적으로 확정하는 것과 관련이 있다. 선거제도는 정치인을 공직에 선출하는 과정에서 표를 의석으로 전환하는 방법을 결정한다.

세제곱 규칙 Cube Rule

☞ 1인 선출 단순다수제는 제도 자체에 단일 정당이 의회 과반수를 차지할 수 있게 해주는 기제를 가지고 있으며, 이로써 '강하고' 안정적인 정부를 낳는다는 점을 보여주는 것이다. 이 규칙은 다음과 같이 공식화할 수 있다. 만약 두 개 정당이 얻은 득표율이 A : B라면 각 정당의 의석률은 $A^3 : B^3$이 된다. 바꾸어 말하면 가장 많은 표를 얻은 정당이 의회에서 그보다 훨씬 더 많은 의석을 얻는다는 것이다. 그러나 최근 선거를 보면 이 규칙은 영국 사례에 이제 적용되지 않는다.

수정 생-라게식 Modified Sainte-Laguë

☞ 생-라게A. Sainte-Laguë의 이름에서 가져온 것으로 주로 스칸디나비아 국가들의 선거제도와 관련 있다. 이것은 최고평균제에서 일반적으로 사용되는 동트식 나눗수보다 비례성이 높은 선거 결과를 낳는 경향이 있다. 나눗수는 1.4, 3, 5, 7 등등이다. 지나치게 비례적인 선거 결과를 가져오는 원래의 순수 생-라게 방식의 비례성을 낮추기 위해 1.4라는 나눗수를 도입했다. 미국에서는 웹스터 방식Webster method이라고 불린다. 순수 생-라게식prue Sainte-Laguë은 나눗수로 1, 3, 5, 7 등등을 사용하며 1993년 뉴질랜드에서 채택된 바 있다.

임페리알리 기준수 Imperiali quota

☞ 이탈리아에서 1993년까지 사용된 방식이다. 이 방식은 최대잔여제 중 비례성이 가장 낮은 것으로 간주된다. 계산방식은 다음과 같다. (총 유효투표수) ÷ (총 의석수 + 2)

자유배합투표제 Panachage

☞ 문자 그대로 '칵테일cocktail'이다. 정당명부식 비례제에서 사용되는 기표방식 중 가장 '개방'된 형태다. 룩셈부르크와 스위스에서 사용된다. 유권자들은 1개 이상의 정당 소속 후보에게 선호 표시를 할 수 있다.

초과 의석 Uberhangmandate Seats

☞ 문자 그대로 초과 위임 혹은 초과 의석을 말한다. 독일식 혼합형 선거제도에서는 정당명부식에서 배분받은 의석수에서 한 정당이 얻은 선거구 의원 총수를 뺀다. 이 경우 특정 정당은 한 주(Land 혹은 state)에서 정당 득표율에 의해 배분받은 의석보다 더 많은 의석을 획득할 수 있는 상황이 생긴다. 이 같은 상황이 발생할 때마다 그 정당은 이 초과 의석을 보유할 수 있으며, 그 결과 의회Bundestag 의원 수는 많아지게 된다.

최고평균제 Highest Average

☞ 정당명부식 비례제에서 득표를 의석으로 전환하는 데 사용하는 당선결정방식 중 하나이며 다른 방식인 최대잔여제보다 더 많이 활용되고 있다. 나눗수를 이용하며 두 가지 주요 유형이 있다. 동트식(가장 많이 사용된다)과 수정 생-라게식이 그것이다. 각 정당이 획득한 표를 일련의 나눗수로 나누어 평균 표수를 구한다. 계산의 각 단계에서 '가장 높은 평균 표수'를 가진 정당이 1석을 획득하며 득표수는 다음 나눗수로 다시 나눈다. 모든 의석이 배분될 때까지 이 과

정을 계속 진행한다.

최대잔여제 Lagest Remainder

☞ 미국에서는 해밀턴 방식Hamilton method이라고 불린다. 정당명부식 비례제에서 득표를 의석으로 전환하는 데 사용하는 당선결정방식 중 하나다(또 다른 방식으로 최고평균제가 있다). 의석 배분 기준수를 사용하는 것으로 헤어 기준수와 드룹 기준수가 있다. 계산 과정은 두 단계로 이뤄진다. (1) 기준수을 초과하는 득표를 한 정당은 의석을 배분받으며 정당의 총 득표수에서 기준수를 뺀다. (2) 잔여표가 가장 많은('최대잔여표') 정당순으로 남은 의석을 차례대로 배분받는다.

헤어 기준수 Hare Quota

☞ 단기이양제를 고안한 토머스 헤어Thomas Hare의 이름을 딴 것으로 '단순 기준수simple quota'라고도 불린다. 당선결정방식인 최대잔여제largest remainder에서 가장 흔하게 쓰이는 것으로 비례성이 매우 높은 선거 결과를 낳는다. 계산방식은 다음과 같다. (총 유효투표수)÷(총 의석수)

참고문헌

All Party Oireachtas Committee on the Constitution. 2002. *Seventh Progress Report: Parliament.* Dublin: Stationery Office.

Allard, Crispin. 1995. "Lack of Monotonicity-Revisited." *Representation,* Vol.33, pp.48~50.

Amy, Doulas J. 1993. *Real Choices, New Voices: The Case for Proportional Representation Elections in the United States.* New York: Columbia University Press.

_____. 2003. *Behind the Ballot Box: A Citizen's Guide to Voting Systems,* Westport. CT: Praeger.

Anderson, Christopher and Christine Guillory. 1997. "Political Institutions and Satisfaction with Democracy: A Cross-National Analysis of Consensus and Majoritarian Systems." *American Political Science Review,* Vol.91, pp.66~81.

Andeweg, Rudy B. 2008. "The Netherlands: The Sanctity of Proportionality." in Michael Gallagher and Paul Mitchell(eds.). *The Politics of Electoral Systems.* Oxford: Oxford University Press.

Andeweg, Rudy B, and Galen A. Irwin. 1993. *Dutch Government and Politics.* London: Macmillan.

Baker, Gordon E. 1986. "Whatever Happened to the Reapportionment Revolution in the United States?" in Bernard Grofman and Arend Lijphart(eds.). *Electoral Laws and Their Political Consequences.* New York: Agathon Press.

Baldini, Gianfranco. 2001. "Do All Roads Lead to Rome? The Different Trajectories of Italian Electoral Reforms." *West European Politics*(in press).

Bawn, Kathleen. 1993. "The Logic of Institutional Preferences: German Electoral Law as a Social Choice Outcome." *American Journal of Political Science,* Vol.37, pp.965~989.

Bawn, Kathleen and Michael Thies. 2003. "A Comparative Theory of Electoral Incentives: Representing the Unorganized PR, Plurality and Mixed-Member Electoral System." *Journal of Theoretical Politics,* Vol.15, pp.5~32.

Bean, Clive. 1986. "Electoral Law, Electoral Behaviour and Electoral Outcomes: Australia and new Zealand Compared." *Journal of Commonwealth and Comparative Politics,* Vol.24, pp.57~73.

_____. 1997. "Australia's Experience with the Alternative Vote." *Representation,* Vol.34, pp.103~110.

Beckwith, Karen. 1992. "Comparative Research and Electoral Systems; lessons from France and Italy." *Women and Politics*, Vol.12, pp.1~33.

Beer, Samuel. 1998. "The Roots of New Labour: Liberalism Rediscovered." *The Economist,* Vol.7, February.

Benoit, Kenneth. 2001. "Evaluating Hungary's Mixed-Member Electoral Systems." in Mattew S. Shugart and Martin P. Wattenberg(eds.), *Mixed-Member Electoral System: The Best of Both Worlds?* Oxford: Oxford University Press.

_____. 2004. "Models of Electoral System Change." *Electoral Studies,* Vol.23, pp.363~389.

_____. 2007. "Electoral Laws as Political Consequences: Explaining the Origins and Change of Electoral Institutions." *Annual Review of Political Science*, Vol.10, pp.363~390.

Berghe, Guido van den. 1979. "Belgium." in G. Hand, J Georgel and C. Sasse(eds.). *European Electoral Systems Handbook.* London: Butterworth.

Birch, Sarah. 1997. "Ukraine: The Perils of Majoritarianism in a New Democracy." in Andrew Reynolds and Ben Reilly(eds.). *The International IDEA Handbook of Electoral System Design.* Stockholm: International Institute for Democracy and Electoral Assistance.

_____. 2003. *Electoral Systems and Political Transformation in Post-Communist Europe.* Houndmills, Basingstoke: Palgrave Macmillan.

Blackburn, Robert. 1995. *The Electoral System in Britain.* London: Macmillan.

Blais, André. 1988. "The Classification of Electoral System." *European Journal of Political Research,* Vol.16, pp.99~110.

Blais, André and R.K. Carty. 1990. "Does Proportional Representation Foster Voter Turnout." *European Journal of Political Research,* Vol.18, pp.167~181.

_____. 1991. "The Psychological Impact of Electoral laws: Measuring Duverger's Elusive Factor." *British Journal of Political Science,* Vol.21, pp.79~93.

Blais, André and Agnieszka Dobrzynska. 1998. "Turnout in Electoral Democracies." *European Journal of Political Research,* Vol.33, pp.239~261

Blais, André and Louis Massicotte. 1996. "Electoral Rules." in Lawrence LèDuc, Richard G. Niemi and Pippa Norris(eds.). *Comparative Democratic Elections*, Thousand Oaks, Calif.: Sage.

_____. 1997. "Electoral Formulas: A Macroscopic Perspective." *European Journal of Political Research,* Vol.32, pp.107~129.

Blais, André and Mattthew S. Shugart. 2008. "Conclusion." in André Blais(ed.). *To Keep or to Change First Past the Post? The Politics of Electoral Reform.* Oxford: Oxford University Press.

Blau, Adrian. 2004. "A Quadruple Whammy for First-Past-the-Post." *Electoral Studies,* Vol.23, pp.431~454.

_____. 2008. "Electoral Reform in the UK: A Veto Player Analysis." in André Blais(ed.). *To Keep or th Change First Past the Post? The Politics of Electoral Reform.* Oxford: Oxford University Press.

Blondel, Jean. 1969. *An Introduction to Comparative Government.* London: Weidenfeld & Nicolson.

Bogdanor, Vernon. 1981. *The People and the Party System: The Referendum and Electoral Reform in British Politics.* Cambridge: Cambridge University Press.

_____. 1983. "Introduction." in Vernon Bogdanor and David Butler(eds.). *Democracy and Elections: Electoral Systems and Their Political Consequences.* Cambridge University Press.

_____. 1984. *What is Proportional Representation? A Guide to the Issues.* Oxford: Martin Robertson.

Boix, Carles. 1999. "Setting the Rules of The Game: the Choice of Electoral Systems in Advanced Democracies." *American Political Science Review,* Vol.93, pp.609~624.

Bell, Bernhard and Thomas Poguntke. 1992. "Germany: The 1990 All German Election Campaign." in Shaun Bowler and David Farrell(eds.). *Electoral Strategies and Political Marketing.* Houndmills, Basingstoke: Macmillan

Bolongaita, Emil P. 1999. "A Political Economy of Electoral Reforms of Democratizing Southeast Asian Countries: Notes on the Philippines and Indonesia." American Political Science Association annual meeting. Atlanta, Georgia, 3~5 September.

Bowler, Shaun. 1996. "Reasoning Voters, Voter Behaviour and Institutions." in David Farrell et al.(eds.). *British Elections and Parties Yearbook, 1996.* London: Frank Cass.

Bowler, Shaun, Elisabeth Cater and David Farrell. 2003. "Changing Party Access to Elections." in Bruce Cain, Russell Dalton and susan scarrow(eds.) *Democracy Transformed? Expanding Political Opportunities in Advanced Industrial Democracies.*

Oxford: Oxford University Press.

Bowler, Shaun and David Denmark. 1993. "Split Ticket Voting in Australia: Dealignment and Inconsistent Votes Reconsidered." *Australian Journal of Political Science,* Vol.28, pp.19~37.

Bowler, Shaun, Todd Donovan and David Farrell. 2000. "Party Strategy and Voter Organization under Cumulative Voting in Victorian England." *Political Studies,* Vol. XLVII, pp.906~917.

Bowler, Shaun, Todd Donovan. 2008. "Election Reform and (the Lack of) Electoral system Change in the USA." in André Blais(ed.). *To Keep or to Change First past the Post? The Politics of Electoral Reform.* Oxford: Oxford University Press.

Bowler, Shaun, Todd Donovan and David Brockington. 2003. *Electoral Reform and Minority Representation: Local Experiments with Alternative Systems.* Columbus: Ohio State University Press.

Bowler, Shaun, Todd Donovan and Jennifer Van Heerde. 2008. "The United States of America: Perpetual Campaigning in the Absence of Competition." in Michael Gallagher and Poul Mitchell(eds.). *The Politics of Electoral Systems*(paperback edition). Oxford: Oxford University Press.

Bowler, Shaun, Todd Donovan and Jeffrey Karp. 2006. "Why Politicians Like Electoral Institutions: Self-Interest, Values, or Ideology?" *Journal of Politics,* Vol.68, pp. 434~466.

Bolwer, Shaun and David Farrell. 1991. "Voter Behaviour under STV-PR: Solving the Puzzle of the Irish Party System." *Political Behaviour,* Vol.13, pp.303~320.

_____. 1991a, "Party Loyalties in Complex Settings: STV and Party Identification." *Political Studies,* Vol.39, pp.350~362.

_____. 1993. "Legislator Shirking and Voter Monitoring: Impacts of European Parliament Electoral Systems upon Legislator-Voter Relationships." *Journal of Common Market Studies,* Vol.31, pp.45~69.

_____. 1996. "Voter Strategies under Preferential Electoral Systems: A Single Transferable Vote Mock Ballot Survey of London Voters." in Colin Rallings, David Broughton and David Denver(eds.). *British Elections and Parties Yearbook, 1995,* London: Cass.

_____. 2006. "We Know which One we Prefer but we Don't Really Know Why: The Curious Case of Mixed Member Electoral Systems." *British Journal of Politics and International Relations,* Vol.8, pp.446~460.

_____. 2010. "Electoral Institutions and Campaigning in Comparative Perspective: Electioneering in European Parliament Election."(mimeo).

Bolwer, Shaun, David Farrell and Ian McAllister. 1996. "Constituency Campaigning in Parliament Systems with Preferential Voting: Is There a Paradox?" *Electoral Studies,* Vol.15, pp.461~476.

Bolwer, Shaun, David Farrell and Philip Pettitt. 2005. "Expert Opinion on Electoral Systems: So Which Electoral System in Best?" *Journal of Elections, Public Opinion and Parties,* Vol.15, pp.3~19.

Bowler, Shaun and Bernard Grofman. 2000. "Introduction: STV as an Embedded Institution." in S. Bowler and B. Grofman(eds.). *Elections in Australia, Ireland and Malta Under the Single Transferable Vote; Reflections on an Embedded Institution.* Ann Arbor, Michigan: University of Michigan Press.

Bradley, Patrick. 1995. "STV and Monotonicity: A Hands-On Assessment." *Representation,* Vol.33, pp.46~47.

Brams, Steven J. and Peter C. Fishburn. 1984. "Some Logical Defeats of the Single Transferable Vote." in Arend Lijphart and Bernard Grofman(eds.). *Choosing an Electoral System: Issues and Alternatives.* New York: Praeger.

Brischetto, Robert R. and Richard L. Engstrom. 1997. "Cumulative Voting and Latino Representation: Exit Surveys in Fifteen Texas Communities." *Social Science Quarterly,* Vol.78, pp.973~991.

Butler, David. 1963. *The Electoral System in Britain Since 1918,* 2nd ed. Oxford: Clarendon Press.

_____. 1983. "Variants of the Westminster Model." in Vernon Bogdanor and David Butler (eds.). *Democracy and Elections: Electoral Systems and their Political Consequences,* Cambridge: Cambridge University Press.

Cain, Bruce, John Ferejohn and Morris Fiorina. 1987. *The Personal Vote: Constituency Service and Electoral Independence.* Cambridge, Mass.: Harvard University Press.

Cain, Bruce E. and Kenneth P. Miller. 1998. "Voting Rights Mismatch: the Challenge of Applying the Voting Right Act to 'Other Minorities'." in Mark E. Rush(ed.). *Voting Rights and Redistricting in the United States.* Westport, Conn.: Greenwood Press.

Carstairs, Andrew McLaren. 1980. *A Short History of Electoral Systems in Western Europe.* London: George Allen & Unwin.

Carter, Elisabeth. 2005. *The Extreme Right in Western Europe: Success or Failure?* Manchester University Press.

Cater, Elisabeth and David Farrell. 2010. "Electoral Systems and Election Management." in Lawrence LèDuc, Richard Niemi and Pippa Norris(eds.). *Comparing Democracies 3: Elections and Voting in the 21st Century.* London: Sage.

Carty, R. K. 1981. *Party and Parish Pump: Electoral Politics In Ireland.* Waterloo: Wilfrid Laurier University Press.

Castles, Francis G. 1994. "The Policy Consequences of Proportional Representation: A Sceptical Commentary." *Political Science,* Vol.46, pp.161~171.

Caul, Miki. 1999. "Women's Representation in Parliament: the Role of Political Parties." *Party Politics,* Vol.5, pp.79~98.

Chubb, Basil. 1982. *Government and Politics of Ireland,* 2nd ed. London: Longman.

Clarke, Harold et al. 2009. *Performance Politics and the British Voter.* Cambridge: Cambridge University Press.

Coakley, John and Gerald O'Neill. 1984. "Change in Preferential Voting Systems: An Unacceptable Element in Irish Electoral Law?" *Economic and Social Review,* Vol.16, pp.1~18.

Cole, Alistair and Peter Campbell. 1989. *French Electoral Systems and Elections Since 1789.* Aldershot: Gower.

Cole, Philip. 1995. "Bonus Seats in the German Electoral System." *Representation,* Vol.33, pp.9~10.

Colomer, Josep. 2004. "The Strategy and History of Electoral System Choice." in Josep Colomer(ed.). *Handbook of Electoral System Choice.* Houndmills, Basingstoke: Palgrave Macmillan.

_____. 2005. "It's Parties that Choose Electoral Systems (or, Duverger's Law Upside Down." *Political Studies,* Vol.53, pp.1~21.

Cox, Gary. 1997. *Marking Votes Count: Strategic Coordination in the World's Electoral Systems.* Cambridge: Cambridge University Press.

Cox, Gary and Jonathan Katz. 2002. *Elbridge Gerry's Salamander: The Electoral Consequences of the Reapportionment Revolution.* Cambridge: Cambridge University Press.

Cox, Karen and Leonard Schoppa. 2002. "Interaction Effects in Mixed-Member Electoral Systems: Theory and Evidence from Germany, Japan and Italy." *Comparative Political*

Studies, Vol.35, pp.1027~1053.

Crepaz, Markus. 1990. "The Impact of Party Polarization and Postmaterialism on Voter Turnout: A Comparative Study of 16 Industrial Democracies." *European Journal of Political Research,* Vol.18, pp.183~205.

Cross, Williams. 2005. "The Rush to Electoral Reform in the Canadian Provinces: Why Now?" *Representation,* Vol.41, pp.75~84.

Curtice, John. 1992. "The Hidden Surprise: The British Electoral System in 1992." *Parliamentary Affairs,* Vol.45, pp.466~474.

Curtice, John and Alison Park. 1999. "Region: New Labour, New Geography?" in Geoffrey Evans and Pippa Norris(eds.). *Critical Elections: British Parties and Voters in Long-Term Perspective,* London: Sage.

Curtice, John and Michael Steed. 1982. "Electoral choice and the Production of Government: The Changing Operation og The Electoral System in the United Kingdom Since 1955." *British Journal of Political Science,* Vol.12, pp.249~298.

Dahlerup, Drude(ed.). 2006. *Women Quotas and Politics.* London and New York: Routledge.

D'Alimonte, Roberto. 2008. "Italy: A Case of Fragmented Bipolarism." in Michael Gallagher and Paul Mitchell(eds.). *The Politics of Electoral Systems.* Oxford University Press.

Danish Ministry of the Interior. 1996. *Parliament Elections and Election Administration in Denmark.* Copenhagen: Ministry of the Interior.

Darcy, Robert and Ian McAllister. 1990. "Ballot Positon Effects." *Electoral Studies,* Vol.9, pp.5~17.

Darcy, Robert and Malcolm Mackerras. 1993. "Rotation of Ballots: Minimizing the Number of Rotations." *Electoral Studies,* Vol.12, pp.77~82.

Darcy, Robert and Michael Marsh. 1994. "Decision Heuristics: Ticket-Splitting and the Irish Voter." *Electoral Studies,* Vol.13, pp.38~49.

Darcy, Robert, Susan Welch and Janet Clark. 1994. *Women, Elections and Representation.* 2nd ed, Lincoln, Nebr.: University of Nebraska Press.

De Winter, Lieven. 1988. "Belgium: Democracy of Oligarchy?" in Michael Gallagher and Michael March(eds.). *Candidate Selection in Comparative Perspective: The Secret Garden of Politics.* London: Sage.

_____. 2008. "Belgium: Empowering Voters or Party Elites?" in Michael Gallagher and Paul

Mitchell(eds), *The Politics of Electoral Systems*, Oxford: Oxford University Press.

Denemark, David. 2001. "Choosing MMP in New Zealand: Explaining the 1993 lectoral Reform." in M.S. Shugart and M. Wattenberg(eds.). *Mixed-Member Electoral Systems: The Best of Both Worlds?* Oxford: Oxford University Press.

Denver, David, Alistair Clark and Lynn Bennie. 2009. "Vote Reactions to a referential Ballot: The 2007 Scottish Local Elections." *Journal of Elections Public Opinion and Parties,* Vol.19, pp.265~282.

Devine, Fiona. 1995. "Qualitative Analysis." in David marsh and gerry Stoker(eds.). *Theory and Methods in Political Science.* London: Macmillan.

Dodd, Lawrence. 1976. *Coalitions in Parliamentary Government.* Princeton, NJ: Princeton University Press.

Donovan, Mark. 1995. "The Politics of Electoral Reform in Italy." *International Political Science Review,* Vol.16, pp.47~64.

Downs, Anthony. 1957. *An Economy Theory of Democracy.* New York: Harper and Row.

Dummett, Michael. 1992. "Towards a More Representative Voting System: The Plant Report." *New Left Review,* Vol.194, pp.98~113.

_____. 1997. *Principles of Electoral Reform.* Oxford: Oxford University Press.

Dunleavy, Patrick and Françoise Boucek. 2003. "Constructing the Number of Parties." *Party Politics,* Vol.9, pp.291~315.

Dunleavy, Patrick and Helen Margetts. 1995. "Understanding the dynamics of Electoral Reform." *International Political Science Review,* Vol.16, pp.9~29.

Dunleavy, Patrick, Helen Margetts and Stuart Weir. 1993. "The 1992 Election and the Legitimacy of British Democracy." in David Denver, Pippa Norris, David Broughton and Colin Rallings(eds.). *British Elections and Parties Yearbook, 1993,* Hemel Hempstead, Herts: Harvester Wheatsheaf.

_____. 1998. "Marketing Votes Count 2." *Democratic Audit Paper* No. 14.

Dunleavy, Patrick et al. 1997. "Marketing Votes Count." *Democratic Audit Paper* No.11.

Duverger, Maurice. 1954. *Political Parties: Their Organization and Activity in the Modern State.* London: Methuen.

_____. 1986. "Duverger's Law: Forty Years Later." in Bernard Grofman and Arend Lijphart(eds.). *Electoral Laws and Their Political Consequences.* New York: Agathon Press.

Elgie, Robert. 1997. "Two-Ballot Majority Electoral Systems." *Representation,* Vol.34, pp. 89~94.

_____. 2008. "France: Stacking the Deck." in Michael Gallagher and Paul Mitchell(eds.). *The Politics of Electoral Systems.* Oxford: Oxford University Press.

Elklit Jorgen. 2008. "Denmark: Simplicity Embedded in Complexity (or Is it the Other Way Round?)." in Michael Gallagher and Paul Mitchell(eds.). *The Politics of Electoral Systems.* Oxford: Oxford University Press.

Engstrom, Richard L. 1987. "District Magnitudes and the Election of Women to the Irish Dáil." *Electoral Studies.* Vol.6, pp.123~132.

_____. 1998. "Minority Electoral Opportunities and Alternative Election Systems in the United States." in Mark E. Rush(ed.). *Voting Rights an Redistricting in the United States.* Westport, Conn.: Greenwood Press.

Engstrom, Richard L., Jason Kirksey and Edward Still. 1997. "One Person, Seven votes: The Cumulative Voting Experience in Chilton County, Alabama." in Anthony A. Peacock(ed.). *Affirmative Action and Representation: Shaw v. Reno and the Future of Voting Rights.* Durham, NC: Carolina Academic Press.

Erickson, Lynda. 1995. "The October 1993 Election and the Canadian Party System." *Party Politics,* Vol.1, pp.133~144.

Evans, Geoffrey, John Curtice and Pippa Norris. 1998. "New Labour, New Tactical Voting?" *British Elections and Parties Review* 8.

Farrelll, Brian. 1985. "Ireland: From Friends and Neighbours to Clients and Partisans." in Vernon Bogdanor(ed.). *Representatives of the People?* Aldershot: Gower.

_____. 1988. "Ireland." in Jean Blondel and Ferdinand Müller Rommel(eds.). *Cabinets in Western Europe.* London: Macmillan.

Farrelll, David. 1994. "Ireland: Centralization, Professionalization and Campaign Pressures." in Richard Katz and Peter Mair(eds.). *How parties Organize: Adaptation and Change in Party Organizations in Western Democracies.* London: Sage.

_____. 1999. "Ireland: A Party System Transformed?" in David Broughton and Mark Donovan(eds.). *Changing Party Systems in Western Europe.* London: Pinter.

_____. 2001. "The United Kingdom Comes of Age: The British Electoral Reform 'Revolution' of the 1990s." in Matthew S. Shugart and Martin P. Wattenberg(eds.). *Mixed-Member Electoral Systems: The Best of Both Worlds?* Oxford: Oxford University Press.

_____. 2001a. *Electoral Systems: A Comparative Introduction*. Houndmills. Basingstoke: Palgrave Macmillan.

Farrelll, David and Michael Gallagher. 1998. *Submission on the Independent Commission on the Voting System*. London: McDougall Trust.

_____. 1999. "British Voters and their Criteria for Evaluating Electoral Systems." *British Journal of Politics and International Relations,* Vol. 1, pp. 293~316.

Farrelll, David and Ian McAllister. 1995. "Legislative Recruitment to Upper Houses: The Australian Senate and House of Representatives Compared." *Journal of Legislative Studies,* Vol. 1, pp. 243~263.

_____. 2000. "Through a Glass Darkly: Understanding the World of STV." in Shaun Bowler and Bernard Grofman(eds.). *Elections in Australia, Ireland and Malta Under the Single Transferable Vote: Refections on an Embedded Institution*. Ann Arbor, Michigan: University of Michigan Press.

_____. 2003. "The 1983 Change in Surplus Vote Transfer Procedures for the Australian Senate and its Consequences for the Single Transferable Vote." *Australian Journal of Political Science,* Vol. 38, pp. 479~491.

_____. 2006. *The Australian Electoral System: Origins, Variations and Consequences*. Sydney: University of New South Wales Press.

Farrell, David, Ian McAllister and David Broughton. 1994. "The Changing British Voter Revisited: Patterns of Election Campaign Volatility Since 1964." in David Broughton, David Farrell, David Denver and Colin Rallings(eds.). *British Elections and Parties Yearbook, 1994.* London: Frank Cass.

Farrell, David and Roger Scully. 2007. *Representing Europe's Citizens? Electoral Institutions and the Failure of Parliamentary Representation*. Oxford: Oxford University Press.

Farrell, David and Paul Webb. 2000. "Political Parties as Campaign Organization." in Russell Dalton and Martin P. Wattenberg(eds.). *Parties Without Partisans*. Oxford: Oxford University Press.

Ferrara, Federico, Erik Herron and Misa Nishikawa. 2005. *Mixed Electoral Systems: Contamination and its Consequences*. Houndmills. Basingstoke: Palgrave Macmillan.

Finer, S. E.(ed.). 1975. *Adversary Politics and Electoral Reform*. London: Anthony Wigram.

Fisichella, Domenico. 1984. "The Double-Ballot System as a Weapon Against Anti-System Parties." in Arend Lijphart and Bernard Grofman(eds.). *Choosing an Electoral System:*

Issues and Alternatives. New York: Praeger.

Flanagan, Tom. 1998. "The Alternative Vote: An Electoral System for Canada." *Inroads,* Vol.7, pp.73~78.

Fournier, Patrick et al. 2010. *When Citizens Decide: Lessons from Citizen Assemblies on Electoral Reform.* Oxford: Oxford University Press.

Franklin, Mark and Philip Norton.(eds.). 1993. *Parliamentary Questions.* Oxford: Clarendon Press.

Gallagher, Michael. 1975. "Disproportionality in a Proportional Representation System: The Irish Experience." *Political Studies,* Vol.23, pp.501~513.

_____. 1978. "Party Solidarity, Exclusivity and Inter-Party Relationships in Ireland 1922~1977: The Evidence of Transfers." *Economic and Social Review,* Vol.10, pp.1~22.

_____. 1987. "Does Ireland Need a New Electoral System?" *Irish Political Studies,* Vol.2, pp.27~48.

_____. 1990. "The Election Results and the New Dáil." in Michael Gallagher and Richard Sinnott(eds.). *How Ireland Voted 1989.* Galway: Centre for the Study of Irish Elections/PSAI Press.

_____. 1991. "Proportionality, Disproportionality and Electoral Systems." *Electoral Studies,* Vol.10, No.1, pp.33~51.

_____. 1993. "The Election of the 27th Dáil." in Michael Gallagher and Michael Laver(eds.). *How Ireland Voted 1992,* Dublin: Folens/PSAI Press.

_____. 1999. "The Results Analysed." in Michael Marsh and Paul Mitchell(eds.). *How Ireland Voted 1997.* Boulder, CO: Westview Press.

_____. 2008. "Ireland: The Discreet Charm of PR-STV." in Michael Gallagher and Paul Mitchell(eds.). *The Politics of Electoral Systems*(paperback edition). Oxford: Oxford University Press.

_____. 2008a. "The Earthquake that Never Happened: Analysis of the Results." in Michael Gallagher and Michael Marsh(eds.). *How Ireland Voted, 2007.* Houndmills, Basingstoke: Palgrave Macmillan.

_____. 2008b. "Conclusion." in Michael Gallagher and Paul Michell(eds.). *The Politics of Electoral Systems*(paperback edition). Oxford: Oxford University Press.

_____. 2010. "The Oireachtas: President and Parliament." in John Coakley and Michael Gallagher(eds.). *Politics in the Republic of Ireland,* 5th ed. London and New York:

Routledge.

Gallagher, Michael and Lee Komito. 2010. "The Constituency Role of Dáil Deputies." in John Coakley and Michael Gallagher(eds.). *Politics in the Republic of Ireland.* 5th ed. London: Routledge/PSAI Press.

Gallagher, Michael, Michael Laver and Peter Mair. 2006. *Representative Government in Modern Europe.* 4th edn. New York: McGraw-Hill.

Gallagher, Michael and Paul Mitchell.(eds.). 2008. *The Politics of Electoral Systems*(paperback edition). Oxford: Oxford University Press.

Gallagher, Michael and A.R. Unwin. 1986. "Electoral Distortion under STV Random Sampling Procedures." *British Journal of Political Science.* Vol.16, pp.243~268.

Gladdish, Ken. 1991. *Governing From the Centre: Politics and Policy-Making in the Netherlands.* London: Hurst & Co.

Golder, Matt. 2005. "Democratic Electoral Systems around the World, 1946~2000." *Electoral Studies* 24, pp.103~121.

Goldey, David B. 1993. "The French General Election of 21-28 March 1993." *Electoral Studies,* Vol.12, pp.291~314.

Goodin, Robert. 1996. "Institutions and their Design." in Robert Goodin(ed.). *The Theory of Institutional Design.* Cambridge: Cambridge University Press.

Grofman, Bernard. 1999. "Preface: Methodological Steps Toward the Study of Embedded Institutions." in Bernard Grofman, Sung-Chull Lee, Edwin Winckler and Brian Woodall (eds.). *Elections in Japan, Korea and Taiwan under the Single Non-Transferable Vote: The Comparative Study of an Embedded Institution.* Ann Arbor, MI: University of Michigan Press.

Grofman, Bernard, André Blais and Shaun Bowler(eds.). 2009. *Duverger's Law of Plurality Voting: The Logic of Party Competition in Canada, India, the United Kingdom and the United States.* New York: Springer.

Grofman, Bernard and Shaun Bowler. 1996. "STV's Place in the Family of Electoral System: The Theoretical Comparisons and Contrasts." *Representation* 34, pp.43~48.

Grofman, Bernard and Arend Lijphart.(eds.). 2002. *The Evolution of Electoral and Party Systems in the Nordic Countries.* New York: Agathon Press.

Gschwend, Thomas. 2007. "Ticket-Splitting and Strategic Voting Under Mixed Electoral Rules: Evidence from Germany." *European Journal of Political Research,* Vol.46, pp.1~23.

Hain, Peter. 1986. *Proportional Mis-Representation: The Case Against PR in Britain,* Aldershot. Hants: Wildwood House.

Hand, Geoffrey, Jacques Georgel and Christoph Sasse.(eds.). 1979. *European Electoral Systems Handbook.* London: Butterworth.

Handley, Lisa and Bernard Grofman.(eds.). 2008. *Redistricting in Comparative Perspective.* Oxford: Oxford University Press.

Harris, Paul. 1992. "Changing New Zealand's Electoral System: The 1992 Referendum." *Representation,* Vol.31, pp.53~57.

_____. 1993. "Electoral Reform in New Zealand." *Representation* 32, pp.7~10.

Hart, Jenifer. 1992. *Proportional Representation: Critics of the British Electoral System, 1920~1945.* Oxford: Clarendon Press.

Heath, Anthony, Siana Glouharova and Oliver Heath. 2008. "India: Two-Party Contests within a Multiparty System." in Michael Gallagher and Paul Mitchell(eds.). *The Politics of Electoral Systems*(paperback edition). Oxford: Oxford University Press.

Hermens, Ferdinand A. 1984. "Representation and Proportional Representation." in Arend Lijphart and Bernard Grofman(eds.). *Choosing an Electoral System: Issues and Alternatives,* New York: Praeger.

Hicks, Bruce and André Blais. 2008. "Restructuring the Canadian Senate through Election." *IRPP Choices* 14(15), November accessed 9 July 2010, from www.irpp.org

Hirczy, Wolfgang. 1995. "STV and the Representation of Women." *PS: Political Science and Politics,* Vol.28, pp.711~713.

Holliday, Ian. 1994. "Dealing in Green Votes: France, 1993." *Government and Opposition,* Vol.29, pp.64~79.

_____. 2001. "Spain." in Paul Webb, David Farrell and Ian Holliday(eds.). *Political Parties at the millennium.* Oxford: Oxford University Press.

Horowitx, Donald L. 1991. *A Democratic South Africa? Constitutional Engineering in a Divided Society.* Berkeley. Calif.: University of California Press.

_____. 1997. "Encouraging Electoral Accommodation in Divided Societies." in Brij V. Lal and Peter Larmour(eds.). *Electoral Systems in Divided Societies: The Fiji Constitution Review.* Canberra: National Centre for Development Studies, Research School of Social Sciences, Australian National University(Pacific Policy Paper 21).

Huber, John and G. Bingham Powell. 1994. "Congruence Between Citizens and Policymakers in Two Visions of Liberal Democracy." *World Politics,* Vol.46, pp. 291~326.

Huntington, Samuel P. 1991. *The Third Wave: Democratization in the Late Twentieth Century.* Norman: University of Oklahoma Press.

Inter-Parliamentary Union. 1992. *Women and Political Power.* Geneva; Inter-Parliamentary Union.

Irvine, William F. 1979. *Does Canada Need a New Electoral System?* Kingston, Ontario: Institute of Intergovernmental Relations, Queen's University.

Jackman. Robert. 1987. "Political Institutions and Voter Turnout in Industrial Democracies." *American Political Science Review,* Vol.81, pp.405~423.

Jacobs, Kristof and Monique Leyenaar. 2011. "More than Meets the Eye: A Conceptual Framework for Major, Minor and Technical Electoral Reform." *West European Politics*(in press).

Jeffery, Charlie. 1999. "Germany: From Hyperstability to Change?" in David Broughton and Mark Donovan(eds.). *Changing Party Systems in Western Europe.* London: Pinter.

Jeffery, Charlie and Dan Hough. 1999. "The German Election of September 1998." *Representation,* Vol.36, pp.78~84.

Jesse, Eckhard. 1988. "Split-Voting in the Federal Republic of Germany: An Analysis of the Federal Elections from 1953 to 1987." *Electoral Studies,* Vol.7, pp.109~124.

Johnston, R.J. et al. 1999. "New Labour's Landslide and Electoral Bias: An Exploration of Differences between the 1997 UK General Election Result and the Previous Thirteen." *British Elections and Parties Review,* Vol.9, pp.20~45.

Joint Committee on the Constitution. 2010. *Results of Survey of Both Houses of the Oireachtas: The Electoral System, Representative Role of TDs and Proposal for Change.* Dublin: Stationery Office(Prn. A10/0149).

Jones, Mark. 1995. "A Guide to the Electoral Systems of the Americas." *Electoral Studies,* Vol.14, pp.5~22.

_____. 1997. "A Guide to the Electoral Systems of the Americas: An Update." *Electoral Studies,* Vol.16, pp.13~16.

Karlan, Pamela S. 1998. "The Impact of the Voting Rights Act on African Americans: Second-and Third-Generation Issues." in Mark E. Rush(ed.). *Voting Rights and*

Redistricting in the United States. Westport, Conn.: Greenwood Press.

Karp, Jeffrey, Susan Banducci and Shaun Bowler. 2007. "Getting out the Vote: Party Mobilization in a Competitive Perspective." *Biritish Journal of Political Science,* Vol.38, pp.91~112.

Karp, Jeffrey and Shaun Bowler. 2001. "Coalition Politics and Satisfaction with Democracy: Explaining New Zealand's Reaction to Proportional Representation." *European Journal of Political Research,* Vol.40, pp.57~79.

Katz, Richard S. 1980. *A Theory of Parties and Electoral Systems.* Baltimore, Md: Johns Hopkins University Press.

_____. 1984. "The Single Transferable Vote and Proportional Representation." in Arend Lijphart and Bernard Grofman(eds.). *Choosing and Electoral System: Issues and Alternatives.* New York: Praeger.

_____. 1986. "Intraparty Preference Voting." in Bernard Grofman and Arend Lijphart (eds.). *Electoral Laws and Their Political Consequences.* New York: Agathon Press.

_____. 1989. "International Bibliography on Electoral Systems." Revised and expanded edition, *International Political Science Association.* Comparative Representation and Electoral Systems Research Committee.

_____. 1992. "International Bibliography on Electoral Systems." 3rd ed. *International Political Science Association.* Comparative Representation and Electoral Systems Research Committee.

_____. 1996. "Electoral Reform and the Transformation of Party Politics in Italy." *Party Politics,* Vol.2, pp.31~53.

_____. 1997a. *Democracy and Elections.* Oxford: Oxford University Press.

_____. 1997b. "Representational Roles." *European Journal of Political Research,* Vol.32, pp.211~226.

_____. 1998. "Malapportionment and Gerrymandering in Other Countries and Alternative Electoral Systems." in Mark E. Rush(ed.). *Voting Rights and Redistricting in the United States.* Westport, Conn.: Greenwood Press.

_____. 1999. "Electoral Reform and its Discontents." *British Elections and Parties Review,* Vol.9, pp.1~19.

_____. 2001. "Reforming the Italian Electoral Law, 1993," in Matthew S. Shugart and Martin P. Wattenberg(eds.). *Mixed-Member Electoral Systems: The Best of Both Worlds?*

Oxford: Oxford University Press.

Kelley, Jonathan and Ian McAllister. 1993. "The Electoral Consequences of Gender in Australia." *British Journal of Political Science,* Vol.13, pp.365~377.

_____. 1984. "Ballot Paper Cues and the Vote in Australia and Britain: Alphabetic Voting, Sex, And Title." *Public Opinion Quarterly,* Vol.48, pp.452~466.

Kellner, Peter. 1992. "The-Devil-You-Know-Factor." *Representation* 31, pp.10~12.

Kendall, M.G. and A. Stuart. 1950. "The Law of Cubic Proportion in Election Results." *British Journal of Sociology,* Vol.1, pp.183~197.

Klingemann, Hans-Dieter, Richard I. Hofferbert and Ian Budge. 1994. *Parties, Policies, and Democracy,* Boulder. Colo.: Westview Press.

Klingemann, Hans-Dieter and Bernhard Wessels. 2011. "The Political Consequences of Germany's Mixed-Member System: Personalization at the Grass Roots?" in Matthew S. Shugart and Martin Wattenberg.(eds.) *Mixed-Member Electoral Systems: The Best of Both Worlds?* Oxford: Oxford University Press.

Kostadinova, Tatiana. 2002. "Do Mixed Electoral Systems Matter?: A Cross-National Analysis of their Effects in Eastern Europe." *Electoral Studies,* Vol.21, pp.23~34.

Krook, Mona Lena. 2008. "Campaigns for Candidate Gender Quotas: A New Global Women's Movement?" in Sandra Grey and Marian Sawer(eds.). *Women's Movements: Flourishing or in Abeyance?* London: Routledge.

_____. 2009. *Quotas for Women in Politics: Gender and Candidate Selection Reform Worldwide.* Oxford: Oxford University Press.

Kuusela, Kimmo. 1995. "The Finnish Electoral System: Basic Features and Developmental Tendencies." in Sami Borg and Risto Sänkiaho(eds.). *The Finnish Voter.* Tampere: The Finnish Political Science Association.

Laakso, M. and R. Taagepera. 1979. "Effective Number of Parties: A Measure with Application to West Europe." *Comparative Political Studies,* Vol.12, pp.3~27.

Labour Party. 1993. *Report of the Working Party on Electoral Systems, 1993.* London: Labour Party.

Ladner, Andrea and Henry Milner. 1999. "Do Voters Turn out More under Proportional then Majoritarian Systems? The Evidence from Swiss Communal Elections." *Electoral Studies,* Vol.18, pp.235~250.

Lakeman, Enid. 1974. *How Democracies Vote: A Study of Majority and Proportional Electoral*

Systems. 4th ed. London: Faber & Faber.

_____. 1982. *Power to Elect: The Case for Proportional Representation.* London: Heinemnn.

Lal, Brij V. and Peter Larmour(eds.). 1997. *Electoral Systems in Divided Societies: The Fiji Constitution Review.* Canberra: National Centre for Development Studies, Reserch School of Social Sciences, Australian National University(Pacific Policy Paper 21).

Lancaster, T. and W. Paterson. 1990. "Comparative Pork Barrel Politics: Perceptions from the West German Bundestag." *Comparative Political Studies,* Vol.22, pp.468~477.

Lane, John C. 1995. "The Election of Women under Proportional Representation: The Case of Malta." *Democratization,* Vol.2, pp.140~157.

Laver, Michael. 1998. "A New Electoral System for Ireland?" *Studies in Public Policy 2.* Trinity College Dublin.

Laver, Michael and Norman Schofield. 1991. *Multiparty Government: The Politics of Coalition in Western Europe.* Oxford: Oxford University Press.

LèDuc, Lawrence, Richard G. Niemi and Pippa Norris. 1996. "Introduction: The Present and Future of Democratic Elections." in Lawrence LèDuc, Richard G. Niemi and Pippa Norris(eds.). *Comparing Democracies: Elections and Voting in Global Perspective.* Thousand Oaks, Calif: Sage.

_____. 2010. "Introduction: Building and Sustaining Democracy." in Lawrence LèDuc, Richard G. Niemi and Pippa Norris(eds.). *Comparing Democracies 3: Elections and Voting in the 21st Century.* London: Sage.

Leyenaar, Monique and Reuven Hazan. 2011. "The Scope of Electoral Change: Reconceptualizing and Redefining Electoral Reform." *West European Politics*(in press).

Lijphart, Arend. 1977. *Democracy in Plural Societies: A Comparative Exploration.* New Haven, Conn.: Yale University Press.

_____. 1984. *Democracies: Patterns of Majoritarian and Consensus Government in Twenty-One Countries.* New Haven, Conn.: Yale University Press.

_____. 1985. "The Field of Electoral Systems Research: A Critical Survey." *Electoral Studies,* Vol.4, pp.3~14.

_____. 1986a. "Degrees of Proportionality of Proportional Representation Formulas." in Bernard Grofman and Arend Lijphart(eds.). *Electoral Laws and Their Political Consequence.* New York: Agathon Press.

_____. 1986b. "Proportionality by Non-PR Methods: Ethnic Representation in Belgium,

Cyprus, Lebanon, New Zealand, West Germany and Zimbabwe." in Bernard Grofman and Arend Lijphart(eds.). *Electoral Laws and Their Political Consequences*. New York: Agathon Press.

_____. 1987. "The Demise of the Last Westminster System? Comments on the Report of New Zealand's Royal Commission on the Electoral System." *Electoral Studies*, Vol.6, pp.97~103.

_____. 1990. "The Political Consequences of Electoral Laws, 1945~1985." *American Political Science Review*, Vol.84, pp.481~496.

_____. 1994a. *Electoral Systems and Party Systems: A Study of Twenty-Seven Democracies*, 1945~1990. Oxford: Oxford University Press.

_____. 1994b. "Democracies: Forms, Performance, and Constitutional Engineering." *European Journal of Political Research*, Vol.25, pp.1~17.

_____. 1999a. *Patterns of Democracy: Government Forms and Performance in Thirty-Six Countries*. New Haven, Conn.: Yale University Press.

_____. 1999b. "First-past-the-post, PR and the Empirical Evidence." *Representation*, Vol.36, pp.133~136.

Lijphart, Arend, Rafael Lopez Pintor and Yasunori Sone. 1986. "The Limited Vote and the Single Non-Transferable Vote: Lessons from the Japanese and Spanish Examples." in Bernard Grofman and Arend Lijphart(eds.). *Electoral Laws and Their Political Consequences*. New York: Agathon Press.

Lin, Jih-wen. 2006. "The Politics of Reform in japan and Taiwan." *Journal of Democracy*, Vol.17, pp.118~131.

Loosemore, John and Victor J. Hanby. 1971. "The Theoretical Limits of Maximum Distortion: Some Analytic Expressions for Electoral Systems." *British Journal of Political Science*, Vol.1, pp.467~477.

López-Pintor, Pafael. 2000. *Electoral Management Bodies as Institutions of Governance*. New York: Bureau for Development Policy, United Nations Development Programme accessed 16 July, 2010, from www.undp.org/governance/docs/Elections-Pub-EMB book.pdf.

Lundberg, Thomas Carl. 2007. *Proportional Representation and the Constituency Role in Britain*. Houndmills, Basingstoke: Palgrave Macmillan.

McAllister, Ian. 1991. "Forms of Representation and Systems of Voting." in David

Held(ed.). *Political Theory Today.* Cambridge: Polity Press.

_____. 1992a. *Political Behaviour. Citizens, Parties and Elites in Australia.* Melbourne: Longman Cheshire.

_____. 1992b. "Why Does Nobody in Britain Seem to Pay Any Attention to Voting Rules." in Pippa Norris, Ivor Crewe David Denver, and David Broughton(eds.) *British Elections and Parties Yearbook, 1992.* Hemel Hempstead: Harvester Wheatsheaf.

_____. 1997. "Regional Voting." in Pippa Norris and Neil Gavin(eds.). *Britain Votes, 1997.* Oxford: Oxford University Press.

McAllister, Ian and Toni Makkai. 1993. "Institutions, Society or Protest? Explaining Invalid Votes in Australian Elections." *Electoral Studies,* Vol.12, pp.23~40.

McAllister, Ian and Stephen White. 1995. "Democracy, Political Parties and Party Formation in Post-Communist Russia." *Party Politics,* Vol.1, pp.49~72.

McLean, Iain. 1991. "Forms of Representation and Systems of Voting," in David Held(ed.), *Political Theory Today,* Cambridge: Polity Press.

_____. 1992. "Why Does Nobody in Britain Seem to Pay Any Attention to Voting Rules?" in Pippa Norris, Ivor Crewe David Denver, and David Broughton(eds), *British Elections and Parties Yearbook, 1992,* Hemel Hempstead: Harvester Wheatsheaf.

Mackerras, Malcolm. 1996. *The Mackerras 1996 Federal Election Guide.* Canberra: Australian Government Publishing Service.

Mackie, Thomas T. and Richard Rose. 1991. *The International Almanac of Electoral History.* 3rd ed. London: Macmillan.

_____. 1997. *A Decade of Election Results: Updating the International Almanac.* Glasgow: Centre for the Study of Public Policy.

Mair, Peter. 1986. "Districting Choices under the Single Transferable Vote." in Bernard Grofman and Arend Lijphart(eds.). *Electoral Laws and Their Political Consequences.* New York: Agathon Press.

Mair, Peter and Liam Weeks. 2005. "The Party System." in john Coakley and Michael Gallagher(eds.). *Politics in the Republic of Ireland.* 4th edn. London: Routledge.

Margetts, Helen and Patrick Dunleavy. 1999. "Reforming the Westminster Electoral System: Evaluating the Jenkins Commission Proposals." *British Elections and Parties Review,* Vol.9, pp.46~71.

Marsh, Michael. 1985. "The Voters Decide? Preferential Voting in European List Systems."

European Journal of Political Research, Vol.13, pp.365~378.

Marsh, Michael et al. 2008. *The Irish Voter. The Nature of Electoral Competition in the Republic of Ireland,* Manchester: Manchester University Press.

Massicotte, Louis. 2008. "Canada: Sticking to First-Past-the-Post for the Time Being." in Michael Gallagher and Paul Mitchell(eds.). *The Politics of Electoral Systems*(paperback edition). Oxford: Oxford University Press

_____. 2008a. "Electoral Reform in Canada." in André Blais(ed.). *To Keep or to Change First Past the Post? The Politics of Electoral Reform,* Oxford: Oxford University Press.

Massicotte, Louis and André Blais. 1999. "Mixed Electoral Systems: A Conceptual and Empirical Survey." *Electoral Studies,* Vol.18, pp.341~366.

Massicotte, Louis, André Blais and Antoine Yoshinaka. 2004. *Establishing the Rules of the Game: Election Laws in Democracies.* Toronto: University of Toronto Press.

Matland, Richard and Donley T. Studlar. 1996. "The Contagion of Women Candidates in Single-Member Districts and Proportional Representation Electoral Systems: Canada and Norway." *Journal of Politics,* Vol.58 , pp.707~733.

Milner, Henry. 1998. "The Case for Proportional Representation in Canada." *Inroads,* Vol.7, pp.52~58.

Milner, Henry(ed.). 2004. *Steps Toward Making Every Vote Count: Electoral System Reform in Canada and its Provinces.* Peterborough, Ontario: Broadview Press.

Mitchell, Paul. 2008. "The United Kingdom: Plurality Rule under Siege." in Michael Gallagher and Paul Mitchell(eds.). *The Politics of Electoral Systems*(paperback edition). Oxford: Oxford University Press.

Molinar, Juan. 1991. "Counting the Number of Parties: An Alternative Index." *American Political Science Review,* Vol.85, pp.1383~1391.

Mozaffar, Shaheen. 1997. "Democratization, Institutional Choice, and the Political Management of Ethnic Conflict: Africa in Comparative Perspective." American Political Science Association Annual meeting, Washington, DC, 28~31 August.

Mudde, Cas. 2007. *Populist Radical Right Parties in Europe. Cambridge*: Cambridge University Press.

Müller, Wolfgang. 2008. "Austria: A Complex Electoral System with Subtle Effects." in Michael Gallagher and Paul Mitchell(eds.). *The Politics of Electoral Systems.* Oxford: Oxford University Press.

Nealon, Ted. 1997. *Nealon's Guide to the 28th Dáil and Seanad: Election '97.* Dublin: Gill & Macmillan.

Niemi, Richard G. Guy Whitten and Mark Franklin. 1992. "Constituency Characteristics, Individual Characteristics and Tactical Voting in the 1987 British General Election." *British Journal of Political Science,* Vol.22, pp.229~254.

Nikolenyi, Csaba. 2011. "When Electoral Reform Fails: The Stability of Proportional Representation in Post-Communist Democracies." *West European Politics*(in press).

Nohlen, Dieter. 1984. "Changes and Choices in Electoral Systems." in Arend Lijphart and Bernard Grofman(eds.). *Choosing an Electoral System: Issues and Alternatives.* New York: Praeger.

Nohlen, Dieter. 1989. *Wahlrecht und Parteiensystem.* Opladen: Leske & Budrich.

_____. 1997. "Electoral Systems in Eastern Europe: Genesis, Critique, Reform." in J. Elklit(ed.). *Electoral Systems for Emerging Democracies: Experiences and Suggestions,* Copenhagen: Danish Ministry of Foreign Affairs.

Nohlen, Dieter(ed.). 2005. *Election in the Americas, A Data Handbook: Vol.1 North America, Central America, and the Caribbean.* Oxford: Oxford University Press.

_____. 2005a. *Elections in the Americas, A Data Handbook: Vol.2 South America.* Oxford: Oxford University Press.

Nohlen, Dieter, Florian Grotz and Christof Hartmann(eds.). 2001. *Elections in Asia and the Pacific, A Data Handbook: Vol.2 South East Asia, East Asia, and the South Pacific.* Oxford: Oxford University Press.

Nohlen, Dieter, Michael Krennerich and Bernhard Thibaut(eds.). 1999. *Elections in Africa, A Data Handbook.* Oxford: Oxford University Press.

Norris, Pippa. 1985. "Women's Legislative Participation in Western Europe." *West European Politics,* Vol.8, pp.90~101.

_____. 1994. "Labour Party Quotas for Women." in David Broughton, David Farrell, David Denver and Colin Rallings(eds.). *British Elections and Parties Yearbook,* 1994. London: Frank Cass.

_____. 1995a. "The Politics of Electoral Reform in Britain." *International Political Science Review,* Vol.16, pp.65~78.

_____. 1995b. "Introduction: The Politics of Electoral Reform." *International Political Science Review,* Vol.16, pp.3~8.

_____. 1996. "Candidate Recruitment." in Lawrence LèDuc, Richard G. Niemi and Pippa Norris(eds.). *Comparative Democratic Elections.* Thousand Oaks, Calif: Sage.

_____. 1999. "Institutional Explanations for Political Support." in Pippa Norris(ed.). *Critical Citizens: Global Support for Democratic Governance.* Oxford: Oxford University Press.

_____. 2002. "Ballots not Bullets: Testing Consociational Theories of Ethnic Conflict, Electoral Systems and Democratization." in Andrew Reynolds(ed.). *The Architecture of Democracy: Constitutional Design, Conflict Management and Democracy.* Oxford: Oxford University Press.

_____. 2004. Electoral Engineering: *Voting Rules and Political Behavior.* Cambridge: Cambridge University Press.

_____. 2005. Radical Right: *Voters and Paries in the Electoral Market.* Cambridge: Cambridge University Press.

Norris, Pippa and Ivor Crewe. 1994. "'Did the British Marginals Vanish?' Proportionality and Exaggeration in the British Electoral System Revisited." *Electoral Studies,* Vol.13, No.3, pp.201~221.

Norton, Philip. 1997. "The case for First-Past-The-Post." *Representation,* Vol.34, pp.84~88.

Norton, Philip and D. Wood. 1990. "Constituency Service by Members of Parliament: Does it Contribute to a Personal Vote?" *Parliamentary Affairs,* Vol.43, pp.196~208.

Nurmi, Hannu. 1997. "It's Not Just the Lack of Monotonicity." *Representation,* Vol.34, pp.48~52.

O'Connell, Declan. 1983. "Proportional Representation and Intra-Party Competition in Tasmania and the Republic of Ireland." *Journal of Commonwealth and Comparative Politics,* Vol.21, pp.45~70.

O'Hearn, Denis. 1983. "Catholic Grievances Catholic Nationalism: A Comment." *British Journal of Sociology,* Vol.34, pp.438~445.

O'Leary, Cornelius. 1979. *Irish Elections, 1918~1977: Parties, Voters and Proportional Representation.* Dublin: Gill & Macmillan.

Orttung, Robert W. 1996. "Duma Elections Bolster Leftist Opposition." *Transition,* Vol.23 February, pp.6~11.

Pappi, Franz Urban and Paul Thurner. 2002. "Electoral Behaviour in a Two-Vote System: Incentives for Ticket Splitting in German Bundestag Elections." *European Journal of Political Research,* Vol.41, pp.207~232.

Parker, A.J. 1983. "Localism and Bailiwicks: The Galway West Constituency in the 1977 General Election." *Proceedings of the Royal Irish Academy,* Vol.83: C2, pp.17~36.

Pastor, Robert A. 2006. "The US Administration of Election: Decentralized to the Point of Being Dysfunctional." in Alan Wall et al.(eds.). *Electoral Management Design: The International Idea Handbook.* Stockholm: International Institute for Democracy and Electoral Assistance.

Paxton, Pamela, Melanie Hughes and Matthew Painter II. 2010. "Growth in Women's Political Representation: A Longitudinal Exploration of Democracy, Electoral System and Gender Quotas." *European Journal of Political Research,* Vol.49, pp.25~52.

Preacock, Anthony A. 1998. "Equal Representation or Guardian Democracy? The Supreme Court's Foray into the Politics of Reapportionment and Its Legacy." in Mark E. Rush(ed.). *Voting Rights and Redistricting in the United States,* Westport. Conn.: Greenwood Press.

Pekkanen, Robert, Benjamin Nyblade and Ellis Krauss. 2006. "Electoral Incentives in Mixed-Member System: Party, Posts, and Zombie Politicians in Japan." *American Political Science Review,* Vol.100, pp.183~193.

Pilet, Jean-Benoit. 2007. *Changer Pour Gagner? Les réformes électorales en Belgique.* Brussels: Editions de l'Université de Bruxelles.

_____. 2008. "The Future is Imagination, the Present is Reality: Why do Big Ruling Parties Oppose Majority Systems? A Belgian Case Study." *Representation,* Vol.44, pp.41~50.

Pilet, Jean-Benoit and Damien Bol. 2011. "Party Preferences and Electoral Reform: How Time in Government Affects the Likelihood of Supporting Electoral Change." *West European Politics*(in press).

Pinto-Duschinsky, Michael. 1999. "Send the Rascals Packing: Defects of Proportional Representation and the Virtues of the Westminster Mode." *Representation,* Vol.36, pp.117~126.

Plant, Raymond. 1991. *The Plant Report: A Working Party on Electoral Reform.* London: *Guardian* Studies, Vol.3.

Poguntke Thomas. 1994. "Parties in a Legalistic Culture: The Case of Germany." in Richard S. Katz and Peter Mair(eds.). *How Parties Organize: Change and Adaptation in Party Organizations in Western Democracies.* London: Sage.

Powell, G. Bingham. 1999. "Westminster Model versus PR: Normative and Empirical

Evidence." *Representation,* Vol.36, pp.127~132.

_____. 2000. *Elections as Instruments of Democracy: Majoritarian and Proportional Visions,* New Haven: Yale University Press.

_____. 2010. "Consequences of Elections." in Lawrence LèDuc, Richard Niemi and Pippa Norris(eds.). *Comparing Democracies* 3, London: Sage.

Proportional Representation Society. 1919. *Sligo Municipal Elections, 1919: The First Town Council in the United Kingdom Elected by Proportional Representation.* London: Proportional Representation Society(PR Pamphlet No. 41).

Pulzer, Peter. 1983. "Germany." in Vernon Bogdanor and David Butler(eds.). *Democracy and Elections: Electoral Systems and Their Political Consequences.* Cambridge: Cambridge University Press.

Punnett, R. M. 1991. "The Alternative Vote Revisited." *Electoral Studies,* Vol.10, pp. 281~298.

Rae, Douglas. 1967. *The Political Consequences of Electoral Laws.* New Haven, Conn.: Yale University Press.

Rahat, Gideon. 2001. "The Politics of Reform in Israel: How the Israeli Mixed System Came to Be." in Matthew S. Shugart and Marin Wattenberg(eds.). *Mixed-Member Electoral Systems: The Best of Both Worlds?* Oxford: Oxford University Press.

_____. 2008. *The Politics of Regime Structure Reform in Democracies: Israel in Comparative and Theoretical Perspective.* New York: State University of New York Press.

Rallings, Colin. 1987. "The Influence of Election Programs: Britain and Canada, 1945~ 1979." in Ian Budge, David Robertson and D. Hearl(eds.). *Ideology, Strategy and Party Change.* Cambridge: Cambridge University Press.

Rangarajan, Mahesh and Vijay Patidar. 1997. "India: First Past the Post on a Grand Scale." in Andrew Reynolds and Ben Reilly(eds.). *The International IDEA Handbook of Electoral System Design.* Stockholm: International Institute for Democracy and Electoral Assistance.

Raunio, Tapio. 2008. "Finland: One Hundred Years of Quietude." in Michael Gallagher and Paul Mitchell(eds.). *The Politics of Electoral Systems.* Oxford: Oxford University Press.

Reed, Steven. 1994. "A Path to Reform." *By The Way,* Vol.4, pp.32~35.

Reed, Steven and Michael Thies. 2001. "The Causes of Electoral Reform in Japan." in Matthew S. Shugart and Martin Wattenberg(eds.). *Mixed-Member Electoral Systems:*

The Best of Both Worlds? Oxford: Oxford University Press.

Reeve, Andrew and Alan Ware. 1992. *Electoral Systems: A Comparative and Theoretical Introduction.* London: Routledge.

Reilly, Ben. 1997a. "The Alternative Vote and Ethnic Accommodation: New Evidence from Papua New Guinea." *Electoral Studies,* Vol.16, pp.1~12.

_____. 1997b. "The Plant Report and the Supplementary Vote: Not So Unique After All." *Representation,* Vol.34, pp.95~102.

_____. 1997c. "Preferential Voting and Political Engineering: A Comparative Study." *Journal of Commonwealth and Comparative Politics,* Vol.35, pp.1~19.

_____. 2002. "Social Choice in the South Seas: Electoral Innovation and the Borda Count in the Pacific Island Countries." *International Political Science Review,* Vol.23, pp.355~372.

_____. 2007. "Democratization and Electoral Reform in the Asia-Pacific Region: Is there an 'Asian Model' of Democracy?" *Comparative Political Studies,* Vol.40, pp.1350~1371.

Reilly, Ben and Andrew Reynolds. 1999. "Electoral Systems and Conflict in Divided Societies." *Papers on International Conflict Resolution* No. 2. Washington, DC: National Academy Press.

Renwick, Alan. 2007. "Why did National Promise a Referendum on Electoral Reform in 1990?" *Political Science,* Vol.59, pp.7~22.

_____. 2010. *The Politics of Electoral Reform: Changing the Rules of Democracy.* Cambridge: Cambridge University Press.

_____. 2011. "Electoral Reform in Europe Since 1945." *West European Politics*(in press).

Renwick, Alan, Chris Hanretty and David Hine. 2009. "Partisan Self-interest and Electoral Reform: The New Italian Electoral Law of 2005." *Electoral Studies,* Vol.28, pp.437~447.

Representation. 1996. Special Issue on 'Mixed Electoral Systems', Vol.33.

Reynolds, Andrew. 1994. "The Consequences of South Africa's PR Electoral System." *Representation,* Vol.32, pp.57~60.

_____. 1999. *Electoral Systems and Democratization in Southern Africa.* Oxford: Oxford University Press.

_____. 2011. *Designing Democracy in a Dangerous World.* Oxford: Oxford University Press.

Reynolds, Andrew and J. Elklit. 1997. "Jordan: Electoral System in the Arab World." in

Andrew Reynolds and Ben Reilly(eds.). *The International IDEA Handbook of Electoral System Design.* Stockholm: International Institute for Democracy and Electoral Assistance.

Reynolds, Andrew and Ben Reilly(eds.). 1997. *The International IDEA Handbook of Electoral System Design.* Stockholm: International Institute for Democracy and Electoral Assistance.

Reynolds, Andrew, Ben Reilly and Andrew Ellis(eds.). 2005. *Electoral System Design: The New International IDEA Handbook.* Stockholm: International Institute for Democracy and Electoral Assistance.

Riker, William H. 1986. "Duverger's Law Revisited." in Bernard Grofman and Arend Lijphart(eds.). *Electoral Laws and Their Political Consequences.* New York: Agathon Press.

Ritchie, Rob and Steven Hill. 1998. "This Time Let the Voters Decide: The PR Movement in the United States." *Inroads,* Vol.7, pp.100~108.

_____. 1999. *Reflecting All of Us: The Case for Proportional Representation.* Boston, Mass: Beacon Press.

_____. 2004. "The Fair Elections Movement in the United States: What It has Done and Why it is Needed." in Henry Milner(ed.). *Steps Towards Making Every Vote Count: Electoral Systems Reform in Canada and the Provinces.* Peterborough, Ontario: Broadview Press.

Roberts, Geoffrey K. 1975. "The Federal Republic of Germany." in S.E. Finer(ed.). *Adversary Politics and Electoral Reform.* London: Anthony Wigram.

_____. 1977. "Point of Departure? The Blake Report on Electoral Reform." *Government and Opposition,* Vol.12, pp.42~59.

_____. 1988. "The 'Second Vote' Campaign Strategy of the West German Free Democratic Party." *European Journal of Political Research,* Vol.16, pp.317~337.

Robson, Christopher and Brendan Walsh. 1947. "The Importance of Positional Voting Bias in the Irish General Election of 1973." *Political Studies,* Vol.22, pp.191~203.

Roche, Richard. 1982. "The High Cost of Complaining Irish Style." *Journal of Irish Business and Administrative Research,* Vol.4, pp.98~108.

Rokkan, Stein. 1970. *Citizens, Elections, Parties: Approaches to the Comparative Study of Political Development.* Oslo: Universitetsforlaget.

Rose, Richard. 1980. *Do Parties Make a Difference?,* Chatham, NJ: Chatham House.

Rose, Richard and Doh Chull Shin. 1999. "Democratization Backwards: The Problem of Third Wave Democracies." *Studies in Public Policy* 314, Glasgow: Centre for the Study of Public Policy.

Rosenblatt, Gemma. 2006. *A Year in the Life: From Member of Public to Member of Parliament.* London: Hansard Society.

Rossiter, D.J., R.J. Johnston and C.J. Pattie. 1999a. *The Boundary Commissions: Redrawing the UK's Map of Parliamentary Constituencies.* Manchester: Manchester University Press.

Rossiter, D.J. et al. 1999b. "Changing Biases in the Operation of the UK's Electoral System, 1950~1997." *British Journal of Politics and International Relations,* Vol.1, pp.133~164.

Rule, Wilma. 1987. "Electoral Systems, Contextual Factors and Women's Opportunity for Election in Twenty-Three Democracies." *Western Political Quarterly,* Vol.40, pp. 477~498.

_____. 1994. "Women's Underrepresentation and Electoral Systems." *PS: Political Science and Politics,* Vol.27, pp.689~692.

_____. 1996. "Response to Wolfgang Hirczy." PS: *Political Science and Politics,* Vol.29, pp.143.

Rush, Mark E. 1993. *Does Redistricting Make a Difference? Partisan Representation and Electoral Behavior.* Baltimore, MD: Johns Hopkins University Press.

Rush, Mark E. and Richard Engstrom. 2001. *Fair and Effective Representation? Debating Electoral Reform and Minority Rights.* Lanham, MD: Rowman & Littlefield Publishers.

Saalfeld, Thomas. 2008. "Germany: Stability and Strategy in a Mixed-Member Proportional System." in Michael Gallagher and Paul Mitchell(eds.). *The Politics of Electoral Systems.* Oxford: Oxford University Press.

Särlvik, Bo. 2002. "Party and Electoral System in Sweden." in Bernard Grofman and Arend Lijphart(eds.) *The Evolution of Electoral and Party System in the Nordic Countries.* New York: Agathon Press.

Sartori, Giovanni. 1986. "The Influence of Electoral Systems: Faulty Laws or Faulty Method?" in Bernard Grofman and Arend Lijphart(eds.). *Electoral Laws and Their Political Consequences.* New York: Agathon Press.

_____. 1997. *Comparative Constitutional Engineering: An Inquiry into Structures, Incentives and Outcomes.* 2nd ed. London: Macmillan.

Scarrow, Susan. 2001. "Germany: The Mixed-Member System as a Political Compromise." in Matthew S. Shugart and Martin P. Wattenberg(eds.). *Mixed-Member Electoral Systems: The Best of Both Worlds?* Oxford: Oxford University Press.

Scheiner, Ethan. 2008. "Does Electoral System Reform Work? Electoral System Lessons from Reforms of the 1990's" *Annual Review of Political Science*, Vol.11, pp.161~181.

Schlesinger, Joseph A. and Mildred S. Schlesinger. 1990. "The Reaffirmation of a Multi-Party System in France." *American Political Science Review*, Vol.84, pp.1077~1101.

_____. 1995. "French Parties and the Legislative Elections of 1993." *Party Politics*, Vol.1, pp.369~380.

Schmitt, David E. 1973. *The Irony of Irish Democracy: The Impact of Political Culture on Administrative and Democratic Political Development in Ireland*, Lexington. Mass: Lexington Books.

Schoen, Harald. 1999. "Split-Ticket Voting in German Federal Elections, 1953~1990: An Example of Sophisticated Balloting?" *Electoral Studies*, Vol.18, pp.473~496.

Shiratori, Rei. 1995. "The Politics of Electoral Reform in Japan." *International Political Science Review*, Vol.16, pp.79~94.

Shugart, Matthew S. 1999. "The Jenkins Paradox: A Complex System, Yet Only a Timid Step Towards PR." *Representation*, Vol.36, pp.143~147.

_____. 2000. "District Magnitude." in Richard Rose(ed.). *International Encyclopedia of Elections*. Houndmills, Basingstoke: Macmillan.

_____. 2001. "'Extreme' Electoral Systems and the Appeal of the Mixed-Member Alternative." in Matthew S. Shugart and Martin P. Wattenberg(eds.). *Mixed-Member Electoral Systems: The Best of Both Worlds?* Oxford: Oxford University Press.

_____. 2001a "Electoral 'Efficiency' and the Move to Mixed-Membe Systems." *Electoral Studies*, Vol.20, pp.173~193.

_____. 2008. "Comparative Electoral Systems Research: The Maturation of a Field and New Challenges Ahead," in Michael Gallagher and Paul Mitchell(eds.). *The Politics of Electoral Systems*, Oxford: Oxford University Press.

_____. 2008a. "Inherent and Contingent Factors in Reform Initiation in Plurality Systems." in André Blais(ed.). *To Keep or to Change First Past the Post? The Politics of Electoral Reform*. Oxford: Oxford University Press.

Shugart, Matthew S. and Martin P. Wattenberg. 2001a. "Mixed-Member Electoral Systems: A
Definition and Typology." in Matthew S. Shugart and Martin P. Wattenberg(eds.).
Mixed-Member Electoral Systems: The Best of Both Worlds? Oxford: Oxford University
Press.

_____. 2001b. "Are Mixed-Member Systems the Best of Both Worlds?" in Matthew S.
Shugart and Martin P. Wattenberg(eds.). *Mixed-Member Electoral Systems: The Best of
Both Worlds?* Oxford: Oxford University Press.

Siavelis, Peter. 2008. "Chile: The Unexpected (and Expected) Consequences of Electoral
Engineering." in Michael Gallagher and Paul Mitchell(eds.). *The Politics of Electoral
Systems.* Oxford: Oxford University Press.

Sinnott, Richard. 1993. "The Electoral System." in John Coakley and Michael
Gallagher(eds.). *Politics in the Republic of Ireland.* 2nd ed. Dublin: Folens/PSAI Press.

_____. 1995. *Irish Voters Decide: Voting Behaviour in Elections and Referendums Since
1918.* Manchester: Manchester University Press.

_____. 2010. "The Electoral System." in John Coakley and Michael Gallagher(eds.). *Politics
in the Republic of Ireland.* 5th ed. London: Routledge.

Studlar, Donley T. 1998. "Will Canada Consider Electoral System Reform? Women and
Aboriginals Should." *Inroads,* Vol.7, pp.52~58

Studlar, Donley T. and Ian McAllister. 1998. "Candidate Gender and Voting in the 1997
British General Election: Did Labour Quotas Matter?" *Journal of Legislative Studies,*
Vol.4, pp.72~91.

Studlar, Donley T. and Susan Welch. 1991. "Does District Magnitude Matter? Women
Candidates in London Local Elections." *Western Political Quarterly,* Vol.44, pp.457~
466.

Taagepera, Rein. 1996. "STV in Transitional Estonia." *Representation,* Vol.34, pp.29~36.

_____. 1997. "The Tailor or Marrakesh: Western Electoral Systems Advice to Emerging
Democracies." in J. Elklit(ed.). *Electoral System for Emerging Democracies.*
Copenhagen: Danish Ministry of Foreign Affairs.

_____. 1998. "How Electoral Systems Matter for Democratization." *Democratization,* Vol.5,
pp.68~91.

_____. 2007. *Predicting Party Sizes: The Logic of Simple Electoral Systems.* Oxford: Oxford
University Press.

Taagepera, Rein and Bernard Grofman. 2003. "Mapping the Indices of Seat-Votes Disproportionality and Inter-Election Volatility." *Party Politics*, 9, pp.659~679.

Taagepera, Rein and Matthew S. Shugart. 1989. *Seats and Votes: The Effects and Determinants of Electoral Systems*. New Haven. Conn.: Yale University Press.

Taylor, P.J. and R.J. Johnston. 1979. *Geography of Elections*. London: Penguin.

Valen, Henry 1994. "List Alliances: An Experiment in Political Representation." in M. Kent Jennings and Thomas E. Mann(eds.). *Elections at Home and Abroad: Essays in Honor of Warren E. Miller*. Ann Arbor, Mich.: University of Michigan Press.

Van der Kolk, Henk. 2007. "Electoral System Change in the Netherlands: The Road From PR to PR(1917~2006)." *Representation*, Vol.43, pp.271~288.

Vowles, Jack. 1995. "The Politics of Electoral Reform in New Zealand." *International Political Science Review*, Vol.16, pp.95~115.

_____. 1999. "Rascals and PR: How Pinto-Duschinsky Stacked the Decks." *Representation*, Vol.36, pp.137~142.

_____. 2007. "Comparing District Magnitude Effects Under Ordinal and Nominal Ballot Structures in Non-Partisan Elections: The 2004 Local Elections in New Zealand." *Representation*, Vol.43, pp.289~306.

_____. 2008. "New Zealand: The Consolidation of Reform?" in Michael Gallagher and Paul Mitchell(eds.). *The Politics of Electoral Systems*(paperback edition). Oxford: Oxford University Press.

Vowles, Jack, Peter Aimer, Susan Banducci and Jeffrey Karp(eds.). 1998. *Voters' Victory? New Zealand's First Election under Proportional Representation*. Auckland: Auckland University Press.

Vowles, Jack, Susan Banducci and Jeffrey Karp. 2006. "Forecasting and Evaluating the Consequences of Electoral Change in New Zealand." *Acta Politica*, Vol.41, pp.267~284.

Wall, Alan et al. 2006. *Electoral Management Design: The International Idea Handbook*. Stockholm: International Institute for Democracy and Electoral Assistance.

Wattenberg, Martin P. 1998. *The Decline of American Political Parties, 1952~1992*. 5th ed. Cambridge, Mass: Harvard University Press.

Weaver, Leon. 1986. "The Rise, Decline and Resurrection of Proportional Representation in Local Governments in the United States." in Bernard Grofman and Arend Lijphart (eds.). *Electoral Laws and their Political Consequences*. New York: Agathon Press.

Weaver, R. Kent. 1998. "MMP is Too Much of Some Good Things." *Inroads,* Vol.7, pp.59~64.

_____. 2001. "Electoral Rules and Electoral Reform in Canada." in Matthew S. Shugart and Martin Wattenberg(eds.). *Mixed-Member Electoral Systems: The Best of Both World?* Oxford: Oxford University Press.

Welch, Susan and Donley T. Studlar. 1990. "Multi-Member Districts and the Representation of Women: Evidence from Britain and the United States." *Journal of Politics,* Vol.52, pp.391~412.

Whiteley, Paul and Patrick Seyd. 1999. "Discipline in the British Conservative Party: The Attitudes of Party Activists Toward the Role of Their Member of Parliament." in Shaun Bowler, David Farrell and Richard Katz(eds.). *Party Discipline and Parliamentary Government,* Columbus. Ohio: Ohio State University Press.

Whyte, John. 1983. "How Much Discrimination Was There under the Unionist Regime, 1921~1968?" in Tom Gallagher and James O'Connell(eds.). *Contemporary Irish Studies.* Manchester: Manchester University Press.

Wright, Jack F.H. 1980. *Mirror of the Nation's Mind: Australia's Electoral Experiments.* Sydney: Hale & Iremonger.

_____. 1986. "Australian Experience with Majority-Preferential and Quota-Preferential Systems." in Bernard Grofman and Arend Lijphart(eds.). *Electoral Laws and Their Political Consequences.* New York: Agathon Press.

Ysmal, Colette. 2008. "France." *European Journal of Political Research,* Vol.47, pp.976~984.

Zanella, Remo. 1990. "The Maltese Electoral System and its Distorting Effects." *Electoral Studies,* Vol.9, pp.205~215.

찾아보기

항목

지은이

데 이 비 드 파 렐 David Farrell

현재 아일랜드 더블린 대학교 University College Dublin의 정치학과 교수이며, 같은 대학 정치·국제관계대학 학장으로 재직 중이다. 저서와 편저서로는 *Political Parties and Democratic Linkage: How Parties Organize Democracy*(2011), *Representing Europe's Citizens? Electoral Institutions and the Failure of Parliamentary Representation*(2007), *Non-Party Actors in Electoral Politics: The Role of Interest Groups and Independent Citizens in Contemporary Election Campaigns*(2008), *The Australian Electoral System: Origins, Variation and Consequences*(2006), *Political Parties and Political Systems: The Concept of Linkage Revisited*(2005) 등이 있다.

옮긴이

전 용 주

연세대학교 정치외교학과를 졸업하고 미국 캔자스 대학교 University of Kansas에서 정치학 석사 및 박사 학위를 취득했다. 현재 동의대학교 행정정책학과 교수로 재직 중이다. 저서로는 공저자로 참여한 『정치자금과 선거』(2004), 『현대비교정치이론과 한국적 수용』(2009), 『헌법개정의 정치』(2010), 『한국 지방자치의 현실과 개혁 과제』(2014), 『투표행태의 이해(개정판)』(2017) 등이 있다.

한울아카데미 1971
선거제도의 이해(수정판)

지은이 ㅣ 데이비드 파렐
옮긴이 ㅣ 전용주
펴낸이 ㅣ 김종수
펴낸곳 ㅣ 한울엠플러스(주)
편 집 ㅣ 조인순

초 판 1쇄 발행 ㅣ 2012년 5월 20일
수정판 1쇄 발행 ㅣ 2017년 3월 10일
수정판 2쇄 발행 ㅣ 2021년 8월 20일

주소 ㅣ 10881 경기도 파주시 광인사길 153 한울시소빌딩 3층
전화 ㅣ 031-955-0655
팩스 ㅣ 031-955-0656
홈페이지 ㅣ www.hanulmplus.kr
등록번호 ㅣ 제406-2015-000143호

Printed in Korea.
ISBN 978-89-460-5971-9 93340 (양장)
     978-89-460-8009-7 93340 (무선)

투표행태의 이해 개정판

누가, 왜, 어떻게 투표하는가?
투표행태에 관한 국내 최초의 교과서

다가올 대통령선거에서 유권자들은 무엇을 기준으로 투표를 결정할까? 각 후보가 내놓은 정책을 비교하거나 국정농단 사태에 대해 유권자 자신과 비슷한 입장을 취하는 후보를 탐색할 것이다. 또한 가족이나 동료가 지지하는 후보를 똑같이 선택할 수도 있고, 투표에 아예 참여하지 않을 수도 있다. 이처럼 투표행태를 이해하고 그 결과를 예측하는 것은 민주주의에서 매우 중요하다. 시민은 투표를 통해 정책결정 과정에 참여하기 때문이다. 투표행태를 이해하는 것은 민주주의의 중요한 속성을 이해하는 것과도 같다.

이 책에서는 본격적인 투표행태에 대한 연구인 '컬럼비아 학파'의 사회학적 관점부터 '제도'의 중요성을 강조하는 신제도주의까지 여러 이론을 살펴본다. 즉, 투표행태를 설명하기 위해 새롭게 등장한 이론이 기존 이론의 어떤 내용을 비판하고 있고 어떤 부분을 받아들이고 있는지, 혹은 이후 어떻게 자체적으로 수정되고 발전되는지를 상세히 설명한다.

이번 개정판에서는 두 가지가 달라졌다. 첫째, 각 장의 이론적인 설명을 수정하거나 보강했다. 특히 제2장과 제3장은 완전히 새로 썼다. 둘째, 각 장 후반부의 한국 사례를 최근 선거 결과로 대체했다. 여기서 소개하는 이론은 기초적이며 끊임없이 수정되고 발전하고 있다. 이 분야에 입문하려는 이들에게 이 책이 좋은 출발점이 될 것이다.

지은이
전용주
임성학
이동윤
최준영
한정택
엄기홍
이소영
조진만
조성대

2017년 2월 28일 발행
신국판
288면

국제정세의 이해 제6개정판

복합 위기의 시대,
지구촌의 어젠다와 국제관계

복합 위기의 시대,
새로운 국제관계를 어떻게 이해할 것인가
최근 국제정세의 주요 현안을 한 권에 담다

지은이
유현석

2021년 1월 20일 발행
변형 크라운판
480면

대학 초년생 정도의 국제정치 비전공자도 이해하기 쉬운 국제 정세 입문서를 표방하며, 지은이의 구체적인 강의 경험과 자료를 토대로 2001년 처음 출간된 『국제정세의 이해』는 재쇄와 재판을 거듭하며 대학 강의용으로, 일반인의 국제정세에 대한 지식교양서로 20년 동안 널리 읽혀왔다. 2021년 1학기에 맞추어 발간된 이번 제6개정판의 부제는 '복합 위기의 시대, 지구촌의 어젠다와 국제관계'이다. 부제는 출간 시점의 국제정세를 반영해서 정해왔는데 2017년 개정판의 부제도 위기의 시대였다. 그렇다면 이제는 '위기'가 일상화된 것인가? 답은 더 암울하다. 위기는 일상화되었으며 심화되고 더 복합적이다.

이번 개정판에는 앞으로의 지구촌의 삶에 영향을 미치게 될 코로나 19와 관련한 장을 추가하지 않을 수 없었다. 코로나 19가 국제정치경제에 미친 영향들을 글로벌 거버넌스, 미·중 관계, 다자주의, 글로벌화, 비전통안보의 측면에서 정리해 보았다. 새로운 장을 제외하고 가장 많은 개정이 이루어진 부분은 트럼프 집권 이후 미·중관계 변화와 그로 인한 글로벌, 인도-퍼시픽 지역 그리고 한반도에서의 변화들이다.